Che Guevara
PRESENTE
Antología mínima

Che Guevara
PRESENTE
Antología mínima

ERNESTO CHE GUEVARA

 Editorial de Ciencias Sociales, La Habana, 2011

Tomado de la primera edición del Centro de Estudios Che Guevara, Ocean Press y Ocean Sur, quienes han cedido los derechos para su publicación por nuestra editorial, para su distribución solo en el territorio nacional cubano.

Edición: María del Carmen Ariet García
  y David Deutschmann
Diseño de cubierta: Yadyra Rodríguez Gómez

© Aleida March, 2011
© Centro de Estudios Che Guevara, 2011
© Ocean Press y Ocean Sur, 2011
© Sobre la presente edición:
  Editorial de Ciencias Sociales, 2011

ISBN 978-959-06-1348-7

Estimado lector, le estaremos muy agradecidos, si nos hace llegar su opinión, por escrito, acerca de este libro y de nuestras ediciones.

INSTITUTO CUBA DEL LIBRO
Editorial de Ciencias Sociales
Calle 14 no. 4104 e/ 41 y 43, Playa
La Habana, Cuba
editorialmil@cubarte.cult.cu

■ ÍNDICE ■

Ernesto Che Guevara ix

Introducción *por María del Carmen Ariet García y David Deutschmann* 1

Cronología 6

PARTE 1: LA GUERRA REVOLUCIONARIA EN CUBA

Episodios de la Guerra Revolucionaria
    Una Revolución que comienza 19
    Alegría de Pío 23
    Combate de La Plata 26
    Se gesta una traición 31
    El cachorro asesinado 36
    Interludio 38
    Una reunión decisiva 43
    La ofensiva final 48
    El Patojo 58

Lo que aprendimos y lo que enseñamos (*diciembre de 1958*) 63

Esencia de la lucha guerrillera (*1960*) 66

Guerra de guerrillas: un método (*septiembre de 1963*) 72

PARTE 2: LOS AÑOS CUBANOS 1959–65

Proyecciones sociales del Ejército Rebelde (*29 de enero de 1959*) 91

Soberanía política e independencia económica
    (*20 de marzo de 1960*) 101

Discurso a los estudiantes de medicina y trabajadores de la salud
(*20 de agosto de 1960*) 118

Notas para el estudio de la ideología de la Revolución cubana
(*octubre de 1960*) 128

Cuba: ¿Excepción histórica o vanguardia en
la lucha anticolonialista? *(9 de abril de 1961)* 137

Una actitud nueva frente al trabajo (*21 de agosto de 1962*) 151

El cuadro: columna vertebral de la Revolución (*septiembre de 1962*) 162

Ser un joven comunista (*20 de octubre de 1962*) 168

El partido de la clase obrera *(1963)* 180

Contra el burocratismo *(febrero de 1963)* 189

Sobre el sistema presupuestario de financiamiento *(febrero de 1964)* 196

El socialismo y el hombre en Cuba *(1965)* 224

PARTE 3: SOLIDARIDAD INTERNACIONAL

Discurso al Primer Congreso Latinoamericano de Juventudes
(*28 de julio de 1960*) 243

Conferencia de la OEA en Punta del Este (*8 de agosto de 1961*) 254

La influencia de la Revolución cubana en América Latina
(*18 de mayo de 1962*) 287

Táctica y estrategia de la revolución latinoamericana
(*octubre–noviembre de 1962*) 307

La filosofía del saqueo debe cesar (*25 de marzo de 1964*) 319

En las Naciones Unidas (*11 de diciembre de 1964*) 340

En la Conferencia Afroasiática en Argelia (*24 de febrero de 1965*) 356

Crear dos, tres... muchos Vietnam
(Mensaje a la Tricontinental, *Abril de 1967*) 367

PARTE 4: CARTAS

A José E. Martí Leyva 383

A José Tiquet 384

A Dr. Fernando Barral 385

A Carlos Franqui 387

A Guillermo Lorentzen 389

A Peter Marucci	390
A Dra. Aleida Coto Martínez	391
A los compañeros de la Planta de Ensamblaje de Motocicletas	392
A Pablo Díaz González	393
A Lydia Ares Rodríguez	394
A María Rosario Guevara	395
A José Medero Mestre	396
A Eduardo B. Ordaz Ducungé	398
A Haydée Santamaría	399
A Dr. Regino G. Boti	400
A Elías Entralgo	401
A mis hijos	402
A mis padres	403
A Hildita	404
A Fidel Castro	405
Carta a mis hijos	407
Notas	409
Glosario	424
Bibliografía de escritos y discursos de Ernesto Che Guevara	434

> "Seamos realistas...
> Soñemos lo
> imposible..."
> — Che Guevara

Ernesto Che Guevara

Ernesto Guevara de la Serna nació en Rosario, Argentina el 14 de junio de 1928. Como estudiante de medicina en Buenos Aires y después de graduado como médico, viajó a través de América Latina. Mientras vivía en Guatemala durante 1954 —durante el periodo del electo presidente Jacobo Arbenz— fue testigo presencial del derrocamiento del gobierno por una operación militar organizada, financiada y dirigida por la CIA con la participación de militares guatemaltecos y mercenarios.

Después de la invasión, Guevara fue a Ciudad México. Allí se vinculó con revolucionarios cubanos miembros del Movimiento 26 de Julio a los que había conocido durante su estancia en Guatemala y que se preparaban para liberar a su patria del dictador Fulgencio Batista. En julio 1955 conoció a Fidel Castro e inmediatamente se alistó en la expedición guerrillera organizada por este. El apodo de "Che", dado por los cubanos, es una forma de saludo muy popular en Argentina.

Del 25 de noviembre al 2 de diciembre de 1956, los expedicionarios navegaron hacia Cuba a bordo del yate Granma para comenzar la lucha armada revolucionaria en las montañas de la Sierra Maestra. El originalmente médico, se convirtió en el primer comandante del Ejército Rebelde en julio de 1957.

En agosto de 1958, Che Guevara y Camilo Cienfuegos encabezaron, respectivamente, las columnas invasoras guerrilleras desde la Sierra Maestra al occidente de la isla. Ellos extendieron con éxito las operaciones del Ejército Rebelde hasta el centro de la Isla. A fines de diciembre de 1958, el Che dirigió las fuerzas del Ejército Rebelde en la victoriosa batalla de Santa Clara, una de las acciones decisivas de la guerra contra la tiranía.

Tras el triunfo del primero de enero de 1959, Che Guevara se convirtió en uno de los principales líderes del gobierno revolucionario. En septiembre de 1959 fue el Jefe del Departamento de Industrialización del Instituto Nacional de Reforma Agraria; en noviembre de ese año se convirtió en presidente del Banco Nacional de Cuba, y en febrero de 1961 fue nombrado ministro de Industrias. Formó parte también de la Dirección Política de las organizaciones que en 1965 se convirtieran en el Partido Comunista de Cuba. Fue una de las principales personalidades dirigentes de la Revolución cubana.

Encabezó numerosas delegaciones cubanas en foros internacionales y ante las Naciones Unidas

En abril de 1965, Che Guevara salió de Cuba para participar directamente en las luchas revolucionarias de otros países. Pasó algunos meses en el Congo, África, retornó a Cuba secretamente en julio de 1966 para participar en un intenso entrenamiento y en noviembre de ese año, arribó a Bolivia donde encabezó una columna guerrillera que combatió contra la dictadura militar en dicha nación. Herido y capturado por entrenadores norteamericanos y tropas contrainsurgentes bolivianas el 8 de octubre de 1967, fue asesinado al siguiente día.

Introducción

La presente edición ampliada, toma como referencia la primera publicada en 1997 en conmemoración por el 30 aniversario de la muerte del Comandante Ernesto Che Guevara. Ambas persiguen, como propósito fundamental, hacer que los lectores de habla inglesa y castellana, tengan acceso a una selección importante de sus artículos, discursos y cartas, sin que esto implique la sustitución de una biografía o la reproducción de otras obras con similares objetivos. Es el reencuentro con Che Guevara a través del legado de su obra.

Después de casi cuatro décadas de su muerte, Che Guevara no ha dejado de ser noticia, su imagen recorre el mundo y cada vez más su ejemplo se levanta como paradigma de nuevas generaciones, que tienen que enfrentarse a diario con la imagen distorsionada que enemigos y detractores han reproducido en todos estos años o la no menos romantizada y sobredimensionada como héroe legendario, combatiente y guerrillero o simplemente como un aventurero presto a luchar en cualquier circunstancia que se le presente, sin tener en cuenta la trascendencia de la acción. El propósito es evidente, separar a Che Guevara de su relación orgánica con la Revolución cubana y hacerlo un guerrero soñador y utópico.

El tiempo que permanece en Cuba por casi una década, integrado a su vanguardia, liderada por Fidel Castro, su contribución a la teoría marxista; sus cualidades como dirigente en las múltiples funciones que desempeñara, con posterioridad al triunfo revolucionario del Primero de enero de 1959; su antimperialismo consecuente y su esfuerzo por integrar a los pueblos de Asia, África y América Latina, son momentos imprescindibles de la vida y obra de Che Guevara que deben conocerse para contrarrestar a la figura simplista y superficial que durante todos estos años han tratado de imponer algunos sectores temerosos de su ejemplo y de su coherencia como hombre de pensamiento y acción. Esto explica, en parte, el porqué durante dos décadas o más fuera inalcanzable una edición de sus obras en inglés. Algunas colecciones de discursos (en inglés) fueron publicadas en los años 60 y suprimidas con posterioridad de cualquier plan editorial. Hubo que esperar hasta el 30 aniversario de su muerte, fecha en que salieron a la luz nuevas biografías y un sinnúmero de artículos sobre su vida y su muerte, para reencontrarse de nuevo con su pensamiento, aunque si se tiene en cuenta lo expresado con anterioridad, todavía son pocos los esfuerzos por publicar su obra sin que medien interpretaciones ni tergiversaciones.

En este libro se conjugan las principales estrategias políticas diseñadas por Che Guevara a partir de sus experiencias revolucionarias y de las muchas tareas que desempeñó en Cuba, primero como Comandante del Ejército Rebelde y como uno de los principales estrategas de la guerra de guerrillas y después del triunfo revolucionario en diversas funciones, entre las que se destacan la presidencia en el Banco Nacional y la dirección en el Ministerio de Industrias. A estas responsabilidades, se le añade la estrecha unión que establece con los movimientos de liberación de Asia, Africa y América Latina, así como sus funciones en calidad de representante del gobierno cubano en diversas tribunas de todo el mundo.

El verdadero significado del legado de la vida y obra de Che Guevara, fue expuesto por Fidel Castro, en el discurso pronunciado el 18 de octubre de 1967, ante un millón de cubanos, en homenaje póstumo a su muerte y en el que puso significativo énfasis en la importancia y contribución de su pensamiento político:

> Su capacidad como jefe y su experiencia en vano tratan de negarlas quienes se aferran al golpe de fortuna. Che era un jefe militar extraordinariamente capaz. Pero cuando nosotros recordamos al Che, cuando nosotros pensamos en el Che, no estamos pensando fundamentalmente en sus virtudes militares. ¡No! La guerra es un medio y no un fin, la guerra es un instrumento de los revolucionarios. ¡Lo importante es la revolución, lo importantes es la causa revolucionaria, las ideas revolucionarias, los objetivos revolucionarios, los sentimientos revolucionarios, las virtudes revolucionarias!
>
> Y es en ese campo, en el campo de las ideas, en el campo de los sentimientos, en el campo de las virtudes revolucionarias, en el campo de la inteligencia, aparte de sus virtudes militares, donde nosotros sentimos la tremenda pérdida que para el movimiento revolucionario ha significado su muerte.

Porque Che reunía, en su extraordinaria personalidad, virtudes que rara vez aparecen juntas. El descolló como hombre de acción insuperable, pero Che no solo era un hombre de acción insuperable: Che era un hombre de pensamiento profundo, de inteligencia visionaria, un hombre de profunda cultura. Es decir que reunía en su persona al hombre de ideas y al hombre de acción (...)

Y por eso le ha legado a las generaciones futuras no solo su experiencia, sus conocimientos como soldado destacado, sino a la vez las obras de su inteligencia. Escribía con la virtuosidad de un clásico de la lengua. Sus narraciones de la guerra son insuperables. La profundidad de su pensamiento es impresionante. Nunca escribió sobre nada absolutamente que no lo hiciese con extraordinaria seriedad, con extraordinaria profundidad; y algunos de sus escritos no dudamos de que pasarán a la posteridad como documentos clásicos del pensamiento revolucionario (...)

Muchas cosas pensó, desarrolló y escribió. Y hay algo que debe decirse un día como hoy, y es que los escritos del Che, el pensamiento político y revolucionario del Che, hombre de insuperable sensibilidad humana, tendrán un valor permanente en el proceso revolucionario cubano y en el proceso revolucionario en América Latina. Y no dudamos que el valor de sus ideas, de sus ideas tanto como hombre de acción, como hombre de pensamiento, como hombre de acrisoladas virtudes morales, como hombre de insuperable sensibilidad humana, como hombre de conducta intachable, tienen y tendrán un valor universal.

Imprescindibles son las palabras expresadas por Fidel Castro, quien desde 1965, fecha en que Che Guevara emprende su misión internacionalista en África, tuvo que enfrentar innumerables calumnias y desafueros, donde se le acusaba de haberlo eliminado físicamente o apartado del poder, bajo el pretexto de la continuidad de la lucha en otras tierras. Es el comienzo de una campaña — que se extiende por casi cuatro décadas —, y cuyo objetivo central es separar a Che Guevara de la Revolución cubana y de Fidel Castro, sin embargo, en el libro que se les presenta, esas calumnias son perfectamente refutables, a partir de la propia obra teórico-práctica dejada por Guevara.

La presente selección de discursos y escritos de Guevara se estructuró en cuatro partes: la guerra de guerrillas en Cuba (1956ñ58); los años como dirigente de la Revolución cubana (1959ñ65); su participación en podios internacionales y su visión del Tercer Mundo, incluyendo escritos y discursos, elaborados desde África y América Latina; y una selección de cartas escritas por Guevara, en las que se destacan su carta de despedida a Fidel Castro y a sus hijos y familiares.

Como complemento y ayuda a los lectores, se ha agregado:

- Una cronología de hechos significativos de la vida de Ernesto Che Guevara y de acontecimientos relevantes dentro de la Revolución cubana.
- Una bibliografía de sus escritos y discursos publicados, comprendidos entre los años 1958 a 1967.
- Un glosario con nombres, organizaciones y publicaciones que aparecen en el libro.

Finalmente, deseamos expresar nuestro agradecimiento a los que colaboraron en la primera publicación de este libro, que fue el resultado de una edición conjunta en 1987, entre el editor y la Casa Editorial José Martí en La Habana, Cuba. Como referencia invaluable para la integración de su contenido se empleó dos compendios publicados en Cuba: *Ernesto Che Guevara: escritos y discursos*, de la Editorial Ciencias Sociales, 1977 y *Ernesto Che Guevara: Obras Escogidas (1956-1967)*, de Casa de las Américas, 1970.

Con posterioridad a su publicación, la Editorial Ocean Press comenzó un proyecto editorial conjunto con el Centro de Estudios Che Guevara con el objetivo de dar a conocer el pensamiento y la obra del Che por el Che mismo; de esta colaboración surgió la ampliación de Che Reader, con la inclusión de trabajos fundamentales sobre la transición socialista y su profunda visión sobre América Latina, entre otros temas relevantes.

En los próximos años, los principales escritos y discursos de Che Guevara serán publicados en una serie de libros preparados en conjunto por el Centro de Estudios Che Guevara de La Habana y Ocean Press, a través de antologías temáticas, algunas de las cuales no han sido nunca publicadas, como son sus apuntes económicos y filosóficos. En esta serie, se presentará a un Che profundo, humanista y esencialmente revolucionario, cualidades todas, con las que se identifican las fuerzas progresistas y muy en especial los jóvenes, en su lucha por la antiglobalización y la deshumanización que ese fenómeno planetario conlleva.

Para concluir, es necesario, una vez más, reconocer la ayuda ofrecida en la preparación de este volumen por el Centro de Estudios Che Guevara. Especial gratitud ofrecemos a la directora del Centro, Aleida March, y a la coordinadora e investigadora, María del Carmen Ariet García, por sus sugerencias sobre cómo podía ser ampliada esta selección, así como también su alerta sobre varios errores en la edición original. No obstante, ser este un proyecto editorial conjunto con el Centro de Estudios Che Guevara, las observaciones hechas al texto son de la completa responsabilidad de Ocean Press.

Los editores
2005

- Se sugiere al lector, como lectura complementaria a *Che Guevara Presente*, consultar *Che en la memoria de Fidel Castro*, obra de esta misma Editorial, publicada en 1998.
- Para profundizar en el pensamiento de Che Guevara sobre América Latina sugerimos consultar la antología *América Latina: despertar de un continente*, 2003, del proyecto editorial Ocean Press y Centro de Estudios Che Guevara.

Cronología

Junio 14, 1928 Ernesto Guevara nace en Rosario, Argentina siendo sus padres Ernesto Guevara Lynch y Celia de la Serna; fue el primogénito de cinco hermanos.

1947 La familia Guevara se muda para Buenos Aires.

1947–1953 Ernesto Guevara se matricula y estudia en la Escuela de Medicina de Buenos Aires.

Diciembre 1951–Julio 1952 Guevara visita Chile, Perú, Colombia y Venezuela. En Perú trabajó en una colonia de leprosos, atendiendo pacientes.

Marzo 10, 1952 Fulgencio Batista realiza el Golpe de Estado en Cuba.

Marzo 1953 Guevara se gradúa como doctor.

Julio 6, 1953 Después de graduado, Guevara viaja a través de América Latina. Visita Bolivia observando el impacto de la Revolución de 1952.

Julio 26, 1953 Fidel Castro encabeza un ataque armado al cuartel Moncada de Santiago de Cuba, comenzando una lucha revolucionaria para derrocar al régimen de Batista. El ataque fracasa y las tropas de Batista masacran a más de 50 combatientes capturados. Castro y otros sobrevivientes son rápidamente capturados y encarcelados.

Diciembre 1953 Guevara tiene los primeros contactos en San José, Costa Rica con un grupo de sobrevivientes del ataque al Moncada.

Diciembre 24, 1953 Guevara arriba a Guatemala, entonces bajo el gobierno electo de Jacobo Arbenz.

Enero 4, 1954 Guevara se encuentra con Ñico López, un veterano del ataque al Moncada, en la Ciudad de Guatemala.

Enero–Junio 1954 Al no poder encontrar un trabajo como médico en Guatemala, Guevara obtiene diferentes empleos no acordes con su profesión. Estudia marxismo y se vincula en actividades políticas. Conoce a revolucionarios cubanos en el exilio.

Junio 17, 1954 Fuerzas mercenarias apoyadas por la CIA invaden Guatemala.

Junio 27, 1954 Arbenz dimite.

Agosto 1954 Las tropas mercenarias entran en Ciudad de Guatemala y comienza una masacre contra los que apoyaban al gobierno de Arbenz.

Septiembre 21, 1954 Después de salir de Guatemala, Guevara llega a Ciudad de México y obtiene un trabajo como doctor en el Hospital Central.

Mayo 15, 1955 Fidel Castro y otros sobrevivientes del Moncada son liberados de la prisión en Cuba debido a una masiva campaña pública de masas en defensa de sus derechos civiles.

Junio 1955 Guevara encuentra a Ñico López quien está también en Ciudad de México. Algunos días más tarde López lo presenta a Raúl Castro.

Julio 7, 1955 Fidel Castro arriba a México con la meta de organizar una expedición armada a Cuba.

Julio 1955 Guevara se encuentra con Fidel Castro e inmediatamente se enrola como miembro de la futura expedición guerrillera. Posteriormente comienza el entrenamiento con los combatientes. Los cubanos le ponen el sobrenombre de "Che", una forma del habla popular en Argentina.

Junio 24, 1956 Guevara es arrestado por la policía mexicana como parte de una redada de 28 expedicionarios, incluyendo a Fidel Castro; se mantiene detenido por 57 días.

Noviembre 25, 1956 Ochenta y dos combatientes incluyendo a Guevara como médico, navegan hacia Cuba a bordo del pequeño yate *Granma*. Salen desde Tuxpan, en México.

Noviembre 30, 1956 Frank País encabeza un levantamiento en Santiago de Cuba debía coincidir con el programado arribo de la expedición del *Granma*.

Diciembre 2, 1956 El *Granma* llega a las costas de Cuba por playa Las Coloradas en la antigua provincia de Oriente.

Diciembre 5, 1956 Los combatientes rebeldes son sorprendidos por las tropas de Batista en Alegría de Pío, y dispersados. La mayoría de los guerrillos son muertos o capturados. Guevara resulta herido.

Diciembre 21, 1956 El grupo en el que estaba Guevara se encuentra con Fidel Castro. Son 15 combatientes del Ejército Rebelde.

Enero 17, 1957 El Ejército Rebelde ataca y reduce a una posta armada en el cuartel de la Plata.

Enero 22, 1957 El Ejército Rebelde embosca a una columna del gobierno en Arroyo del Infierno.

Marzo 13, 1957 Combatientes del Directorio Revolucionario atacan el Palacio Presidencial en La Habana; el ataque fracasa y un número de estudiantes es asesinado, incluyendo a José Antonio Echeverría.

Mayo 27-28, 1957 La batalla de El Uvero tiene lugar en la Sierra Maestra. Es la mayor victoria hasta ese momento del Ejército Rebelde que captura el fortificado cuartel militar.

Julio 1957 El Ejército Rebelde organiza una segunda columna. Guevara es seleccionado para encabezarla y es promovido al rango de Comandante.

Abril 9, 1958 El Movimiento 26 de Julio llama a una huelga general en toda Cuba. La huelga fracasa.

Mayo 24, 1958 Batista lanza una gran ofensiva militar contra el Ejército Rebelde en la Sierra Maestra. La ofensiva fracasa eventualmente.

Julio 1958 La Batalla del Jigüe; decisiva victoria del Ejército Rebelde que marca el comienzo de la contra ofensiva rebelde.

Agosto 31, 1958 Guevara encabeza una columna invasora desde la Sierra Maestra hacia la provincia central de Las Villas y días más tarde firma el Pacto del Pedrero con el Directorio Revolucionario 13 de Marzo que tenía una fuerte guerrilla en ese lugar. Algunos días antes, a Camilo Cienfuegos se le había encomendado llevar otra columna hacia Pinar del Río, la zona más oeste de Cuba.

Octubre 16, 1958 La columna del Ejército Rebelde encabezada por Guevara arriba a las montañas del Escambray.

Diciembre 1958 La columna 8 del ejercito rebelde encomandada por Guevara, fuerzas del Directorio Revolucionario 13 de Marzo, y dirigida por Camilo Cienfuegos con una pequeña guerrilla del PSP, toman varias poblaciones en la provincia de Las Villas y cortan la isla a la mitad.

Diciembre 28, 1958 Comienza la batalla de Santa Clara, en la capital de Las villas, bajo la dirección del Comandante Guevara.

Enero 1, 1959 Batista abandona Cuba. Una junta militar lo sustituye. Fidel Castro se opone a la nueva junta y llama a continuar la lucha revolucionaria. Santa Clara cae en manos del Ejército Rebelde. A Guevara y Cienfuegos se les ordena ir para La Habana inmediatamente.

Enero 2, 1959 Los trabajadores cubanos responden al llamado de Fidel Castro a una huelga general y el país queda paralizado. Las columnas del Ejército Rebelde de Guevara y Cienfuegos llegan a La Habana. La columna de Guevara ocupa la fortaleza de La Cabaña, un antiguo bastión del ejército de Batista.

Enero 5, 1959 Manuel Urrutia es designado por el Movimiento 26 de Julio para asumir la presidencia.

Enero 8, 1959 Fidel Castro llega a La Habana y es saludado por cientos de miles de personas.

Febrero 9, 1959 Se le otorga la ciudadanía cubana a Guevara en reconocimiento a su contribución por la liberación de Cuba.

Febrero 16, 1959 Fidel Castro es nombrado Primer Ministro.

Febrero 27, 1959 El gobierno revolucionario aprueba leyes que reducen las tarifas eléctricas.

Marzo 6, 1959 El gobierno revolucionario aprueba leyes que reducen las rentas por 30-50 por ciento.

Marzo 1959 El gobierno revolucionario proscribe la discriminación racial.

Mayo 17, 1959 Se proclama la primera ley de Reforma Agraria, fijando un máximo de tenencia legal de la tierra de 1 000 acres y distribuyendo la tierra a los campesinos.

Junio 12–Septiembre 8, 1959 Guevara viaja por Europa, África y Asia. El objetivo principal de este viaje es visitar los países que formaban el Pacto de Bandung.

Julio 16–17, 1959 Castro dimite como primer ministro porque el gobierno de Urrutia bloqueaba las medidas revolucionarias; en respuesta, una masiva movilización popular forzó a Urrutia a renunciar a la presidencia y fue reemplazado por Osvaldo Dorticós.

Julio 26, 1959 Castro retorna al puesto de primer ministro.

Octubre 7, 1959 Guevara es designado al frente del Departamento de Industrialización del Instituto Nacional de Reforma Agraria (INRA).

Octubre 21, 1959 El comandante de la provincia de Camagüey, Hubert Matos lleva a cabo un intento de levantamiento contrarrevolucionario y es arrestado por el jefe del ejército, Camilo Cienfuegos.

Octubre 26, 1959 Se anuncia la creación de la Milicia Nacional Revolucionaria y miles de trabajadores y campesinos se incorporan para combatir a la contrarrevolución.

Octubre 28, 1959 La avioneta que lleva de regreso a La Habana a Camilo Cienfuegos cae en el mar. Cienfuegos desaparece en el mar.

Noviembre 26, 1959 Guevara es nombrado presidente del Banco Nacional de Cuba.

Marzo 4, 1960 La Coubre, un barco francés que cargaba armas belgas, explota en el puerto de La Habana como resultado de un sabotaje, matando a más de un centenar de personas; en una manifestación efectuada al día siguiente Fidel Castro proclama la consigna de la Revolución Cubana: "Patria o Muerte".

Marzo 17, 1960 El presidente Eisenhower ordena a la CIA comenzar la preparación de un ejército de exiliados cubanos para invadir a Cuba.

Mayo 8, 1960 Cuba y la Unión Soviética establecen relaciones diplomáticas.

Junio 29–Julio 1, 1960 El gobierno revolucionario nacionaliza las refinerías Texaco, Esso y Shell que se negaban a refinar el petróleo adquirido por Cuba en la Unión Soviética.

Julio 6, 1960 Eisenhower ordena la reducción de 700 000 toneladas de azúcar de la cuota que Estados Unidos había acordado comprar a Cuba.

Julio 9, 1960 La Unión Soviética anuncia que adquirirá toda el azúcar cubana que Estados Unidos había rechazado comprar.

Agosto 6, 1960 En respuesta a la agresión económica norteamericana el gobierno cubano decreta la nacionalización de las mayores compañías estadounidenses en Cuba.

Octubre 13, 1960 El gobierno revolucionario nacionaliza los Bancos de propiedad extranjera y cubana, y 382 grandes industrias de propiedad cubana.

Octubre 14, 1960 Es aprobada la Ley de Reforma Urbana. Se nacionalizan casas, a los cubanos se les garantiza el derecho a la vivienda.

Octubre 19, 1960 El gobierno norteamericano decreta un embargo parcial de comercio contra Cuba.

Octubre 21, 1960 Se fusiona el movimiento juvenil revolucionario en la Asociación de Jóvenes Rebeldes (AJR). Guevara sale a una extensa visita a la Unión Soviética, República Democrática Alemana, Checoslovaquia, China y Corea del Norte.

Octubre 24, 1960 El gobierno cubano nacionaliza el remanente de las compañías norteamericanas en Cuba.

Enero 3, 1961 Washington rompe relaciones diplomáticas con Cuba.

Enero 6, 1961 Guevara anuncia al pueblo cubano acuerdos económicos firmados con la Unión Soviética y otros países.

Enero 17, 1961 El gobierno norteamericano proscribe los viajes de ciudadanos norteamericanos a Cuba.

Febrero 23, 1961 Se crea el Ministerio de Industrias, Guevara es nombrado ministro.

Marzo 31, 1961 El presidente Kennedy elimina la cuota azucarera cubana.

Abril 15, 1961 Como preludio a los planes de invasión norteamericana, organizada con un ejército mercenario, naves aéreas atacan Santiago de Cuba y La Habana.

Abril 16, 1961 Ante una manifestación en honor a las víctimas de los ataques del día anterior, Fidel Castro proclama el carácter socialista de la revolución cubana. Cuba es puesta en alerta como anticipación a un imprevisto ataque.

Abril 17–19, 1961 Mil quinientos mercenarios de origen cubano, organizados y respaldados por Estados Unidos invaden a Cuba por Bahía de Cochinos, en la costa sudeste. Se intentaba establecer un "gobierno provisional" que reclamara la intervención directa de Estados Unidos. Fueron derrotados en menos de 72 horas, los últimos se rindieron en Playa Girón, por lo cual ese nombre ha sido usado por los cubanos para nombrar esa batalla. Guevara estuvo al frente de las fuerzas militares en la provincia de Pinar del Rio.

Agosto 8, 1961 Guevara pronuncia un discurso ante la Conferencia del Consejo Interamericano Económico y Social de la Organización de Estados Americanos (OEA) en Punta del Este, Uruguay, como jefe de la delegación cubana.

Diciembre 22, 1961 Culmina exitosamente en Cuba la campaña de alfabetización que duró un año. Cuba es declarada territorio libre de analfabetismo.

Enero 31, 1962 La OEA vota por la expulsión de Cuba.

Febrero 3, 1962 El presidente Kennedy ordena el embargo comercial total contra Cuba.

Marzo 8, 1962 Se establece la Dirección Nacional de las Organizaciones Revolucionarias Integradas (ORI) que surge de la fusión del Movimiento 26 de Julio, el Partido Socialista Popular y el Directorio Revolucionario; Guevara es miembro de la Dirección Nacional.

Agosto 27–Septiembre 7, 1962 Guevara realiza su segunda visita a la Unión Soviética.

Octubre 22, 1962 El presidente Kennedy inicia la "crisis de los mísiles cubanos" denunciando que en Cuba estaban instalados mísiles capaces de llevar cabezas de armas nucleares para defenderse contra un ataque norteamericano. Washington impone un bloqueo naval contra Cuba. Cuba responde con una movilización general para la defensa. Guevara es designado al frente de las fuerzas en la provincia de Pinar del Río como preparación a una inminente invasión norteamericana. Era en esa provincia donde estaban las instalaciones de los misiles soviéticos.

Octubre 28, 1962 El primer ministro soviético Krushchev retira los mísiles soviéticos a cambio de la garantía norteamericana de no invadir a Cuba.

1963 Se forma el Partido Unido de la Revolución Socialista (PURS). Guevara es uno de los integrantes de la Dirección Nacional.

Julio 3–17, 1963 Guevara visita a Argelia, entonces recientemente independizada, bajo el gobierno de Ahmed Ben Bella.

Marzo 1964 Guevara se encuentra con Tamara Bunke, (Tania) y discute su misión de radicar en Bolivia.

Marzo 25, 1964 Guevara se dirige a la Conferencia de Comercio y Desarrollo de Naciones Unidas en Ginebra, Suiza.

Noviembre 4–9, 1964 Guevara visita a la Unión Soviética.

Diciembre 9, 1964 Guevara sale de Cuba por tres meses para una visita de Estado.

Diciembre 11, 1964 Guevara se dirige a la Asamblea General de las Naciones Unidas.

Diciembre 17, 1964 Guevara sale de Nueva York para África, donde hasta marzo de 1965 visita Argelia, Mali, Congo (Brazzaville), Guinea, Ghana, Tanzania y Egipto.

Febrero 24, 1965 Guevara se dirige al Segundo Seminario Económico de la Organización de Solidaridad Afroasiática en Argelia.

Marzo 14, 1965 Guevara retorna a Cuba y poco tiempo después desaparece de la vista pública.

Abril 1, 1965 Guevara envía una carta de despedida a Fidel Castro. Él posteriormente sale de Cuba a una misión internacionalista en el Congo (Anteriormente Zaire y ahora República Democrática del Congo) entrando a través de Tanzania. Guevara opera bajo el nombre de Tatu.

Abril 18, 1965 Al responder una pregunta sobre el paradero de Guevara, Castro dice a los reporteros extranjeros que Guevara "siempre estará donde sea más útil a la revolución".

Julio 16, 1965 Castro anuncia que el paradero de Guevara será revelado "cuando el comandante Guevara quiera que se conozca".

Octubre 1, 1965 Se forma oficialmente el Partido Comunista de Cuba.

Octubre 3, 1965 Castro lee públicamente la carta de despedida de Guevara en la reunión de presentación del nuevo Comité Central del Partido Comunista de Cuba.

Enero 3–14, 1966 Se celebra en La Habana la Conferencia Tricontinental de Solidaridad de los Pueblos de Asia, África y América Latina.

Marzo 1966 Arriban a Bolivia los primeros combatientes cubanos para iniciar los preparativos del destacamento guerrillero.

Julio 1966 Guevara regresa en secreto a Cuba y se encuentra con los combatientes cubanos seleccionados para la misión en Bolivia que se entrenan en una zona de la provincia de Pinar del Río, en Cuba.

Noviembre 3, 1966 Guevara arriba a Bolivia enmascarado y con otra identidad.

Noviembre 7, 1966 Guevara llega al área donde el movimiento guerrillero tendrá su base; hace su primera anotación en el Diario de Bolivia.

Noviembre–Diciembre 1966 Más combatientes arriban al campamento guerrillero.

Diciembre 31, 1966 Guevara se reune con el secretario del Partido Comunista Boliviano, Mario Monje. En la entrevista surgen desacuerdos sobre la proyección de la guerrilla.

Febrero 1–Marzo 20, 1967 El destacamento guerrillero sale del campamento para explorar la región.

Marzo–Abril, 1967 Fuerzas especiales de Estados Unidos arriban a Bolivia para entrenar a las tropas contrainsurgentes del ejército boliviano.

Marzo 23, 1967 La primera acción militar guerrillera tiene lugar con un triunfo de los combatientes al emboscar a una columna del ejército boliviano.

Abril 10, 1967 La columna guerrillera dirige una emboscada exitosa contra las tropas bolivianas.

Abril 16, 1967 Se publica el mensaje de Guevara a la Tricontinental con su llamado a la creación de "dos, tres, muchos Vietnam".

Abril 17, 1967 Un destacamento de la guerrilla encabezado por Joaquín e integrado por los enfermos entre ellos Tania, se separa del resto por unos tres días pero los dos grupos no lograrán reunirse.

Abril 20, 1967 Régis Debray es arrestado después de haber pasado varias semanas con la guerrilla. Es posteriormente juzgado y sentenciado a 30 años de prisión.

Julio 6, 1967 La guerrilla ocupa el poblado de Samaipata.

Julio 26, 1967 Guevara dirige unas palabras a la guerrilla sobre el significado del ataque al Cuartel Moncada, el 26 de Julio de 1953.

Julio 31–Agosto 10, 1967 La Conferencia de la Organización de Solidaridad de América Latina (OLAS) se celebra en La Habana. La conferencia apoya los movimientos guerrilleros en toda América Latina. Che Guevara es electo como miembro honorario.

Agosto 4, 1967 Desertores le señalan al ejército boliviano los principales lugares secretos y de abastecimiento de la guerrilla; toman documentos que los dirigen al arresto de los principales contactos urbanos.

Agosto 31, 1967 El destacamento de Joaquín es emboscado y aniquilado mientras cruzaba un río después que un informante dirige a las tropas gubernamentales hasta el sitio.

Septiembre 26, 1967 Los guerrilleros caen en una emboscada. Tres resultan muertos y las fuerzas gubernamentales rodean al remanente de la guerrilla.

Octubre 8, 1967 Los restantes 17 guerrilleros caen en un cerco del ejército boliviano y se inicia el combate de la Quebrada del Yuro. Guevara es herido y resulta capturado.

Octubre 9, 1967 Guevara y otros guerrilleros capturados son asesinados siguiendo instrucciones del gobierno boliviano y de Washington.

Octubre 15, 1967 Comparece en la televisión cubana Fidel Castro confirmando la noticia de la muerte de Guevara y declara tres días de Duelo Oficial en Cuba. Es designado el 8 de Octubre como "Día del Guerrillero Heroico".

Octubre 18, 1967 Se realiza en la Plaza de la Revolución, en La Habana, una velada solemne en honor al Che Guevara. Las palabras centrales son pronunciadas por Fidel Castro.

Febrero 22, 1968 Tres sobrevivientes cubanos cruzan la frontera con Chile, después de haber viajado a través de Los Andes a pie para eludir al ejército boliviano. Regresan a Cuba posteriormente.

Mediados de marzo, 1968 Un microfilm con el Diario de Guevara en Bolivia llega a Cuba.

Julio 1, 1968 El diario de Guevara en Bolivia es publicado en Cuba y distribuido gratis al pueblo cubano. La introducción es hecha por Fidel Castro.

Junio 28, 1997 Los restos de Guevara son descubiertos en Bolivia, casi tres décadas después de haber sido ocultados.

Octubre 1997 Los restos de Guevara y sus compañeros de la guerrilla son colocados en el Memorial "Che Guevara" en la ciudad de Santa Clara en Cuba.

PARTE 1

LA GUERRA REVOLUCIONARIA EN CUBA

"Nosotros estamos ahora en una posición en la cual somos mucho más que un simple instrumento de una nación. Nosotros ahora somos la esperanza de la irredenta América."

Episodios de la Guerra Revolucionaria

El 2 de diciembre de 1956, Fidel Castro y otros 81 combatientes, incluyendo al Che Guevara, desembarcan en Cuba para comenzar la guerra revolucionaria contra el régimen de Fulgencio Batista apoyado por Estados Unidos. En los dos años siguientes, el Ejército Rebelde conducido por una guerrilla siempre creciente que ganó el apoyo popular en el campo y la ciudad, culminó con la victoria revolucionaria del 1ro. de enero de 1959. Entre 1959 y 1964 Guevara escribió un número de artículos describiendo algunas de sus experiencias como combatiente y comandante guerrillero. Estos fueron más tarde publicados en un libro titulado Pasajes de la guerra revolucionaria. *Estos son algunos artículos seleccionados de aquellos acontecimientos.*

Una Revolución que comienza

La historia de la agresión militar que se consumó el 10 de marzo de 1952 —golpe incruento dirigido por Fulgencio Batista— no empieza, naturalmente, el mismo día del cuartelazo. Sus antecedentes habría que buscarlos muy atrás en la historia de Cuba: mucho más atrás que la intervención del embajador norteamericano Summer Welles, en el año 1933; más atrás aún que la Enmienda Platt, del año 1901; más atrás que el desembarco del héroe Narciso López, enviado directo de los anexionistas norteamericanos, hasta llegar a la raíz del tema en los tiempos de John Quincy Adams, quien a principios del siglo XVIII anunció la constante de la política de su país respecto a Cuba: una manzana que, desgajada de España, debía caer fatalmente en manos del Uncle Sam. Son eslabones de una larga cadena de agresiones continentales que no se ejercen solamente sobre Cuba.[1]

Esta marea, este fluir y refluir del oleaje imperial, se marca por las caídas de gobiernos democráticos o por el surgimiento de otros nuevos ante el empuje incontenible de las multitudes. La historia tiene características parecidas en toda América Latina: los gobiernos dictatoriales representan a una pequeña minoría y suben por un golpe de estado; los gobiernos democráticos de amplia base popular ascienden laboriosamente y, muchas veces, antes de asumir el poder, ya están estigmatizados por la serie de concesiones previas que han debido hacer para mantenerse. Y, aunque la Revolución cubana marca, en ese sentido, una excepción en toda América Latina, era preciso señalar los antecedentes de todo este proceso, pues el que esto escribe, llevado y traído por las olas de los movimientos sociales que convulsionan a América, tuvo oportunidad de conocer, debido a estas causas, a otro exilado americano: a Fidel Castro.

Lo conocí en una de esas frías noches de México, y recuerdo que nuestra primera discusión versó sobre política internacional. A las pocas horas de la misma noche —en la madrugada— era yo uno de los futuros expedicionarios. Pero me interesa aclarar cómo y por qué conocí en México al actual Jefe de Gobierno en Cuba. Fue en el reflujo de los gobiernos democráticos en 1954, cuando la última democracia revolucionaria americana que se mantenía en pie en esta área —la de Jacobo Arbenz Guzmán— sucumbía ante la agresión meditada, fría, llevada a cabo por los Estados Unidos de Norteamérica tras la cortina de humo de su propaganda continental. Su cabeza visible era el Secretario de Estado, Foster Dulles, que por rara coincidencia también era abogado y accionista de United Fruit Company, la principal empresa imperialista existente en Guatemala.

De allí regresaba uno en derrota, unido por el dolor a todos los guatemaltecos, esperando, buscando la forma de rehacer un porvenir para aquella patria angustiada. Y Fidel venía a México a buscar un terreno neutral donde preparar a sus hombres para el gran impulso. Ya se había producido una escisión interna, luego del asalto al cuartel Moncada, en Santiago de Cuba,[2] separándose todos los de ánimo flojo, todos los que por uno u otro motivo se incorporaron a partidos políticos o grupos revolucionarios, que exigían menos sacrificio. Ya las nuevas promociones ingresaban en las flamantes filas del llamado "Movimiento 26 de Julio", fecha que marcaba el ataque al cuartel Moncada, en 1953. Empezaba una tarea durísima para los encargados de adiestrar a esa gente, en medio de la clandestinidad imprescindible en México, luchando contra el gobierno mexicano, contra los agentes del FBI norteamericano y los de Batista, contra estas tres combinaciones que se conjugaban de una u otra manera, y donde mucho intervenía el dinero y la venta personal. Además, había que luchar contra los espías de Trujillo, contra la mala selección hecha del material humano —sobre todo en Miami— y, después de vencer todas estas dificultades, debíamos lograr algo importantísimo: salir... y, luego... llegar, y lo demás que, en ese momento, nos parecía fácil. Hoy aquilatamos lo que aquello costó en esfuerzos, en sacrificios y vidas.

Fidel Castro, auxiliado por un pequeño equipo de íntimos, se dio con toda su vocación y su extraordinario espíritu de trabajo a la tarea de organizar las huestes armadas que saldrían hacia Cuba. Casi nunca dio clases de táctica militar, porque el tiempo le resultaba corto para ello. Los demás pudimos aprender bastante con el general Alberto Bayo. Mi impresión casi instantánea, al escuchar las primeras clases, fue la posibilidad de triunfo que veía muy dudosa al enrolarme con el comandante rebelde, al cual me ligaba, desde el principio, un lazo de romántica simpatía aventurera y la consideración de que valía la pena morir en una playa extranjera por un ideal tan puro.

Así fueron pasando varios meses. Nuestra puntería empezó a perfilarse y salieron los maestros tiradores. Hallamos un rancho en México, donde bajo la dirección del general Bayo —estando yo como jefe de personal— se hizo el último apronte, para salir en marzo de 1956. Sin embargo, en esos días dos cuerpos policíacos mexicanos, ambos pagados por Batista, estaban a la caza de Fidel Castro, y uno de ellos tuvo la buenaventura económica de detenerle, cometiendo el absurdo error —también económico— de no matarlo, después de hacerlo prisionero. Muchos de sus seguidores cayeron en pocos días más; también cayó en poder de la policía nuestro rancho, situado en las afueras de la ciudad de México y fuimos todos a la cárcel.

Aquello demoró el inicio de la última parte de la primera etapa. Hubo quienes estuvieron en prisión cincuenta y siete días, contados uno a uno, con la amenaza perenne de la extradición sobre nuestras cabezas (somos testigos el comandante Calixto García y yo). Pero, en ningún momento perdimos nuestra confianza personal en Fidel Castro. Y es que Fidel tuvo algunos gestos que, casi podríamos decir, comprometían su actitud revolucionaria en pro de la amistad. Recuerdo que le expuse específicamente mi caso: un extranjero, ilegal en México, con toda una serie de cargos encima. Le dije que no debía de manera alguna pararse por mí la revolución, y que podía dejarme; que yo comprendía la situación y que trataría de ir a pelear desde donde me lo mandaran y que el único esfuerzo debía hacerse para que me enviaran a un país cercano y no a la Argentina. También recuerdo la respuesta tajante de Fidel: "Yo no te abandono." Y así fue, porque hubo que distraer tiempo y dinero preciosos para sacarnos de la cárcel mexicana. Esas actitudes personales de Fidel con la gente que aprecia son la clave del fanatismo que crea a su alrededor, donde se suma a una adhesión de principios, una adhesión personal, que hace de este Ejército Rebelde un bloque indivisible.

Pasaron los días, trabajando en la clandestinidad, escondiéndonos donde podíamos, rehuyendo en lo posible toda presencia pública, casi sin salir a la calle. Pasados unos meses, nos enteramos de que había un traidor en nuestras filas, cuyo nombre no conocíamos, y que había vendido un cargamento de armas. Sabíamos también que había vendido el yate y un transmisor, aunque todavía no estaba hecho el "contrato legal" de la venta. Esta primera entrega sirvió para demostrar a las autoridades cubanas que, efectivamente, el traidor conocía nuestras interioridades. Fue también lo que nos salvó, al demostrarnos lo mismo. Una actividad febril hubo de ser desarrollada a partir de ese momento: el Granma fue acondicionado a una velocidad extraordinaria; se amontonaron cuantas vituallas conseguimos, bien pocas por cierto, y uniformes, rifles, equipos, dos fusiles antitanques casi sin balas. En fin, el 25 de noviembre de 1956, a las dos de la madrugada, empezaban a hacerse realidad las frases de Fidel, que habían servido de mofa a la prensa oficialista: "En el año 1956 seremos libres o seremos mártires."

Salimos, con las luces apagadas, del puerto de Tuxpan en medio de un hacinamiento infernal de materiales de toda clase y de hombres. Teníamos muy mal tiempo y, aunque la navegación estaba prohibida, el estuario del río se mantenía tranquilo. Cruzamos la boca del puerto yucateco, y a poco más, se encendieron las luces. Empezamos la búsqueda frenética de los antihistamínicos contra el mareo, que no aparecían; se cantaron los himnos nacional cubano y del 26 de Julio, quizá durante cinco minutos en total, y después el barco entero presentaba un aspecto ridículamente trágico: hombres con la angustia reflejada en el rostro, agarrándose el estómago. Unos con la cabeza metida dentro de un cubo y otros tumbados en las más extrañas posiciones, inmóviles y con las ropas sucias por el vómito. Salvo dos o tres marinos y cuatro o cinco personas más, el resto de los ochenta y dos tripulantes se marearon. Pero al cuarto o quinto día el panorama general se alivió un poco. Descubrimos que la vía de agua que tenía el barco no era tal, sino una llave de los servicios sanitarios abierta. Ya habíamos botado todo lo innecesario, para aligerar el lastre.

La ruta elegida comprendía una vuelta grande por el sur de Cuba, bordeando Jamaica, las islas del Gran Caimán, hasta el desembarco en algún lugar cercano al pueblo de Niquero, en la provincia de Oriente. Los planes se cumplían con bastante lentitud: el día 30 oímos por radio la noticia de los motines en Santiago de Cuba que había provocado nuestro gran Frank País, considerando sincronizarlos con el arribo de la expedición. Al día siguiente, primero de diciembre, en la noche, poníamos la proa en línea recta hacia Cuba, buscando desesperadamente el faro de Cabo Cruz, carentes de agua, petróleo y comida. A las dos de la madrugada, con una noche negra, de temporal, la situación era inquietante. Iban y venían los vigías buscando la estela de luz que no aparecía en el horizonte. Roque, exteniente de la marina de guerra, subió una vez más al pequeño puente superior, para atisbar la luz del Cabo, y perdió pie, cayendo al agua. Al rato de reiniciada la marcha, ya veíamos la luz, pero, el asmático caminar de nuestra lancha hizo interminables las últimas horas del viaje. Ya de día arribamos a Cuba por el lugar conocido por Belic, en la playa de Las Coloradas.

Un barco de cabotaje nos vio, comunicando telegráficamente el hallazgo al ejército de Batista. Apenas bajamos, con toda premura y llevando lo imprescindible, nos introducimos en la ciénaga, cuando fuimos atacados por la aviación enemiga. Naturalmente, caminando por los pantanos cubiertos de manglares no éramos vistos ni hostilizados por la aviación, pero ya el ejército de la dictadura andaba sobre nuestros pasos.

Tardamos varias horas en salir de la ciénaga, a donde la impericia e irresponsabilidad de un compañero que se dijo conocedor nos arrojara. Quedamos en tierra firme, a la deriva, dando traspiés, constituyendo un ejército de sombras, de fantasmas, que caminaban como siguiendo el impulso de algún oscuro mecanismo síquico. Habían sido siete días de hambre y de mareo continuos durante la travesía, sumados a tres días más, terribles, en tierra. A los diez días exactos de la salida de México, el 5 de diciembre de madrugada, después de una marcha nocturna interrumpida por los desmayos y las fatigas y los descansos de la tropa, alcanzamos un punto conocido paradójicamente por el nombre de Alegría de Pío. Era un pequeño cayo de monte, ladeando un cañaveral por un costado y por otros abierto a unas abras, iniciándose más lejos el bosque cerrado. El lugar era mal elegido para campamento, pero hicimos un alto para pasar el día y reiniciar la marcha en la noche inmediata.

Alegría de Pío

Alegría de Pío es un lugar de la provincia de Oriente, municipio de Niquero, sito cerca de Cabo Cruz, donde fuimos sorprendidos el día 5 de diciembre de 1956 por las tropas de la dictadura.

Veníamos extenuados después de una caminata no tan larga como penosa. Habíamos desembarcado el 2 de diciembre en el lugar conocido por playa de Las Coloradas, perdiendo casi todo nuestro equipo y caminando durante interminables horas por ciénagas de agua de mar, con botas nuevas; esto había provocado ulceraciones en los pies de casi toda la tropa. Pero no era nuestro único enemigo el calzado o las afecciones fúngicas. Habíamos llegado a Cuba después de siete días de marcha a través del Golfo de México y el Mar Caribe, sin alimentos, con el barco en malas condiciones, casi todo el mundo mareado por falta de costumbre de navegación, después de salir el 25 de noviembre del puerto de Tuxpan, un día de norte, en que la navegación estaba prohibida. Todo esto había dejado sus huellas en la tropa integrada por bisoños que nunca habían entrado en combate.

Ya no quedaba de nuestros equipos de guerra nada más que el fusil, la canana y algunas balas mojadas. Nuestro arsenal médico había desaparecido, nuestras mochilas se habían quedado en los pantanos, en su gran mayoría. Caminamos de noche, el día anterior, por las guardarrayas de las cañas del Central Niquero [New Niquero Sugar Company], que pertenecía a Julio Lobo en aquella época. Debido a nuestra inexperiencia, saciábamos nuestra hambre y nuestra sed comiendo cañas a la orilla del camino y dejando allí el bagazo; pero además de eso, no necesitaron los guardias el auxilio de pesquisas indirectas, pues nuestro guía, según nos enteramos años después, fue el autor principal de la traición, llevándolos hasta nosotros. Al guía se le había dejado en libertad la noche anterior, cometiendo un error que repetiríamos algunas veces durante la lucha, hasta aprender que los elementos de la población civil cuyos antecedentes se desconocen deben ser vigilados siempre que se esté en zonas de peligro. Nunca debimos permitirle irse a nuestro falso guía.

En la madrugada del día 5, eran pocos los que podían dar un paso más; la gente desmayada, caminaba pequeñas distancias para pedir descansos prolongados. Debido a ello, se ordenó un alto a la orilla de un cañaveral, en un bosquecito ralo, relativamente cercano al monte firme. La mayoría de nosotros durmió aquella mañana.

Señales desacostumbradas empezaron a ocurrir a mediodía, cuando los aviones Biber [Beaver] y otros tipos de avionetas del ejército y de particulares empezaron a rondar por las cercanías. Algunos de nuestro grupo, tranquilamente, cortaban cañas mientras pasaban los aviones sin pensar en lo visibles que eran dadas la baja altura y poca velocidad a que volaban los aparatos enemigos. Mi tarea en aquella época, como médico de la tropa, era curar las llagas de los pies heridos. Creo recordar mi última cura en aquel día. Se llamaba aquel compañero Humberto Lamotte y esa era su última jornada. Está en mi memoria la figura cansada y angustiada llevando en la mano los zapatos que no podía ponerse mientras se dirigía del botiquín de campaña hasta su puesto.

El compañero [Jesús] Montané y yo estábamos recostados contra un tronco, hablando de nuestros respectivos hijos; comíamos la magra ración —medio chorizo y dos galletas— cuando sonó un disparo; una diferencia de segundos solamente y un huracán de balas —al menos eso pareció a nuestro angustiado espíritu durante aquella prueba de fuego— se cernía sobre el grupo de 82 hombres. Mi fusil no era de los mejores, deliberadamente lo había pedido así porque mis condiciones físicas eran deplorables después de un largo ataque de asma soportado durante toda la travesía marítima y no quería que se fuera a perder un arma buena en mis manos. No sé en qué momento ni cómo sucedieron las cosas; los recuerdos ya son borrosos. Me acuerdo que, en medio del tiroteo, [Juan] Almeida —en ese entonces capitán— vino a mi lado para preguntar las órdenes que había, pero ya no había nadie allí para darlas. Según me enteré después, Fidel trató en vano de agrupar a la gente en el cañaveral cercano, al que había que llegar cruzando la guardarraya solamente. La sorpresa había sido demasiado grande, las balas demasiado nutridas. Almeida volvió a hacerse cargo de su grupo, en ese momento un compañero dejó una caja de balas casi a mis pies, se lo indiqué y el hombre me contestó con cara que recuerdo perfectamente, por la angustia que reflejaba, algo así como "no es hora para cajas de balas", e inmediatamente siguió el camino del cañaveral (después murió asesinado por uno de los esbirros de Batista). Quizás ésa fue la primera vez que tuve planteado prácticamente ante mí el dilema de mi dedicación a la medicina o a mi deber de soldado revolucionario. Tenía delante una mochila llena de medicamentos y una caja de balas, las dos eran mucho peso para transportarlas juntas; tomé la caja de balas, dejando la mochila para cruzar el claro que me separaba de las cañas. Recuerdo perfectamente a Faustino Pérez, de rodillas en la guardarraya, disparando su pistola ametralladora. Cerca de mí un compañero llamado [Emilio] Arbentosa, caminaba hacia el cañaveral. Una ráfaga que no se distinguió de las demás, nos alcanzó a los dos. Sentí un fuerte golpe en el pecho y una herida en el cuello; me di a mí mismo por muerto. Arbentosa, vomitando sangre por la nariz, la boca y la enorme herida de la bala cuarenta y cinco, gritó algo así como "me mataron" y empezó a disparar alocadamente pues no se veía a nadie en aquel momento. Le dije a Faustino, desde el suelo, "me fastidiaron" (pero más fuerte la palabra), Faustino me echó una mirada en medio de su tarea y me dijo que no era nada, pero en sus ojos se leía la condena que significaba mi herida.

Quedé tendido; disparé un tiro hacia el monte siguiendo el mismo oscuro impulso del herido. Inmediatamente, me puse a pensar en la mejor manera de morir en ese minuto en que parecía todo perdido. Recordé un viejo cuento de Jack London, donde el protagonista, apoyado en un tronco de árbol se dispone a acabar con dignidad su vida, al saberse condenado a muerte por congelación, en las zonas heladas de Alaska. Es la única imagen que recuerdo. Alguien, de rodillas, gritaba que había que rendirse y se oyó atrás una voz, que después supe pertenecía a Camilo Cienfuegos, gritando: "Aquí no se rinde nadie..." y una palabrota después. [José] Ponce se acercó agitado, con la respiración anhelante, mostrando un balazo que aparentemente le atravesaba el pulmón. Me dijo que estaba herido y le manifesté, con toda indiferencia, que yo también. Siguió Ponce arrastrándose hacia el cañaveral, así como otros compañeros ilesos. Por un momento quedé solo, tendido allí esperando la muerte. Almeida llegó hasta mí y me dio ánimos para seguir; a pesar de los dolores, lo hice y entramos en el cañaveral. Allí vi al gran compañero Raúl Suárez, con su dedo pulgar destrozado por una bala y Faustino Pérez vendándoselo junto a un tronco; después todo se confundía en medio de las avionetas que pasaban bajo, tirando algunos disparos de ametralladora, sembrando más confusión en medio de escenas a veces dantescas y a veces grotescas, como la de un corpulento combatiente que quería esconderse tras de una caña, y otro que pedía silencio en medio de la batahola tremenda de los tiros, sin saberse bien para qué.

Se formó un grupo que dirigía Almeida y en el que estábamos además el hoy comandante Ramiro Valdés, en aquella época teniente, y los compañeros [Rafael] Chao y [Reinaldo] Benítez; con Almeida a la cabeza, cruzamos la última guardarraya del cañaveral para alcanzar un monte salvador. En ese momento se oían los primeros gritos: "fuego", en el cañaveral y se levantaban columnas de humo y fuego; aunque esto no lo puedo asegurar, porque pensaba más en la amargura de la derrota y en la inminencia de mi muerte, que en los acontecimientos de la lucha. Caminamos hasta que la noche nos impidió avanzar y resolvimos dormir todos juntos, amontonados, atacados por los mosquitos, atenazados por la sed y el hambre. Así fue nuestro bautismo de fuego, el día 5 de diciembre de 1956, en las cercanías de Niquero. Así se inició la forja de lo que sería el Ejército Rebelde.

Combate de La Plata

El ataque a un pequeño cuartel que existía en la desembocadura del río de La Plata, en la Sierra Maestra, constituyó nuestra primera victoria y tuvo cierta resonancia, más lejana que la abrupta región donde se realizó. Fue un llamado de atención a todos, la demostración de que el Ejército Rebelde existía y estaba dispuesto a luchar y, para nosotros, la reafirmación de nuestras posibilidades de triunfo final.

El día 14 de enero de 1957, poco más de un mes después de la sorpresa de Alegría de Pío, paramos en el río Magdalena que está separado de La Plata por un firme que sale de la Maestra y muere en el mar dividiendo las dos pequeñas cuencas. Allí hicimos algunos ejercicios de tiro, ordenados por Fidel para entrenar algo a la gente; algunos tiraban por primera vez en su vida. Allí nos bañamos también, después de muchos días de ignorar la higiene y, los que pudieron, cambiaron sus ropas. En aquel momento había veintitrés armas efectivas; nueve fusiles con mirilla telescópica, cinco semiautomáticos, cuatro de cerrojo, dos ametralladoras Thompson, dos pistolas ametralladoras y una escopeta calibre 16. Por la tarde de ese día subimos la última loma antes de llegar a las inmediaciones de La Plata. Seguíamos un angosto trillo del bosque transitado por muy pocas personas y marcado especialmente para nosotros a punta de machete por un campesino de la región, llamado Melquiades Elías. Este nombre nos fue dado por nuestro guía Eutimio, que en esa época era imprescindible para nosotros y la imagen del campesinado rebelde; pero algún tiempo después fue apresado por Casillas, quien en vez de matarlo lo compró con la oferta de $10 000 y un grado en el ejército si mataba a Fidel. Estuvo muy cerca de su intento, pero le faltó valor para hacerlo; sin embargo, muy importante fue su acción, delatando nuestros campamentos.

En aquella época, Eutimio nos servía lealmente; era uno de los tantos campesinos que luchaban por sus tierras contra los terratenientes de la región, y quien luchara contra los terratenientes, luchaba al mismo tiempo contra la guardia que era la servidora de aquella clase.

Durante el camino de ese día, tomamos a dos campesinos prisioneros que resultaron ser parientes del guía: uno de ellos fue puesto en libertad pero el otro fue retenido, como medida de precaución. Al día siguiente, 15 de enero, avistamos el cuartel de La Plata, a medio construir, con sus láminas de zinc y vimos un grupo de hombres semidesnudos en los que se adivinaba, sin embargo, el uniforme enemigo. Pudimos observar cómo, a las seis de la tarde, antes de caer el sol, llegaba una lancha cargada de guardias, bajando unos y subiendo otros. Como no comprendimos bien las evoluciones decidimos dejar el ataque para el día siguiente.

Desde el amanecer del 16 se puso observación sobre el cuartel. Se había retirado el guardacostas por la noche; se iniciaron labores de exploración pero no se veían soldados por ninguna parte. A las tres de la tarde, decidimos ir acercándonos al camino que sube del cuartel bordeando el río para tratar de observar algo; al anochecer, cruzamos el río de La Plata que no tiene profundidad alguna y nos apostamos en el camino; a los cinco minutos, tomamos prisioneros a dos campesinos. Uno de los hombres tenía algunos antecedentes de chivato; al saber quiénes éramos y expresarles que no teníamos buenas intenciones si no hablaban claro, dieron informaciones valiosas. Había unos soldados en el cuartel, aproximadamente una quincena, y, además, al rato debía pasar uno de los tres famosos mayorales de la región: Chicho Osorio. Estos mayorales pertenecían al latifundio de la familia Laviti que había creado un enorme feudo y lo mantenía mediante el terror con la ayuda de individuos como Chicho Osorio. Al poco rato, apareció el nombrado Chicho, borracho, montado en un mulo y con un negrito a horcajadas. Universo Sánchez le dio el alto en nombre de la guardia rural, y éste rápidamente contestó: "mosquito"; era la contraseña.

A pesar de nuestro aspecto patibulario, quizás por el grado de embriaguez de ese sujeto, pudimos engañar a Chicho Osorio. Fidel, con aire indignado, le dijo que era un coronel del ejército, que venía a investigar por qué razón no se había liquidado ya a los rebeldes, que él sí se metía en el monte, por eso estaba barbudo, que era una "basura" lo que estaba haciendo el ejército; en fin, habló bastante mal de la ejecutividad de las fuerzas enemigas. Con gran sumisión, Chicho Osorio contó que, efectivamente, los guardias se la pasaban en el cuartel, que solamente comían, sin actuar; que hacían recorridos sin importancia; manifestó enfáticamente que había que liquidar a todos los rebeldes. Se empezó a hacer discretamente una relación de la gente amiga y enemiga en la zona, preguntándole por ella a Chicho Osorio y, naturalmente, poniéndolo al revés, cuando Chicho decía que alguno era malo, ya teníamos una base para decir que era bueno. Así se juntaron veintitantos nombres, y el chivato seguía hablando; nos contó cómo habían muerto dos hombres en esos lugares; "pero mi general Batista me dejó libre enseguida"; nos dijo cómo acababa de darles unas bofetadas a unos campesinos que se habían puesto "un poco malcriados" y que, además, según sus propias palabras, los guardias eran incapaces de hacer eso; los dejaban hablar sin castigarlos. Le preguntó Fidel qué cosa haría él con Fidel Castro en caso de agarrarlo, y entonces contestó con un gesto explicativo que había que partirle los... igualmente opinó de Crescencio [Pérez]. Mire, dijo, mostrando los zapatos de nuestra tropa, de factura mexicana, "de uno de estos hijos de... que matamos". Allí, sin saberlo, Chicho Osorio había firmado su propia sentencia de muerte. Al final, ante la insinuación de Fidel, accedió a guiarnos para sorprender a todos los soldados y demostrarles que estaban muy mal preparados y que no cumplían con su deber.

Nos acercamos hacia el cuartel, teniendo como guía a Chicho Osorio, aunque personalmente no estaba muy seguro de que aquel hombre no se hubiera percatado ya de la estratagema. Sin embargo, siguió con toda ingenuidad, pues estaba tan borracho que no podía discernir; al cruzar nuevamente el río para acercarnos al cuartel, Fidel le dijo que las ordenanzas militares establecían que el prisionero debía estar amarrado; el hombre no opuso resistencia, siguió como prisionero, aunque sin saberlo. Explicó que la única guardia establecida era una entrada en el cuartel en construcción y la casa de otro de los mayorales llamado Honorio, y nos guió hasta un lugar cercano al cuartel por donde pasaba el camino al Macío. El compañero Luis Crespo, hoy comandante, fue enviado a explorar y volvió con la noticia de que eran exactos los informes del mayoral, pues se veían las dos construcciones y el punto rojo de los cigarros de la guardia en el medio.

Cuando estábamos listos para acercarnos tuvimos que escondernos y dejar pasar a tres guardias a caballo que pasaban, arriando como una mula a un prisionero de a pie. Al lado mío pasó, y recuerdo las palabras del pobre campesino que decía: "Yo soy como ustedes" y la contestación de un hombre, que después identificamos como el cabo Basol [Bassols], "cállate y sigue antes de que te haga caminar a latigazos". Nosotros creíamos que ese campesino quedaba fuera de peligro al no estar en el cuartel, expuesto a nuestras balas en el momento del ataque; sin embargo, al día siguiente, cuando se enteraron del combate y sus resultados fue asesinado vilmente en el Macío.

Teníamos preparado el ataque con veintidós armas disponibles. Era un momento importante, pues teníamos muy pocas balas; había que tomar el cuartel de todas maneras, el no tomarlo significaba gastar todo el parque, quedar prácticamente indefensos. El compañero teniente Julito Díaz, caído gloriosamente en el Uvero, con Camilo Cienfuegos, [Reinaldo] Benítez y Calixto Morales, con fusiles semiautomáticos, cercarían la casa de guano por la extrema derecha. Fidel, Universo Sánchez, Luis Crespo, Calixto García, (Reynaldo) Fajardo —hoy comandante del mismo apellido que nuestro médico, Piti Fajardo, caído en el Escambray— y yo, atacaríamos por el centro. Raúl [Castro] con su escuadra y Almeida con la suya, el cuartel, por la izquierda.

Así fuimos acercándonos a las posiciones enemigas hasta llegar a unos cuarenta metros. Había buena luna. Fidel inició el tiroteo con dos ráfagas de ametralladora y fue seguido por todos los fusiles disponibles. Inmediatamente, se invitó a rendirse a los soldados, pero sin resultado alguno. En el momento de iniciarse el tiroteo fue ajusticiado el chivato y asesino Chicho Osorio.

El ataque se había iniciado a las dos y cuarenta de la madrugada y los guardias hicieron más resistencia de la esperada, había un sargento que tenía un M-1, y respondía con una descarga cada vez que le intimábamos la rendición; se dieron órdenes de disparar nuestras viejas granadas de tipo brasileño; Luis Crespo tiró la suya, yo la que me pertenecía. Sin embargo, no estallaron. Raúl Castro tiró dinamita sin niple y ésta no hizo ningún efecto. Había entonces que acercarse y quemar las casas aun a riesgo de la propia vida; en aquellos momentos Universo Sánchez trató de hacerlo primero y fracasó, después Camilo Cienfuegos tampoco pudo hacerlo y, al final, Luis Crespo y yo nos acercamos a un rancho que este compañero incendió. A la luz del incendio pudimos ver que era simplemente un lugar donde guardaban los frutos del cocotal cercano, pero intimidamos a los soldados que abandonaron la lucha. Uno huyendo fue casi a chocar contra el fusil de Luis Crespo que lo hirió en el pecho, le quitó el arma y seguimos disparando contra la casa. Camilo Cienfuegos, parapetado detrás de un árbol disparó contra el sargento, que huía y agotó los pocos cartuchos de que disponía.

Los soldados, casi sin defensa, eran inmisericordemente heridos por nuestras balas. Camilo Cienfuegos entró primero, por nuestro lado, a la casa de donde llegaban gritos de rendición. Hicimos rápidamente el balance que había dejado el combate en armas: ocho Springfield, una ametralladora Thompson y unos mil tiros; nosotros habíamos gastado unos quinientos tiros aproximadamente. Además, teníamos cananas, combustible, cuchillos, ropas, alguna comida. El recuento de bajas: ellos tenían dos muertos y cinco heridos, además tres prisioneros. Algunos junto con el chivato Honorio, habían huido. Por nuestra parte, ni un rasguño. Se les dio fuego a las casas de los soldados y nos retiramos, luego de atender lo mejor posible a los heridos, tres de ellos de mucha gravedad, que luego murieron, según nos enteramos después de la victoria final, los dejamos al cuidado de los soldados prisioneros. Uno de estos soldados, se incorporó después a las tropas del comandante Raúl Castro y alcanzó el grado de teniente, muriendo en un accidente aéreo ya después de ganada la guerra.

Siempre contrastaba nuestra actitud con los heridos y la del ejército, que no solo asesinaba a nuestros heridos sino que abandonaba a los suyos. Esta diferencia fue haciendo su efecto con el tiempo y constituyó uno de los factores de triunfo. Allí, con mucho dolor para mí, que sentía como médico la necesidad de mantener reservas para nuestras tropas, ordenó Fidel que se entregaran a los prisioneros todas las medicinas disponibles para el cuidado de los soldados heridos, y así lo hicimos. Dejamos también en libertad a los civiles y, a las cuatro y treinta de la mañana del día 17, salíamos rumbo a Palma Mocha, adonde llegamos al amanecer internándonos rápidamente, buscando las zonas más abruptas de la Maestra.

Un espectáculo lastimoso se ofrecía a nuestros ojos; un cabo y un mayoral habían afirmado la víspera, a todas las familias presentes, que la aviación bombardearía todo aquello y entonces iniciaron un éxodo hacia la costa. Como nadie conocía nuestra estancia en el lugar, era claramente una maniobra entre los mayorales y la guardia rural para despojar a los guajiros de sus tierras y pertenencias, pero la mentira de ellos había coincidido con nuestro ataque y ahora se hacía verdad, de modo que el terror se sembró en ese momento y fue imposible detener el éxodo campesino.

Éste fue el primer combate victorioso de los ejércitos rebeldes; en éste y el combate siguiente, fue el único momento de la vida de nuestra tropa donde nosotros hayamos tenido más armas que hombres... El campesino no estaba preparado para incorporarse a la lucha y la comunicación con las bases de la ciudad prácticamente no existía.

Se gesta una traición

Daba gusto ver de nuevo a nuestra tropa[3] con más disciplina, con mucha más moral, con cerca de doscientos hombres, algunas armas nuevas entre ellas. Realmente se nota que el cambio cualitativo de que ya hemos hablado, estaba manifestándose en la Sierra Maestra. Existía un verdadero territorio libre, las medidas de precaución no eran tan necesarias y había cierta libertad para conversar de noche, para remolonear más sobre la hamaca y daban autorización para moverse en los caseríos de los vecinos de la Sierra entablando una relación más estrecha con ellos. Dio verdadera alegría también el recibimiento que nos hicieron los viejos compañeros.

Pero las *vedettes* de esos días fueron Felipe Pazos y Raúl Chibás. Eran dos personalidades totalmente distintas. Raúl Chibás vivía solo del prestigio de su hermano, [Eduardo] verdadero símbolo de una época de Cuba, pero no tenía ninguna de sus virtudes; ni expresivo, ni sagaz, ni inteligente tampoco. Lo que le permitía ser figura señera y simbólica del Partido Ortodoxo, era precisamente su absoluta mediocridad. Hablaba muy poco y quería irse rápidamente de la Sierra.

Felipe Pazos tenía una personalidad propia, prestigio de gran economista y, además, una fama de persona honesta ganada por el sistema de no asaltar el erario público en un gobierno de dolor y latrocinio extremos como lo fue el de Carlos Prío Socarrás, donde ejerció la presidencia del

Banco Nacional. Magnífico mérito, podrán pensar, mantenerse impoluto en aquella época. Mérito quizás, como funcionario que sigue su carrera administrativa insensible a los graves problemas del país; pero ¿cómo puede pensarse en un revolucionario que no denuncie día a día los atropellos inconcebibles de aquella época? Felipe Pazos se las ingenió para no hacerlo y para salir de la presidencia del Banco Nacional de Cuba, después del cuartelazo de Batista, adornado de los más grandes prestigios; su honradez, su inteligencia y sus grandes dotes de economista. Petulante, pensaba llegar a la Sierra a dominar la situación, era el hombre elegido, en su cerebro de pequeño Maquiavelo, para dirigir los destinos del país. Quizás ya hubiera incubado la idea de su traición al Movimiento o esto fuera posterior, pero su conducta nunca fue enteramente franca.

Amparado en la declaración conjunta [Manifiesto de la Sierra] que analizaremos, se autotituló luego delegado del 26 de Julio en Miami e iba a ser nombrado Presidente Provisional de la República. De esta manera, se aseguraba Prío un hombre de confianza en la dirección del gobierno provisional.

Tuvimos poco tiempo para conversar en aquellos días, pero Fidel me contó de sus esfuerzos para hacer que el documento fuera realmente combativo y que sentara las bases de una declaración de principios. Un intento difícil contra aquellas dos mentalidades cavernícolas e insensibles al llamamiento de la lucha popular.

Insistía fundamentalmente el manifiesto en "la consigna de un gran frente cívico revolucionario que comprendía a todos los partidos políticos de la oposición, todas las instituciones cívicas y todas las fuerzas revolucionarias".

Se hacía una serie de proposiciones: la "formación de un frente cívico revolucionario en un frente común de lucha"; la designación de "una figura llamada a presidir el gobierno provisional"; la declaración expresa de que el frente no invocaba ni aceptaba la mediación de otra nación en los asuntos internos de Cuba; "no aceptaría que gobernara provisionalmente la República ningún tipo de junta militar"; la decisión de apartar al ejército totalmente de la política y garantizar a los institutos armados su intangibilidad; declarar que celebrarían elecciones en el término de un año.

El programa bajo el cual debía regirse el gobierno provisional anunciaba libertad para todos los presos políticos, civiles y militares; garantía absoluta de libertad de información a la prensa radial y escrita y todos los derechos individuales y políticos garantizados por la Constitución; designación de alcaldes provisionales en todos los municipios, previa consulta con las instituciones cívicas de la localidad; supresión del peculado en todas sus formas y adopción de medidas que tendieran a incrementar la eficiencia en todos los organismos del Estado; establecimiento de la carrera administrativa; democratización de la política sindical promoviendo elecciones libres en todos los sindicatos y federaciones de industrias; inicio inmediato de una intensa campaña contra el analfabetismo y educación cívica exaltando los deberes y derechos que tiene el ciudadano con la sociedad y con la Patria; "sentar las bases para una Reforma Agraria que tienda a la distribución de las tierras baldías y a convertir en propietarios a todos los colonos aparceros, arrendatarios y precaristas que posean pequeñas parcelas de tierra, bien sean propiedad del Estado o particulares, previa indemnización a los anteriores propietarios"; adopción de una política financiera sana que resguarde la estabilidad de nuestra moneda y tienda a utilizar el crédito de la nación en obras reproductivas; aceleración del proceso de industrialización y creación de nuevos empleos.

A esto se agregaban dos puntos sobre los que se hacía especial hincapié:

"*Primero:* la necesidad de que se designe desde ahora a la persona llamada a presidir el Gobierno Provisional de la República, para demostrar ante el mundo que el pueblo cubano es capaz de unirse tras una consigna de libertad y apoyar a la persona que reuniendo condiciones de imparcialidad, integridad, capacidad y decencia puede encarnar esa consigna. Sobran hombres capaces en Cuba para presidir la República." (Naturalmente, por lo menos Felipe Pazos, uno de los firmantes, sabía bien en su fuero interno que no sobraban hombres, que había uno solo y ese era él.)

"*Segundo:* que esa persona sea designada por el conjunto de instituciones cívicas por ser apolíticas estas organizaciones, cuyo respaldo libraría al Presidente Provisional de todo compromiso partidista dando lugar a unas elecciones absolutamente limpias e imparciales."

Se declaraba, además: "no es necesario venir a la Sierra a discutir, nosotros podemos estar representados en La Habana, en México, o donde sea necesario".

Fidel había tratado de influir para hacer más explícitas algunas declaraciones sobre Reforma Agraria. Sin embargo, fue difícil romper el monolítico frente de los dos cavernícolas; "sentar las bases para una Reforma Agraria que tienda a la distribución de las tierras baldías", eso, precisamente, era la política que podía admitir el *Diario de la Marina.* Se establecía para colmo, "previa indemnización a los anteriores propietarios".

Algunos de los compromisos aquí establecidos no fueron cumplidos por la Revolución en la forma originalmente redactada. Hay que puntualizar que el enemigo rompió el pacto tácito expresado en el manifiesto al desconocer la autoridad de la Sierra y tratar de crear ataduras previas al futuro gobierno revolucionario.

No estábamos satisfechos con el compromiso pero era necesario; era progresista en aquel momento. No podía durar más allá del momento en que significara una detención en el desarrollo revolucionario, pero estábamos dispuestos a cumplirlo. El enemigo nos ayudó con su traición a romper lazos incómodos y demostrar al pueblo sus verdaderas intenciones.

Nosotros sabíamos que era un programa mínimo, un programa que limitaba nuestro esfuerzo, pero también sabíamos que no era posible establecer nuestra voluntad desde la Sierra Maestra y que debíamos contar durante un largo período con toda una serie de "amigos" que trataban de utilizar nuestra fuerza militar y la gran confianza que el pueblo ya sentía por Fidel Castro, para sus manejos macabros y, por sobre todas las cosas, para mantener el dominio del imperialismo en Cuba a través de su burguesía importadora, ligada estrechamente a los amos norteños.

Tenía partes positivas el manifiesto; se hablaba de Sierra Maestra y se decía explícitamente:

"Nadie se llame a engaño sobre la propaganda gubernamental acerca de la situación de la Sierra. La Sierra Maestra es ya un baluarte indestructible de la libertad que ha prendido en el corazón de nuestros compatriotas y aquí sabremos hacer honor a la fe y a la confianza de nuestro pueblo".

"Aquí sabremos" quiere decir, en realidad, que Fidel Castro lo sabía, los otros dos fueron incapaces de seguir, siquiera como espectadores, el desarrollo de la contienda de la Sierra Maestra; bajaron inmediatamente. Uno de ellos, Chibás, fue sorprendido por la policía batistiana y maltratado; ambos llegaron después a los Estados Unidos.

El golpe estaba bien dado; un grupo de personeros de lo más distinguido de la oligarquía cubana llegaba a la Sierra Maestra "en defensa de la libertad", firmaba una declaración conjunta con el jefe guerrillero, prisionero en los montes de la Sierra y salía con libertad de acción para jugar con esa carta en Miami. Lo que no calcularon es que los golpes políticos tienen el alcance que permita el contrario, en este caso, las armas del pueblo. La rápida acción de nuestro jefe, con la confianza puesta en el Ejército Guerrillero, impidió que la traición prosperara y su encendida réplica de meses después, cuando se conoció el resultado del Pacto de Miami, paralizó al enemigo. Se nos acusó de divisionistas y de pretender imponer nuestra voluntad desde la Sierra, pero tuvieron que variar la táctica y preparar una nueva encerrona, el Pacto de Caracas.[4]

El manifiesto llevaba por fecha julio 12 de 1957 y fue publicado en los periódicos de aquella época. Esta declaración para nosotros no era más que un pequeño alto en el camino, había que seguir la tarea fundamental que era derrotar al ejército opresor en los campos de batalla. En esos días se formaba una nueva columna de la cual me encargaban su dirección con el grado de capitán y se hacían algunos ascensos más; Ramiro Valdés pasaba a ser capitán y con su pelotón entraba en mi columna, también Ciro Redondo era ascendido a capitán, mandando otro pelotón. La columna se componía de tres pelotones, mandado el primero por Lalo Sardiñas, que llevaba la vanguardia y que a la vez era segundo jefe del destacamento; Ramiro Valdés y Ciro Redondo. Esta columna, a la cual llamaban "el desalojo campesino", estaba constituida por unos 75 hombres, heterogéneamente vestidos y heterogéneamente armados, sin embargo, me sentía muy orgulloso de ellos. Mucho más orgulloso, más ligado a la Revolución, si fuera posible, más deseoso de demostrar que los galones otorgados eran merecidos, me sentiría unas noches más tarde...

Enviábamos una carta de felicitación y reconocimiento a "Carlos", nombre clandestino de Frank País, quien estaba viviendo sus últimos días. La firmaron todos los oficiales del Ejército Guerrillero que sabían hacerlo (los campesinos de la Sierra no eran muy duchos en este arte y ya eran parte importante de la guerrilla). Se firmó la carta en dos columnas y al poner los cargos de los componentes de la segunda de ellas, Fidel ordenó simplemente: "ponle comandante", cuando se iba a poner mi grado. De ese modo informal y casi de soslayo, quedé nombrado comandante de la segunda columna del Ejército Guerrillero la que se llamaría número 4 posteriormente.

Fue en una casa campesina, no recuerdo ahora cuál, que se redactó este mensaje cálido de los guerrilleros al hermano de la ciudad que tan heroicamente venía luchando por abastecernos y aliviar la presión desde el mismo Santiago.

La dosis de vanidad que todos tenemos dentro, hizo que me sintiera el hombre más orgulloso de la tierra ese día. El símbolo de mi nombramiento, una pequeña estrella, me fue dado por Celia [Sánchez] junto con uno de los relojes de pulsera que habían encargado a Manzanillo. Con mi columna de reciente formación tuve como primera tarea la de tender un cerco a Sánchez Mosquera, pero éste, el más "bicho" de todos los esbirros, ya se había alejado de la zona.

Teníamos que hacer algo para justificar esa vida semi-independiente que llevaríamos en la nueva zona hacia la que debíamos marcharnos en la región de El Hombrito y empezamos a elucubrar hazañas.

Había que prepararse para festejar dignamente la fecha gloriosa, 26 de Julio, que se aproximaba y Fidel me dio mano libre para hacer lo que pudiera, pero con prudencia. En la última reunión estaba presente un nuevo médico incorporado a la guerrilla, Sergio del Valle, hoy jefe del estado mayor de nuestro Ejército Revolucionario y que en aquel entonces ejercía su profesión como las condiciones de la Sierra lo permitieran.

Era necesario demostrar que vivíamos, pues nos habían dado algunos golpes en el llano; las armas destinadas a abrir otro frente desde el Central Miranda cayeron en poder de la policía que tenía presos a muchos valiosos dirigentes, entre ellos a Faustino Pérez. Fidel se había opuesto a separar las fuerzas pero cedió frente a la insistencia del Llano. Desde ese momento quedó demostrada la justeza de su tesis y nos dedicamos a fortalecer la Sierra Maestra como primer paso hacia la expansión del Ejército Guerrillero.[5]

El cachorro asesinado

Para las difíciles condiciones de la Sierra Maestra, era un día de gloria. Por Agua Revés, uno de los valles más empinados e intrincados en la cuenca del Turquino, seguíamos pacientemente la tropa de Sánchez Mosquera; el empecinado asesino dejaba un rastro de ranchos quemados, de tristeza hosca por toda la región pero su camino lo llevaba necesariamente a subir por uno de los dos o tres puntos de la Sierra donde debía estar Camilo. Podía ser en el firme de la Nevada o en lo que nosotros llamábamos el firme "del cojo", ahora llamado "del muerto".

Camilo había salido apresuradamente con unos doce hombres, parte de su vanguardia, y ese escaso número debía repartirse en tres lugares diferentes para detener una columna de ciento y pico de soldados. La misión mía era caer por las espaldas de Sánchez Mosquera y cercarlo. Nuestro afán fundamental era el cerco, por eso seguíamos con mucha paciencia y distancia las tribulaciones de los bohíos que ardían entre las llamas de la retaguardia enemiga; estábamos lejos, pero se oían los gritos de los guardias. No sabíamos cuántos de ellos habría en total. Nuestra columna iba caminando dificultosamente por las laderas, mientras en lo hondo del estrecho valle avanzaba el enemigo.

Todo hubiera estado perfecto si no hubiera sido por la nueva mascota: era un pequeño perrito de caza, de pocas semanas de nacido. A pesar de las reiteradas veces en que Félix lo conminó a volver a nuestro centro de operaciones —una casa donde quedaban los cocineros—, el cachorro siguió detrás de la columna. En esa zona de la Sierra Maestra, cruzar por las laderas resulta sumamente dificultoso por la falta de senderos. Pasamos una difícil "pelúa", un lugar donde los viejos árboles de la "tumba" —árboles muertos— estaban tapados por la nueva vegetación que había crecido y el paso se hacía sumamente trabajoso; saltábamos entre troncos y matorrales tratando de no perder el contacto con nuestros huéspedes. La pequeña columna marchaba con el silencio de estos casos, sin que apenas una rama rota quebrara el murmullo habitual del monte; éste se turbó de pronto por los ladridos desconsolados y nerviosos del perrito. Se había quedado atrás y ladraba desesperadamente llamando a sus amos para que lo ayudaran en el difícil trance. Alguien pasó al animalito y otra vez seguimos; pero cuando estábamos descansando en lo hondo de un arroyo con un vigía atisbando los movimientos de la hueste enemiga, volvió el perro a lanzar sus histéricos aullidos; ya no se conformaba con llamar, tenía miedo de que lo dejaran y ladraba desesperadamente.

Recuerdo mi orden tajante: "Félix, ese perro no da un aullido más, tú te encargarás de hacerlo. Ahórcalo. No puede volver a ladrar". Félix me miró con unos ojos que no decían nada. Entre toda la tropa extenuada, como haciendo el centro del círculo, estaban él y el perrito. Con toda lentitud sacó una soga, la ciñó al cuello del animalito y empezó a apretarlo. Los cariñosos movimientos de su cola se volvieron convulsos de pronto, para ir poco a poco extinguiéndose al compás de un quejido muy fijo que podía burlar el círculo atenazante de la garganta. No sé cuánto tiempo fue, pero a todos nos pareció muy largo el lapso pasado hasta el fin. El cachorro, tras un último movimiento nervioso, dejó de debatirse. Quedó allí, esmirriado, doblada su cabecita sobre las ramas del monte.

Seguimos la marcha sin comentar siquiera el incidente. La tropa de Sánchez Mosquera nos había tomado alguna delantera y poco después se oían unos tiros; rápidamente bajamos la ladera, buscando entre las dificultades del terreno el mejor camino para llegar a la retaguardia; sabíamos que Camilo había actuado. Nos demoró bastante llegar a la última casa antes de la subida; íbamos con muchas precauciones, imaginando a cada momento encontrar al enemigo. El tiroteo había sido nutrido pero no había durado mucho, todos estábamos en tensa expectativa. La última casa estaba abandonada también. Ni rastro de la soldadesca. Dos exploradores subieron el firme "del cojo", y al rato volvían con la noticia: "Arriba había una tumba. La abrimos y encontramos un casquito enterrado". Traían también los papeles de la víctima hallados en los bolsillos de su camisa. Había habido lucha y una muerte. El muerto era de ellos, pero no sabíamos nada más.

Volvimos desalentados, lentamente. Dos exploraciones mostraban un gran rastro de pasos, para ambos lados del firme de la Maestra, pero nada más. Se hizo lento el regreso, ya por el camino del valle.

Llegamos por la noche a una casa, también vacía; era en el caserío de Mar Verde, y allí pudimos descansar. Pronto cocinaron un puerco y algunas yucas y al rato estaba la comida. Alguien cantaba una tonada con una guitarra, pues las casas campesinas se abandonaban de pronto con todos sus enseres dentro.

No sé si sería sentimental la tonada, o si fue la noche, o el cansancio... Lo cierto es que Félix, que comía sentado en el suelo, dejó un hueso. Un perro de la casa vino mansamente y lo cogió. Félix le puso la mano en la cabeza, el perro lo miró; Félix lo miró a su vez y nos cruzamos algo así como una mirada culpable. Quedamos repentinamente en silencio. Entre nosotros hubo una conmoción imperceptible. Junto a todos, con su mirada mansa, picaresca con algo de reproche, aunque observándonos a través de otro perro, estaba el cachorro asesinado.

Interludio

En los meses de abril de 1958 y junio del mismo año se observaron dos polos de la ola insurreccional.

A partir de febrero, después del combate de Pino del Agua, ésta fue aumentando gradualmente hasta amenazar convertirse en avalancha incontenible. El pueblo se insurreccionaba contra la dictadura en todo el país y particularmente en Oriente. Luego del fracaso de la huelga general [9 de abril] decretada por el Movimiento, la ola decreció hasta alcanzar su punto más bajo en junio, cuando las tropas de la dictadura estrechaban más y más el cerco sobre la columna 1.

En los primeros días de abril salía Camilo del abrigo de la Sierra hacia la zona del Cauto, donde recibiría su nombramiento de comandante de la columna 2, "Antonio Maceo", y realizaba una serie de hazañas impresionantes en los llanos de Oriente. Camilo fue el primer comandante del ejército que salió al llano a combatir con la moral y la eficacia del ejército de la Sierra, poniendo en duros aprietos a la dictadura hasta días después del fracaso del 9 de abril, momentos en que retornara a la Sierra Maestra.

Al amparo de la situación, en los días de auge de la ola revolucionaria, se fueron creando toda una serie de campamentos, formados por alguna gente que ansiaba luchar y por otra que pensaba solamente en conservar el uniforme limpio para poder entrar en triunfo en La Habana. Después del 9 de abril, cuando la contraofensiva de la dictadura empezó a acentuarse, estos grupos fueron desapareciendo o se incorporaron a la Sierra.

La moral cayó tanto que el ejército consideró oportuno ejercer la gracia y preparó unos volantes que distribuía desde el aire en las zonas de alzados. El volante decía así:

> Compatriotas: Si con motivo de habérsete complicado en complots insurreccionales te encuentras todavía en el campo o en el monte, tienes oportunidad de rectificar y volver al seno de tu familia.
>
> El Gobierno ha ordenado ofrecer respeto para tu vida y enviarte a tu hogar si depones las armas y te acoges a la Ley.
>
> Preséntate al Gobernador de la Provincia, al Alcalde de tu Municipio, al Congresista amigo, al Puesto Militar, Naval o Policiaco más cercano o a cualquier autoridad eclesiástica.
>
> Si estuvieres en despoblado, trae contigo tu arma colocada sobre uno de tus hombros y con las manos en alto.
>
> Si hicieras tu presentación en zona urbana, deja escondido en lugar seguro tu armamento para que lo comuniques y sea recogido inmediatamente.
>
> Hazlo sin pérdida de tiempo, porque las operaciones para la pacificación total continuarán con mayor intensidad en la zona donde te encuentras.

Después publicaban fotos de presentados, algunos reales y otros no. Lo evidente es que la ola contrarrevolucionaria aumentaba. Al final se estrellaría contra los picos de la Sierra, pero a fines de abril y principios de mayo estaba en pleno ascenso.

Nuestra misión, en la primera fase del período examinado, era mantener el frente que ocupaba la cuarta columna y que llegaba a las cercanías del poblado de Minas de Bueycito. Allí estaba Sánchez Mosquera acantonado y nuestra lucha fue de fugaces encuentros sin arriesgar por una y otra parte un combate decisivo. Nosotros, por las noches, les tirábamos nuestros M-26, pero ellos ya conocían el escaso poder mortífero de esta arma y simplemente habían puesto una gran red de alambre tejido donde las cargas de TNT estallaban en sus fundas de lata de leche condensada, produciendo solamente mucho ruido.[6]

Nuestro campamento llegó a estar situado a unos 2 kilómetros de las Minas, en un paraje denominado La Otilia, en la casa de un latifundista de la zona. Desde allí vigilábamos los movimientos de Sánchez Mosquera y día a día se entablaban curiosas escaramuzas. Los esbirros salían por la madrugada quemando chozas de campesinos a los que despojaban de todos sus bienes y retirándose antes de que nosotros interviniéramos, en otras oportunidades atacaban algunas de nuestras fuerzas de escopeteros diseminadas por la zona, poniéndolas en fuga. Campesino sobre el que recayera la sospecha de un entendimiento con nosotros, era asesinado.

Nunca he podido averiguar por qué razón Sánchez Mosquera permitió que estuviéramos cómodamente instalados en una casa, en una zona relativamente llana y despoblada de vegetación, sin llamar a la aviación enemiga para que nos atacara. Nuestras conjeturas eran que él no tenía interés en entablar combate y que no quería hacer ver a la aviación lo cercanas que estaban las tropas, ya que tendría que explicar por qué no atacaba. No obstante, repetidas escaramuzas, como he dicho, se realizaban entre nuestras fuerzas.

Uno de esos días salí con un ayudante para ver a Fidel, situado a la sazón en el Jíbaro, la caminata era larga, toda la jornada prácticamente. Después de permanecer un día con Fidel, salimos al siguiente para volver a nuestro cuartel de La Otilia. Por alguna razón que no recuerdo, mi ayudante debió quedarse y me vi obligado a aceptar un nuevo guía. Una parte de la ruta transcurría por un camino de automóviles, después se penetraba en fincas onduladas cubiertas de pastizales. En esta última etapa, cerca ya de la casa, se presentó un raro espectáculo, a la luz de una luna llena que iluminaba claramente los contornos, en uno de esos potreros ondulados, con palmas diseminadas, apareció una hilera de mulos muertos, algunos con sus arreos puestos.

Cuando nos bajamos de los caballos a examinar el primer mulo y vimos los orificios de las balas, la cara con que me miró el guía era una imagen de película de *cowboys*. El héroe de la película que llega con su compañero y ve, por lo general, un caballo muerto por una flecha, pronuncia algo así como, "Los Sioux", y pone una cara especial de circunstancias, así era la del hombre y, quizás, también la mía propia, pero yo no me preocupaba mucho de examinarme. Unos metros más lejos estaba el segundo, luego el tercero y el cuarto o quinto mulo muertos. Había sido un convoy de abastecimientos para nosotros capturado por una excursión de Sánchez Mosquera, creo recordar que también hubo algún civil asesinado. El guía se negó a seguirme, alegó desconocer el terreno y simplemente subió en su cabalgadura y nos separamos amigablemente.

Yo tenía una Beretta y, con ella montada, llevando el caballo de las riendas me interné en los primeros cafetales. Al llegar a una casa abandonada, un tremendo ruido me sobresaltó hasta el punto que por poco disparo, pero era sólo un puerco, asustado también por mi presencia. Lentamente y con muchas precauciones fui recorriendo los escasos centenares de metros que me separaban de nuestra posición, la que encontré totalmente abandonada. Tras mucho rebuscar, encontré un compañero que había quedado durmiendo en la casa.

Universo, que había quedado al mando de la tropa, había ordenado la evacuación de la casa previendo algún ataque nocturno o de madrugada. Como las tropas estaban bien diseminadas defendiendo el lugar, me acosté a dormir con el único acompañante. Toda aquella escena no tiene para mí otro significado que el de la satisfacción que experimenté al haber vencido el miedo durante un trayecto que se me antojó eterno hasta llegar, por fin, solitario, al puesto de mando. Esa noche me sentí valiente.

Pero la confrontación más dura con Sánchez Mosquera se produjo en un pequeño pobladito o caserío llamado Santa Rosa. Como siempre, de madrugada avisaron que Sánchez Mosquera estaba allí y nos dirigimos rápidamente al lugar, yo estaba con algo de asma y por lo tanto iba montando en un caballo bayo con el que habíamos hecho buenas migas. La lucha se extendía en determinados parajes en forma fraccionada. Hubo que abandonar la cabalgadura. Con el grupo de hombres que estaba conmigo, tomamos posición de un pequeño cerro, distribuyéndonos en dos o tres alturas diferentes. El enemigo tiraba algunos morterazos previos, sin mayor puntería. Por un instante arreció el tiroteo a mi derecha y me encaminé a visitar las posiciones, pero a medio camino también empezaron por la izquierda, mandé a mi ayudante a no sé qué lugar y quedé solo entre los dos extremos de los disparos. A mi izquierda, las fuerzas de Sánchez Mosquera, después de disparar algunos obuses de mortero, subieron la loma en medio de un griterío descomunal. Nuestra gente con poca experiencia, no atinó a disparar salvo alguno que otro tiro aislado y salió corriendo loma abajo. Solo, en un potrero pelado, vi cómo aparecían varios cascos de soldados. Un esbirro echó a correr ladera abajo en persecución de nuestros combatientes que se internaban en los cafetales, le disparé con la Beretta sin darle e, inmediatamente, varios fusiles me localizaron, tirándome. Emprendí una zigzagueante carrera llevando sobre los hombros mil balas que portaba en una tremenda cartuchera de cuero, y saludado por los gritos de desprecio de algunos soldados enemigos. Al llegar cerca del refugio de los árboles mi pistola se cayó. Mi único gesto altivo de esa mañana triste fue frenar, volver sobre mis pasos, recoger la pistola y salir corriendo, saludado, esta vez, por la pequeña polvareda que levantaban como puntillas a mi alrededor las balas de los fusiles. Cuando me consideré a salvo, sin saber de mis compañeros, ni del resultado de la ofensiva quedé descansando, parapetado en una gran piedra, en medio del monte. El asma, piadosamente, me había dejado correr unos cuantos metros, pero se vengaba de mí y el corazón saltaba dentro del pecho. Sentí la ruptura de ramas por gente que se acercaba, ya no era posible seguir huyendo (que realmente era lo que tenía ganas de hacer), esta vez era otro compañero nuestro, extraviado, recluta recién incorporado a la tropa. Su frase de consuelo fue más o menos "no se preocupe, comandante, yo muero con usted". Yo no tenía ganas de morir y sí tentaciones de recordarle algo de su madre, me parece que no lo hice. Ese día me sentí cobarde.

A la noche hacíamos el recuento de todos los hechos, un magnífico compañero, Mariño de apellido, había sido muerto en una de las escaramuzas, lo demás era bien pobre en cuanto a resultado para ellos. El cadáver de un campesino con un balazo en la boca, asesinado quién sabe por qué, era lo que había quedado en las posiciones del ejército, abandonado por éste. Allí, con una pequeña cámara de cajón sacó la fotografía del campesino asesinado, el periodista argentino Jorge Ricardo Masetti que por primera vez nos visitara en la Sierra y con el cual sostendríamos luego una profunda y duradera amistad.

Después de estos combates nos retiramos de La Otilia un poco hacia atrás, pero ya me reemplazaba como comandante en la columna 4, Ramiro Valdés, ascendido en esos días. Salí de la zona, acompañado de un pequeño grupo de combatientes, a hacerme cargo de la Escuela de Reclutas, en la cual debían entrenarse los hombres que tendrían que hacer la travesía desde Oriente a Las Villas. Además, había que prepararse para lo que ya era inminente: la ofensiva del ejército. Todos los días siguientes, finales de abril y primero de mayo, fueron dedicados a la preparación de los puntos defensivos y a tratar de llevar hacia las lomas la mayor cantidad posible de alimentos y medicamentos para poder soportar lo que ya se veía venir, una ofensiva en gran escala.

Como tarea paralela, estábamos tratando de lograr un impuesto a los azucareros y ganaderos. En esos días subió Remigio Fernández, latifundista ganadero que ofreció el oro y el moro, pero se olvidó las promesas al llegar al llano.

Tampoco los azucareros dieron nada. Pero después, cuando nuestra fuerza era sólida, nos tomamos la revancha, aunque pasáramos esos días de ofensiva sin elementos indispensables para nuestra defensa.

Poco tiempo después, Camilo era llamado para cubrir mejor nuestro pequeño territorio que encerraba incalculables riquezas: una emisora, hospitales, depósitos de municiones y, además, un aeropuerto situado entre las lomas de La Plata, donde podía aterrizar una avioneta ligera.

Fidel mantuvo el principio de que no importaban los soldados enemigos, sino la cantidad de gente que nosotros necesitáramos para hacer invulnerable una posición y que a eso debíamos atenernos. Esa fue nuestra táctica y por ello todas nuestras fuerzas se fueron juntando alrededor de la comandancia para ofrecer un frente compacto. No había mucho más de

200 fusiles útiles cuando el 25 de mayo empezara la esperada ofensiva en medio de un mitin que Fidel estaba dando a unos campesinos, discutiendo las condiciones en que podría realizarse la cosecha del café, ya que el ejército no permitía el ascenso de jornaleros para la zafra de ese producto.

Le había dado cita a unos trescientos cincuenta campesinos muy interesados en resolver sus problemas de cosecha. Fidel había propuesto crear un dinero de la Sierra para pagar a los trabajadores, traer el yarey y los sacos para los envases, crear cooperativas de trabajo y consumo y una comisión de fiscalización. Además, se ofrecía el concurso del Ejército Guerrillero para la cosecha. Todo fue aprobado pero, cuando iba a cerrar el acto el propio Fidel, comenzó el ametrallamiento, el ejército enemigo había chocado con los hombres del capitán Ángel Verdecia y su aviación castigaba los contornos.

Una reunión decisiva

Durante todo el día 3 de mayo de 1958, se realizó en la Sierra Maestra, en Los Altos de Mompié, una reunión casi desconocida hasta ahora, pero que tuvo importancia extraordinaria en la conducción de la estrategia revolucionaria. Desde las primeras horas del día, hasta las 2 de la mañana, se estuvieron analizando las consecuencias del fracaso del "9 de Abril" y el porqué de esa derrota y tomando las medidas necesarias para la reorganización del Movimiento y la superación de las debilidades consecuentes a la victoria de la dictadura.

Aunque yo no pertenecía a la Dirección Nacional, fui invitado a participar en ella a instancias de los compañeros Faustino Pérez y René Ramos Latour (Daniel) a quienes había hecho fuertes críticas anteriormente. Estábamos presentes, además de los nombrados, Fidel, Vilma Espín (Débora en la clandestinidad), Ñico Torres, Luis Busch, Celia Sánchez, Marcelo Fernández (Zoilo en aquella época), Haydée Santamaría, David Salvador y a mediodía se nos unió Enzo Infante (Bruno).

La reunión fue tensa, dado que había que juzgar la actuación de los compañeros del Llano, que hasta ese momento, en la práctica, había conducido los asuntos del Movimiento 26 de Julio. En esa reunión se tomaron decisiones en las que primó la autoridad moral de Fidel, su indiscutible prestigio y el convencimiento de la mayoría de los revolucionarios allí presentes de los errores de apreciación cometidos. La Dirección del Llano había despreciado la fuerza del enemigo y aumentado subjetivamente las propias, esto sin contar los métodos usados para desencadenarla. Pero lo más importante, es que se analizaban y juzgaban dos concepciones que estuvieron en pugna durante toda la etapa anterior de conducción de la guerra. La concepción guerrillera saldría de allí triunfante, consolidado el prestigio y la autoridad de Fidel y nombrado Comandante en Jefe de todas las fuerzas incluidas las de la milicia —que hasta esos momentos estaban supeditados a la Dirección del Llano— y Secretario General del Movimiento.

Hubo muchas discusiones enconadas al analizar la participación de cada quien en los hechos analizados pero la más violenta quizás, fue la sostenida con los representantes obreros que se oponían a toda participación del Partido Socialista Popular en la organización de la lucha. El análisis de la huelga demostraba que sus preparativos y su desencadenamiento estaban saturados de subjetivismo y de concepciones puchistas, el formidable aparato que parecía tener el Movimiento 26 de Julio en sus manos, en forma de organización obrera celular, se había desbaratado en el momento de la acción. La política aventurera de los dirigentes obreros había fracasado contra una realidad inexorable. Pero no eran los únicos responsables de la derrota, nosotros opinábamos que las culpas máximas caían sobre el delegado obrero David Salvador, el responsable de La Habana, Faustino Pérez y el jefe de las milicias del Llano, René Ramos Latour.

El primero, por sostener y llevar a cabo su concepción de una huelga sectaria que obligara a los demás movimientos revolucionarios a seguir a la zaga del nuestro. A Faustino, por la falta de perspectiva que tuvo al creer en la posibilidad de la toma de la capital por sus milicias, sin aquilatar las fuerzas de la reacción en su bastión principal. A Daniel, se le impugnaba la misma falta de visión pero referida a las milicias del Llano que fueron organizadas como tropas paralelas a las nuestras, sin entrenamiento ni moral de combate y sin pasar por el riguroso proceso de selección de la guerra.

La división entre la Sierra y el Llano era real. Había ciertas bases objetivas para ello, dadas por el mayor grado de madurez alcanzado en la lucha guerrillera por los representantes de la Sierra y el menor de los combatientes del Llano, pero también había un elemento de extraordinaria importancia, algo que pudiéramos llamarle la deformación profesional. Los compañeros del Llano tenían que trabajar en su ambiente y, poco a poco, se iban acostumbrando a ver los métodos de trabajo necesarios para esas condiciones, como ideales y los únicos posibles para el Movimiento y, además —humanamente lógico— a considerar el Llano con mayor importancia relativa que la Sierra.

Después de los fracasos frente a las fuerzas de la dictadura, surgía ya una sola capacidad dirigente, la de la Sierra, y, concretamente, un dirigente único, un Comandante en Jefe, Fidel Castro. Al final de una exhaustiva y muchas veces violenta discusión, se resolvió separar de sus cargos a Faustino Pérez, que sería reemplazado por Ochoa, y a David Salvador, que sería reemplazado por Ñico Torres. Con este último cambio no se hacía ningún adelanto sustantivo en cuanto a concepción de la lucha ya que frente al planteamiento de la unidad de todas las fuerzas obreras para preparar la próxima huelga general revolucionaria, que debía estar ordenada desde la Sierra, Ñico manifestaba su disposición a trabajar disciplinadamente con los "stalinistas" pero que eso no conduciría a nada. Se refería en esos términos a los compañeros del Partido Socialista Popular.

El tercer cambio, el de Daniel, no producía sustituto ya que pasaba a ser Fidel directamente Comandante en Jefe de las milicias del Llano. Además, se tomó la determinación de enviar a Haydée Santamaría como agente especial del Movimiento a Miami, haciéndose cargo de las finanzas en el exilio. En la parte política, la Dirección Nacional pasaba a la Sierra Maestra, donde Fidel ocuparía el cargo de Secretario General y se constituía un secretariado de cinco miembros donde había uno de finanzas, de asuntos políticos y de asuntos obreros. No recuerdo ahora quiénes fueron los compañeros designados para estos puestos, pero todo lo referente a envíos de armas o a la decisión sobre las armas, y las relaciones exteriores, correría de allí en adelante por cuenta del Secretario General. Los tres compañeros separados debían ir a la Sierra donde ocuparía un cargo de delegado obrero, David Salvador, y serían comandantes Faustino y Daniel. Este último, fue puesto al mando de una columna que tuvo activa participación en la lucha de la última ofensiva del ejército que estaba al desencadenarse, muriendo al frente de las tropas mientras atacaba a una de las columnas en retirada. Su carrera revolucionaria le valió un puesto en la lista selecta de nuestros mártires.

Faustino solicitó y obtuvo autorización para volver a La Habana y arreglar toda una serie de asuntos del Movimiento, entregar la jefatura y reintegrarse luego a la lucha en la Sierra, así lo hizo, y en la columna 1, "José Martí", comandada por Fidel Castro acabó la guerra. Aunque la historia debe consignar los sucesos tal como ocurrieron, debe aclararse el alto concepto que siempre nos mereció quien en un momento dado fuera nuestro adversario dentro del Movimiento. Faustino siempre fue considerado un compañero honesto a carta cabal y arriesgado hasta el extremo. De su arrojo tengo pruebas presenciales, cuando quemó un avión que nos había traído armas desde Miami, descubierto por la aviación enemiga y dañado. Bajo la metralla, Faustino realizó la operación necesaria para evitar que cayera en manos del ejército, dándole candela mediante la gasolina que se vertía por las perforaciones de los impactos. De su calidad revolucionaria da cuenta toda su trayectoria.

En aquella reunión se tomaron también acuerdos de menor importancia y se aclararon toda una serie de aspectos oscuros de nuestras relaciones recíprocas. Se escuchó un informe de Marcelo Fernández en relación con la organización del Movimiento en el Llano y se le encargó otro, para los núcleos del Movimiento, detallando los resultados y acuerdos de la reunión de la Dirección Nacional. También se escuchó un informe sobre organización de la resistencia cívica, su constitución, forma de trabajo, componentes, ampliación y fortalecimiento de la misma. El compañero Busch informó sobre el comité del exilio, la posición débil de Mario Llerena y sus incompatibilidades con Urrutia. Se decidió ratificar a Urrutia como candidato de nuestro Movimiento y pasarle una pensión, que hasta ese momento recibía Llerena, único cuadro profesional que mantenía el Movimiento en el exilio. Además, se decidió que si Llerena continuaba con sus interferencias debía cesar en el cargo de presidente del comité del exilio. En el exterior había muchos problemas, en Nueva York, por ejemplo, los grupos de [Arnaldo] Barrón, [Ángel] Pérez Vidal y Pablo Díaz, trabajaban separados entre sí y, a veces, tenían choques o interferencias. Se resolvió que Fidel enviara una carta a los emigrados y exilados reconociendo como único organismo oficial al comité del exilio del Movimiento 26 de Julio, se analizaron todas las posibilidades que brindaba el gobierno de Venezuela, presidido por Wolfgang Larrazábal en aquel momento, que había prometido apoyar al Movimiento y que de hecho lo hizo. La única queja que pudiéramos tener con Larrazábal, estriba en que nos envió, junto con un avión de armas, al "benemérito" Manuel Urrutia Lleó pero, en realidad, nosotros mismos habíamos hecho tan deplorable elección.

Se tomaron otros acuerdos en la reunión, además de Haydée Santamaría, que debía ir a Miami, Luis Busch debía trasladarse a Caracas con instrucciones precisas acerca de Urrutia. A Carlos Franqui se le ordenaba llegar a la Sierra para hacerse cargo de la Dirección de Radio Rebelde. Los contactos se harían por radio a través de Venezuela mediante unas claves confeccionadas por Luis Busch que funcionaron hasta el final de la guerra.

Como puede apreciarse de los acuerdos emanados de esta reunión, ella tuvo una importancia capital, por fin quedaban dilucidados varios problemas concretos del Movimiento. En primer lugar, la guerra sería conducida militar y políticamente por Fidel en su doble cargo de Comandante en Jefe de todas las fuerzas y Secretario General de la Organización. Se seguiría la línea de la Sierra, de la lucha armada directa, extendiéndola hacia otras regiones y dominando el país por esa vía y se acababa con algunas ilusiones ingenuas de pretendidas huelgas generales revolucionarias cuando la situación no había madurado lo suficiente para que se produjera una explosión de ese tipo y sin que el trabajo previo tuviera características de una preparación conveniente para un hecho de tal magnitud. Además, la Dirección radicaba en la Sierra con lo que objetivamente se eliminaban algunos problemas prácticos de decisión que impedían que Fidel ejerciera realmente la autoridad que se había ganado. De hecho no hacía nada más que marcar una realidad, el predominio político de la gente de la Sierra, consecuencia de su justa posición y de su correcta interpretación de los hechos. Se corroboró la justeza de nuestras dudas cuando pensábamos en la posibilidad del fracaso de las fuerzas del Movimiento en el intento de la huelga general revolucionaria, si ésta se llevaba en la forma en que se había esbozado en una reunión anterior al 9 de abril.

Quedaban todavía por realizar algunas tareas muy importantes: ante todo, resistir la ofensiva que se avecinaba, ya que las fuerzas del ejército se iban colocando en anillo alrededor del bastión principal de la revolución que era la comandancia de la columna 1, dirigida por Fidel, después la invasión de los llanos, la toma de las provincias centrales y, por último, la destrucción de todo el aparato político-militar del régimen. Nos llevaría siete meses consumarlas totalmente.

En esos días lo más apremiante era fortalecer el frente de la Sierra y asegurar un pequeño bastión que pudiera seguir hablando a Cuba y sembrando la semilla revolucionaria en nuestro pueblo. También teníamos comunicaciones con el exterior que era importante mantener. Pocos días antes había sido testigo de una conversación por radio entre Fidel y Justo Carrillo que representaba al grupo de Montecristi, o sea, aspirantes a gorilas, donde militaban representantes del imperialismo como el mismo Carrillo y [Ramón] Barquín. Justico ofrecía el oro y el moro, pero pedía que Fidel hiciera una declaración apoyando a los militares "puros". Éste le contestó que no era imposible esto, pero que sería difícil para nuestro Movimiento entender un llamamiento de este tipo cuando nuestro pueblo caía víctima de los soldados y que era difícil precisar entre los buenos y los malos cuando todos estaban reunidos en montón, en resumen, que no se hizo. También se habló con Llerena, me parece recordar, y con Urrutia, para hacer un llamado a la Unidad y no dejar romper el endeble agrupamiento de personalidades dispares que, desde Caracas, estaban tratando de capitalizar el movimiento armado en su propio provecho pero representaban nuestras aspiraciones de reconocimiento externo y por lo tanto debíamos cuidar.

Inmediatamente después de la reunión, sus participantes se disgregaron y a mí me tocó inspeccionar toda una serie de zonas, tratando de crear líneas defensivas con nuestras pequeñas huestes para ir resistiendo el empuje del ejército, hasta empezar la resistencia realmente fuerte en las zonas más montañosas, desde la Sierra de Caracas, donde estarían los grupos pequeños y mal armados de Crescencio Pérez, hasta la zona de La Botella o La Mesa, donde estaban distribuidas las fuerzas de Ramiro Valdés.

Este pequeño territorio debería defenderse con no mucho más de doscientos fusiles útiles, cuando pocos días después comenzara la ofensiva de "cerco y aniquilamiento" del ejército de Batista.

La ofensiva final. La batalla de Santa Clara

El 9 de abril fue un sonado fracaso que en ningún momento puso en peligro la estabilidad del régimen. No tan solo eso: después de esta fecha trágica, el gobierno pudo sacar tropas e ir poniéndolas gradualmente en Oriente y llevando a la Sierra Maestra la destrucción. Nuestra defensa tuvo que hacerse cada vez más dentro de la Sierra Maestra, y el gobierno seguía aumentando el número de regimientos que colocaba frente a posiciones nuestras, hasta llegar al número de diez mil hombres, con los que inició la ofensiva el 25 de mayo, en el pueblo de Las Mercedes, que era nuestra posición avanzada.

Allí se demostró la poca efectividad combatiente del ejército batistiano y también nuestra escasez de recursos: 200 fusiles hábiles, para luchar contra 10 000 armas de todo tipo; era una enorme desventaja. Nuestros muchachos se batieron valientemente durante dos días, en una proporción de 1 contra 10 ó 15; luchando, además, contra morteros, tanques y aviación, hasta que el pequeño grupo debió abandonar el poblado. Era comandado por el capitán Ángel Verdecia, que un mes más tarde moriría valerosamente en combate.

Ya por esa época, Fidel Castro había recibido una carta del traidor Eulogio Cantillo, quien, fiel a su actitud politiquera de saltimbanqui, como jefe de operaciones del enemigo, le escribía al jefe rebelde diciéndole que la ofensiva se realizará de todas maneras, pero que cuidara "El Hombre" (Fidel) para esperar el resultado final. La ofensiva, efectivamente, siguió su curso y en los dos meses y medio de duro batallar, el enemigo perdió más de mil hombres entre muertos, heridos, prisioneros y desertores. Dejó en nuestras manos seiscientas armas, entre las que contaban un tanque, doce morteros, doce ametralladoras de trípode, veintitantos fusiles ametralladoras y un sinnúmero de armas automáticas; además, enorme cantidad de parque y equipo de toda clase, y cuatrocientos cincuenta prisioneros, que fueron entregados a la Cruz Roja al finalizar la campaña.

El ejército batistiano salió con su espina dorsal rota, de esta postrera ofensiva sobre la Sierra Maestra, pero aún no estaba vencido. La lucha debía continuar. Se estableció entonces la estrategia final, atacando por tres puntos: Santiago de Cuba, sometido a un cerco elástico; Las Villas, adonde debía marchar yo, y Pinar del Río, en el otro extremo de la Isla, adonde debía marchar Camilo Cienfuegos, ahora comandante de la columna 2, llamada "Antonio Maceo", para rememorar la histórica invasión del gran caudillo del 95, que cruzara en épicas jornadas todo el territorio de Cuba, hasta culminar en Mantua. Camilo Cienfuegos no pudo cumplir la segunda parte de su programa, pues los imperativos de la guerra lo obligaron a permanecer en Las Villas.

Liquidados los regimientos que asaltaron la Sierra Maestra; vuelto el frente a su nivel natural y aumentadas nuestras tropas en efectivo y en moral, se decidió iniciar la marcha sobre Las Villas, provincia céntrica. En la orden militar dictada se me indicaba como principal labor estratégica, la de cortar sistemáticamente las comunicaciones entre ambos extremos de la Isla; se me ordenaba, además, establecer relaciones con todos los grupos políticos que hubiera en los macizos montañosos de esa región, y amplias facultades para gobernar militarmente la zona a mi cargo. Con esas instrucciones y pensando llegar en cuatro días, íbamos a iniciar la marcha, en camiones, el 30 de agosto de 1958, cuando un accidente fortuito interrumpió nuestros planes: esa noche llegaba una camioneta portando uniformes y la gasolina necesaria para los vehículos que ya estaban preparados, cuando también llegó por vía aérea un cargamento de armas a un aeropuerto cercano al camino. El avión fue localizado en el momento de aterrizar, a pesar de ser de noche, y el aeropuerto fue sistemáticamente bombardeado desde las veinte hasta las cinco de la mañana, hora en que quemamos el avión para evitar que cayera en poder del enemigo o siguiera el bombardeo diurno, con peores resultados. Las tropas enemigas avanzaron sobre el aeropuerto; interceptaron la camioneta con la gasolina, dejándonos a pie. Así fue como iniciamos la marcha el 31 de agosto, sin camiones ni caballos, esperando encontrarlos luego de cruzar la carretera de Manzanillo a Bayamo. Efectivamente, cruzándola encontramos los camiones, pero también —el día primero de septiembre— un feroz ciclón que inutilizó todas las vías de comunicación, salvo la carretera central, única pavimentada en esta región de Cuba, obligándonos a desechar el transporte en vehículos. Había que utilizar, desde ese momento, el caballo, o ir a pie. Andábamos cargados con bastante parque, una bazooka con cuarenta proyectiles y todo lo necesario para una larga jornada y el establecimiento rápido de un campamento.

Se fueron sucediendo días que ya se tornaban difíciles a pesar de estar en el territorio amigo de Oriente: cruzando ríos desbordados, canales y arroyuelos convertidos en ríos, luchando fatigosamente para impedir que se nos mojara el parque, las armas, los obuses; buscando caballos y dejando los caballos cansados detrás; huyendo a las zonas pobladas a medida que nos alejábamos de la provincia oriental.

Caminábamos por difíciles terrenos anegados, sufriendo el ataque de plagas de mosquitos que hacían insoportables las horas de descanso; comiendo poco y mal, bebiendo agua de ríos pantanosos o simplemente de pantanos. Nuestras jornadas empezaron a dilatarse y a hacerse verdaderamente horribles. Ya a la semana de haber salido del campamento, cruzando el río Jobabo, que limita las provincias de Camagüey y Oriente, las fuerzas estaban bastante debilitadas. Este río, como todos los anteriores y como los que pasaríamos después, estaba crecido. También se hacía sentir la falta de calzado en nuestra tropa, muchos de cuyos hombres iban descalzos y a pie por los fangales del sur de Camagüey.

La noche del 9 de septiembre, entrando en el lugar conocido por La Federal, nuestra vanguardia cayó en una emboscada enemiga, muriendo dos valiosos compañeros; pero el resultado más lamentable fue el ser localizados por las fuerzas enemigas, que de allí en adelante no nos dieron tregua. Tras un corto combate se redujo a la pequeña guarnición que allí había, llevándonos cuatro prisioneros. Ahora debíamos marchar con mucho cuidado, debido a que la aviación conocía nuestra ruta aproximada. Así llegamos, uno o dos días después, a un lugar conocido por Laguna Grande, junto a la fuerza de Camilo, mucho mejor montada que la nuestra. Esta zona es digna de recuerdo por la cantidad extraordinaria de mosquitos que había, imposibilitándonos en absoluto descansar sin mosquitero, y no todos lo teníamos.

Son días de fatigantes marchas por extensiones desoladas, en las que solo hay agua y fango, tenemos hambre, tenemos sed y apenas si se puede avanzar porque las piernas pesan como plomo y las armas pesan descomunalmente. Seguimos avanzando con mejores caballos que Camilo nos deja al tomar camiones, pero tenemos que abandonarlos en las inmediaciones del central Macareño. Los prácticos que debían enviarnos no llegaron y nos lanzamos sin más, a la aventura. Nuestra vanguardia choca con una posta enemiga en el lugar llamado Cuatro Compañeros, y empieza la agotadora batalla. Era al amanecer, y logramos reunir, con mucho trabajo, una gran parte de la tropa, en el mayor cayo de monte que había en la zona, pero el ejército avanzaba por los lados y tuvimos que pelear duramente para hacer factible el paso de algunos rezagados nuestros por una línea férrea, rumbo al monte. La aviación nos localizó entonces, iniciando un bombardeo los B-26, los C-47, los grandes C-3 de observación y las avionetas, sobre un área no mayor de doscientos metros de flanco. Después de todo, nos retiramos dejando un muerto por una bomba y llevando varios heridos, entre ellos al capitán Silva, que hizo todo el resto de la invasión con un hombro fracturado.

El panorama, al día siguiente, era menos desolador, pues aparecieron varios de los rezagados y logramos reunir a toda la tropa, menos 10 hombres que seguirían a incorporarse con la columna de Camilo y con éste llegarían hasta el frente norte de la provincia de Las Villas, en Yaguajay.

Nunca nos faltó, a pesar de las dificultades, el aliento campesino. Siempre encontrábamos alguno que nos sirviera de guía, de práctico, o que nos diera el alimento imprescindible para seguir. No era, naturalmente, el apoyo unánime de todo el pueblo que teníamos en Oriente; pero, siempre hubo quien nos ayudara.

En oportunidades se nos delató, apenas cruzábamos una finca, pero eso no se debía a una acción directa del campesinado contra nosotros, sino a que las condiciones de vida de esta gente las convierte en esclavos del dueño de la finca y, temerosos de perder su sustento diario, comunicaban al amo nuestro paso por esa región y éste se encargaba de avisarle graciosamente a las autoridades militares.

Una tarde escuchábamos por nuestra radio de campaña un parte dado por el general Francisco Tabernilla Dolz, por esa época, con toda su prepotencia de matón, anunciando la destrucción de las hordas dirigidas por Che Guevara y dando una serie de datos de muertos, de heridos, de nombres de todas clases, que eran el producto del botín recogido en nuestras mochilas al sostener ese encuentro desastroso con el enemigo unos días antes, todo eso mezclado con datos falsos de la cosecha del Estado Mayor del ejército. La noticia de nuestra falsa muerte provocó en la tropa una reacción de alegría; sin embargo, el pesimismo iba ganándola poco a poco; el hambre y la sed, el cansancio, la sensación de impotencia frente a las fuerzas enemigas que cada vez nos cercaban más y, sobre todo, la terrible enfermedad de los pies conocida por los campesinos con el nombre de mazamorra —que convertía en un martirio intolerable cada paso dado por nuestros soldados— habían hecho de éste un ejército de sombras. Era difícil adelantar; muy difícil. Día a día, empeoraban las condiciones físicas de nuestra tropa y las comidas, un día sí, otro no, otro tal vez, en nada contribuían a mejorar ese nivel de miseria, que estábamos soportando. Pasamos los días más duros cercados en las inmediaciones del central Baraguá, en pantanos pestilentes, sin una gota de agua potable, atacados continuamente por la aviación, sin un solo caballo que pudiera llevar por ciénagas inhóspitas a los más débiles, con los zapatos totalmente destrozados por el agua fangosa de mar, con plantas que lastimaban los pies descalzos, nuestra situación era realmente desastrosa al salir trabajosamente del cerco de Baraguá y llegar a la famosa trocha de Júcaro a Morón, lugar de evocación histórica por haber sido escenario de cruentas luchas entre patriotas y españoles en la guerra de la independencia. No teníamos tiempo de recuperarnos ni siquiera un poco cuando un nuevo aguacero, inclemencias del clima, además de los ataques del enemigo, o las noticias de su presencia, volvían a imponernos la marcha. La tropa estaba cada vez más cansada y descorazonada. Sin embargo, cuando la situación era más tensa, cuando ya solamente al imperio del insulto, de ruegos, de exabruptos de todo tipo, podía hacer caminar a la gente exhausta, una sola visión en lontananza animó sus rostros e infundió nuevo espíritu a la guerrilla. Esa visión fue una mancha azul hacia el Occidente, la mancha azul del macizo montañoso de Las Villas, visto por vez primera por nuestros hombres.

Desde ese momento las mismas privaciones, o parecidas, fueron encontradas mucho más clementes, y todo se antojaba más fácil. Eludimos el último cerco, cruzando a nado el río Júcaro, que divide las provincias de Camagüey y Las Villas, y ya pareció que algo nuevo nos alumbraba.

Dos días después estábamos en el corazón de la cordillera Trinidad-Sancti Spíritus, a salvo, listos para iniciar la otra etapa de la guerra. El descanso fue de otros dos días, porque inmediatamente debimos proseguir nuestro camino y ponernos en disposición de impedir las elecciones que iban a efectuarse el 3 de noviembre. Habíamos llegado a la región de montañas de Las Villas el 16 de octubre. El tiempo era corto y la tarea enorme. Camilo cumplía su parte en el norte, sembrando el temor entre los hombres de la dictadura.

Nuestra tarea, al llegar por primera vez a la Sierra del Escambray, estaba precisamente definida: había que hostilizar al aparato militar de la dictadura, sobre todo en cuanto a sus comunicaciones. Y como objetivo inmediato, impedir la realización de las elecciones. Pero el trabajo se dificultaba por el escaso tiempo restante y por las desuniones entre los factores revolucionarios, que se habían traducido en reyertas intestinas que muy caro costaron, inclusive en vidas humanas.

Debíamos atacar a las poblaciones vecinas, para impedir la realización de los comicios, y se establecieron los planes para hacerlo simultáneamente en las ciudades de Cabaiguán, Fomento y Sancti Spíritus, en los ricos llanos del centro de la Isla, mientras se sometía el pequeño cuartel de Güinía de Miranda —en las montañas— y, posteriormente, se atacaba el de Banao, con escasos resultados. Los días anteriores al 3 de noviembre, fecha de las elecciones, fueron de extraordinaria actividad: nuestras columnas se movilizaron en todas direcciones, impidiendo casi totalmente la afluencia a las urnas, de los votantes de esas zonas. Las tropas de Camilo Cienfuegos, en la parte norte de la provincia, paralizaron la farsa electoral. En general, desde el transporte de los soldados de Batista hasta el tráfico de mercancía, quedaron detenidos.

En Oriente, prácticamente no hubo votación; en Camagüey, el porcentaje fue un poquito más elevado, y en la zona occidental, a pesar de todo, se notaba un retraimiento popular evidente. Este retraimiento se logró en Las Villas en forma espontánea, ya que no hubo tiempo de organizar sincronizadamente la resistencia pasiva de las masas y la actividad de las guerrillas.

Se sucedían en Oriente sucesivas batallas en los frentes primero y segundo, aunque también en el tercero —con la columna "Antonio Guiteras"—, que presionaba insistente sobre Santiago de Cuba, la capital provincial. Salvo las cabeceras de los municipios, nada conservaba el gobierno en Oriente.

Muy grave se estaba haciendo, además, la situación en Las Villas, por la acentuación de los ataques a las vías de comunicación. Al llegar, cambiamos en total el sistema de lucha en las ciudades, puesto que a toda marcha trasladamos los mejores milicianos de las ciudades al campo de entrenamiento, para recibir instrucción de sabotaje que resultó efectivo en las áreas suburbanas.

Durante los meses de noviembre y diciembre de 1958 fuimos cerrando gradualmente las carreteras. El capitán Silva bloqueó totalmente la carretera de Trinidad a Sancti Spíritus y la carretera central de la Isla fue seriamente dañada cuando se interrumpió el puente sobre el río Tuinicú, sin llegarse a derrumbar; el ferrocarril central fue cortado en varios puntos, agregando que el circuito sur estaba interrumpido por el segundo frente y el circuito norte cerrado por las tropas de Camilo Cienfuegos, por lo que la Isla quedó dividida en dos partes. La zona más convulsionada, Oriente, solamente recibía ayuda del gobierno por aire y mar, en una forma cada vez más precaria. Los síntomas de descomposición del enemigo aumentaban.

Hubo que hacer en el Escambray una intensísima labor en favor de la unidad revolucionaria, ya que existía un grupo dirigido por el comandante

[Eloy] Gutiérrez Menoyo (Segundo Frente Nacional del Escambray), otro del Directorio Revolucionario (capitaneado por los comandantes Faure Chomón y Rolando Cubela), otro pequeño de la Organización Auténtica (OA), otro del Partido Socialista Popular (comandado por [Félix] Torres), y nosotros; es decir, cinco organizaciones diferentes actuando con mandos también diferentes y en una misma provincia. Tras laboriosas conversaciones que hube de tener con sus respectivos jefes, se llegó a una serie de acuerdos entre las partes y se pudo ir a la integración de un frente aproximadamente común.

A partir del 16 de diciembre las roturas sistemáticas de los puentes y todo tipo de comunicación habían colocado a la dictadura en situación difícil para defender sus puestos avanzados y aun los mismos de la carretera central. En la madrugada de ese día fue roto el puente sobre el río Falcón, en la carretera central, y prácticamente interrumpidas las comunicaciones entre La Habana y las ciudades al este de Santa Clara, capital de Las Villas, así como una serie de poblados —el más meridional, Fomento— eran sitiados y atacados por nuestras fuerzas. El jefe de la plaza se defendió más o menos eficazmente durante algunos días, pero a pesar del castigo de la aviación a nuestro Ejército Rebelde, las desmoralizadas tropas de la dictadura no avanzaban por tierra en apoyo de sus compañeros. Comprobando la inutilidad de toda resistencia, se rindieron, y más de cien fusiles fueron incorporados a las fuerzas de la libertad.

Sin darle tregua al enemigo, decidimos paralizar de inmediato la carretera central, y el día 21 de diciembre se atacó simultáneamente a Cabaiguán y Guayos, sobre la misma. En pocas horas se rendía este último poblado y dos días después, Cabaiguán con sus noventa soldados. (La rendición de los cuarteles se pactaba sobre la base política de dejar en libertad a la guarnición, condicionado a que saliera del territorio libre. De esa manera se daba la oportunidad de entregar las armas y salvarse). En Cabaiguán se demostró de nuevo la ineficacia de la dictadura que en ningún momento reforzó con infantería a los sitiados.

Camilo Cienfuegos atacaba en la zona norte de Las Villas a una serie de poblados, a los que iba reduciendo, a la vez que establecía el cerco a Yaguajay, último reducto donde quedaban tropas de la tiranía, al mando de un capitán de ascendencia china, que resistió once días, impidiendo la movilización de las tropas revolucionarias de la región, mientras las nuestras seguían ya por la carretera central avanzando hacia Santa Clara, la capital.

Caído Cabaiguán, nos dedicamos a atacar a Placetas, rendido en un solo día de lucha, en colaboración activa con la gente del Directorio

Revolucionario. Después de tomar Placetas, liberamos en rápida sucesión a Remedios y a Caibarién, en la costa norte, y puerto importante el segundo. El panorama se iba ensombreciendo para la dictadura, porque a las continuas victorias obtenidas en Oriente, el Segundo Frente del Escambray derrotaba pequeñas guarniciones y Camilo Cienfuegos controlaba el norte.

Al retirarse el enemigo de Camajuaní, sin ofrecer resistencia, quedamos listos para el asalto definitivo a la capital de la provincia de Las Villas. (Santa Clara es el eje del llano central de la Isla, con 150 000 habitantes, centro ferroviario y de todas las comunicaciones del país.) Está rodeada por pequeños cerros pelados, los que estaban tomados previamente por las tropas de la dictadura.

En el momento del ataque, nuestras fuerzas habían aumentado considerablemente su fusilería, en la toma de distintos puntos y en algunas armas pesadas que carecían de municiones. Teníamos una bazooka sin proyectiles y debíamos luchar contra una decena de tanques, pero también sabíamos que, para hacerlo con efectividad, necesitábamos llegar a los barrios poblados de la ciudad, donde el tanque disminuye en mucho su eficacia.

Mientras las tropas del Directorio Revolucionario se encargaban de tomar el cuartel número 31 de la Guardia Rural, nosotros nos dedicábamos a sitiar casi todos los puestos fuertes de Santa Clara; aunque, fundamentalmente, establecíamos nuestra lucha contra los defensores del tren blindado situado a la entrada del camino de Camajuaní, posiciones defendidas con tenacidad por el ejército, con un equipo excelente para nuestras posibilidades.

El 29 de diciembre iniciamos la lucha. La Universidad había servido en un primer momento, de base de operaciones. Después establecimos comandancia más cerca del centro de la ciudad. Nuestros hombres se batían contra tropas apoyadas por unidades blindadas y las ponían en fuga, pero muchos de ellos pagaron con la vida su arrojo y los muertos y heridos empezaron a llenar los improvisados cementerios y hospitales.

Recuerdo un episodio que era demostrativo del espíritu de nuestra fuerza en esos días finales. Yo había amonestado a un soldado, por estar durmiendo en pleno combate y me contestó que lo habían desarmado por habérsele escapado un tiro. Le respondí con mi sequedad habitual: "Gánate otro fusil yendo desarmado a la primera línea...si eres capaz de hacerlo." En Santa Clara, alentando a los heridos en el Hospital de Sangre, un moribundo me tocó la mano y dijo: "¿Recuerda, comandante? Me mandó a buscar el arma en Remedios...y me la gané aquí." Era el combatiente del tiro escapado, quien minutos después moría, y me lució contento de haber demostrado su valor. Así es nuestro Ejército Rebelde.

Las lomas del Capiro seguían firmes y allí estuvimos luchando durante todo el día 30, tomando gradualmente al mismo tiempo distintos puntos de la ciudad. Ya en ese momento se habían cortado las comunicaciones entre el centro de Santa Clara y el tren blindado. Sus ocupantes, viéndose rodeados en las lomas del Capiro trataron de fugarse por la vía férrea y con todo su magnífico cargamento cayeron en el ramal destruido previamente por nosotros, descarrilándose la locomotora y algunos vagones. Se estableció entonces una lucha muy interesante en donde los hombres eran sacados con cocteles Molotov del tren blindado, magníficamente protegidos aunque dispuestos solo a luchar a distancia, desde cómodas posiciones y contra un enemigo prácticamente inerme, al estilo de los colonizadores con los indios del Oeste norteamericano. Acosados por hombres que, desde puntos cercanos y vagones inmediatos lanzaban botellas de gasolina encendida, el tren se convertía —gracias a las chapas del blindaje— en un verdadero horno para los soldados. En pocas horas se rendía la dotación completa, con sus 22 vagones, sus cañones antiaéreos, sus ametralladoras del mismo tipo, sus fabulosas cantidades de municiones (fabulosas para lo exiguo de nuestras dotaciones, claro está).

Se había logrado tomar la central eléctrica y toda la parte noroeste de la ciudad, dando al aire el anuncio de que Santa Clara estaba casi en poder de la Revolución. En aquel anuncio que di como Comandante en Jefe de las Fuerzas Armadas de Las Villas, recuerdo que tenía el dolor de comunicar al pueblo de Cuba la muerte del capitán Roberto Rodríguez, *El Vaquerito*, pequeño de estatura y de edad, jefe del "Pelotón Suicida", quien jugó con la muerte una y mil veces en lucha por la libertad. El "Pelotón Suicida" era un ejemplo de moral revolucionaria, y a ese solamente iban voluntarios escogidos. Sin embargo, cada vez que un hombre moría —y eso ocurría en cada combate— al hacerse la designación del nuevo aspirante, los desechados realizaban escenas de dolor que llegaban hasta el llanto. Era curioso ver a los curtidos y nobles guerreros, mostrando su juventud en el despecho de unas lágrimas, por no tener el honor de estar en el primer lugar de combate y de muerte.

Después caía la estación de Policía, entregando los tanques que la defendían y, en rápida sucesión se rendían al comandante Cubela el cuartel número 31, a nuestras fuerzas, la cárcel, la audiencia, el palacio del Gobierno Provincial, el Gran Hotel, donde los francotiradores se mantuvieron disparando desde el décimo piso casi hasta el final de la lucha.

En ese momento solo quedaba por rendirse el cuartel "Leoncio Vidal", la mayor fortaleza del centro de la Isla. Pero ya el día primero de enero de

1959 había síntomas de debilidad creciente entre las fuerzas defensoras. En la mañana de ese día mandamos a los capitanes Núñez Jiménez y Rodríguez de la Vega a pactar la rendición del cuartel. Las noticias eran contradictorias y extraordinarias: Batista había huido ese día, desmoronándose la Jefatura de las Fuerzas Armadas. Nuestros dos delegados establecían contacto por radio con [el General Eulogio] Cantillo, haciéndole conocer la oferta de rendición, pero éste estimaba que no era posible aceptarla porque constituía un ultimátum y que él había ocupado la Jefatura del Ejército siguiendo instrucciones precisas del líder Fidel Castro. Hicimos inmediato contacto con Fidel, anunciándole las nuevas, pero dándole la opinión nuestra sobre la actitud traidora de Cantillo, opinión que coincidía absolutamente con la suya. (Cantillo permitió en esos momentos decisivos que se fugaran todos los grandes responsables del gobierno de Batista, y su actitud era más triste si se considera que fue un oficial que hizo contacto con nosotros y en quien confiamos como un militar con pundonor.)

Los resultados siguientes son por todos conocidos: la negativa de Castro a reconocerle; su orden de marchar sobre la ciudad de La Habana; la posesión por el coronel Barquín de la Jefatura del Ejército, luego de salir de la prisión de Isla de Pinos; la toma de la Ciudad Militar de Columbia por Camilo Cienfuegos y de la Fortaleza de la Cabaña por nuestra columna 8, y la instauración final, en cortos días, de Fidel Castro como Primer Ministro del Gobierno Provisional. Todo esto pertenece a la historia política actual del país.

Ahora estamos colocados en una posición en la que somos mucho más de simples factores de una nación; constituimos en este momento la esperanza de la América Latina irredenta. Todos los ojos —los de los grandes opresores y los de los esperanzados— están fijos en nosotros. De nuestra actitud futura que presentemos, de nuestra capacidad para resolver los múltiples problemas, depende en gran medida el desarrollo de los movimientos populares en América Latina, y cada paso que damos está vigilado por los ojos omnipresentes del gran acreedor y por los ojos optimistas de nuestros hermanos de América Latina.

Con los pies firmemente asentados en la tierra, empezamos a trabajar y a producir nuestras primeras obras revolucionarias, enfrentándonos con las primeras dificultades. Pero, ¿cuál es el problema fundamental de Cuba, sino el mismo de toda América Latina, el mismo incluso del enorme Brasil, con sus millones de kilómetros cuadrados, con su país de maravilla que es todo un Continente? La monoproducción. En Cuba somos esclavos de la caña de azúcar, cordón umbilical que nos ata al gran mercado norteño.

Tenemos que diversificar nuestra producción agrícola, estimular la industria y garantizar que nuestros productos agrícolas y mineros y —en un futuro inmediato— nuestra producción industrial, vaya a los mercados que nos convengan por intermedio de nuestra propia línea de transporte.

La primera gran batalla del gobierno se dará con la Reforma Agraria, que será audaz, integral, pero flexible: destruirá el latifundio en Cuba, aunque no los medios de producción cubanos. Será una batalla que absorba en buena parte la fuerza del pueblo y del gobierno durante los años venideros. La tierra se dará al campesino gratuitamente. Y se pagará a quien demuestre haberla poseído honradamente, con bonos de rescate a largo plazo; pero también se dará ayuda técnica al campesino, se garantizarán los mercados para los productos del suelo y se canalizará la producción con un amplio sentido nacional de aprovechamiento en conjunción con la gran batalla de la Reforma Agraria, que permita a las incipientes industrias cubanas, en breve tiempo, competir con las monstruosas de los países en donde el capitalismo ha alcanzado su más alto grado de desarrollo. Simultáneamente con la creación del nuevo mercado interno que logrará la Reforma Agraria, y la distribución de productos nuevos que satisfagan a un mercado naciente, surgirá la necesidad de exportar algunos productos y hará falta el instrumento adecuado para llevarlos a uno y a otro punto del mundo. Dicho instrumento será una flota mercante, que la Ley de Fomento Marítimo ya aprobada, prevé. Con esas armas elementales, los cubanos iniciaremos la lucha por la liberación total del territorio. Todos sabemos que no será fácil, pero todos estamos conscientes de la enorme responsabilidad histórica del Movimiento 26 de Julio, de la Revolución cubana, de la Nación en general, para constituir un ejemplo para todos los pueblos de América Latina, a los que no debemos defraudar.

Pueden tener seguridad nuestros amigos del Continente insumiso que, si es necesario, lucharemos hasta la última consecuencia económica de nuestros actos y si se lleva más lejos aún la pelea, lucharemos hasta la última gota de nuestra sangre rebelde, para hacer de esta tierra una república soberana, con los verdaderos atributos de una nación feliz, democrática y fraternal de sus hermanos de América Latina.

El Patojo

Hace algunos días, al referirse a los acontecimientos de Guatemala, el cable traía la noticia de la muerte de algunos patriotas y, entre ellos, la de Julio Roberto Cáceres Valle.

En este afanoso oficio de revolucionario, en medio de luchas de clases que convulsionan el Continente entero, la muerte es un accidente frecuente. Pero la muerte de un amigo, compañero de horas difíciles y de sueños de horas mejores, es siempre dolorosa para quien recibe la noticia y Julio Roberto fue un gran amigo. Era de muy pequeña estatura, de físico más bien endeble; por ello le llamábamos *El Patojo*, modismo guatemalteco que significa pequeño, niño.

El Patojo, en México había visto nacer el proyecto de la Revolución, se había ofrecido como voluntario, además; pero Fidel no quiso traer más extranjeros a esta empresa de liberación nacional en la cual me tocó el honor de participar.

A los pocos días de triunfar la Revolución, vendió sus pocas cosas y con una maleta se presentó ante mí, trabajó en varios lugares de la administración pública y llegó a ser el primer jefe de personal del Departamento de Industrialización del INRA [Instituto Nacional de Reforma Agraria], pero nunca estaba contento con su trabajo. *El Patojo* buscaba algo distinto, buscaba la liberación de su país; como en todos nosotros, una profunda transformación se había producido en él, el muchacho azorado que abandonara Guatemala sin explicarse bien la derrota, hasta el revolucionario consciente que era ahora.

La primera vez que nos vimos fue en el tren, huyendo de Guatemala, un par de meses después de la caída de [Jacobo] Árbenz [1954]; íbamos hasta Tapachula de donde deberíamos llegar a México. *El Patojo* era varios años menor que yo, pero enseguida entablamos una amistad que fue duradera. Hicimos juntos el viaje desde Chiapas hasta la ciudad de México, juntos afrontamos el mismo problema; los dos sin dinero, derrotados, teniendo que ganarnos la vida en un medio indiferente cuando no hostil.

El Patojo no tenía ningún dinero y yo algunos pesos; compré una máquina fotográfica y juntos nos dedicamos a la tarea clandestina de sacar fotos en los parques, en sociedad con un mexicano que tenía un pequeño laboratorio donde revelábamos. Conocimos toda la ciudad de México, caminándola de una punta a la otra para entregar las malas fotos que sacábamos, luchamos con toda clase de clientes para convencerlos de que realmente el niñito fotografiado lucía muy lindo y que valía la pena pagar un peso mexicano por esa maravilla. Con este oficio comimos varios meses, poco a poco nos fuimos abriendo paso y las contingencias de la vida revolucionaria nos separaron. Ya he dicho que Fidel no quiso traerlo, no por ninguna cualidad negativa suya sino por no hacer de nuestro ejército un mosaico de nacionalidades.

El Patojo siguió su vida trabajando en el periodismo, estudiando física en la Universidad de México, dejando de estudiar, retomando la carrera, sin avanzar mucho nunca, ganándose el pan en varios lugares y con oficios distintos, sin pedir nada. De aquel muchacho sensible y concentrado, todavía hoy no puedo saber si fue inmensamente tímido o demasiado orgulloso para reconocer algunas debilidades y sus problemas más íntimos, para acercarse al amigo a solicitar la ayuda requerida. *El Patojo* era un espíritu introvertido, de una gran inteligencia, dueño de una cultura amplia y en constante desarrollo, de una profunda sensibilidad que estaba puesta, en los últimos tiempos, al servicio de su pueblo. Hombre de partido ya, pertenecía al [Partido Guatemalteco del Trabajo] PGT, se había disciplinado en el trabajo y estaba madurando como un gran cuadro revolucionario. De su susceptibilidad, de las manifestaciones de orgullo de antaño, poco quedaba. La revolución limpia a los hombres, los mejora como el agricultor experimentado corrige los defectos de la planta e intensifica las buenas cualidades.

Después de llegar a Cuba vivimos casi siempre en la misma casa, como correspondía a una vieja amistad. Pero la antigua confianza mutua no podía mantenerse en esta nueva vida y solamente sospeché lo que *El Patojo* quería cuando a veces lo veía estudiando con ahínco alguna lengua indígena de su patria. Un día me dijo que se iba, que había llegado la hora y que debía cumplir con su deber.

El Patojo no tenía instrucción militar, simplemente sentía que su deber lo llamaba e iba a tratar de luchar en su tierra con las armas en la mano para repetir en alguna forma nuestra lucha guerrillera. Tuvimos una de las pocas conversaciones largas de esta época cubana; me limité a recomendarle encarecidamente tres puntos: movilidad constante, desconfianza constante, vigilancia constante. Movilidad, es decir, no estar nunca en el mismo lugar, no pasar dos noches en el mismo sitio, no dejar de caminar de un lugar para otro. Desconfianza, desconfiar al principio hasta de la propia sombra, de los campesinos amigos, de los informantes, de los guías, de los contactos; desconfiar de todo, hasta tener una zona liberada. Vigilancia; postas constantes, exploraciones constantes, establecimiento del campamento en lugar seguro y, por sobre todas estas cosas, nunca dormir bajo techo, nunca dormir en una casa donde se pueda ser cercado. Era lo más sintético de nuestra experiencia guerrillera, lo único, junto con un apretón de manos, que podía dar al amigo. ¿Aconsejarle que no lo hiciera?, ¿con qué derecho, si nosotros habíamos intentado algo cuando se creía que no se podía, y ahora, el sabía que era posible?

Se fue *El Patojo* y, al tiempo, llegó la noticia de su muerte. Como siempre, al principio había esperanzas de que dieran un nombre cambiado, de que hubiera alguna equivocación, pero ya, desgraciadamente, está reconocido el cadáver por su propia madre; no hay dudas de que murió y no él solo, sino un grupo de compañeros con él, tan valiosos, tan sacrificados, tan inteligentes quizás, pero no conocidos personalmente por nosotros.

Queda una vez más el sabor amargo del fracaso, la pregunta nunca contestada: ¿por qué no hacer caso de las experiencias ajenas?, ¿por qué no se atendieron más las indicaciones tan simples que se daban? La averiguación insistente y curiosa de cómo se producía el hecho, de cómo había muerto *El Patojo*. Todavía no se sabe muy bien lo ocurrido, pero se puede decir que la zona fue mal escogida, que no tenían preparación física los combatientes, que no se tuvo la suficiente desconfianza, que no se tuvo, por supuesto, la suficiente vigilancia. El ejército represivo los sorprendió, mató unos cuantos, los dispersó, los volvió a perseguir y, prácticamente, los aniquiló; algunos tomándolos prisioneros, otros, como *El Patojo*, muertos en el combate. Después de perdida la unidad de la guerrilla el resto probablemente haya sido la caza del hombre, como lo fue para nosotros en un momento posterior a Alegría de Pío.

Nueva sangre joven ha fertilizado los campos de América para hacer posible la libertad. Se ha perdido una nueva batalla; debemos hacer un tiempo para llorar a los compañeros caídos mientras se afilan los machetes y, sobre la experiencia valiosa y desgraciada de los muertos queridos, hacernos la firme resolución de no repetir errores, de vengar la muerte de cada uno con muchas batallas victoriosas y de alcanzar la liberación definitiva.

Cuando *El Patojo* se fue no me dijo que dejara nada atrás, ni recomendó a nadie, ni tenía casi ropa ni enseres personales en que preocuparse; sin embargo, los viejos amigos comunes de México me trajeron algunos versos que él había escrito y dejado allí en una libreta de notas. Son los últimos versos de un revolucionario pero, además, un canto de amor a la Revolución, a la Patria y a una mujer. A esa mujer que *El Patojo* conoció y quiso aquí en Cuba, vale la recomendación final de sus versos como un imperativo:

> Toma, es sólo un corazón
> tenlo en tu mano
> y cuando llegue el día,
> abre tu mano para que el Sol lo caliente...

El corazón de *El Patojo* ha quedado entre nosotros y espera que la mano amada y la mano amiga de todo un pueblo lo caliente bajo el sol del nuevo día que alumbrará sin duda para Guatemala, y para toda América Latina. Hoy, en el Ministerio de Industrias donde dejó muchos amigos, en homenaje a su recuerdo hay una pequeña Escuela de Estadística llamada "Julio Roberto Cáceres Valle". Después cuando la libertad llegue a Guatemala, allá deberá ir su nombre querido, a una escuela, una fábrica, un hospital, a cualquier lugar donde se luche y se trabaje en la construcción de la nueva sociedad.

Lo que aprendimos y lo que enseñamos

(Diciembre de 1958)

Este artículo, escrito semanas antes de la victoria final, fue publicado el 1ro de enero de 1959 en Patria, *órgano oficial del Ejército Rebelde en la provincia de Las Villas.*

En el mes de diciembre, mes del segundo aniversario del desembarco del *Granma*, conviene dar una mirada retrospectiva a los años de lucha armada y a la larga lucha revolucionaria cuyo fermento inicial lo da el 10 de marzo, con la asonada batistiana, y su campanazo primero el 26 de julio en 1953, con la trágica batalla del Moncada.

Largo ha sido el camino y lleno de penurias y contradicciones. Es que en el curso de todo proceso revolucionario, cuando éste es dirigido honestamente y no frenado desde puestos de responsabilidad, hay una serie de interacciones recíprocas entre los dirigentes y la masa revolucionaria. El Movimiento 26 de Julio ha sufrido también la acción de esta ley histórica. Del grupo de jóvenes entusiastas que asaltaron el Cuartel Moncada en la madrugada del 26 de Julio de 1953, a los actuales directores del Movimiento, siendo muchos de ellos los mismos, hay un abismo. Los cinco años de lucha frontal, dos de los cuales son de una franca guerra, han moldeado el espíritu revolucionario de todos nosotros en los choques cotidianos con la realidad y con la sabiduría instintiva del pueblo.

Efectivamente, nuestro contacto con las masas campesinas nos ha enseñado la gran injusticia que entraña el actual régimen de propiedad agraria, nos convencieron de la justicia de un cambio fundamental de ese régimen de propiedad; nos ilustraron en la práctica diaria sobre la capacidad de abnegación del campesinado cubano, sobre su nobleza y lealtad sin límites. Pero nosotros enseñamos también; enseñamos a perder el miedo a la represión enemiga, enseñamos la superioridad de las armas populares sobre el batallón mercenario, enseñamos, en fin, la nunca suficientemente repetida máxima popular: "la unión hace la fuerza".

Y el campesino alertado de su fuerza impuso al Movimiento, su vanguardia combativa, el planteamiento de reivindicaciones que fueron haciéndose más conscientemente audaces hasta plasmarse en la Ley No. 3 de Reforma Agraria de la Sierra Maestra recientemente emitida.[7]

Esta Ley es hoy orgullo, nuestro pendón de combate, nuestra razón de ser como organización revolucionaria. Pero no siempre fueron así nuestras exposiciones sociales; cercados en nuestro reducto de la Sierra, sin conexiones vitales con la masa del pueblo, alguna vez creímos que podíamos imponer la razón de nuestras armas con más fuerza de convicción que la razón de nuestras ideas. Por eso tuvimos nuestro 9 de abril, fecha de triste recordación que representa en lo social lo que la Alegría de Pío, nuestra única derrota en el campo bélico, significó en el desarrollo de la lucha armada.

De la Alegría de Pío, extrajimos la enseñanza revolucionaria necesaria para no perder una sola batalla más; del 9 de Abril hemos aprendido también que la estrategia de la lucha de masas responde a leyes definidas que no se pueden burlar ni torcer. La lección está claramente aprendida. Al trabajo de las masas campesinas, a las que hemos unido sin distinción de banderas en la lucha por la posesión de la tierra, agregamos hoy la exposición de reivindicaciones obreras que unen a la masa proletaria, bajo una sola bandera de lucha, el Frente Obrero Nacional Unificado (FONU), con una sola meta táctica cercana: la huelga general revolucionaria.

No significa esto el uso de tácticas demagógicas como expresión de habilidad política; no investigamos el sentimiento de las masas como una simple curiosidad científica, respondemos a su llamado, porque nosotros, vanguardia combativa de los obreros y campesinos que derraman su sangre en las sierras y llanos de Cuba, no somos elementos aislados de la masa popular, somos parte misma del pueblo. Nuestra función directiva no nos aísla, nos obliga.

Pero nuestra condición de Movimiento de todas las clases de Cuba, nos hace luchar también por los profesionales y comerciantes en pequeño que aspiran a vivir en un marco de leyes decorosas; por el industrial cubano, cuyo esfuerzo engrandece a la nación creando fuentes de trabajo, por todo hombre de bien que quiere ver a Cuba sin su luto diario de estas jornadas de dolor.

Hoy, más que nunca, el Movimiento 26 de Julio ligado a los más altos intereses de la nación cubana, da su batalla, sin desplantes pero sin claudicaciones, por los obreros y campesinos, por los profesionales y pequeños comerciantes, por los industriales nacionales, por la democracia y la libertad, por el derecho de ser hijos libres de un pueblo libre porque el pan de cada día sea la medida exacta de nuestro esfuerzo cotidiano.

En este segundo aniversario, cambiamos la formación de nuestro juramento. Ya no seremos "libres o mártires": seremos libres, libres por la acción de todo el pueblo de Cuba que está rompiendo cadena tras cadena con la sangre y el sufrimiento de sus mejores hijos.

Esencia de la lucha guerrillera

(1960)

Esta es la primera parte del Capítulo 1 del libro de Guevara La guerra de guerrillas.

La victoria armada del pueblo cubano sobre la dictadura batistiana ha sido, además del triunfo épico recogido por los noticieros del mundo entero, un modificador de viejos dogmas sobre la conducta de las masas populares de la América Latina, demostrando palpablemente la capacidad del pueblo para liberarse de un gobierno que lo atenaza, a través de la lucha guerrillera.

Consideramos que tres aportaciones fundamentales hizo la Revolución cubana a la mecánica de los movimientos revolucionarios en América Latina, son ellas:

1ro. Las fuerzas populares pueden ganar una guerra contra el ejército.

2do. No siempre hay que esperar a que se den todas las condiciones para la revolución; el foco insurreccional puede crearlas.

3ro. En la América Latina subdesarrollada, el terreno de la lucha armada debe ser fundamentalmente el campo.

De estas tres aportaciones, las dos primeras luchan contra la actitud quietista de revolucionarios o seudorrevolucionarios que se refugian, y refugian su inactividad, en el pretexto de que contra el ejército profesional nada se puede hacer, y algunos otros que se sientan a esperar a que, en una forma mecánica, se den todas las condiciones objetivas y subjetivas necesarias, sin preocuparse de acelerarlas. Claro como resulta hoy para todo el mundo, estas dos verdades indubitables fueron antes discutidas en Cuba y probablemente sean discutidas en América Latina también.

Naturalmente, cuando se habla de las condiciones para la revolución no se puede pensar que todas ellas se vayan a crear por el impulso dado a las mismas por el foco guerrillero. Hay que considerar siempre que existe un mínimo de necesidades que hagan factible el establecimiento y consolidación del primer foco. Es decir, es necesario demostrar claramente ante el pueblo la imposibilidad de mantener la lucha por las reivindicaciones sociales dentro del plano de la contienda cívica. Precisamente, la paz es rota por las fuerzas opresoras que se mantienen en el poder contra el derecho establecido.

En estas condiciones, el descontento popular va tomando formas y proyecciones cada vez más afirmativas y un estado de resistencia que cristaliza en un momento dado en el brote de lucha, provocado inicialmente por la actitud de las autoridades.

Donde un gobierno haya subido al poder por alguna forma de consulta popular, fraudulenta o no, y se mantenga al menos una apariencia de legalidad constitucional, el brote guerrillero es imposible de producir por no haberse agotado las posibilidades de la lucha cívica.

El tercer aporte es fundamentalmente de índole estratégica y debe ser una llamada de atención a quienes pretenden con criterios dogmáticos centrar la lucha de las masas en los movimientos de las ciudades, olvidando totalmente la inmensa participación de la gente del campo en la vida de todos los países subdesarrollados de América Latina. No es que se desprecie las luchas de masas obreras organizadas, simplemente se analiza con criterio realista las posibilidades, en las condiciones difíciles de la lucha armada, donde las garantías que suelen adornar nuestras Constituciones están suspendidas o ignoradas. En estas condiciones, los movimientos obreros deben hacerse clandestinos, sin armas, en la ilegalidad y arrostrando peligros enormes; no es tan difícil la situación en campo abierto, apoyados los habitantes por la guerrilla armada y en lugares donde las fuerzas represivas no pueden llegar.

Independientemente de que después hagamos un cuidadoso análisis, estas tres conclusiones que se desprenden de la experiencia revolucionaria cubana las apuntamos hoy a la cabeza de este trabajo por considerarlas nuestro aporte fundamental.

La guerra de guerrillas, base de la lucha de un pueblo por redimirse, tiene diversas características, facetas distintas, aun cuando exista siempre la misma voluntad esencial de liberación. Es obvio —y los tratadistas sobre el tema lo han dicho sobradamente— que la guerra responde a una determinada serie de leyes científicas, y quien quiera que vaya contra ellas, irá a la derrota. La guerra de guerrillas, como fase de la misma, debe regirse por todas ellas; pero, por su aspecto especial, tiene, además, una serie de leyes accesorias que es preciso seguir para llevarla hacia adelante. Es natural que las condiciones geográficas y sociales de cada país determinen el modo y las formas peculiares que adoptará la guerra de guerrillas, pero sus leyes esenciales tienen vigencia para cualquier lucha de este tipo.

Encontrar las bases en que se apoya este tipo de lucha, las reglas a seguir por los pueblos que buscan su liberación; teorizar lo hecho, estructurar y generalizar esta experiencia para el aprovechamiento de otros, es nuestra tarea del momento.

Lo primero que hay que establecer es quiénes son los combatientes en una guerra de guerrillas. De un lado tenemos el núcleo opresor y su agente, el ejército profesional, bien armado y disciplinado, que, en muchos casos, puede contar con el apoyo extranjero y el de pequeños núcleos burocráticos, paniaguados al servicio de ese núcleo opresor. Del otro, la población de la nación o región de que se trate. Es importante destacar que la lucha guerrillera es una lucha de masas, es una lucha de pueblo: la guerrilla, como núcleo armado, es la vanguardia combatiente del mismo, su gran fuerza radica en la masa de la población. No debe considerarse a la guerrilla numéricamente inferior al ejército contra el cual combate, aunque sea inferior su potencia de fuego. Por esto es preciso acudir a la guerra de guerrillas cuando se tiene junto a sí un núcleo mayoritario y para defenderse de la opresión un número infinitamente menor de armas.

El guerrillero cuenta, entonces con todo el apoyo de la población del lugar. Es una cualidad *sine qua non*. Y se ve muy claro, tomando como ejemplo gavillas de bandoleros que operan en una región; tienen todas las características del ejército guerrillero: homogeneidad, respeto al jefe, valentía, conocimiento del terreno, y, muchas veces, hasta cabal apreciación de la táctica a emplear. Falta solo el apoyo del pueblo; e inevitablemente estas gavillas son detenidas o exterminadas por la fuerza pública.

Analizado el modo operacional de la guerrilla, su forma de lucha y comprendiendo su base de masas solo nos resta preguntar: ¿por qué lucha el guerrillero? Tenemos que llegar a la conclusión inevitable de que el guerrillero es un reformador social, que empuña las armas respondiendo a la protesta airada del pueblo contra sus opresores y que lucha por cambiar el régimen social que mantiene a todos sus hermanos desarmados en el oprobio y la miseria. Se lanza contra las condiciones especiales de la institucionalidad de un momento dado y se dedica a romper, con todo el vigor que las circunstancias permitan, los moldes de esa institucionalidad.

Cuando analicemos más a fondo la táctica de guerra de guerrillas, veremos que el guerrillero debe tener un conocimiento cabal del terreno que pisa, sus trillos de acceso y escape, posibilidades de maniobrar con rapidez, apoyo del pueblo, naturalmente, y lugares donde esconderse. Todo esto indica que el guerrillero ejercerá su acción en lugares agrestes y poco poblados, y en estos parajes, la lucha del pueblo por sus reivindicaciones se sitúa preferentemente y, hasta casi exclusivamente, en el plano del cambio de la composición social de la tenencia de la tierra, es decir, el guerrillero es, ante todo un revolucionario agrario. Interpreta los deseos de la gran masa campesina de ser dueña de la tierra, dueña de sus medios de producción, de sus animales, de todo aquello que ha anhelado durante años, de lo que constituye su vida y constituirá también su cementerio.

Para la corriente interpretación de la guerra de guerrillas debe establecerse que hay dos tipos diferentes, uno de los cuales, el de ser una forma de lucha complementaria a la de los grandes ejércitos regulares tal como el caso de las guerrillas ucranianas en la Unión Soviética, no interesa para este análisis. Nos interesa el caso de un grupo armado que va progresando en la lucha contra el poder constituido, sea colonial o no, que se establece como base única y que va progresando en los medios rurales. En todos estos casos, cualquiera que sea la estructura ideológica que anime la lucha, la base económica está dada por la aspiración a la tenencia de la tierra.

La China de Mao se inicia como un brote de los núcleos obreros del Sur que es derrotado y casi aniquilado. Solamente se estabiliza e inicia su marcha ascendente cuando después de la gran marcha del Yenán se asienta en territorios rurales y coloca como base de reivindicaciones la reforma agraria. La lucha de Ho Chi Minh en Indochina se basa en los campesinos arroceros oprimidos por el yugo colonial francés y con esa fuerza va progresando hasta derrotar a los colonialistas. En ambos casos hay un paréntesis de guerra patriótica contra el invasor japonés, pero no se desvanece la base económica de lucha por la tierra. En el caso de Argelia, la gran idea del nacionalismo árabe tiene su réplica económica en el usufructo de la casi totalidad de las tierras laborables de Argelia por un millón de colonos franceses y en algunos países como Puerto Rico, donde las condiciones particulares de la Isla no han permitido un brote guerrillero, el espíritu nacionalista herido en lo más profundo por la discriminación que se comete a diario contra ellos tiene como base la aspiración del campesino (aunque ya muchas veces esté proletarizado) por la tierra que le arrebatara el invasor yanqui y esta misma idea central fue la que animaba, aunque en diferentes proyecciones, a los hacendados pequeños, campesinos y esclavos de las haciendas orientales de Cuba que cerraron filas para defender juntos el derecho a la posesión de la tierra, durante la guerra de liberación de los 30 años [de Cuba contra España de 1868 a 1898].

Pese a características especiales que la convierten en un tipo de guerra, y teniendo en cuenta las posibilidades de desarrollo de la guerra de guerrillas, que se transforma, con el aumento de la potencialidad del núcleo operante en una guerra de posiciones, debe considerarse que este tipo de lucha es un embrión de la misma, un proyecto; las posibilidades de crecimiento de la guerrilla y de cambiar el tipo de pelea hasta llegar a una guerra convencional son tantas como las posibilidades de derrotar al enemigo en cada una de las distintas batallas, combates o escaramuzas que se libren. Por eso, un principio fundamental es que no se debe dar, de ninguna manera, batalla que no se gane, combate o escaramuza que no se ganen. Hay una definición antipática que expresa: "el guerrillero es el jesuita de la guerra". Indica con esto una cualidad de alevosía, de sorpresa, de nocturnidad, que son evidentemente elementos esenciales de la lucha guerrillera. Es naturalmente, un jesuitismo especial impulsado por las circunstancias que obligan a tomar en algunos momentos una determinación diferente de las concepciones románticas y deportivas con que se nos pretende hacer creer que se hace la guerra.

La guerra es siempre una lucha donde ambos contendientes tratan de aniquilar uno al otro. Recurrirán entonces a todas las triquiñuelas, a todos los trucos posibles, para conseguir este resultado, además de la fuerza. Las estrategias y las tácticas militares son la representación de las aspiraciones del grupo que analiza y del modo de llevar a cabo estas aspiraciones y este modo contempla el aprovechamiento de todos los puntos débiles del enemigo. Desmenuzando, en una guerra de posiciones, la acción de cada pelotón de un gran núcleo de ejército, se observan las mismas características, en cuanto a la lucha individual, que los que se presentarán en la guerrilla. Hay alevosía, hay nocturnidad, hay sorpresa, y cuando no se producen, es porque es imposible tomar desprevenidos a quienes están enfrente vigilando. Pero como la guerrilla es una división de por sí, y como hay grandes zonas de terreno no vigiladas por el enemigo, siempre se puede realizar estas tareas de manera de asegurar la sorpresa, y es deber del guerrillero hacerlo.

"Muerde y huye" le llaman algunos despectivamente, y es exacto. Muerde y huye, espera, acecha, vuelve a morder y a huir y así sucesivamente, sin dar descanso al enemigo. Hay en todo esto, al parecer, una actitud negativa; esa actitud de retirada, de no dar combates frontales, sin embargo, todo es consecuente con la estrategia general de la guerra de guerrillas, que es igual en su fin último a la de una guerra cualquiera: lograr el triunfo, aniquilar al enemigo.

Queda bien establecido que la guerra de guerrillas es una fase de la guerra que no tiene de por sí oportunidades de lograr el triunfo, es además una de las fases primarias de la guerra y se irá desenvolviendo y desarrollando hasta que el Ejército Guerrillero, en su crecimiento constante, adquiera las características de un Ejército Regular. En ese momento estará listo para aplicar golpes definitivos al enemigo y acreditarse la victoria. El triunfo será siempre el producto de un Ejército Regular, aunque sus orígenes sean el de un Ejército Guerrillero.

Ahora bien, así como el general de una división no tiene que morir en una guerra moderna al frente de sus soldados, el guerrillero, que es general de sí mismo, no debe morir en cada batalla; está dispuesto a dar su vida, pero precisamente, la cualidad positiva de esta guerra de guerrillas es que cada uno de los guerrilleros está dispuesto a morir, no por defender un ideal sino por convertirlo en realidad. Esa es la base, la esencia de la lucha de guerrillas. El milagro por el cual un pequeño núcleo de hombres, vanguardia armada del gran núcleo popular que los apoya, viendo más allá del objetivo táctico inmediato, va decididamente a lograr un ideal, a establecer una sociedad nueva, a romper los viejos moldes de la antigua, a lograr, en definitiva, la justicia social por la que lucha.

Consideradas así, todas las palabras despectivas adquieren su verdadera grandeza, la grandeza del fin a que están destinadas, y conste que no se habla de medios retorcidos para llegar al fin; la actitud de lucha, esa actitud que no debe desmayar en ningún momento, esa inflexibilidad frente a los grandes problemas del objetivo final es también la grandeza del guerrillero.

Guerra de guerrillas: un método

(Septiembre de 1963)

La guerra de guerrillas ha sido utilizada innúmeras veces en la historia en condiciones diferentes y persiguiendo distintos fines. Últimamente ha sido usada en diversas guerras populares de liberación donde la vanguardia del pueblo eligió el camino de la lucha armada irregular contra enemigos de mayor potencial bélico. Asia, África y América Latina han sido escenario de estas acciones cuando se trataba de lograr el poder en lucha contra la explotación feudal, neocolonial o colonial. En Europa se la empleó como complemento de los ejércitos regulares propios o aliados.

En América Latina se ha recurrido a la guerra de guerrillas en diversas oportunidades. Como antecedente mediato más cercano puede anotarse la experiencia de Augusto César Sandino, luchando contra las fuerzas expedicionarias yanquis en la Segovia nicaragüense. Y, recientemente, la guerra revolucionaria de Cuba. A partir de entonces, en América Latina se han planteado los problemas de la guerra de guerrillas en las discusiones teóricas de los partidos progresistas del continente y la posibilidad y conveniencia de su utilización es materia de polémicas encontradas.

Estas notas tratarán de expresar nuestras ideas sobre la guerra de guerrillas y cuál sería su utilización correcta.

Ante todo hay que precisar que esta modalidad de lucha es un método; un método para lograr un fin. Ese fin, indispensable, ineludible para todo revolucionario, es la conquista del poder político. Por tanto, en los análisis de las situaciones específicas de los distintos países de América Latina, debe emplearse el concepto de guerrilla reducido a la simple categoría de método de lucha para lograr aquel fin.

Casi inmediatamente surge la pregunta: ¿El método de la guerra de guerrillas es la fórmula única para la toma del poder en la América Latina entera?; o ¿será, en todo caso, la forma predominante?; o, simplemente, ¿será una fórmula más entre todas las usadas para la lucha? y, en último extremo, se preguntan, ¿será aplicable a otras realidades continentales el ejemplo de Cuba? Por el camino de la polémica, suele criticarse a aquellos que quieren hacer la guerra de guerrillas, aduciendo que se olvidan de la lucha de masas, casi como si fueran métodos contrapuestos. Nosotros rechazamos el concepto que encierra esa posición; la guerra de guerrillas es una guerra de pueblo, es una lucha de masas. Pretender realizar este tipo de guerra sin el apoyo de la población, es el preludio de un desastre inevitable. La guerrilla es la vanguardia combativa del pueblo, situada en un lugar determinado de algún territorio dado, armada, dispuesta a desarrollar una serie de acciones bélicas tendientes al único fin estratégico posible: la toma del poder. Está apoyada por las masas campesinas y obreras de la zona y de todo el territorio de que se trate. Sin esas premisas no se puede admitir la guerra de guerrillas.

> En nuestra situación americana, consideramos que tres aportaciones fundamentales hizo la Revolución cubana a la mecánica de los movimientos revolucionarios en América Latina; son ellas: Primero: las fuerzas populares pueden ganar una guerra contra el ejército. Segundo: no siempre hay que esperar a que se den todas las condiciones para la revolución; el foco insurreccional puede crearlas. Tercero: en la América Latina subdesarrollada, el terreno de la lucha armada debe ser fundamentalmente el campo. (Ernesto Che Guevara, *La Guerra de Guerrillas*).

Tales son las aportaciones para el desarrollo de la lucha revolucionaria en América, y pueden aplicarse a cualquiera de los países de nuestro continente en los cuales se vaya a desarrollar una guerra de guerrillas.

La Segunda Declaración de La Habana señala:

> En nuestros países se juntan las circunstancias de una industria subdesarrollada con un régimen agrario de carácter feudal. Es por eso que, con todo lo duras que son las condiciones de vida de los obreros urbanos, la población rural vive aún en las más horribles condiciones de opresión y explotación; pero es también, salvo excepciones, el sector absolutamente mayoritario, en proporciones que a veces sobrepasan el setenta por ciento de las poblaciones latinoamericanas.
>
> Descontando los terratenientes, que muchas veces residen en las ciudades, el resto de esa gran masa libra su sustento trabajando como peones en las haciendas por salarios misérrimos, o labran la

tierra en condiciones de explotación que nada tienen que envidiar a la Edad Media. Estas circunstancias son las que determinan que en América Latina la población pobre del campo constituya una tremenda fuerza revolucionaria potencial.

Los ejércitos, estructurados y equipados para la guerra convencional, que son la fuerza en que se sustenta el poder de las clases explotadoras, cuando tienen que enfrentarse a la lucha irregular de los campesinos en el escenario natural de éstos, resultan absolutamente impotentes; pierden diez hombres por cada combatiente revolucionario que cae, y la desmoralización cunde rápidamente en ellos al tener que enfrentarse a un enemigo invisible e invencible que no les ofrece ocasión de lucir sus tácticas de academia y sus fanfarrias de guerra, de las que tanto alarde hacen para reprimir a los obreros y a los estudiantes en las ciudades.

La lucha inicial de reducidos núcleos combatientes se nutre incesantemente de nuevas fuerzas, el movimiento de masas comienza a desatarse, el viejo orden se resquebraja poco a poco en mil pedazos, y es entonces el momento en que la clase obrera y las masas urbanas deciden la batalla.

¿Qué es lo que desde el comienzo mismo de la lucha de esos primeros núcleos los hace invencibles, independientemente del número, el poder y los recursos de sus enemigos? El apoyo del pueblo, y con ese apoyo de las masas contarán en grado cada vez mayor.

Pero el campesino es una clase que, por el estado de incultura en que lo mantienen y el aislamiento en que vive, necesita la dirección revolucionaria y política de la clase obrera y los intelectuales revolucionarios, sin la cual no podría por sí sola lanzarse a la lucha y conquistar la victoria.

En las actuales condiciones históricas de América Latina, la burguesía nacional no puede encabezar la lucha antifeudal y antimperialista. La experiencia demuestra que en nuestras naciones esa clase, aun cuando sus intereses son contradictorios con los del imperialismo yanqui, ha sido incapaz de enfrentarse a éste, paralizada por el miedo a la revolución social y asustada por el clamor de las masas explotadas.

Completando el alcance de estas afirmaciones que constituyen el nudo de la declaración revolucionaria de América Latina, la Segunda Declaración de La Habana expresa en otros párrafos lo siguiente:

Las condiciones subjetivas de cada país, es decir, el factor conciencia, organización, dirección, puede acelerar o retrasar la revolución, según su mayor o menor grado de desarrollo; pero tarde o temprano en cada época histórica, cuando las condiciones objetivas maduran, la conciencia se adquiere, la organización se logra, la dirección surge y la revolución se produce.

Que ésta tenga lugar por cauces pacíficos o nazca al mundo después de un parto doloroso, no depende de los revolucionarios; depende de las fuerzas reaccionarias de la vieja sociedad, que se resisten a dejar nacer la sociedad nueva, que es engendrada por las contradicciones que lleva en su seno la vieja sociedad. La revolución es en la historia como el médico que asiste al nacimiento de una nueva vida. No usa sin necesidad los aparatos de fuerza; pero los usa sin vacilaciones cada vez que sea necesario para ayudar al parto. Parto que trae a las masas esclavizadas y explotadas las esperanza de una vida mejor.

En muchos países de América Latina la revolución es hoy inevitable. Ese hecho no lo determina la voluntad de nadie. Está determinado por las espantosas condiciones de explotación en que vive el hombre americano, el desarrollo de la conciencia revolucionaria de las masas, la crisis mundial, del imperialismo y el movimiento universal de lucha de los pueblos subyugados.

Partiremos de estas bases para el análisis de toda la cuestión guerrillera en América Latina.

Establecimos que es un método de lucha para obtener un fin. Lo que interesa, primero, es analizar el fin y ver si se puede lograr la conquista del poder de otra manera que por la lucha armada, aquí en América Latina.

La lucha pacífica puede llevarse a cabo mediante movimientos de masas y obligar —en situaciones especiales de crisis— ceder a los gobiernos, ocupando eventualmente el poder las fuerzas populares que establecerían la dictadura proletaria. Correcto teóricamente. Al analizar lo anterior en el panorama de América Latina tenemos que llegar a las siguientes conclusiones: En este continente existen en general condiciones objetivas que impulsan a las masas a acciones violentas contra los gobiernos burgueses y terratenientes, existen crisis de poder en muchos otros países y algunas condiciones subjetivas también. Claro está que, en los países en que todas las condiciones estén dadas, sería hasta criminal no actuar para la toma del poder. En aquellos otros en que esto no ocurre es lícito que aparezcan distintas alternativas y que de la discusión teórica surja la decisión aplicable a cada país. Lo único que la historia no admite es que los analistas y ejecutores de la política del proletariado se equivoquen. Nadie puede solicitar el cargo de partido de vanguardia como un diploma oficial dado por la universidad. Ser partido de vanguardia es estar al frente de la clase obrera en la lucha por la toma del poder, saber guiarla a su captura, conducirla por los atajos, incluso. Esa es la misión de nuestros partidos revolucionarios y el análisis debe ser profundo y exhaustivo para que no haya equivocación.

Hoy por hoy, se ve en América Latina un estado de equilibrio inestable entre la dictadura oligárquica y la presión popular. La denominamos con la palabra oligárquica pretendiendo definir la alianza reaccionaria entre las burguesías de cada país y sus clases de terratenientes, con mayor o menor preponderancia de las estructuras feudales. Estas dictaduras transcurren dentro de ciertos marcos de legalidad que se adjudicaron ellas mismas para su mejor trabajo durante todo el período irrestricto de dominación de clase, pero pasamos por una etapa en que las presiones populares son muy fuertes; están llamando a las puertas de la legalidad burguesa y ésta debe ser violada por sus propios autores para detener el impulso de las masas. Solo que las violaciones descaradas, contrarias a toda legislación preestablecida —o legislación establecida a posteriori para santificar el hecho— ponen en mayor tensión a las fuerzas del pueblo. Por ello, la dictadura oligárquica trata de utilizar los viejos ordenamientos legales para cambiar la constitucionalidad y ahogar más al proletariado, sin que el choque sea frontal. No obstante, aquí es donde se produce la contradicción. El pueblo ya no soporta las antiguas y, menos aún, las nuevas medidas coercitivas establecidas por la dictadura, y trata de romperlas. No debemos de olvidar nunca el carácter clasista, autoritario y restrictivo del Estado burgués. Lenin se refiere a él así: "El Estado es producto y manifestación del carácter irreconciliable de las contradicciones de clase. El Estado surge en el sitio, en el momento y en el grado en que las contradicciones de clase no pueden, objetivamente, conciliarse. Y viceversa: la existencia del Estado demuestra que las contradicciones de clase son irreconciliables." (*El Estado y la Revolución*)

Es decir, no debemos admitir que la palabra "democracia", utilizada en forma apologética para representar la dictadura de las clases explotadoras, pierda su profundidad de concepto y adquiera el de ciertas libertades más o menos óptimas dadas al ciudadano. Luchar solamente por conseguir la restauración de cierta legalidad burguesa sin plantearse, en cambio, el problema del poder revolucionario, es luchar por retornar a cierto orden dictatorial preestablecido por las clases sociales dominantes; es, en todo caso, luchar por el establecimiento de unos grilletes que tengan en su punta una bola menos pesada para el presidiario.

En estas condiciones de conflicto, la oligarquía rompe sus propios contratos, su propia apariencia de "democracia" y ataca al pueblo, aunque siempre trate de utilizar los métodos de la superestructura, que ha formado para la opresión. Se vuelve a plantear en ese momento el dilema: ¿Qué hacer? Nosotros contestamos: La violencia no es patrimonio de los explotadores, la pueden usar los explotados y más aún la deben usar en su momento. [José] Martí decía: "Es criminal quien promueve en un país la guerra que se le puede evitar; y quien deja de promover la guerra inevitable."

Lenin, por otra parte, expresaba: "La social-democracia no ha mirado nunca ni mira la guerra desde un punto de vista sentimental. Condena en absoluto la guerra como recurso feroz para dilucidar las diferencias entre los hombres, pero sabe que las guerras son inevitables mientras la sociedad este dividida en clases, mientras exista la explotación del hombre por el hombre. Y para acabar con esa explotación no podemos prescindir de la guerra que empiezan siempre y en todos los sitios las mismas clases explotadoras, dominantes y opresoras". Esto lo decía en el año 1905; después, en "El programa militar de la revolución proletaria", analizando profundamente el carácter de la lucha de clases, afirmaba:

> Quien admita la lucha de clases no puede menos que admitir las guerras civiles, que en toda sociedad de clases representan la continuación, el desarrollo y el recrudecimiento —naturales y en determinadas circunstancias inevitables— de la lucha de clases. Todas las grandes revoluciones lo confirman. Negar las guerras civiles u olvidarlas sería caer en un oportunismo extremo y renegar de la revolución socialista.

Es decir, no debemos temer a la violencia, la partera de las sociedades nuevas; solo que esa violencia debe desatarse exactamente en el momento preciso en que los conductores del pueblo hayan encontrado las circunstancias más favorables.

¿Cuáles serán éstas? Dependen, en lo subjetivo de dos factores que se complementan y que a su vez se van profundizando en el transcurso de la lucha: la conciencia de la necesidad del cambio y la certeza de la posibilidad de este cambio revolucionario; los que, unidos a las condiciones objetivas —que son grandemente favorables en casi toda América Latina para el desarrollo de la lucha—, a la firmeza en la voluntad de lograrlo y a las nuevas correlaciones de fuerzas en el mundo, condicionan un modo de actuar.

Por lejanos que estén los países socialistas, siempre se hará sentir su influencia bienhechora sobre los pueblos en lucha, y su ejemplo educador les dará más fuerza. Fidel Castro decía el 26 de julio [1963]:

> Y el deber de los revolucionarios, sobre todo en este instante, es saber percibir, saber captar los cambios de correlación de fuerzas que han tenido lugar en el mundo, y comprender que ese cambio

facilita la lucha de los pueblos. El deber de los revolucionarios, de los revolucionarios latinoamericanos, no está en esperar que el cambio de correlación de fuerzas produzca el milagro de las revoluciones sociales en América Latina, sino aprovechar cabalmente todo lo que favorece al movimiento revolucionario ese cambio de correlación de fuerzas ¡y hacer las revoluciones!

Hay quienes dicen "admitamos la guerra revolucionaria como el medio adecuado, en ciertos casos específicos, para llegar a la toma del poder político; ¿de dónde sacamos los grandes conductores, los Fidel Castro que nos llevan al triunfo?" Fidel Castro, como todo ser humano, es un producto de la historia. Los jefes militares y políticos, que dirijan las luchas insurreccionales en América Latina, unidos, si fuera posible, en una sola persona, aprenderán el arte de la guerra en el ejercicio de la guerra misma. No hay oficio ni profesión que se pueda aprender solamente en libros de texto. La lucha, en este caso, es la gran maestra.

Claro que no será sencilla la tarea ni exenta de graves amenazas en todo su transcurso.

Durante el desarrollo de la lucha armada aparecen dos momentos de extremo peligro para el futuro de la revolución. El primero de ellos surge en la etapa preparatoria y la forma en que se resuelva da la medida de la decisión de lucha y claridad de fines que tengan las fuerzas populares. Cuando el Estado burgués avanza contra las posiciones del pueblo, evidentemente tiene que producirse un proceso de defensa contra el enemigo que, en ese momento de superioridad, ataca. Si ya se han desarrollado las condiciones objetivas y subjetivas mínimas, la defensa debe ser armada, pero de tal tipo que no se conviertan las fuerzas populares en meros receptores de los golpes del enemigo; no dejar tampoco que el escenario de la defensa armada simplemente se transforme en un refugio extremo de los perseguidos. La guerrilla, movimiento defensivo del pueblo en un momento dado, lleva en sí, y constantemente debe desarrollarla, su capacidad de ataque sobre el enemigo. Esta capacidad es la que va determinando con el tiempo su carácter de catalizador de las fuerzas populares. Vale decir, la guerrilla no es autodefensa pasiva, es defensa con ataque y, desde el momento en que se plantea como tal, tiene como perspectiva final la conquista del poder político.

Este momento es importante. En los procesos sociales la diferencia entre violencia y no violencia no puede medirse por las cantidades de tiros intercambiados; responde a situaciones concretas y fluctuantes y hay que saber ver el instante en que las fuerzas populares, conscientes de su debilidad relativa, pero al mismo tiempo de su fuerza estratégica, deben obligar al enemigo a que dé los pasos necesarios para que la situación no retroceda. Hay que violentar el equilibrio dictadura oligárquica— presión popular. La dictadura trata constantemente de ejercerse sin el uso aparatoso de la fuerza; el obligar a presentarse sin disfraz, es decir, en su aspecto verdadero de dictadura violenta de las clases reaccionarias, contribuirá a su desenmascaramiento, lo que profundizará la lucha hasta extremos tales que ya no se pueda regresar. De cómo cumplan su función las fuerzas del pueblo abocadas a la tarea de obligar a definiciones a la dictadura —retroceder o desencadenar la lucha—, depende el comienzo firme de una acción armada de largo alcance.

Sortear el otro momento peligroso depende del poder del desarrollo ascendente que tengan las fuerzas populares. Marx recomendaba siempre que, una vez comenzado el proceso revolucionario, el proletariado tenía que golpear y golpear sin descanso. Revolución que no se profundice constantemente es revolución que regresa. Los combatientes, cansados, empiezan a perder la fe y puede fructificar entonces alguna de las maniobras a que la burguesía nos tiene tan acostumbrados. Éstas pueden ser elecciones con la entrega del poder a otro señor de voz más meliflua y cara más angelical que el dictador de turno, o un golpe dado por los reaccionarios, encabezados, en general, por el ejército y apoyándose, directa o indirectamente, en las fuerzas progresistas. Caben otras, pero no es nuestra intención analizar estratagemas tácticas.

Llamamos la atención principalmente sobre la maniobra del golpe militar apuntada arriba. ¿Qué pueden dar los militares a la verdadera democracia? ¿Qué lealtad se les puede pedir si son meros instrumentos de dominación de las clases reaccionarias y de los monopolios imperialistas y como casta, que vale en razón de las armas que posee, aspiran solamente a mantener sus prerrogativas?

Cuando, en situaciones difíciles para los opresores, conspiren los militares y derroquen a un dictador, de hecho vencido, hay que suponer que lo hacen porque aquel no es capaz de preservar sus prerrogativas de clase sin violencia extrema, cosa que, en general, no conviene en los actuales momentos a los intereses de las oligarquías.

Esta afirmación no significa, de ningún modo, que se deseche la utilización de los militares como luchadores individuales, separados del medio social en que han actuado y, de hecho, rebelados contra él. Y esta utilización debe hacerse en el marco de la dirección revolucionaria a la que pertenecerán como luchadores y no como representantes de una casta.

En tiempos ya lejanos, en el prefacio de la tercera edición de *La guerra civil en Francia*, Engels decía:

> Los obreros, después de cada revolución, estaban armados; por eso el desarme de los obreros era el primer mandamiento de los burgueses

que se hallaban al frente del Estado. De ahí que, después de cada revolución ganada por los obreros, se llevara a cabo una nueva lucha que acababa con la derrota de éstos... (cita de Lenin, *El Estado y la Revolución*).

Este juego de luchas continuas en que se logra un cambio formal de cualquier tipo y se retrocede estratégicamente, se ha repetido durante decenas de años en el mundo capitalista. Peor aún, el engaño permanente al proletariado en este aspecto lleva más de un siglo de producirse periódicamente.

Es peligroso también que, llevados por el deseo de mantener durante algún tiempo condiciones más favorables para la acción revolucionaria mediante el uso de ciertos aspectos de la legalidad burguesa, los dirigentes de los partidos progresistas confundan los términos, cosa que es muy común en el curso de la acción, y se olviden del objetivo estratégico definitivo: *la toma del poder*.

Estos dos momentos difíciles de la revolución, que hemos analizado someramente, se obvian cuando los partidos dirigentes marxistas-leninistas son capaces de ver claro las implicaciones del momento y de movilizar las masas al máximo, llevándolas por el camino justo de la resolución de las contradicciones fundamentales.

En el desarrollo del tema hemos supuesto que eventualmente se aceptará la idea de la lucha armada y también la fórmula de la guerra de guerrillas como método de combate. ¿Por qué estimamos que, en las condiciones actuales de América Latina, la guerra de guerrillas es la vía correcta? Hay argumentos fundamentales que, en nuestro concepto, determinan la necesidad de la acción guerrillera en América como eje central de la lucha.

Primero: aceptando como verdad que el enemigo luchará por mantenerse en el poder, hay que pensar en la destrucción del ejército opresor; para destruirlo hay que oponerle un ejército popular enfrente. Ese ejército no nace espontáneamente, tiene que armarse en el arsenal que brinda su enemigo, y esto condiciona una lucha dura y muy larga, en la que las fuerzas populares y sus dirigentes estarían expuestos siempre al ataque de fuerzas superiores sin adecuadas condiciones de defensa y maniobrabilidad.

En cambio, el núcleo guerrillero, asentado en terrenos favorables a la lucha, garantiza la seguridad y permanencia del mando revolucionario. Las fuerzas urbanas, dirigidas desde el estado mayor del ejército del pueblo, pueden realizar acciones de incalculable importancia. La eventual destrucción de estos grupos no haría morir el alma de la revolución, su jefatura, que, desde la fortaleza rural, seguiría catalizando el espíritu revolucionario de las masas y organizando nuevas fuerzas para otras batallas.

Además, en esta zona comienza la estructuración del futuro aparato estatal encargado de dirigir eficientemente la dictadura de clase durante todo el periodo de transición. Cuanto más larga sea la lucha, más grandes y complejos serán los problemas administrativos y en su solución se entrenarán los cuadros para la difícil tarea de la consolidación del poder y el desarrollo económico, en una etapa futura.

Segundo: la situación general del campesinado latinoamericano y el carácter cada vez más explosivo de su lucha contra las estructuras feudales, en el marco de una situación social de alianza entre explotadores locales y extranjeros.

Volviendo a la Segunda Declaración de La Habana:

> Los pueblos de América Latina se liberaron del coloniaje español a principios del siglo pasado, pero no se liberaron de la explotación. Los terratenientes feudales asumieron la autoridad de los gobernantes españoles, los indios continuaron en penosa servidumbre, el hombre latinoamericano en una u otra forma siguió esclavo y las mínimas esperanzas de los pueblos sucumben bajo el poder de las oligarquías y la coyunda del capital extranjero. Esta ha sido la verdad de América, con uno u otro matiz, con alguna que otra variante. Hoy América Latina yace bajo un imperialismo mucho más feroz, mucho más poderoso y más despiadado que el imperialismo colonial español.
>
> Y ante la realidad objetiva e históricamente inexorable de la revolución latinoamericana, ¿cuál es la actitud del imperialismo yanqui? Disponerse a librar una guerra colonial con los pueblos de América Latina; crear el aparato de fuerza, los pretextos políticos y los instrumentos pseudo legales suscritos con los representantes de las oligarquías reaccionarias para reprimir a sangre y fuego la lucha de los pueblos latinoamericanos.

Esta situación objetiva nos muestra la fuerza que duerme, desaprovechada, en nuestros campesinos y la necesidad de utilizarla para la liberación de América.

Tercero: el carácter continental de la lucha.

¿Podría concebirse esta nueva etapa de la emancipación de América Latina como el cotejo de dos fuerzas locales luchando por el poder en un territorio dado? Difícilmente. La lucha será a muerte entre todas las fuerzas populares y todas las fuerzas de represión. Los párrafos arriba citados también lo predicen.

Los yanquis intervendrán por solidaridad de intereses y porque la lucha en América Latina es decisiva. De hecho, ya intervienen en la preparación de las fuerzas represivas y la organización de un aparato continental de lucha. Pero, de ahora en adelante, lo harán con todas sus energías; castigarán a las fuerzas populares con todas las armas de destrucción a su alcance; no dejarán consolidarse al poder revolucionario y, si alguno llegara a hacerlo, volverán a atacar, no lo reconocerán, tratarán de dividir las fuerzas revolucionarias, introducirán saboteadores de todo tipo, crearán problemas fronterizos, lanzarán a otros estados reaccionarios en su contra, intentarán ahogar económicamente al nuevo estado, aniquilarlo, en una palabra.

Dado este panorama americano, se hace difícil que la victoria se logre y consolide en un país aislado. A la unión de las fuerzas represivas debe contestarse con la unión de las fuerzas populares. En todos los países en que la opresión llegue a niveles insostenibles, debe alzarse la bandera de la rebelión, y esta bandera tendrá, por necesidad histórica, caracteres continentales. La Cordillera de los Andes está llamada a ser la Sierra Maestra de América Latina, como dijera Fidel, y todos los inmensos territorios que abarca este Continente están llamados a ser escenarios de la lucha a muerte contra el poder imperialista.

No podemos decir cuándo alcanzará estas características continentales, ni cuánto tiempo durará la lucha; pero podemos predecir su advenimiento y su triunfo, porque es resultado de circunstancias históricas, económicas y políticas inevitables y su rumbo no se puede torcer. Iniciarla cuando las condiciones estén dadas, independientemente de la situación de otros países, es la tarea de la fuerza revolucionaria en cada país. El desarrollo de la lucha irá condicionando la estrategia general; la predicción sobre el carácter continental es fruto del análisis de las fuerzas de cada contendiente, pero esto no excluye, ni mucho menos, el estallido independiente. Así como la iniciación de la lucha en un punto de un país está destinada a desarrollarla en todo su ámbito, la iniciación de la guerra revolucionaria contribuye a desarrollar nuevas condiciones en los países vecinos.

El desarrollo de las revoluciones se ha producido normalmente por flujos y reflujos inversamente proporcionales; al flujo revolucionario corresponde el reflujo contrarrevolucionario y, viceversa, en los momentos de descenso revolucionario hay un ascenso contrarrevolucionario. En estos instantes, la situación de las fuerzas populares se torna difícil y deben recurrir a los mejores medios de defensa para sufrir los daños menores. El enemigo es extremadamente fuerte, continental. Por ello no se pueden analizar las debilidades relativas de las burguesías locales con vistas a tomar decisiones de ámbitos restringidos. Menos podría pensarse en la eventual alianza de éstas oligarquías con el pueblo en armas. La Revolución cubana ha dado el campanazo de alarma. La polarización de fuerzas llegará a ser total: explotadores de un lado y explotados de otro; la masa de la pequeña burguesía se inclinará a uno u otro bando, de acuerdo con sus intereses y el acierto político con que se la trate; la neutralidad constituirá una excepción. Así será la guerra revolucionaria.

Pensemos cómo podría comenzar un foco guerrillero.

Núcleos relativamente pequeños de personas eligen lugares favorables para la guerra de guerrillas, ya sea con la intención de desatar un contraataque o para capear el vendaval, y allí comienzan a actuar. Hay que establecer bien claro lo siguiente: en el primer momento, la debilidad relativa de la guerrilla es tal que solamente debe trabajar para fijarse al terreno, para ir conociendo el medio, estableciendo conexiones con la población y reforzando los lugares que eventualmente se convertirán en su base de apoyo.

Hay tres condiciones de supervivencia de una guerrilla que comience su desarrollo bajo las premisas expresadas aquí: movilidad constante, vigilancia constante, desconfianza constante. Sin el uso adecuado de estos tres elementos de la táctica militar, la guerrilla difícilmente sobrevivirá. Hay que recordar que la heroicidad del guerrillero, en estos momentos, consiste en la amplitud del fin planeado y la enorme serie de sacrificios que deberá realizar para cumplimentarlo.

Estos sacrificios no serán el combate diario, la lucha cara a cara con el enemigo; adquirirán formas más sutiles y más difíciles de resistir para el cuerpo y la mente del individuo que está en la guerrilla.

Serán quizás castigados duramente por los ejércitos enemigos; divididos en grupos, a veces; martirizados los que cayeren prisioneros; perseguidos como animales acosados en las zonas que hayan elegido para actuar; con la inquietud constante de tener enemigos sobre los pasos de la guerrilla; con la desconfianza constante frente a todo, ya que los campesinos atemorizados los entregarán, en algunos casos, para quitarse de encima, con la desaparición del pretexto, a las tropas represivas; sin otra alternativa que la muerte o la victoria, en momentos en que la muerte es un concepto mil veces presente y la victoria el mito que solo un revolucionario puede soñar.

Esa es la heroicidad de la guerrilla; por eso se dice que caminar también es una forma de combatir, que rehuir el combate en un momento dado no es sino una forma de combatir. El planteamiento es, frente a la superioridad general del enemigo, encontrar la forma táctica de lograr una superioridad relativa en un punto elegido, ya sea poder concentrar más efectivos que éste, ya asegurar ventajas en el aprovechamiento del terreno que vuelque la correlación de fuerzas. En estas condiciones se asegura la victoria táctica; si no está clara la superioridad relativa, es preferible no actuar. No se debe dar combate que no produzca una victoria, mientras se pueda elegir el "cómo" y el "cuándo".

En el marco de la gran acción político-militar, del cual es un elemento, la guerrilla irá creciendo y consolidándose; se irán formando entonces las bases de apoyo, elemento fundamental para que el ejército guerrillero pueda prosperar. Estas bases de apoyo son puntos en los cuales el ejército enemigo solo puede penetrar a costa de grandes pérdidas; bastiones de la revolución, refugio y resorte de la guerrilla para incursiones cada vez más lejanas y atrevidas.

A este momento se llega si se han superado simultáneamente las dificultades de orden táctico y político. Los guerrilleros no pueden olvidar nunca su función de vanguardia del pueblo, el mandato que encarnan, y por tanto, deben crear las condiciones políticas necesarias para el establecimiento del poder revolucionario basado en el apoyo total de las masas. Las grandes reivindicaciones del campesinado deben ser satisfechas en la medida y forma que las circunstancias aconsejen, haciendo de toda la población un conglomerado compacto y decidido.

Si difícil será la situación militar de los primeros momentos, no menos delicada será la política; y si un solo error militar puede liquidar la guerrilla, un error político puede frenar su desarrollo durante grandes períodos.

Político-militar es la lucha, así hay que desarrollarla y, por lo tanto, entenderla.

La guerrilla, en su proceso de crecimiento, llega a un instante en que su capacidad de acción cubre una determinada región para cuyas medidas sobran hombres y hay demasiada concentración en la zona. Allí comienza el efecto de colmena, en el cual uno de los jefes, guerrillero distinguido, salta a otra región y va repitiendo la cadena de desarrollo de la guerra de guerrillas, sujeto, eso sí, a un mando central.

Ahora bien, es preciso apuntar que no se puede aspirar a la victoria sin la formación de un ejército popular. Las fuerzas guerrilleras podrán extenderse hasta determinada magnitud; las fuerzas populares, en las ciudades y en otras zonas permeables del enemigo, podrán causarle estragos, pero el potencial militar de la reacción todavía estaría intacto. Hay que tener siempre presente que el resultado final debe ser el aniquilamiento del adversario. Para ello, todas estas zonas nuevas que se crean, más las zonas de perforación del enemigo detrás de sus líneas, más las fuerzas que operan en las ciudades principales, deben tener una relación de dependencia en el mando. No se podrá pretender que exista la cerrada ordenación jerárquica que caracteriza a un ejército, pero sí una ordenación estratégica. Dentro de determinadas condiciones de libertad de acción, las guerrillas deben de cumplir todas las ordenes estratégicas del mando central, instalado en alguna de las zonas, la más segura, la más fuerte, preparando las condiciones para la unión de las fuerzas en un momento dado. ¿Habrá otras posibilidades menos cruentas?

La guerra de guerrillas o guerra de liberación tendrá en general tres momentos: el primero, de la defensiva estratégica, donde la pequeña fuerza que huye muerde al enemigo; no está refugiada para hacer una defensa pasiva en un círculo pequeño, sino que su defensa consiste en los ataques limitados que pueda realizar. Pasado esto, se llega a un punto de equilibrio en que se estabilizan las posibilidades de acción del enemigo y de la guerrilla y, luego, el momento final de desbordamiento del ejército represivo que llevará a la toma de las grandes ciudades, a los grandes encuentros decisivos, al aniquilamiento total del adversario.

Después de logrado el punto de equilibrio, donde ambas fuerzas se respetan entre sí, al seguir su desarrollo, la guerra de guerrillas adquiere características nuevas. Empieza a introducirse el concepto de la maniobra; columnas grandes que atacan puntos fuertes; guerra de movimientos con traslación de fuerzas y medios de ataque de relativa potencia. Pero, debido a la capacidad de resistencia y contraataque que todavía conserva el enemigo, esta guerra de maniobra no sustituye definitivamente a las guerrillas; es solamente una forma de actuar de las mismas; una magnitud superior de las fuerzas guerrilleras, hasta que, por fin, cristaliza en un ejército popular con cuerpos de ejércitos. Aún en este instante, marchando delante de las acciones de las fuerzas principales, irán las guerrillas en su estado de "pureza", liquidando las comunicaciones, saboteando todo el aparato defensivo del enemigo.

Habíamos predicho que la guerra sería continental. Esto significa también que será prolongada; habrá muchos frentes, costará mucha sangre, innúmeras vidas durante largo tiempo. Pero, algo más, los fenómenos de polarización de fuerzas que están ocurriendo en América Latina, la clara división entre explotadores y explotados que existirá en las guerras revolucionarias futuras, significan que al producirse la toma del poder por la vanguardia armada del pueblo, el país, o los países, que lo consigan, habrán liquidado simultáneamente, en el opresor, a los imperialistas y a los explotadores nacionales. Habrá cristalizado la primera etapa de la revolución socialista; estarán listos los pueblos para restañar sus heridas e iniciar la construcción del socialismo.

¿Habrá otras posibilidades menos cruentas?

Hace tiempo que se realizó el último reparto del mundo en el cual a los Estados Unidos le tocó la parte del león de nuestro Continente; hoy se están desarrollando nuevamente los imperialistas del viejo mundo y la pujanza del mercado común europeo atemoriza a los mismos norteamericanos. Todo esto podría hacer pensar que existiera la posibilidad de asistir como espectadores a la pugna interimperialista para luego lograr avances, quizás en alianza con las burguesías nacionales más fuertes. Sin contar con que la política pasiva nunca trae buenos resultados en la lucha de clases y las alianzas con la burguesía, por revolucionaria que esta luzca en un momento dado, solo tienen carácter transitorio, hay razones de tiempo que inducen a tomar otro partido. La agudización de la contradicción fundamental luce ser tan rápida en América Latina que molesta el "normal" desarrollo de las contradicciones del campo imperialista en su lucha por los mercados.

Las burguesías nacionales se han unido al imperialismo norteamericano, en su gran mayoría, y deben correr la misma suerte que éste en cada país. Aun en los casos en que se producen pactos o coincidencias de contradicciones entre la burguesía nacional y otros imperialismos con el norteamericano, esto sucede en el marco de una lucha fundamental que englobará necesariamente, en el curso de su desarrollo, *a todos los explotados y a todos los explotadores*. La polarización de fuerzas antagónicas de adversarios de clases es, hasta ahora, más veloz que el desarrollo de las contradicciones entre explotadores por el reparto del botín. Los campos son dos: la alternativa se vuelve más clara para cada quien individual y para cada capa especial de la población.

La Alianza para el Progreso es un intento de refrenar lo irrefrenable.

Pero si el avance del mercado común europeo o cualquier otro grupo imperialista sobre los mercados americanos, fuera más veloz que el desarrollo de la contradicción fundamental, solo restaría introducir las fuerzas populares como cuña, en la brecha abierta, conduciendo éstas toda la lucha y utilizando a los nuevos intrusos con clara conciencia de cuáles son sus intenciones finales.

No se debe entregar ni una posición, ni un arma, ni un secreto al enemigo de clase, so pena de perderlo todo.

De hecho, la eclosión de la lucha americana se ha producido. ¿Estará su vórtice en Venezuela, Guatemala, Colombia, Perú, Ecuador... ? ¿Serán estas escaramuzas actuales solo manifestaciones de una inquietud que no ha fructificado? No importa cuál sea el resultado de las luchas de hoy. No importa, para el resultado final, que uno u otro movimiento sea transitoriamente derrotado. Lo definitivo es la decisión de lucha que madura día a día; la conciencia de la necesidad del cambio revolucionario, la certeza de su posibilidad.

Es una predicción. La hacemos con el convencimiento de que la historia nos dará la razón. El análisis de los factores objetivos y subjetivos de América Latina y del mundo imperialista, nos indica la certeza de estas aseveraciones basadas en la Segunda Declaración de La Habana.

PARTE 2

LOS AÑOS CUBANOS
1959-1965

"Hay que tener una gran dosis de humanidad, una gran dosis de sentido de la justicia y de la verdad para no caer en extremos dogmáticos, en escolasticismos fríos, en aislamiento de las masas. Todos los días hay que luchar porque ese amor a la humanidad viviente se transforme en hechos concretos..."

Proyecciones sociales del Ejército Rebelde

(29 de enero de 1959)

En la noche de hoy se impone la evocación martiana, como ha dicho oportunamente quien me ha presentado ante ustedes, y creo que al hablar de la proyección social del Ejército Rebelde, nos estamos refiriendo concretamente al sueño que [José] Martí hubiese realizado.

Y como ésta es una noche de recuerdos, antes de entrar de lleno en el tema, en su significación histórica, haremos una breve reseña de lo que ha sido y es este Movimiento.

No puedo iniciar mis palabras desde el momento en que fue atacado el Cuartel Moncada el 26 de julio de 1953. Quiero referirme solamente a la parte que me corresponde por mi actuación en la serie de sucesos que dieron por resultado el triunfo de la Revolución el Primero de Enero pasado. Comencemos, pues, esta historia como yo la empecé en México.

Para todos nosotros es muy importante conocer el pensamiento actual de quienes componen nuestro Ejército Rebelde; el pensamiento de aquel grupo que se embarcó en la aventura del *Granma* y la evolución de ese pensamiento nacido en la entraña del Movimiento 26 de Julio; y sus cambios sucesivos a través de las etapas de la Revolución, para llegar a la enseñanza final de este último capítulo con que la parte insurreccional ha terminado.

Les decía que trabé conocimiento con los primeros miembros del Movimiento 26 de Julio en México. Era muy diferente la proyección social que tenían aquellos hombres antes de la etapa del *Granma*, antes que se produjera la primera escisión en el Movimiento 26 de Julio, cuando estaba en él todo el núcleo sobreviviente del ataque al Cuartel Moncada. Recuerdo que en una discusión íntima, en una casa en México, exponía la necesidad de ofrecer al pueblo de Cuba un programa revolucionario; y uno de los asaltantes del Moncada —que afortunadamente se separó del Movimiento 26 de Julio— me contestó con unas frases que siempre recuerdo, diciéndome: "La cosa es muy sencilla. Nosotros lo que tenemos que hacer es dar un golpe. Batista dio un golpe y tomó el poder en un día, hay que dar otro para sacarlo de él... Batista le ha hecho a los americanos cien concesiones, vamos a darles nosotros ciento una". La cosa era tomar el poder. Yo le argumentaba que teníamos que dar ese golpe basados en principios, que lo importante también era saber lo que íbamos a hacer en el poder. Esa era la idea de un miembro de la primera etapa del Movimiento 26 de Julio, que como yo les dije, por fortuna para nosotros, él y quienes mantenían ese criterio se fueron de nuestro movimiento revolucionario y tomaron otro camino.

Desde ese momento se fue perfilando el grupo que vendría más tarde en el *Granma*, formado con muchas dificultades, pues sufrimos la persecución continua de las autoridades mexicanas, que llegaron a poner en peligro el éxito de la expedición. Una serie de factores internos, como individuos que al principio parecían querer ir a la aventura y después, con un pretexto u otro, se iban separando de ella, fue limitando la cantidad de expedicionarios. Al final quedaron los 82 hombres que tomamos el *Granma*. Lo demás es bien conocido del pueblo cubano.

Lo que a mí me interesa y lo que creo importante es el pensamiento social que teníamos los sobrevivientes de Alegría de Pío. Éste es el primero y el único desastre que las armas rebeldes tuvimos en el transcurso de la insurrección. Unos quince hombres destruidos físicamente y hasta moralmente, nos juntamos y solo pudimos seguir adelante por la enorme confianza que tuvo en esos momentos decisivos Fidel Castro, por su recia figura de caudillo revolucionario y su fe inquebrantable en el pueblo. Nosotros éramos un grupo de extracción civil que estábamos pegados pero no injertados en la Sierra Maestra. Andábamos de bohío en bohío; cierto que no tocábamos nada que no nos perteneciera, incluso no comíamos nada que no pudiéramos pagar y muchas veces pasamos hambre por este principio. Éramos un grupo al que se veía con tolerancia pero que no estaba integrado; y así pasó mucho tiempo... Fueron varios meses de vida errante en los picos más altos de la Sierra Maestra, dando golpes esporádicos y volviendo a hacer alto. Íbamos de uno a otro picacho, en donde no había agua y en donde vivir era extraordinariamente difícil.

Poco a poco en el campesino se fue operando un cambio hacia nosotros, impulsado por la acción de las fuerzas represivas de Batista, que se dedicaban a asesinar y a destruir las casas y que eran hostiles en todas las formas a quienes, aunque fuera ocasionalmente, habían tenido el más mínimo contacto con nuestro Ejército Rebelde, y ese cambio se tradujo en la incorporación a nuestras guerrillas del sombrero de yarey, y así nuestro ejército de civiles se fue convirtiendo en un ejército campesino. Simultáneamente a la incorporación de los campesinos (de los guajiros) a la lucha armada por sus reivindicaciones de libertad y de justicia social, surgió la gran palabra mágica que fue movilizando a las masas oprimidas de Cuba en la lucha por la posesión de la tierra: por la Reforma Agraria.

Ya estaba así definido el primer gran planteamiento social que sería después la bandera y la divisa predominante de nuestro movimiento, aunque atravesamos una etapa de mucha intranquilidad debido a las preocupaciones naturales relacionadas con la política y la conducta de nuestro gran vecino del Norte. En esos momentos era más importante para nosotros la presencia de un periodista extranjero, preferiblemente norteamericano, que una victoria militar. Era más importante que la incorporación a la lucha de los campesinos que venían a traer a la Revolución sus ideales y su fe, el que hubiera combatientes norteamericanos que sirvieran para la exportación de nuestra propaganda revolucionaria.

Por ese tiempo en Santiago de Cuba sucedió un acontecimiento muy trágico, el asesinato de nuestro compañero Frank País, que marcó un viraje en toda la estructura del movimiento revolucionario. Respondiendo al impacto emocional que produce la muerte de Frank País, el pueblo de Santiago de Cuba se echó a la calle espontáneamente, produciéndose el primer conato de huelga general política, que aunque no tuvo dirección, paralizó totalmente a Oriente, repercutiendo en parecida forma en Camagüey y Las Villas. La dictadura liquidó este movimiento surgido sin preparación y sin control revolucionario. Este fenómeno popular sirvió para que nos diésemos cuenta que era necesario incorporar a la lucha por la liberación de Cuba al factor social de los trabajadores e inmediatamente comenzaron las labores clandestinas en los centros obreros para preparar una huelga general que ayudara al Ejército Rebelde a conquistar el poder.

Fue ese el inicio de una campaña de organizaciones clandestinas llevada a cabo con una mentalidad insurreccional, pero quienes alentaron estos movimientos no conocían realmente la significación y la táctica de la lucha de masas. Se las llevó por caminos completamente equivocados al no crearse el espíritu revolucionario ni la unidad de los combatientes y tratar de dirigir la huelga desde arriba sin vínculos efectivos en la base de los huelguistas.

Las victorias del Ejército Rebelde y los esforzados trabajos clandestinos agitaron el país creando un estado de efervescencia tan grande que provocó la declaración de una huelga general el 9 de abril pasado [1958], la que fracasó precisamente por errores de organización, entre ellos principalmente la falta de contactos entre las masas obreras y la dirección, y su equivocada actitud. Pero la experiencia fue aprovechada y surgió una lucha ideológica en el seno del Movimiento 26 de Julio que provocó un cambio radical en el enfoque de la realidad del país y en sus sectores de acción. El 26 de Julio salió fortalecido de la fracasada huelga y la experiencia enseñó a sus dirigentes una verdad preciosa que era —y que es— que la Revolución no pertenecía a tal o a cual grupo sino que debía ser la obra del pueblo cubano entero; y a esa finalidad se canalizaron todas las energías de los militantes de nuestro movimiento, tanto en el Llano como en la Sierra.

En esta época precisamente empezaron en el Ejército Rebelde los primeros pasos para darle una teoría y una doctrina a la Revolución dándose demostraciones palpables de que el movimiento insurreccional había crecido y, por tanto, había llegado a su madurez política. Habíamos pasado de la etapa experimental a la constructiva, de los ensayos a los hechos definitivos. Inmediatamente se iniciaron las obras de "las pequeñas industrias" en la Sierra Maestra. Sucedió un cambio que nuestros antepasados habían visto hace muchos años: pasamos de la vida nómada a la vida sedentaria; creamos centros de producción de acuerdo con nuestras necesidades más perentorias. Así fundamos nuestra fábrica de zapatos, nuestra fábrica de armas, nuestro taller en el que reconstruíamos las bombas que la tiranía nos arrojaba para devolvérselas a los propios soldados de Batista en forma de minas terrestres.

Los hombres y las mujeres del Ejército Rebelde no olvidaron nunca su misión fundamental en la Sierra Maestra ni en otros lugares, que era la del mejoramiento del campesino, su incorporación a la lucha por la tierra y su contribución llevada a cabo por medio de escuelas que los maestros improvisados tenían en los lugares más inasequibles de esa región de Oriente. Se hizo allí el primer ensayo de reparto de tierras con un reglamento agrario redactado fundamentalmente por el Dr. Humberto Sorí Marín, por Fidel Castro y en el cual tuve el honor de colaborar. Se dieron revolucionariamente las tierras a los campesinos, se ocuparon grandes fincas de servidores de la dictadura, distribuyéndose, y todas las tierras del Estado se comenzaron a dar en posesión a los campesinos de esa zona. Había llegado el momento en que nos identificaban plenamente como un movimiento campesino ligado estrechamente a la tierra y con la Reforma Agraria como bandera.

Más tarde recogimos las consecuencias de la fracasada huelga del 9 de abril, pues la represión bárbara de Batista se hizo sentir a fines de mayo, provocando en todos nuestros cuadros de lucha un decaimiento muy serio que pudo ser de consecuencias catastróficas para nuestra causa. La dictadura preparó su más fiera ofensiva. Alrededor del 25 de mayo del año pasado [1958], diez mil soldados bien equipados atacaron nuestras posiciones centralizando su ofensiva sobre la Columna Número 1, que dirigía personalmente nuestro Comandante en Jefe Fidel Castro. El Ejército Rebelde ocupaba un área muy pequeña y casi es increíble que a ese grueso de diez mil soldados le opusiéramos solamente trescientos fusiles de la libertad, pues eran los únicos que había en la Sierra Maestra en ese momento. La dirección táctica adecuada de esa campaña dio por resultado que sobre el 30 de julio finalizara la ofensiva de Batista, pasando los rebeldes de la defensiva a la ofensiva y capturamos más de 600 armas nuevas, más del doble de los fusiles con que habíamos iniciado esa acción y le hicimos al enemigo más de mil bajas entre muertos, heridos, desertores y prisioneros.

El Ejército Rebelde salió de esta campaña preparado para iniciar una ofensiva sobre el llano, ofensiva de carácter táctico y psicológico porque nuestro armamento no podía competir en calidad y menos aún en cantidad con el de la dictadura. Esta fue una guerra en la que contamos siempre con ese aliado imponderable de tan extraordinario valor que es el pueblo. Nuestras columnas podían burlar continuamente al enemigo y situarse en las mejores posiciones, no solo gracias a las ventajas tácticas y a la moral de nuestros milicianos sino en un grado muy importante a la gran ayuda de los campesinos. El campesino era el colaborador invisible que hacía todo lo que el rebelde no podía hacer; nos suministraba las informaciones, vigilaba al enemigo, descubría los puntos débiles, traía rápidamente los mensajes urgentes, espiaba en las mismas filas del ejército batistiano. Y esto no se debía a ningún milagro, sino a que ya habíamos iniciado con energía nuestra política de reivindicaciones agropecuarias. Ante la amargura del ataque y del cerco de hambre con que rodearon la Sierra Maestra, de todos los terratenientes de las zonas limítrofes, diez mil reses subieron a las montañas; y no solo fueron para abastecer al Ejército Rebelde, sino que se distribuyeron entre los campesinos y, por primera vez los guajiros de la Sierra, en esa región que está particularmente depauperada, tuvieron su bienestar; por primera vez los niños campesinos tomaron leche y comieron carne de res. Y por primera vez, también, recibieron los beneficios de la educación porque la Revolución trae en sus manos la escuela. Así todos los campesinos llegaron a una conclusión beneficiosa para nuestro régimen.

Del otro lado, la dictadura les daba sistemáticamente el incendio de las casas, el desalojo de la tierra y la muerte; y no solo la muerte desde la tierra, sino también la muerte desde el cielo con las bombas de napalm que los democráticos vecinos del Norte dieron graciosamente a Batista para aterrorizar las poblaciones civiles, esas bombas que pesan 500 kilos y cuando caen abarcan en su área de destrucción más de cien metros. Una bomba de napalm arrojada sobre un cafetal significa la destrucción de esa riqueza —con los años de labor acumulados en ella— en un área de cien metros y se necesitan cinco o seis años para reponer lo que en un minuto es destruido.

En este tiempo se abrió la marcha sobre Las Villas. Es importante señalarlo no por el hecho de ser actor de ella, sino porque al llegar a Las Villas nos encontramos con un panorama político-social nuevo de la Revolución.

Llegamos a Las Villas con la bandera del 26 de Julio, en donde ya luchaban contra la dictadura el Directorio Revolucionario, grupos del Segundo Frente del Escambray, grupos del Partido Socialista Popular y pequeñas agrupaciones de la Organización Auténtica. Había que realizar una tarea política importante y entonces más que nunca se vio que la unidad era un factor preponderante de la lucha revolucionaria. El Movimiento 26 de Julio con el Ejército Rebelde al frente tuvo que gestionar la unidad de los distintos elementos que estaban disgustados y que encontraron como único aglutinante la obra de la Sierra Maestra. Primero hubo que planear esa unidad, que no debía hacerse solo entre los grupos combatientes sino también entre las organizaciones del llano. Tuvimos que hacer la labor importantísima de clasificar todas las secciones obreras que había en la provincia. Fue una tarea realizada frente a muchos opositores aún dentro de las filas de nuestro movimiento que todavía padecía la enfermedad del sectarismo.

Acabábamos de llegar a Las Villas y nuestro primer acto de gobierno —antes de establecer la primera escuela— fue dictar un bando revolucionario estableciendo la Reforma Agraria, en el que se disponía, entre otras cosas, que los dueños de pequeñas parcelas de tierra dejaran de pagar su renta hasta que la Revolución decidiera en cada caso. De hecho avanzábamos con la Reforma Agraria como punta de lanza del Ejército Rebelde. Y no era una maniobra demagógica, sino simplemente que en el transcurso de un año y ocho meses de Revolución, la compenetración entre los dirigentes y las masas campesinas había sido tan grande que muchas veces ésta incitaba a la Revolución a hacer lo que en un momento no se pensaba. No fue invento nuestro, fue conminación de los campesinos. A ellos los convencimos de que con las armas en la mano, con una organización, y perdiendo el miedo al enemigo la victoria era segura. Y el campesino que tenía en sus entrañas razones poderosas para hacerlo impuso la Reforma

Agraria a la Revolución, impuso la confiscación del ganado vacuno y todas las medidas de carácter social que se tomaron en la Sierra Maestra.

En la Sierra Maestra se dictó la Ley número 3, en los días de la farsa electoral del 3 de noviembre, que establecía una verdadera Reforma Agraria; y aunque no era completa tenía disposiciones muy positivas: repartía las tierras del Estado, la de los servidores de la dictadura y las de quienes las poseyeran con títulos de propiedad adquiridos mediante maniobras dolosas, como los geófagos que se han engullido miles de caballerías en los deslindes; otorgaba la propiedad a todos los pequeños colonos de no más de dos caballerías que pagaban renta. Todo gratuitamente. El principio era muy revolucionario. La Reforma Agraria beneficiará a más de doscientas mil familias. Pero no está completa la revolución agraria con la Ley número 3. Para ello es necesario dictar reglas contra el latifundio como preceptúa la Constitución. Hay que definir exactamente el concepto de latifundio que caracteriza nuestra estructura agraria y es fuente indiscutible del atasco del país y de todos los males para las grandes mayorías campesinas y aún no ha sido tocado.

Será la obra de las masas campesinas organizadas imponer la ley que proscriba el latifundio, como compelieron al Ejército Rebelde a dictar el principio de la Reforma Agraria contenido en la Ley número 3. Hay otro aspecto que debe de tenerse en cuenta. La Constitución establece que toda expropiación de tierra debe de pagarse con dinero antes de hacerse la misma. Si la Reforma Agraria se acomete de acuerdo con ese precepto quizás sea un poco lenta y onerosa. También es necesaria la acción colectiva de los campesinos que se van ganado el derecho a la libertad desde el triunfo de la Revolución para exigir democráticamente la derogación del mismo y poder ir derechamente a una verdadera y amplia Reforma Agraria.

Estamos ya en las proyecciones sociales del Ejército Rebelde, tenemos una democracia armada. Cuando planeamos la Reforma Agraria y acatamos las demandas de las nuevas leyes revolucionarias que la complementan y que la harán viable e inmediata, estamos pensando en la justicia social que significa la redistribución de la tierra y también en la creación de un mercado interno extenso y en la diversificación de los cultivos, dos objetivos cardinales inseparables del gobierno revolucionario que no pueden ser pospuestos porque el interés popular está implícito en ellos.

Todas las actividades económicas son conexas. Tenemos que incrementar la industrialización del país, sin ignorar los muchos problemas que su proceso lleva aparejados. Pero una política de fomento industrial exige ciertas medidas arancelarias que protejan la industria naciente y un mercado interno capaz de absorber las nuevas mercaderías Ese mercado no lo podemos aumentar más que dando acceso a él a las grandes masas campesinas, a los guajiros que no tienen poder adquisitivo pero sí necesidades que cubrir y que no pueden comprar hoy.

No se nos escapa que estamos empeñados en la persecución de fines que demandan una enorme responsabilidad por nuestra parte, y que no son los únicos. Debemos esperar la reacción contra ellos de parte de quien domina en más del 75% nuestro intercambio comercial y nuestro mercado. Frente a ese peligro tenemos que prepararnos con la aplicación de contramedidas, entre las que se destaca el arancel y la multiplicación de los mercados exteriores. Necesitamos crear una flota mercante cubana para transportar el azúcar, el tabaco y otras mercaderías, porque la tenencia de ella influirá muy favorablemente en el tipo de los fletes, de cuya cooperación depende en alto grado el progreso de los países subdesarrollados como Cuba.

Si vamos al desenvolvimiento de un programa de industrialización, ¿qué es lo más importante para lograrlo? Pues las materias primas que la Constitución sabiamente defendía y que están entregadas a consorcios extranjeros por la acción de la dictadura de Batista. Tenemos que ir al rescate de nuestro subsuelo, de nuestros minerales. Otro elemento de la industrialización es la electricidad. Hay que contar con ella. Vamos a asegurar que la energía eléctrica esté en manos cubanas. Debemos también nacionalizar la Compañía de Teléfonos, por el mal servicio que presta y lo caro que lo cobra.

¿Con qué resortes contamos para que un programa como el expuesto se lleve a cabo? Tenemos el Ejército Rebelde y éste debe ser nuestro primer instrumento de lucha, el arma más positiva y más vigorosa y destruir todo lo que queda del ejército del batistato. Y entiéndase bien que esta liquidación no se hace por venganza ni solo por espíritu de justicia sino por la necesidad de asegurar que todas esas conquistas del pueblo puedan lograrse en el plazo más mínimo.

Nosotros derrotamos un ejército numéricamente más superior con el concurso del pueblo, con una táctica adecuada, con una moral revolucionaria. Pero ahora tenemos que afrontar la realidad de que nuestro ejército no está aún capacitado para las nuevas responsabilidades adquiridas, como defender íntegramente el territorio cubano. Tenemos que ir rápidamente a la reestructuración del Ejército Rebelde, porque al paso hicimos un cuerpo armado de campesinos y de obreros, analfabetos muchos de ellos, incultos y sin preparación técnica. Tenemos que capacitar este ejército para las altas tareas que tienen que arrostrar sus miembros y capacitarlos técnica y culturalmente.

El Ejército Rebelde es la vanguardia del pueblo cubano y al referirnos a su progreso técnico y cultural tenemos que saber el significado de estas cosas en un sentido moderno. Ya hemos comenzado simbólicamente su educación con un recital presidido casi exclusivamente por el espíritu y las enseñanzas de José Martí.

La recuperación nacional tiene que destruir muchos privilegios y por ello tenemos que estar apercibidos para defender la nación de sus enemigos declarados o embozados. En ese sentido el nuevo ejército tiene que adaptarse a la nueva modalidad que ha surgido de esta guerra de liberación, pues sabemos que si somos agredidos por una pequeña isla, lo seríamos con el apoyo de una potencia que es casi un continente; tendríamos que soportar en nuestro suelo una agresión de proporción inmensa. Y por esa razón debemos prevenirnos y preparar nuestra avanzada con un espíritu y una estrategia guerrilleras, al efecto de que nuestras defensas no se desintegren al primer embate y mantengan su unidad central. Todo el pueblo cubano deberá convertirse en un ejército guerrillero, pues el Ejército Rebelde es un cuerpo en crecimiento cuya capacidad solo está limitada por el número de seis millones de cubanos de la república. Cada cubano ha de aprender a manejar las armas y cuándo deberá usarlas en su defensa.

A grandes rasgos he expuesto la proyección social del Ejército Rebelde después de la victoria y su papel impulsando al gobierno a hacer patentes las aspiraciones revolucionarias.

Hay algo más interesante que decir para acabar esta charla. El ejemplo que nuestra Revolución ha significado para la América Latina y las enseñanzas que implican haber destruido todas las teorías de salón: hemos demostrado que un grupo pequeño de hombres decididos apoyados por el pueblo y sin miedo a morir si fuera necesario puede llegar a imponerse a un ejército regular disciplinado y derrotarlo definitivamente. Esa es la enseñanza fundamental. Hay otra que deben de recoger nuestros hermanos de América Latina, situados económicamente en la misma categoría agraria que nosotros y es que hay que hacer revoluciones agrarias, luchar en los campos, en las montañas y de aquí llevar la revolución a las ciudades, no pretender hacerla en éstas sin contenido social integral.

Ahora, ante las experiencias que hemos tenido, se plantea cuál será nuestro futuro que está ligado íntimamente al de todos los países subdesarrollados de la América Latina. La Revolución no está limitada a la nación cubana pues ha tocado la conciencia de América Latina y ha alertado gravemente a los enemigos de nuestros pueblos. Por eso hemos advertido claramente que cualquier intento de agresión sería rechazado con las armas en la mano. El ejemplo de Cuba ha provocado más efervescencia en toda la América Latina y en los países oprimidos. La Revolución ha puesto en capilla a los tiranos latinoamericanos porque éstos son enemigos de los regímenes populares igual que las empresas monopolistas extranjeras. Como somos un país pequeño necesitamos el apoyo de todos los pueblos democráticos y especialmente de América Latina.

Debemos informar cabalmente sobre las nobles finalidades de la Revolución cubana a todo el mundo y llamar a los pueblos amigos de este continente, a los norteamericanos y a los latinoamericanos. Debemos crear una unión espiritual de todos nuestros países, una unión que vaya más allá de la palabrería y de la convivencia burocrática y se traduzca en la ayuda efectiva a nuestros hermanos brindándoles nuestra experiencia.

Por último, debemos abrir nuevos caminos que converjan a la identificación de los intereses comunes de nuestros países subdesarrollados. Debemos estar apercibidos contra todos los intentos y propósitos de dividirnos, luchar contra quienes pretendan sembrar la semilla de la discordia entre nosotros, los que amparados en designios conocidos aspiran a sacar partido de nuestras discordias políticas y azuzar prejuicios imposibles en este país.

Hoy todo el pueblo de Cuba está en pie de lucha y debe seguir así unido para que la victoria contra la dictadura no sea transitoria y sea éste el primer paso de la victoria de América Latina.

Soberanía política
e independencia económica

(20 de marzo de 1960)

Esta comparencencia fue la primera de una serie en la televisión titulada la "Universidad Popular" en el que hablaban los líderes de la Revolución.

Naturalmente, se impone al iniciar una conferencia de este tipo un saludo a todos los oyentes de Cuba y además de reiterar la explicación que hiciera nuestro compañero, la explicación sobre la importancia que tiene este tipo de pedagogía popular, llegando directamente a todas las masas de nuestros obreros y campesinos, dando al explicar las verdades de la Revolución, quitándole todo el ropaje de un lenguaje hecho especialmente para ondear la verdad, desnudar a la verdad de todo lo artificioso y mostrarla en esta forma.

Tengo el honor de iniciar este ciclo de conferencias aunque en primer lugar se había puesto aquí a nuestro compañero Raúl Castro, que por tratarse de temas económicos declinó en mí. Nosotros como soldados de la Revolución vamos directamente a hacer la tarea que el deber nos impone y muchas veces tenemos que estar realizando algunas para las que no tenemos la capacitación ideal por lo menos. Quizá esta sea una de esas tareas, revertir en palabras fáciles, en conceptos que todo el mundo conozca y entienda, la enorme importancia que tiene el tema de la soberanía política y de la independencia económica y explicar, además, la unión estrechísima entre estos dos términos. Puede alguno, como sucedió en algún momento en Cuba, anteceder al otro, pero necesariamente van juntos, y al poco tiempo de andar deben juntarse, ya sea como una afirmación positiva, como el caso cubano que logró su independencia política e inmediatamente se dedica a conseguir su independencia económica, u otras veces en el caso negativo de países que logran o entran en el camino de la independencia política y por no asegurar la independencia económica, ésta poco a poco se va debilitando hasta que se pierde. Nuestra tarea revolucionaria en el día de hoy es no solo pensar en este presente cargado de amenazas, sino también pensar en el futuro.

La palabra de orden en este momento es la de planificación. La reestructuración consciente e inteligente de todos los problemas que abordará el pueblo de Cuba en los años futuros. No podemos pensar solamente en la réplica, en el contragolpe frente a alguna agresión más o menos inmediata, sino que tenemos que ir haciendo un esfuerzo para elaborar todo un plan que nos permita predecir el futuro. Los hombres de la Revolución deben ir conscientemente a su destino, pero no es suficiente que los hombres de la Revolución lo hagan, es necesario también que el pueblo entero de Cuba comprenda exactamente cuáles son todos los principios revolucionarios y que pueda saber entonces que, tras estos momentos en que en algunos está la incertidumbre del porvenir, nos espera sin lugar a dudas un futuro feliz y un futuro glorioso, porque hemos sido los que hemos puesto esta primera piedra de la libertad de América Latina, por eso es que es muy importante un programa de este tipo, programa en que todas las personas que tengan un mensaje vengan y lo digan. No es que sea nuevo, pues cada vez que nuestro Primer Ministro comparece ante las cámaras, es para dar una lección magistral, como solamente un pedagogo de su categoría puede darla, pero aquí también hemos planificado nuestra enseñanza y tratamos de dividirla en temas específicos y no solamente respondiendo a preguntas entrevistadas. Entraremos entonces en el tema que es, como ya lo apuntamos, soberanía política e independencia económica.

Pero antes de referirnos a las tareas que la Revolución está realizando para hacer realidad estos dos términos, estos dos conceptos que deben ir siempre juntos, es bueno definirlo y aclararlo ante ustedes. Las definiciones siempre son defectuosas, siempre tienden a congelar términos, a hacerlos muertos, pero es bueno por lo menos dar un concepto general de estos dos términos gemelos. Sucede que hay quienes no entienden o no quieren entender, que es lo mismo, en qué consiste la soberanía y se asustan cuando nuestro país, por ejemplo, firma un convenio en el cual, entre paréntesis, me cabe la honra de haber participado, como es el convenio comercial con la Unión Soviética, y además recibir un crédito de esta nación. Es algo que en la historia de América Latina tiene antecedentes toda esta lucha. Sin ir más lejos, en estos días, precisamente hace dos días, se cumple un nuevo aniversario de la expropiación de las compañías petroleras mexicanas, en el gobierno del general Lázaro Cárdenas.[1] Nosotros los jóvenes, en aquella época éramos muy niños (ha pasado más de una veintena de años) y no podemos precisar exactamente la conmoción que produjo en América Latina, pero en todo caso, los términos y las acusaciones fueron exactamente iguales a las que hoy debe soportar Cuba, a la que soportó en un ayer más cercano y por mí vivido personalmente, Guatemala; la que deberán soportar en un futuro todos los países que tomen decididamente por este camino de libertad. Podemos hoy decir casi sin caricaturizar nada, que las compañías o las grandes empresas periodísticas y los voceros de opinión de los Estados Unidos, dan la tónica de la importancia y la honestidad de un gobernante simplemente invirtiendo los términos. Cuando un gobernante sea más atacado, mejor será indiscutiblemente y tenemos el privilegio hoy de ser el país y el gobierno más atacados, no solamente en este momento sino quizás en todos los momentos de la historia de América Latina, mucho más que Guatemala y más quizá que el México del año 38 ó 36, cuando el general Cárdenas ordenó la expropiación. El petróleo en aquella época jugaba un papel importantísimo en la vida mexicana; en el nuestro de hoy el azúcar juega ese mismo papel. El papel de monoproducto que va a un monomercado, o sea, que va a un solo mercado.

"Sin azúcar no hay país", vociferan los voceros de la reacción, y además creen que si el mercado que nos compra ese azúcar, deja de hacerlo, la ruina es absoluta. Como si ese mercado que nos compra ese azúcar lo hiciera solamente por un deseo de ayudarnos a nosotros. Durante siglos el poder político estuvo en manos de esclavistas, después de señores feudales y para facilitar la conducción de las guerras contra los enemigos y contra las rebeliones de los oprimidos delegaban sus prerrogativas en uno de ellos, el que nucleaba a todos, el más decidido, el más cruel quizá que pasaba a ser el rey, el soberano y el déspota que poco a poco iba imponiendo su voluntad a través de épocas históricas para llegar en un momento a hacerla absoluta.

Naturalmente que no vamos a relatar todo el proceso histórico de la humanidad y además ya el tiempo de los reyes ha pasado. Quedan solamente algunas muestras en Europa. Fulgencio Batista no pensó nunca en llamarse Fulgencio I. Le bastaba simplemente con que cierto vecino poderoso le reconociera como el presidente y que los oficiales de un ejército lo acataran, es decir, los poseedores de las fuerzas físicas, de las fuerzas materiales, de los instrumentos de matanza, que lo acataban y lo apoyaban como el más fuerte entre ellos, como el más cruel o como el de mejores amigos fuera. Ahora existen los reyes que no tienen corona, son los monopolios, los verdaderos amos de países enteros y en ocasiones de continentes, como ha sido hasta ahora el continente africano y una buena parte del continente asiático y desgraciadamente también el nuestro, americano. Otras veces han intentado el dominio del mundo. Primero fue Hitler, representante de los grandes monopolios alemanes que trató de llevar la idea de superioridad de una raza, a imponerla por los campos del mundo en una guerra que costó 40 millones de vidas.

La importancia de los monopolios es inmensa, tan grande es que hace desparecer el poder político de muchas de nuestras repúblicas. Hace tiempo leíamos un ensayo de Papini, donde su personaje Gog compraba una república y decía que esa república creía que tenía presidentes, cámaras, ejércitos y que era soberana cuando en realidad él la había comprado. Y esa caricatura es exacta, hay repúblicas que tienen todas las características formales para serlo y que, sin embargo, dependen de la voluntad omnímoda de la Compañía Frutera, por ejemplo, cuyo bien odiado director era un fallecido abogado; como otros dependen de la Standard Oil o de alguna otra compañía monopolista petrolera, como otros dependen de los reyes del estaño o de los que comercializan el café, dando ejemplos americanos para no buscar los africanos y asiáticos; es decir que la soberanía política es un término que no hay que buscarlo en definiciones formales, sino que hay que ahondar un poquito más, hay que buscarle sus raíces. Todos los tratados, todos los códigos de derecho, todos los políticos del mundo sostienen que la soberanía política nacional es una idea inseparable de la noción de Estado soberano, de Estado moderno, y si no fuera así, no se verían algunas potencias obligadas a llamar estados libres asociados a sus colonias, es decir, a ocultar tras una frase la colonización.[2] El régimen interno que tenga cada pueblo que le permita en mayor o menor grado o por completo o que no le permita en absoluto, ejercer su soberanía, debe ser asunto que competa a dicho pueblo; pero la soberanía nacional significa, primero el derecho que tiene el país a que nadie se inmiscuya en su vida, el derecho que tiene un pueblo a darse el gobierno y el modo de vida que mejor le convenga, eso depende de su voluntad y solamente ese pueblo es el que puede determinar si un gobierno cambia o no. Pero todos estos conceptos de soberanía política, de soberanía nacional son ficticios si al lado de ellos no está la independencia económica.

Habíamos dicho al principio que la soberanía política y la independencia económica van unidas. Si no hay economía propia, si se está penetrado por un capital extranjero, no se puede estar libre de la tutela del país del cual se depende, ni mucho menos se puede hacer la voluntad de ese país si choca con los grandes intereses de aquel otro que la domina económicamente. Todavía esa idea no está absolutamente clara en el pueblo de Cuba y es necesario rememorarla una y otra vez. Los pilares de la soberanía política que se pusieron el 1º de enero de 1959, solamente estarán totalmente consolidados, cuando se logre una absoluta independencia económica. Y podemos decir que vamos por buen camino si cada día se toma una medida que asegure nuestra independencia económica. En el mismo momento en que medidas gubernamentales hagan que cese este camino o que se vuelva atrás, aunque solo sea un paso, se ha perdido todo y se volverá indefectiblemente a los sistemas de colonización más o menos encubiertos de acuerdo con las características de cada país y de cada momento social.

Ahora en este momento es muy importante conocer estos conceptos. Ya es muy difícil ahogar la soberanía política nacional de un país mediante la violencia pura y simple. El último o los dos últimos ejemplos que se han dado son el ataque despiadado y artero de los colonialistas ingleses y franceses a Port Said en Egipto y el desembarco de tropas norteamericanas en el Líbano.[3] Sin embargo, ya no se envían los marines con la misma impunidad con que se hacía antes y es mucho más fácil establecer una cortina de mentiras que invadir un país, porque simplemente se haya lesionado el interés económico de algún gran monopolio. Invadir a un país que reclama el derecho de ejercer su soberanía en estos momentos de Naciones Unidas, donde todos los pueblos quieren emitir su voz y su voto, es difícil.

Y no es fácil adormecer al respeto ni la opinión pública propia ni la del mundo entero. Es necesario para ello un gran esfuerzo propagandístico que vaya preparando las condiciones para hacer menos odiosa esa intervención.

Eso es precisamente lo que están haciendo con nosotros; nunca debemos dejar de puntualizar cada vez que sea posible que se están preparando las condiciones para reducir a Cuba en la forma que sea necesario y que depende de nosotros solamente que esa agresión no se provoque. Podrán hacerla económicamente hasta donde quieran, pero tenemos que asegurar una conciencia en el país para si quieren hacerla material (directamente con soldados compatriotas de los monopolios o con mercenarios de otros países) sea tan caro el precio que tengan que pagar que no puedan hacerlo. Y están tratando de ahogar y preparando las condiciones necesarias para ahogar en sangre si fuera necesario esta Revolución, solamente porque vamos en el camino de nuestra liberación económica, porque estamos dando el ejemplo con medidas tendientes a liberar totalmente a nuestro país y a que el grado de nuestra libertad económica alcance el de nuestra libertad y el de nuestra madurez política de hoy.

Nosotros hemos tomado el poder político, hemos iniciado nuestra lucha por la liberación con este poder bien firme en las manos del pueblo. El pueblo no puede soñar siquiera con la soberanía si no existe un poder que responda a sus intereses y a sus aspiraciones, y poder popular quiere decir no solamente que el Consejo de Ministros, la Policía, los Tribunales y todos los órganos del gobierno estén en manos del pueblo. El poder revolucionario o la soberanía política es el instrumento para la conquista económica y para hacer realidad en toda su extensión la soberanía nacional. En términos cubanos, quiere decir que este Gobierno Revolucionario es el instrumento para que en Cuba manden solamente los cubanos en toda la extensión del vocablo, desde la parte política hasta disponer de las riquezas de nuestra tierra y de nuestra industria. Todavía no podemos proclamar ante la tumba de nuestros mártires que Cuba es independiente económicamente. No lo puede ser cuando simplemente un barco detenido en Estados Unidos hace parar una fábrica en Cuba, cuando simplemente cualquier orden de alguno de los monopolios paraliza aquí un centro de trabajo. Independiente será Cuba cuando haya desarrollado todos sus medios, todas sus riquezas naturales y cuando haya asegurado, mediante tratados, mediante comercio con todo el mundo, que no pueda haber acción unilateral de ninguna potencia extranjera que le impida mantener su ritmo de producción y mantener todas sus fábricas y todo su campo produciendo al máximo posible dentro de la planificación que estamos llevando a cabo. Sí podemos decir exactamente que la fecha en que se alcanzó la soberanía política nacional como primer paso, fue el día en que venció el poder popular, el día de la victoria de la Revolución, es decir, el 1º de enero de 1959.

Este fue un día que se va fijando cada vez más como el comienzo no solo de un año extraordinario de la historia de Cuba, sino como el comienzo de una era. Y tenemos pretensiones de pensar que no es solamente el comienzo de una era en Cuba, sino el comienzo de una era en América Latina. Para Cuba, el 1º de enero es la culminación del 26 de julio de 1953 y el 12 de agosto de 1933, como lo es también del 24 de febrero de 1895 ó del 10 de octubre de 1868.[4] Pero para América Latina significa también una fecha gloriosa, puede ser quizá la continuación de aquel 25 de mayo de 1809, en que Morillo se levantó en el Alto Perú o puede ser el 25 de mayo de 1810, cuando el Cabildo Abierto de Buenos Aires, o cualquier fecha que marque el inicio de la lucha del pueblo americano por su independencia política en los principios del siglo XIX.[5]

Esta fecha, el 1º de Enero, conquistada a un precio enormemente alto para el pueblo de Cuba, resume las luchas de generaciones y generaciones de cubanos, desde la formación de la nacionalidad por la soberanía, por la patria, por la libertad y por la independencia plena política y económica de Cuba. No se puede hablar ya de reducirla a un episodio sangriento, espectacular, decisivo si se quiere, pero apenas un momento en la historia de los cubanos, ya que el 1° de Enero es la fecha de la muerte del régimen despótico de Fulgencio Batista, de ese pequeño Weyler[6] nativo, pero es también la fecha del nacimiento de la verdadera república políticamente libre y soberana que toma por ley suprema la dignidad plena del hombre.

Este 1° de Enero significa el triunfo de todos los mártires antecesores nuestros, desde José Martí, Antonio Maceo, Máximo Gómez, Calixto García, [Guillermo] Moncada o Juan Gualberto Gómez, que tiene antecedentes en Narciso López, en Ignacio Agramonte y Carlos Manuel de Céspedes, y que fuera continuado por toda la pléyade de mártires de nuestra historia republicana, los [Julio Antonio] Mella, los [Antonio] Guiteras, los Frank País, los José Antonio Echeverría o Camilo Cienfuegos.

Consciente ha estado Fidel, como siempre, desde que se dio por entero a los combates por su pueblo, de la magnitud de la entereza revolucionaria, de la grandeza de la fecha que hizo posible el heroísmo colectivo de todo un pueblo: este maravilloso pueblo cubano del cual brotara el glorioso Ejército Rebelde, la continuación del Ejército Mambí.[7] Por eso a Fidel siempre le gusta comparar la obra a emprender con la que tenía por delante el puñado de sobrevivientes cuando el desembarco ya legendario del *Granma*. Allí se dejaban, al abandonar el *Granma*, todas las esperanzas individuales, se iniciaba la lucha en que un pueblo entero tenía que triunfar o fracasar. Por esto, por esa fe y por esa unión tan grandes de Fidel con su pueblo, nunca desmayó, ni aun en los momentos más difíciles de la campaña, porque sabía que la lucha no estaba centrada y aislada en las montañas de la Sierra Maestra, sino que la lucha se estaba dando en cada lugar de Cuba, donde un hombre o una mujer levantaran la bandera de la dignidad.

Y sabía Fidel, como lo supimos todos nosotros después, que esa era una lucha como la de ahora, donde el pueblo de Cuba entero triunfaba o era derrotado. Ahora insiste en estos mismos términos y dice: o nos salvamos todos o nos hundimos todos. Ustedes conocen la frase. Porque todas las dificultades a vencer son difíciles como en aquellos días siguientes al desembarco del *Granma*; sin embargo, ahora los combatientes no se cuentan por unidades o por docenas, sino que se cuentan por millones. Cuba entera se ha convertido en una Sierra Maestra, para dar en el terreno en que se coloque el enemigo, la batalla definitiva por la libertad, por el porvenir y por el honor de nuestra patria y en este momento por ser, desgraciadamente, la única representante en pie de lucha.

La batalla de Cuba es la batalla de América Latina, no la definitiva, por lo menos no la definitiva en un sentido. Aun suponiendo que Cuba perdiera la batalla, no la perdería América Latina; pero si Cuba gana esta batalla, América Latina entera habrá ganado la pelea. Esa es la importancia que tiene nuestra Isla y es por ello por lo que quieren suprimir este "mal ejemplo" que damos. En aquella época, en el año 56, el objetivo estratégico, es decir, el objetivo general de nuestra guerra, era el derrocamiento de la tiranía batistiana, es decir, la reimplantación de todos los conceptos de democracia y soberanía e independencia conculcados por los monopolios extranjeros. A partir de aquella época del 10 de marzo [1952] se había convertido Cuba en un cuartel de esas mismas características de los cuarteles que estamos entregando hoy (como escuelas). Toda Cuba era un cuartel. El 10 de marzo no era la obra de un hombre, sino de una casta, un grupo de hombres unidos por una serie de privilegios de los cuales uno de ellos, el más ambicioso, el más audaz, el Fulgencio I de nuestro cuento, era el capitán. Esta casta respondía a la clase reaccionaria de nuestro país, a los latifundistas, a los capitales parásitos, y estaba unida al colonialismo extranjero. Eran bastantes, toda una serie de ejemplares desaparecidos como por arte de magia, desde los manengues hasta los periodistas de salón presidencial, de rompehuelgas o los zares del juego y de la prostitución. El 1º de Enero alcanza entonces el objetivo estratégico fundamental de la Revolución en ese momento, que es la destrucción de la tiranía que durante casi siete años ensangrienta al pueblo de Cuba. Pero sin embargo, nuestra Revolución que es una Revolución consciente, sabe que soberanía política está unida íntimamente a soberanía económica.

No quiere esta Revolución los errores de la década del 30, liquidar simplemente un hombre sin darse cuenta que ese hombre es la representación de una clase y de un estado de cosas y que si no destruye todo ese estado de cosas, los enemigos del pueblo inventan otro hombre.[8] Por eso la Revolución fuerza a destruir en sus raíces el mal que aquejaba a Cuba. Habría que imitar a Martí y repetir una y otra vez que radical no es más que eso, el que va a las raíces; no se llama radical quien no vea las cosas en su fondo, ni hombre quien no ayude a la seguridad y a la dicha de los hombres. Esta Revolución se propone arrancar de raíz las injusticias, ha redefinido Fidel, utilizando distintas palabras, pero la misma orientación que Martí. Logrando el gran objetivo estratégico de la caída de la tiranía y el establecimiento del poder revolucionario surgido del pueblo, responsable ante él, cuyo brazo armado es ahora un ejército sinónimo del pueblo, el nuevo objetivo estratégico es la conquista de la independencia económica, una vez más la conquista de la soberanía nacional total. Ayer, objetivos tácticos dentro de la lucha eran la Sierra, los llanos, Santa Clara, el Palacio, Columbia, los centros de producción que se debían conquistar mediante un ataque frontal o por cerco o por acción clandestina.

Nuestros objetivos tácticos de hoy son el triunfo de la Reforma Agraria que da la base de la industrialización del país, la diversificación del comercio exterior, la elevación del nivel de vida del pueblo para alcanzar este gran objetivo estratégico que es la liberación de la economía nacional. Y el frente económico ha tocado ser el principal escenario de la lucha, aun considerando otros de enorme importancia como son el de la educación, por ejemplo; hace poco nos referíamos a esa importancia que tenía la educación que nos permitiera dar los técnicos necesarios para esta batalla. Pero eso mismo indica que en la batalla el frente económico es más importante, y la educación está destinada a dar los oficiales para esta batalla en las mejores condiciones posibles. Yo puedo llamarme militar, militar surgido del pueblo que tomó las armas como tantos otros, simplemente obedeciendo a un llamado, que cumplió su deber en el momento en que fue preciso, y que hoy está colocado en el puesto que ustedes conocen. No pretendo ser un economista, simplemente como todos los combatientes revolucionarios estoy en esta nueva trinchera donde se me ha colocado y tengo que estar preocupado como pocos por la suerte de la economía nacional, de la cual depende el destino de la Revolución. Pero esta batalla del frente económico es diferente a aquellas otras que librábamos en la Sierra, éstas son batallas de posiciones, son batallas donde se concentran tropas y se preparan cuidadosamente los ataques. Las victorias son el producto del trabajo, del tesón y de la planificación. Es una guerra donde se exige el heroísmo colectivo, el sacrificio de todos, y no de un día o de una semana ni de un mes, es muy larga, tanto más larga cuanto más aislados estemos, y tanto más larga cuanto menos hayamos estudiado todas las características del terreno de la lucha y analizado al enemigo hasta la saciedad.

Se libra con muchas armas también, desde el aporte del 4% de los trabajadores para la industrialización[9] del país hasta el trabajo en cada cooperativa, hasta el establecimiento de ramas hasta ahora desconocidas en la industria nacional, como la citroquímica, la química pesada misma o la siderurgia, y tiene como principal objetivo estratégico, y hay que recalcarlo constantemente, la conquista de la soberanía nacional.

Es decir, para conquistar algo tenemos que quitárselo a alguien, y es bueno hablar claro y no esconderse detrás de conceptos que puedan mal interpretarse. Ese algo que tenemos que conquistar, que es la soberanía del país, hay que quitárselo a ese alguien que se llama monopolio, aunque los monopolios en general no tienen patria tienen por lo menos una definición común, todos los monopolios que han estado en Cuba, que han usufructuado de la tierra cubana, tienen lazos muy estrechos con los Estados Unidos. Es decir, que nuestra guerra económica será con la gran potencia del Norte, que nuestra guerra no es una guerra sencilla; es decir, que nuestro camino hacia la liberación estará dado por la victoria sobre los monopolios y sobre los monopolios norteamericanos concretamente. El control de la economía de un país por otro, merma, indiscutiblemente la economía de este país.

Fidel dijo, el 24 de febrero en la CTC, ¿cómo se concebía que una revolución se pusiera a esperar la solución del capital privado extranjero de inversión? ¿Cómo se concebía que una revolución que surgiera reivindicando los derechos de los trabajadores, que habían estado conculcados durante muchos años, fuera a ponerse a esperar la solución del problema del capital privado extranjero de inversión que va donde más le interesa, que se invierte en aquellos artículos, no que sean los más necesarios para el país, sino los que más ganancias les permita? Luego, la Revolución no podía coger este camino, éste era un camino de explotación, es decir, había que buscar otro camino. Había que golpear al más irritante de todos los monopolios, al monopolio de la tenencia de la tierra, destruirlo, hacer pasar la tierra a manos del pueblo e iniciar entonces la verdadera lucha porque ésta, a pesar de todo, era simplemente la primera entrada en contacto de dos enemigos. La batalla no se libró a nivel de la Reforma Agraria, es un hecho,[10] la batalla se librará ahora, se librará en el futuro, porque a pesar de que los monopolios tenían aquí fuertes extensiones de terrenos, no es allí donde están los más importantes, los más importantes están en la industria química, en la ingeniería, en el petróleo, y es ahí donde molesta de Cuba el ejemplo, el mal ejemplo, como lo llaman ellos.

Sin embargo, había que empezar por la Reforma Agraria, el 1,5 % de los propietarios de la tierra, de los propietarios cubanos o no cubanos, pero de tierras cubanas, poseían el 46% del área nacional y el 70% poseía sólo un 12% del área nacional; había 62 000 fincas que tenían menos de 3/4 de caballería, considerándose por nuestra Reforma Agraria dos caballerías como el mínimo vital, es decir, el mínimo necesario para que una familia de 5 personas, en terreno no irrigado, pudiera hacer una vida satisfaciendo sus mínimas necesidades. En Camagüey, cinco compañías, de cinco a seis compañías azucareras, controlaban 56 000 caballerías. Eso significa el 20% del área total de Camagüey.

Y además los monopolios tienen el níquel, el cobalto, el hierro, el cromo, el manganeso, y todas las concesiones petroleras. En petróleo, por ejemplo, había concesiones entre las otorgadas y pedidas que superaban tres veces el área nacional. Es decir, estaba dada toda el área nacional, además estaba dada toda la cayería y toda la zona de la plataforma continental cubana y además de todo eso, había zonas solicitadas por dos o tres compañías que estaban en litigio. También se fue a liquidar esta relación de propiedad de las compañías norteamericanas. También se golpeó en la especulación con la vivienda mediante la rebaja de alquileres y ahora con los planes del INAV [Instituto Nacional de Ahorro y Vivienda] para dar vivienda barata. Aquí había muchos monopolios de la vivienda, aunque quizá no fueran norteamericanos, eran capitales parásitos unidos a los norteamericanos, solamente por lo menos en cuanto a la concepción ideológica de la propiedad privada al servicio de una persona para explotación de un pueblo. Con la intervención de los grandes mercados y la creación de las tiendas populares, de las cuales hay 1 400 en el campo cubano, se frenó o se dio el primer paso para frenar la especulación y el monopolio del comercio interior.

Ustedes saben cómo se encarecen los productos, y si hay campesinos escuchándonos, sabrán ustedes de la gran diferencia que hay entre los precios actuales y los precios que cobraban los garroteros en aquella época nefasta en todo el campo cubano. La acción desenfrenada de los monopolios en los servicios públicos ha sido frenada por lo menos. En el teléfono y en la electricidad hay dos ejemplos. El monopolio figuraba en todas las manifestaciones de la vida del pueblo cubano. No solo en las económicas que aquí nos ocupan, sino también en la política y en la cultural.

Ahora había que salir a dar otro de los pasos importantes en nuestra lucha de liberación: el golpe al monopolio del comercio exterior. Ya se han hecho varios tratados comerciales con diversos países y constantemente vienen nuevos países a buscar el mercado cubano en pie de absoluta igualdad. De todos los convenios firmados indiscutiblemente el que más importancia tiene es el que se hizo con la Unión Soviética. Es bueno recalcarlo porque nosotros ya hemos vendido a esta altura algo insólito: toda nuestra cuota sin nada en el mercado mundial, cuando todavía tenemos pedidos, que se pueden estimar entre un millón u ochocientas mil toneladas a un millón, si no es que se hacen nuevos contratos, nuevos convenios con otros países. Además, hemos asegurado durante cinco años una venta de 1 000 000 de toneladas cada una. Que bien es cierto que no conseguimos dólares, sino en un 20% por ese azúcar, pero el dólar no es nada más que el instrumento para comprar, el dólar no tiene ningún otro valor que el de su poder de compra y nosotros al cobrar con productos manufacturados o materia prima, estamos simplemente utilizando el azúcar a manera de dólar. Hay quien me decía que era ruinoso hacer un contrato de esta característica, pues la distancia que separa a la Unión Soviética de Cuba, encarecía notablemente todos los productos que se importaran. El contrato firmado por el petróleo ha echado por tierra todas estas predicciones. La Unión Soviética se compromete a poner en Cuba petróleo de especificaciones diversas a un precio que es un 33% más barato que el de las compañías monopolistas norteamericanas que están a un paso nuestro. Eso se llama liberación económica.

Naturalmente, hay quienes pretenden que todas estas ventas de la Unión Soviética sean ventas políticas. Hay quienes pretenden que nada más que se hace eso para molestar a Estados Unidos. Nosotros podemos admitir que eso sea cierto. A la Unión Soviética, en uso de su soberanía si le da la gana de molestar a los Estados Unidos, nos vende el petróleo y nos compra el azúcar a nosotros para molestar a los Estados Unidos, y a nosotros qué, eso es aparte, las intenciones que tengan o dejen de tener son aparte, nosotros al comerciar estamos simplemente vendiendo mercancía y no estamos vendiendo soberanía nacional como lo hacíamos antes. Vamos a hablar simplemente un lenguaje de igualdad. Cada vez que viene un representante de una nueva nación del mundo aquí, en este momento actual, viene a hablar un lenguaje de igualdad. No importa el tamaño que tenga el país de donde viene ni la potencia de sus cañones. En término de nación independiente, Cuba es un voto en las Naciones Unidas al igual que los Estados Unidos y que la Unión Soviética. Con ese espíritu se han hecho todos los tratados y con ese espíritu se harán todos los nuevos tratados comerciales, porque hay que insistir en que ya Martí lo había visto y precisado claramente hace muchos años cuando insistía en que la nación que compra es la nación que manda, y la nación que vende, es la que obedece. Cuando Fidel Castro explicó que el convenio comercial con la Unión Soviética era muy beneficioso para Cuba, estaba simplemente explicando que... más que explicando podríamos decir, sintetizando los sentimientos del pueblo cubano. Realmente, todo el mundo se sintió un poco más libre cuando supo que podía firmar convenios comerciales con quien quisiera y todo el mundo debe sentirse hoy mucho más libre todavía, cuando sepa contundentemente que no solamente se firmó un convenio comercial en uso de la soberanía del país, sino que se firmó uno de los convenios comerciales más beneficiosos para Cuba.

Y cuando se analicen los onerosos préstamos de las compañías norteamericanas y se compare con el préstamo, o con el crédito concedido por la Unión Soviética a 12 años con un 2,5 % de interés, de lo más bajo que registra la historia de las relaciones comerciales internacionales, se verá la importancia que tiene. Es cierto que ese crédito es para comprar mercancía soviética, pero no es menos cierto que los préstamos, por ejemplo, el del

Export Bank, que es supuestamente una entidad internacional, se hacen para comprar mercancías en los Estados Unidos. Y que, además de eso, se hacen para comprar determinadas mercancías de monopolios extranjeros. El Export Bank, por ejemplo, le presta (por supuesto no significa que sea real) a la Compañía Birmana de Electricidad —pensemos que la Compañía Birmana de Electricidad es igual a la Compañía Cubana de Electricidad— y entonces se le prestan ocho, diez o quince millones de pesos a esa compañía. Coloca entonces sus aparatos, empieza a suministrar fluido eléctrico carísimo y muy mal, cobra cantidades enormes y después la nación paga. Esos son los sistemas de créditos internacionales. Enormemente diferente a un crédito concedido a una nación para que esa nación lo aproveche y para que todos sus hijos se beneficien con ese crédito. Muy distinto sería si la Unión Soviética hubiera prestado 100 millones de pesos a una compañía subsidiaria suya para establecer un negocio y exportar sus dividendos a la misma Unión Soviética. Pero en estos casos se ha planeado ahora hacer una gran empresa siderúrgica y una destilería de petróleo, totalmente nacionales y para el servicio del pueblo.

Es decir, todo lo que paguemos significa solamente la retribución de lo que recibimos y una retribución correcta y honesta, como se ha visto en el caso del petróleo. Yo no digo que a medida que se vayan firmando otros contratos, en la misma forma abierta en que el gobierno de Cuba explica todas sus cosas, podremos dar informes también de precios extraordinariamente baratos en todas las mercancías que produce ese país y además en todos los productos manufacturados de calidad. El *Diario de la Marina*, hay que citarlo una vez más, se opone. Desgraciadamente, no traje un artículo que hay muy interesante, que da 5, 6 ó 7 razones por las cuales el convenio le parece mal. Todas son falsas, por supuesto. Pero no solamente falsas en la interpretación, lo que ya es malo. Son falsas incluso en las noticias. Son falsas, por ejemplo, cuando dice que eso significa el compromiso de Cuba de apoyar las maniobras soviéticas en las Naciones Unidas. Muy diferente es que en una declaración que está absolutamente al margen de ese convenio, que fue redactada de común acuerdo, Cuba se compromete a luchar por la paz dentro de las Naciones Unidas. Es decir que se acusa a Cuba, como ya lo explicara Fidel, exactamente de hacer aquello para lo cual las Naciones Unidas se habían formado, según sus actas de constitución y todas las otras cuestiones económicas que han sido muy bien refutadas por nuestro Ministro de Comercio, adolecen de fallas muy grandes y de mentiras groseras. La más importante es con respecto al precio. Ustedes saben que el precio del azúcar se guía en el mercado mundial naturalmente, por la oferta y la demanda. Dice el *Diario de la Marina* que si ese millón de toneladas que Cuba vende, la Unión Soviética lo vuelve a poner en el mercado, entonces Cuba no ha ganado nada. Eso es mentira, por el hecho simple de que está bien establecido en el convenio que solamente la Unión Soviética puede exportar azúcar a los países que habitualmente le compraban. La Unión Soviética es una importadora de azúcar, pero exporta también azúcar refinado a algunos países limítrofes que no tienen refinería, como son el Irán, el Iraq, el Afganistán y a esos países a los que habitualmente exporta la Unión Soviética naturalmente, seguirá sirviéndoles, pero nuestro azúcar se consumirá íntegramente dentro de los planes de aumento de consumo popular que tiene ese país.

Si los norteamericanos están muy preocupados, porque ya están en el mismo congreso diciendo que la Unión Soviética los alcanza, y si le creen ellos a la Unión Soviética, ¿por qué nosotros no tenemos que creerlo?, cuando nos dicen, y lo firman además, porque no es que lo digan de palabra, que ese azúcar es para su consumo interno, y ¿por qué tiene ningún periódico aquí que regar la duda, duda que se recoge internacionalmente y que sí puede hacer mal a los precios del azúcar? Es simplemente nada más que la tarea de la contrarrevolución. La tarea de los que no se resignan a perder su privilegio. Por otra parte, con respecto al precio del azúcar cubano, que mereció hasta una inmerecida mención de uno de los voceros, fue el Lincoln Price con respecto a una aseveración nuestra hace unos días; ellos insisten en que esos 100 ó 150 millones de pesos que pagan de más por el azúcar, es un regalo a Cuba. No es tal, Cuba firma por ello compromisos arancelarios que hacen que por cada peso que los norteamericanos gastan en Cuba, Cuba gaste más o menos un peso y quince centavos. Eso significa en diez años que 1000 millones de dólares han pasado de las manos del pueblo cubano a las de los monopolios norteamericanos; nosotros no tenemos por qué regalar a nadie, pero si pasara de las manos del pueblo cubano a las del pueblo norteamericano, podríamos estar más contentos, pero pasaban a las arcas de los monopolios, que sirven nada más que para ser instrumentos de opresión para evitar que los pueblos subyugados del mundo inicien su camino de liberación. Los empréstitos que Estados Unidos ha dado a Cuba le han costado a Cuba 61 centavos de interés por cada peso, y eso a corto plazo, no digamos lo que costaría a largo plazo, como el convenio con la Unión Soviética. Por eso nosotros hemos seguido a cada paso la prédica martiana y en el comercio exterior hemos insistido en diversificarlo lo más posible, no atarnos a ningún comprador y no solamente diversificar nuestro comercio exterior sino nuestra producción interior para poder servir más mercados.

Cuba, pues, marcha hacia adelante; vivimos un minuto realmente estelar en nuestra historia, un minuto en que todos los países de América Latina ponen sus ojos en esta pequeña isla y acusan los gobiernos reaccionarios a Cuba de todos los estallidos de indignación popular que hay por cualquier lado de la América Latina. Se ha puntualizado bien claro que Cuba no exporta revoluciones; las revoluciones no se pueden exportar. Las revoluciones se producen en el instante en que hay una serie de contradicciones insalvables dentro de un país. Cuba sí exporta un ejemplo, ese mal ejemplo que he citado. Es el ejemplo de un pequeño pueblo que desafía las leyes de una falsa ciencia llamada "geopolítica" y en las mismas fauces del monstruo que llamara Martí, se permite lanzar sus gritos de libertad. Ese es el crimen y ese el ejemplo que temen los imperialistas, los colonialistas norte-americanos. Quieren aplastarnos porque es una bandera de Latinoamérica, quieren aplicarnos la doctrina Monroe, ya que hay una nueva versión de la que dio Monroe, presentada al Senado de los Estados Unidos; creo que, afortunadamente para ellos mismos, no fue aceptada o no pasó de alguna comisión.

Tuve oportunidad de leer los considerandos, considerando una mentalidad tan cavernaria, tan extraordinariamente colonial, que yo creo que hubiera constituido la vergüenza del pueblo norteamericano el aprobarla. Esa moción revivía la doctrina Monroe, pero ya mucho más clara y en uno de sus párrafos decía, recuerdo perfectamente que era así: "Por cuanto: la doctrina Monroe establece bien claro que ningún país fuera de América Latina puede esclavizar a los países americanos." Es decir, países dentro de América Latina, sí. Y entonces seguía: "...es naturalmente una versión más de aquella otra que se presenta ahora para intervenir, sin necesidad de llamar a la OEA" y después de presentar el hecho consumado ante la OEA. Pero, bueno, éstos son los peligros de tipo político derivados así de nuestra campaña de tipo económico por liberarnos. Tenemos nosotros, tenemos antes que nada un apuro de horas, pero bueno... tenemos el último problema, el de cómo invertir nuestras divisas, cómo invertir el esfuerzo de la nación para lograr llevar adelante rápidamente nuestras aspiraciones económicas. El 24 de febrero, ante los trabajadores, recibiendo el importe total simbólico del 4%, Fidel Castro dijo:

> ...pero cuando la Revolución llega al poder, ya las reservas no podían disminuir más y teníamos un pueblo habituado a un consumo de importación mayor de lo que exportaba.

En esa situación, es cuando un país tiene que invertir o tiene que recibir capital del extranjero. Ahora bien, cuál era la tesis nuestra de ahorrar y de ahorrar sobre todo nuestras divisas para desarrollar nuestra industria propia. Pues establecía la tesis de la importación de capital privado. Cuando se trata de capital privado nacional, el capital está en el país. Pero, cuando se trata de la importación, porque se necesitan capitales y la fórmula de solución que se aconseja es la inversión de capital privado, tenemos esta situación. El capital privado extranjero no se mueve por generosidad, no se mueve por un acto de noble caridad, no se mueve ni se moviliza por el deseo de llegar a los pueblos. El capital extranjero se moviliza por el deseo de ayudarse a sí mismo. El capital privado extranjero es el capital que sobra en un país y se traslada a otro país, donde los salarios sean más bajos, las condiciones de vida, las materias primas sean más baratas para obtener mayores ganancias. Lo que mueve el capital de inversión privada extranjera, no es la generosidad sino la ganancia, y la tesis que se había defendido siempre aquí era de garantía al capital privado de inversión para resolver los problemas de la industrialización.

Entre la agricultura y la industria se invertirán 300 millones. Esa es la batalla por desarrollar económicamente nuestro país y resolver los males. Claro que no es camino fácil. Ustedes saben que nos amenazan, ustedes saben que se habla de represalias económicas, ustedes saben que se habla de maniobras, de quitarnos cuotas, etc., etc., mientras nosotros tratamos de vender nuestros productos. ¿Esto quiere decir acaso que tengamos que retroceder? ¿Esto quiere decir que tengamos que abandonar toda esperanza de mejoramiento, porque nos amenacen? ¿Cuál es el camino correcto del pueblo? ¿A quién le hacemos nosotros daño queriendo progresar? ¿Es que nosotros queremos estar viviendo del trabajo de otros pueblos? ¿Es que nosotros queremos estar viviendo de la riqueza de otros pueblos? ¿Qué es lo que queremos los cubanos aquí? Lo que queremos es no vivir del sudor de otros, sino vivir de nuestro sudor. No vivir de la riqueza de otros, sino de nuestra riqueza, para que todas las necesidades materiales de nuestro pueblo se satisfagan y sobre esa base resolver los demás problemas del país, porque no se habla de lo económico por lo puramente económico, sino de lo económico como base para satisfacer todas las demás necesidades del país, de la educación, de una vida higiénica y saludable, la necesidad de una vida que no solo sea de trabajo, sino de esparcimiento, la necesidad de satisfacer las grandes necesidades coloniales sobre ella y cuando se hablaban las mismas cosas que nosotros pretendemos. Cómo vamos a gastar todos esos millones, es algo que les explicará algún otro compañero en una de estas charlas haciendo una demostración de por qué se van a gastar también, no solo de cómo, en el camino que nosotros hemos elegido.

Ahora para los débiles, para los que tengan miedo, para los que piensen que estamos en una situación única en la historia y que ésta es una situación insalvable, y que si nosotros no nos detenemos o no retrocedemos, estamos perdidos, quiero citarles la última cita hasta aquí, una breve anécdota de Jesús Silva Herzog, economista mexicano que fue el autor de la Ley de Expropiación del Petróleo y que se refiere precisamente a la época aquella vivida por México, cuando también se cernía el capital internacional contra los valores espirituales y culturales de los pueblos; esto es la síntesis de lo que se habla de Cuba y dice así:

> Por supuesto, se dijo que México era un país comunista. Surgió el fantasma del comunismo. El embajador Daniels en el libro que ya he citado en conferencias anteriores, cuenta que va a Washington de visita en esos días difíciles, y un caballero inglés le habla del comunismo mexicano. El señor Daniels le dice: "Pues yo en México no conozco más comunista que a Diego Rivera; pero, ¿qué es un comunista?", le pregunta seguidamente Daniels, al caballero inglés. Este se sienta en cómoda butaca, medita, se levanta y ensaya una definición. No le satisface. Se vuelve a sentar, medita nuevamente, se pone un tanto sudoroso, se pone nuevamente de pie y da otra definición. Tampoco es satisfactoria. Y así continúa hasta que al fin, desesperado, le dice a Daniels: "Señor, un comunista es cualquier persona que nos choca".

Ustedes pueden ver cómo las situaciones históricas se repiten; yo estoy seguro de que todos nosotros chocamos bastante a la otra gente. Parece que tengo el honor junto con Raúl [Castro] de ser de los más chocantes... Pero las situaciones históricas tienen su parecido. Así como México nacionalizó su petróleo, y pudo seguir adelante, y se reconoce a Cárdenas como el más grande presidente que ha tenido esa República, así también nosotros seguiremos adelante.

Todos los que están del otro lado nos llamarán de cualquier modo, nos dirán cualquier cosa, lo único cierto es que estamos trabajando en beneficio del pueblo, que no retrocederemos y que aquellos, los expropiados, los confiscados los "siquitrillados" no volverán...

Discurso a los estudiantes de medicina y trabajadores de la salud

(20 de agosto de 1960)

Este discurso fue pronunciado en la inauguración de una serie de charlas y discusiones políticas organizadas por el Ministerio de Salud Pública.

Este acto sencillo, uno más entre los centenares de actos con que el pueblo cubano festeja día a día su libertad y el avance de todas sus leyes revolucionarias, el avance por el camino de la independencia total, es, sin embargo, interesante para mí.

Compañeros:

Casi todo el mundo sabe que inicié mi carrera como médico, hace ya algunos años. Y cuando me inicié como médico, cuando empecé a estudiar medicina, la mayoría de los conceptos que hoy tengo como revolucionario estaban ausentes en el almacén de mis ideales.

Quería triunfar, como quiere triunfar todo el mundo; soñaba con ser un investigador famoso, soñaba con trabajar infatigablemente para conseguir algo que podía estar, en definitiva, puesto a disposición de la humanidad, pero que en aquel momento era un triunfo personal. Era, como todos somos, un hijo del medio.

Después de recibido, por circunstancias especiales y quizás también por mi carácter, empecé a viajar por América Latina y la conocí entera. Salvo Haití y República Dominicana, todos los demás países de América Latina han sido, en alguna manera, visitados por mí. Y por las condiciones en que viajé, primero como estudiante y después como médico, empecé a entrar en estrecho contacto con la miseria, con el hambre, con las enfermedades, con la incapacidad de curar a un hijo por la falta de medios, con el embrutecimiento que provocan el hambre y el castigo continuo, hasta hacer que para un padre perder un hijo sea un accidente sin importancia, como sucede muchas veces en las clases golpeadas de nuestra Patria Latinoamericana. Y empecé a ver que había cosas que, en aquel momento, me parecieron casi tan importantes como ser un investigador famoso o como hacer algún aporte sustancial a la ciencia médica: y era ayudar a esa gente.

Pero yo seguía siendo, como siempre lo seguimos siendo todos, hijo del medio y quería ayudar a esa gente con mi esfuerzo personal. Ya había viajado mucho —estaba, en aquellos momentos, en Guatemala, la Guatemala de Árbenz— y había empezado a hacer unas notas para normar la conducta del médico revolucionario. Empezaba a investigar qué cosa era lo que se necesitaba para ser un médico revolucionario.

Sin embargo, vino la agresión, la agresión que desataran la United Fruit Company, el Departamento de Estado, Foster Dulles —en realidad es lo mismo—, y el títere que habían puesto, que se llamaba Castillo Armas —¡se llamaba!—. La agresión tuvo éxito, dado que aquel pueblo todavía no había alcanzado el grado de madurez que tiene hoy el pueblo cubano, y un buen día, como tantos, tomé el camino del exilio, o por lo menos tomé el camino de la fuga de Guatemala, ya que no era esa mi patria.

Entonces, me di cuenta de una cosa fundamental: para ser médico revolucionario o para ser revolucionario, lo primero que hay que tener es revolución. De nada sirve el esfuerzo aislado, el esfuerzo individual, la pureza de ideales, el afán de sacrificar toda una vida al más noble de los ideales, si ese esfuerzo se hace solo, solitario en algún rincón de América Latina, luchando contra los gobiernos adversos y las condiciones sociales que no permiten avanzar. Para hacer revolución se necesita esto que hay en Cuba: que todo un pueblo se movilice y que aprenda, con el uso de las armas y el ejercicio de la unidad combatiente, lo que vale un arma y lo que vale la unidad del pueblo.

Y entonces ya estamos situados, sí, en el núcleo del problema que hoy tenemos por delante. Ya entonces tenemos el derecho y hasta el deber de ser, por sobre todas las cosas, un médico revolucionario, es decir, un hombre que utiliza los conocimientos técnicos de su profesión al servicio de la Revolución y del pueblo. Y entonces se vuelven a plantear los interrogantes anteriores. ¿Cómo hacer, efectivamente, un trabajo de bienestar social, cómo hacer para compaginar el esfuerzo individual con las necesidades de la sociedad?

Y hay que hacer, nuevamente, un recuento de la vida de cada uno de nosotros, de lo que se hizo y se pensó como médico o en cualquier otra función de la salud pública, antes de la Revolución. Y hacerlo con profundo afán crítico, para llegar entonces a la conclusión de que casi todo lo que pensábamos y sentíamos, en aquella época ya pasada, debe archivarse y debe crearse un nuevo tipo humano. Y si cada uno es el arquitecto propio de ese nuevo tipo humano, mucho más fácil será para todos el crearlo y el que sea el exponente de la nueva Cuba.

Es bueno que a ustedes, los presentes, los habitantes de La Habana, se les recalque esta idea: la de que en Cuba se está creando un nuevo tipo humano, que no se puede apreciar exactamente en la capital, pero que se ve en cada rincón del país. Los que de ustedes hayan ido el 26 de Julio a la Sierra Maestra, habrán visto dos cosas absolutamente desconocidas: un ejército con el pico y la pala, un ejército que tiene por orgullo máximo desfilar en las fiestas patrióticas en la provincia de Oriente, con su pico y su pala en ristre, mientras los compañeros milicianos desfilan con sus fusiles. Pero habrán visto también algo aún más importante, habrán visto unos niños cuya constitución física hará pensar que tienen 8 ó 9 años, y que, sin embargo, casi todos ellos cuentan con 13 ó 14 años. Son los más auténticos hijos de la Sierra Maestra, los más auténticos hijos del hambre y de la miseria en todas sus formas; son las criaturas de la desnutrición.

En esta pequeña Cuba, de cuatro o cinco canales de televisión y de centenares de canales de radio, con todos los adelantos de la ciencia moderna, cuando esos niños llegaron de noche por primera vez a la escuela y vieron los focos de la luz eléctrica, exclamaron que las estrellas estaban muy bajas esa noche. Y esos niños, que algunos de ustedes habrán visto, están aprendiendo en las escuelas colectivas, desde las primeras letras hasta un oficio, hasta la dificilísima ciencia de ser revolucionarios.

Esos son los nuevos tipos humanos que están naciendo en Cuba. Están naciendo en un lugar aislado, en puntos distantes de la Sierra Maestra, y también en las cooperativas y en los centros de trabajo. Y todo eso tiene mucho que ver con el tema de nuestra charla de hoy, con la integración del médico o de cualquier otro trabajador de la medicina, dentro del movimiento revolucionario, porque esa tarea, la tarea de educar y alimentar a los niños, la tarea de educar al ejército, la tarea de repartir las tierras de sus antiguos amos absentistas, hacia quienes sudaban todos los días, sobre esa misma tierra, sin recoger su fruto, es la más grande obra de medicina social que se ha hecho en Cuba.

El principio en que debe basarse el atacar las enfermedades, es crear un cuerpo robusto; pero no crear un cuerpo robusto con el trabajo artístico de un médico sobre un organismo débil, sino crear un cuerpo robusto con el trabajo de toda la colectividad, sobre toda esa colectividad social.

Y la medicina tendrá que convertirse un día, entonces, en una ciencia que sirva para prevenir las enfermedades, que sirva para orientar a todo el público hacia sus deberes médicos, y que solamente deba intervenir en casos de extrema urgencia, para realizar alguna intervención quirúrgica, o algo que escape a las características de esa nueva sociedad que estamos creando.

El trabajo que está encomendado hoy al Ministerio de Salubridad, a todos los organismos de ese tipo, es el organizar la salud pública de tal manera que sirva para dar asistencia al mayor número posible de personas, y sirva para prevenir todo lo previsible en cuanto a enfermedades, y para orientar al pueblo.

Pero para esa tarea de organización, como para todas las tareas revolucionarias, se necesita, fundamentalmente, el individuo. La Revolución no es, como pretenden algunos, una estandarizadora de la voluntad colectiva, de la iniciativa colectiva, sino todo lo contrario, es una liberadora de la capacidad individual del hombre.

Lo que sí es la Revolución, es al mismo tiempo, orientadora de esa capacidad. Y nuestra tarea de hoy es orientar la capacidad creadora de todos los profesionales de la medicina hacia las tareas de la medicina social.

Estamos en el final de una era, y no aquí en Cuba. Por más que se diga lo contrario, y que algunos esperanzados lo piensen, la forma de capitalismo que hemos conocido, y en las cuales nos hemos creado, y bajo las cuales hemos sufrido, están siendo derrotadas en todo el mundo.

Los monopolios están en derrota; la ciencia colectiva se anota, día a día, nuevos y más importantes triunfos. Y nosotros hemos tenido, en América Latina, el orgullo y el sacrificado deber de ser vanguardia de un movimiento de liberación que se ha iniciado hace tiempo en los otros continentes sometidos del África y del Asia. Y ese cambio social tan profundo demanda, también, cambios muy profundos en la contextura mental de las gentes.

El individualismo como tal, como acción única de una persona colocada sola en un medio social, debe desaparecer en Cuba. El individualismo debe ser, en el día de mañana, el aprovechamiento cabal de todo el individuo en beneficio absoluto de la colectividad. Pero aun cuando esto se entienda hoy, aun cuando se comprendan estas cosas que estoy diciendo, y aun cuando todo el mundo esté dispuesto a pensar un poco en el presente, en el pasado y en lo que debe ser el futuro, para cambiar de manera de pensar hay que sufrir profundos cambios interiores, y asistir a profundos cambios exteriores, sobre todo sociales.

Y esos cambios exteriores se están dando en Cuba todos los días. Una forma de aprender a conocer esta Revolución, de aprender a conocer las fuerzas que tiene el pueblo guardadas en sí, que tanto tiempo han estado dormidas, es visitar toda Cuba; visitar las cooperativas y todos los centros de trabajo que se están creando.

Y una forma de llegar hasta la parte medular de la cuestión médica, es no solo conocer, no solo visitar, a las gentes que forman esas cooperativas y esos centros de trabajo, sino también averiguar allí cuáles son las enfermedades que tienen, cuáles son todos sus padecimientos, cuáles han sido sus miserias durante años y, hereditariamente, durante siglos de represión y de sumisión total.

El médico, el trabajador médico, debe ir entonces al centro de su nuevo trabajo, que es el hombre dentro de la masa, el hombre dentro de la colectividad.

Siempre, pase lo que pase en el mundo, el médico, por estar tan cerca del paciente, por conocer tanto de lo más profundo de su psiquis, por ser la representación de quien se acerca al dolor y lo mitiga, tiene una labor muy importante, de mucha responsabilidad en el trato social.

Hace un tiempo, pocos meses, sucedió aquí en La Habana, que un grupo de estudiantes y de médicos recién recibidos, no querían ir al campo, y exigían ciertas retribuciones para ir. Y desde el punto de vista del pasado es lo más lógico que así ocurra; por lo menos, me parece a mí, que lo entiendo perfectamente.

Simplemente me parece estar frente al recuerdo de lo que era y de lo que pensaba, hace unos cuantos años. Es otra vez el gladiador que se revela, el luchador solitario que quiere asegurar un porvenir, unas mejores condiciones, y hace valer entonces la necesidad que se tiene de él.

¿Pero qué ocurriría si en vez de ser estos nuevos muchachos, cuyas familias pudieron pagarles en su mayoría unos cuantos años de estudio, los que acabaran sus carreras, iniciaran ahora el ejercicio de su profesión? ¿Qué sucedería si en vez de ellos fueran doscientos o trescientos campesinos, los que hubieran surgido, digamos por arte de magia, de las aulas universitarias?

Hubiera sucedido, simplemente, que esos campesinos hubieran corrido, inmediatamente, y con todo entusiasmo, a socorrer a sus hermanos; que hubieran pedido los puestos de más responsabilidad y de más trabajo, para demostrar así que los años de estudio que se les dio no fueron dados en vano. Hubiera sucedido lo que sucederá dentro de seis o siete años, cuando los nuevos estudiantes, hijos de la clase obrera, de la clase campesina, reciban sus títulos de profesionales de cualquier tipo.

Pero no debemos mirar con fatalismo el futuro, y dividir al hombre en hijos de la clase obrera o campesina y contrarrevolucionarios, porque es simplista y porque no es cierto, y porque no hay nada que eduque más a un hombre honrado que vivir dentro de una Revolución. Porque ninguno de nosotros, ninguno del grupo primero que llegó en el *Granma*, que se asentó en la Sierra Maestra, y que aprendió a respetar al campesino y al obrero conviviendo con él, tuvo un pasado de obrero o de campesino. Naturalmente que hubo quien tenía que trabajar, que había conocido ciertas necesidades en su infancia; pero el hambre, eso que se llama hambre de verdad, eso no lo había conocido ninguno de nosotros, y empezó a conocerlo, transitoriamente, durante los dos largos años de la Sierra Maestra. Y entonces, muchas cosas se hicieron muy claras.

Nosotros, que al principio castigábamos duramente a quien tocaba aunque fuera un huevo de algún campesino rico, o incluso de algún terrateniente, llevamos un día diez mil reses a la Sierra, y les dijimos a los campesinos, simplemente: "Come". Y los campesinos, por primera vez en años y años, y algunos por primera vez en su vida, comieron carne de res.

Y el respeto que teníamos por la sacrosanta propiedad de esas diez mil reses, se perdió en el curso de la lucha armada, y comprendimos perfectamente que vale, pero millones de veces más, la vida de un solo ser humano, que todas las propiedades del hombre más rico de la tierra. Y lo aprendimos nosotros, lo aprendimos nosotros, allí, nosotros, que no éramos hijos de la clase obrera ni de la clase campesina. ¿Y por qué nosotros vamos a decir ahora a los cuatro vientos, que éramos los privi-legiados, y que el resto de las personas en Cuba no pueden aprenderlo también? Sí pueden aprenderlo, pero, además, la Revolución hoy exige que lo aprendan, exige que se comprenda bien que mucho más importante que una retribución buena, es el orgullo de servir al prójimo; que mucho más definitivo, mucho más perenne que todo el oro que se pueda acumular, es la gratitud de un pueblo. Y cada médico, en el círculo de su acción, puede y debe acumular ese preciado tesoro, que es la gratitud del pueblo.

Debemos, entonces, empezar a borrar nuestros viejos conceptos, y empezar a acercarnos cada vez más, y cada vez más críticamente al pueblo. No como nos acercábamos antes, porque todos ustedes dirán: "No. Yo soy amigo del pueblo. A mí me gusta mucho conversar con los obreros y los campesinos, y voy los domingos a tal lado a ver tal cosa". Todo el mundo lo ha hecho. Pero lo ha hecho practicando la caridad, y lo que nosotros tenemos que practicar hoy, es la solidaridad. No debemos acercarnos al pueblo a decir: "Aquí estamos. Venimos a darte la caridad de nuestra presencia, a enseñarte con nuestra ciencia, a demostrarte tus errores, tu incultura, tu falta de conocimientos elementales". Debemos ir con afán investigativo, y con espíritu humilde, a aprender en la gran fuente de sabiduría que es el pueblo.

Muchas veces nos daremos cuenta de lo equivocados que estábamos en conceptos que de tan sabidos, eran parte nuestra y automática de nuestros conocimientos. Muchas veces debemos cambiar todos nuestros conceptos, no solamente los conceptos sociales o filosóficos, sino también, a veces, los conceptos médicos. Y veremos que no siempre las enfermedades se tratan como se trata una enfermedad en un hospital, en una gran ciudad; veremos, entonces, cómo el médico tiene que ser también agricultor, y cómo aprender a sembrar nuevos alimentos, y sembrar con su ejemplo, el afán de consumir nuevos alimentos, de diversificar esta estructura alimenticia cubana, tan pequeña, tan pobre, en uno de los países agrícolamente, potencialmente también, más rico de la tierra. Veremos, entonces, cómo tendremos que ser, en esas circunstancias, un poco pedagogo, a veces un mucho pedagogos; cómo tendremos que ser políticos también; cómo lo primero que tendremos que hacer no es ir a brindar nuestra sabiduría, sino ir a demostrar que vamos a aprender con el pueblo, que vamos a realizar esa gran y bella experiencia común, que es construir una nueva Cuba.

Ya se han dado muchos pasos, y hay una distancia que no se puede medir en la forma convencional, entre aquel primero de enero de 1959 y hoy. Hace mucho que la mayoría del pueblo entendió que aquí no solamente había caído un dictador, sino entendió, también, que había caído un sistema. Viene entonces, ahora, la parte en que el pueblo debe aprender que sobre las ruinas de un sistema desmoronado, hay que construir el nuevo sistema que haga la felicidad absoluta del pueblo.

Yo recuerdo en los primeros meses del año pasado que el compañero [Nicolás] Guillén llegaba de la Argentina. Era el mismo gran poeta que es hoy; quizás sus libros fueran traducidos a algún idioma menos, porque todos los días gana nuevos lectores en todas las lenguas del mundo, pero era el mismo de hoy. Sin embargo, era difícil para Guillén leer sus poesías, que eran la poesía del pueblo, porque aquélla era la primera época, la época de los prejuicios. Y nadie se ponía a pensar nunca que durante años y años, con insobornable dedicación, el poeta Guillén había puesto al servicio del pueblo y al servicio de la causa en la que él creía, todo su extraordinario don artístico.[11] La gente veía en él, no la gloria de Cuba, sino el representante de un partido político que era tabú. Pero todo aquello ha quedado en el olvido; ya hemos aprendido que no puede haber divisiones, por la forma de pensar en cuanto a ciertas estructuras internas de nuestro país, si nuestro enemigo es común, si nuestra meta es común. Y en lo que hay que ponerse de acuerdo es si tenemos o no un enemigo común, y si tratamos de alcanzar o no una meta común.

Si no, todos los sabemos, hemos llegado definitivamente al convencimiento de que hay un enemigo común. Nadie mira para un costado, para ver si hay alguien que lo pueda oír, algún otro, algún escucha de Embajada que pueda transmitir su opinión antes de emitir claramente una opinión contra los monopolios, antes de decir claramente: "Nuestro enemigo, y el enemigo de América Latina entera, es el gobierno monopolista de Estados Unidos de América". Si ya todo el mundo sabe que ese es el enemigo y ya empieza por saberse que quien lucha contra ese enemigo tiene algo de común con nosotros, viene entonces la segunda parte. Para aquí, para Cuba, ¿cuáles son nuestras metas? ¿Qué es lo que queremos? ¿Queremos o no queremos la felicidad del pueblo? ¿Luchamos o no por la liberación económica absoluta de Cuba? ¿Luchamos o no, por ser un país libre entre los libres, sin pertenecer a ningún bloque guerrero, sin tener que consultar ante ninguna Embajada de ningún grande de la tierra cualquier medida interna o externa que se vaya a tomar aquí? Si pensamos redistribuir la riqueza del que tiene demasiado para darle al que no tiene nada; si pensamos aquí hacer del trabajo creador una fuente dinámica, cotidiana, de todas nuestras alegrías, entonces ya tenemos metas a que referirnos. Y todo el que tenga esas mismas metas es nuestro amigo. Si en el medio tiene otros conceptos, si pertenece a una u otra organización, esas son discusiones menores.

En los momentos de grandes peligros, en los momentos de grandes tensiones y de grandes creaciones, lo que cuenta son los grandes enemigos y las grandes metas. Si ya estamos de acuerdo, si ya todos sabemos hacia dónde vamos, y pese a aquel a quien le va a pesar, entonces tenemos que iniciar nuestro trabajo.

Y yo les decía que hay que empezar, para ser revolucionarios, por tener revolución. Ya la tenemos. Y hay que conocer también al pueblo sobre el cual se va a trabajar. Creo que todavía no nos conocemos bien, creo que en ese camino nos falta todavía andar un rato. Y si se me preguntaran cuáles son los vehículos para conocer al pueblo, además del vehículo de ir al interior, de conocer cooperativas, de vivir en las cooperativas, de trabajar en ellas —y no todo el mundo lo puede hacer, y hay muchos lugares donde la presencia de un trabajador de la medicina es importantísima— en esos casos les diría yo que una de las grandes manifestaciones de la solidaridad del pueblo de Cuba son las Milicias Revolucionarias. Milicias que dan ahora al médico una nueva función y lo preparan para lo que de todas maneras hasta hace pocos días fue una triste y casi fatal realidad de Cuba, es decir, que íbamos a ser presa —o, por lo menos, si no presa, víctimas— de un ataque armado de gran envergadura.

Y debo advertir entonces que el médico, en esa función de miliciano y revolucionario, debe ser siempre un médico. No se debe cometer el error que cometimos nosotros en la Sierra. O quizá no fuera error, pero lo saben todos los compañeros médicos de aquella época: nos parecía un deshonor estar al pie de un herido o de un enfermo, y buscábamos cualquier forma posible de agarrar un fusil e ir a demostrar, en el frente de lucha, lo que uno sabía hacer.

Ahora las condiciones son diferentes y los nuevos ejércitos que se formen para defender al país deben ser ejércitos con una técnica distinta, y el médico tendrá su importancia enorme dentro de esa técnica del nuevo ejército; debe seguir siendo médico, que es una de las tareas más bellas que hay, y más importantes de la guerra. Y no solamente el médico, sino también los enfermeros, los laboratoristas, todos los que se dediquen a esta profesión tan humana.

Pero debemos todos, aun sabiendo que el peligro está latente, y aun preparándonos para repeler la agresión, que todavía existe en el ambiente, debemos dejar de pensar en ello, porque si hacemos centro de nuestros afanes el prepararnos para la guerra, no podremos construir lo que queremos, no podremos dedicarnos al trabajo creador.

Todo trabajo, todo capital que se invierta en prepararse para una acción guerrera, es trabajo perdido, es dinero perdido. Desgraciadamente hay que hacerlo, porque hay otros que se preparan, pero es —y lo digo con toda mi honestidad y mi orgullo de soldado—, que el dinero que con más tristeza veo irse de las arcas del Banco Nacional, es el que va a pagar algún arma de destrucción.

Sin embargo, las Milicias tienen una función en la paz, las Milicias deberán ser, en los centros poblados, el arma que unifique y haga conocer al pueblo. Debe practicarse, como ya me contaban los compañeros que se practica en las Milicias de los médicos, una solidaridad extrema. Se debe ir inmediatamente a solucionar los problemas de los necesitados de toda Cuba en todos los momentos de peligro; pero también es una oportunidad de conocerse, es una oportunidad de convivir, hermanados e igualados por un uniforme, con los hombres de todas las clases sociales de Cuba.

Si logramos nosotros, trabajadores de la medicina —y permítaseme que use de nuevo un título que hacía tiempo había olvidado—, si usamos todos esta nueva arma de la solidaridad, si conocemos las metas, conocemos el enemigo, y conocemos el rumbo por donde tenemos que caminar, nos falta solamente conocer la parte diaria del camino a realizar. Y esa parte no se la puede enseñar nadie, esa parte es el camino propio de cada individuo, es lo que todos los días hará, lo que recogerá en su experiencia individual y lo que dará de sí en el ejercicio de su profesión, dedicado al bienestar del pueblo.

Si ya tenemos todos los elementos para marchar hacia el futuro, recordemos aquella frase de Martí, que en este momento yo no estoy practicando pero que hay que practicar constantemente: "La mejor manera de decir es hacer", y marchemos entonces hacia el futuro de Cuba.

Notas para el estudio de la ideología de la Revolución cubana

(Octubre de 1960)

Es esta una Revolución singular que algunos han creído que no se ajusta a una de las premisas de lo más ortodoxo del movimiento revolucionario, expresada por Lenin así: "sin teoría revolucionaria no hay movimiento revolucionario".[12] Convendría decir que la teoría revolucionaria, como expresión de una verdad social, está por encima de cualquier enunciado; es decir, que la Revolución puede hacerse si se interpreta correctamente la realidad histórica y se utilizan correctamente las fuerzas que intervienen en ella, aun sin conocer la teoría. Es claro que el conocimiento adecuado de ésta simplifica la tarea e impide caer en peligrosos errores, siempre que esa teoría enunciada corresponda a la verdad. Además, hablando concretamente de esta Revolución, debe recalcarse que sus actores principales no eran exactamente teóricos, pero tampoco ignorantes de los grandes fenómenos sociales y los enunciados de las leyes que los rigen. Esto hizo que, sobre la base de algunos conocimientos teóricos y el profundo conocimiento de la realidad, se pudiera ir creando una teoría revolucionaria.

Lo anterior debe considerarse un introito a la explicación de este fenómeno curioso que tiene a todo el mundo intrigado: La Revolución cubana. El cómo y el porqué un grupo de hombres destrozados por un ejército enormemente superior en técnica y equipo logró ir sobreviviendo primero, hacerse fuerte luego, más fuerte que el enemigo en las zonas de batalla más tarde, emigrando hacia nuevas zonas de combate, en un momento posterior, para derrotarlo finalmente en batallas campales, pero aun con tropas muy inferiores en número, es un hecho digno de estudio en la historia del mundo contemporáneo.

Naturalmente, nosotros que a menudo no mostramos la debida preocupación por la teoría, no venimos hoy a exponer, como dueños de ella, la verdad de la Revolución cubana; simplemente tratamos de dar las bases para que se pueda interpretar esta verdad. De hecho, hay que separar en la Revolución cubana dos etapas absolutamente diferentes: la de la acción armada hasta el primero de enero de 1959; la transformación política, económica y social de ahí en adelante.

Aún estas dos etapas merecen subdivisiones sucesivas, pero no las tomaremos desde el punto de vista de la exposición histórica, sino desde el punto de vista de la evolución del pensamiento revolucionario de sus dirigentes a través del contacto con el pueblo. Incidentalmente, aquí hay que introducir una postura general frente a uno de los más controvertidos términos del mundo actual: el marxismo. Nuestra posición cuando se nos pregunta si somos marxistas o no, es la que tendría un físico al que se le preguntara si es "newtoniano", o un biólogo si es "pasteuriano".

Hay verdades tan evidentes, tan incorporadas al conocimiento de los pueblos que ya es inútil discutirlas. Se debe ser "marxista", con la misma naturalidad con que se es "newtoniano" en física, o "pasteuriano" en biología, considerando que si nuevos hechos determinan nuevos conceptos, no se quitará nunca su parte de verdad a aquellos otros que hayan pasado. Tal es el caso, por ejemplo, de la relatividad "einsteniana" o de la teoría de los "quanta" de Planck con respecto a los descubrimientos de Newton; sin embargo, eso no quita absolutamente nada de su grandeza al sabio inglés. Gracias a Newton es que pudo avanzar la física hasta lograr los nuevos conceptos del espacio. El sabio inglés es el escalón necesario para ello.

A Marx, como pensador, como investigador de las doctrinas sociales y del sistema capitalista que le tocó vivir, puede, evidentemente, objetársele ciertas incorrecciones. Nosotros, los latinoamericanos, podemos, por ejemplo, no estar de acuerdo con su interpretación de Bolívar o con el análisis que hicieran Engels y él de los mexicanos, dando por sentadas incluso ciertas teorías de las razas o las nacionalidades inadmisibles hoy. Pero los grandes hombres descubridores de verdades luminosas, viven a pesar de sus pequeñas faltas, y éstas sirven solamente para demostrarnos que son humanos, es decir, seres que pueden incurrir en errores, aun con la clara conciencia de la altura alcanzada por estos gigantes del pensamiento. Es por ello que reconocemos las verdades esenciales del marxismo como incorporadas al acervo cultural y científico de los pueblos y lo tomamos con la naturalidad que nos da algo que ya no necesita discusión.

Los avances en la ciencia social y política, como en otros campos, pertenecen a un largo proceso histórico cuyos eslabones se encadenan, se suman, se aglutinan y se perfeccionan constantemente. En el principio de los pueblos, existía una matemática china, árabe o hindú; hoy la matemática no tiene fronteras. Dentro de su historia cabe un Pitágoras griego, un Galileo italiano, un Newton inglés, un Gauss alemán, un Lovachevki ruso, un Einstein, etc. Así en el campo de las ciencias sociales y políticas, desde Demócrito hasta Marx, una larga serie de pensadores fueron agregando sus investigaciones originales y acumulando un cuerpo de experiencias y de doctrinas.

El mérito de Marx es que produce de pronto en la historia del pensamiento social un cambio cualitativo; interpreta la historia, comprende su dinámica, prevé el futuro, pero, además de preverlo, donde acabaría su obligación científica, expresa un concepto revolucionario: no solo hay que interpretar la naturaleza, es preciso transformarla. El hombre deja de ser esclavo e instrumento del medio y se convierte en arquitecto de su propio destino. En este momento, Marx empieza a colocarse en una situación tal, que se constituye en el blanco obligado de todos los que tienen interés especial en mantener lo viejo, como antes le pasara a Demócrito, cuya obra fue quemada por el propio Platón y sus discípulos ideólogos de la aristocracia esclavista ateniense.

A partir de Marx revolucionario, se establece un grupo político con ideas concretas que, apoyándose en los gigantes, Marx y Engels, y desarrollándose a través de etapas sucesivas, con personalidades como Lenin, Mao Tse Tung y los nuevos gobernantes soviéticos y chinos, establecen un cuerpo de doctrina y, digamos, ejemplos a seguir.

La Revolución cubana toma a Marx donde éste dejara la ciencia para empuñar su fusil revolucionario; y lo toma allí, no por espíritu de revisión, de luchar contra lo que sigue a Marx, de revivir a Marx "puro", sino, simplemente, porque hasta allí Marx, el científico, colocado fuera de la historia, estudiaba y vaticinaba. Después Marx revolucionario, dentro de la historia, lucharía. Nosotros, revolucionarios prácticos, iniciando nuestra lucha simplemente cumplíamos leyes previstas por Marx el científico, y por ese camino de rebeldía, al luchar contra la vieja estructura del poder, al apoyarnos en el pueblo para destruir esa estructura y, al tener como base de nuestra lucha la felicidad de ese pueblo, estamos simplemente ajustándonos a las predicciones del científico Marx. Es decir, y es bueno puntualizarlo una vez más, las leyes del marxismo están presentes en los acontecimientos de la Revolución cubana, independientemente de que sus líderes profesen o conozcan cabalmente, desde un punto de vista teórico, esas leyes.

Para mejor comprensión del movimiento revolucionario cubano, hasta el primero de enero, había que dividirlo en las siguientes etapas: antes del desembarco del *Granma*; desde el desembarco del *Granma* hasta después de las victorias de La Plata y Arroyo del Infierno; desde estas fechas hasta El Uvero y la constitución de la Segunda Columna guerrillera; de allí hasta la constitución de la Tercera y Cuarta y la Invasión y establecimiento del Segundo Frente; la Huelga de Abril y su fracaso; el rechazo de la gran ofensiva; la invasión hacia Las Villas.

Cada uno de estos pequeños momentos históricos de la guerrilla va enmarcando distintos conceptos sociales y distintas apreciaciones de la realidad cubana que fueron contorneando el pensamiento de los líderes militares de la Revolución, los que, con el tiempo reafirmaron también su condición de líderes políticos.

Antes del desembarco del *Granma* predominaba una mentalidad que hasta cierto punto pudiera llamarse subjetivista; confianza ciega en una rápida explosión popular, entusiasmo y fe en poder liquidar el poderío batistiano por un rápido alzamiento combinado con huelgas revolucionarias espontáneas y la subsiguiente caída del dictador. El movimiento era el heredero directo del Partido Ortodoxo y su lema central: "Vergüenza contra dinero". Es decir, la honradez administrativa como idea principal del nuevo Gobierno cubano.

Sin embargo, Fidel Castro había anotado en *La historia me absolverá*, las bases que han sido casi íntegramente cumplidas por la Revolución,[13] pero que han sido también superadas por ésta, yendo hacia una mayor profundización en el terreno económico, lo que ha traído parejamente una mayor profundización en el terreno político, nacional e internacional.

Después del desembarco viene la derrota, la destrucción casi total de las fuerzas, su reagrupamiento e integración como guerrilla. Ya el pequeño número de sobrevivientes y, además, sobrevivientes con ánimo de lucha, se caracteriza por comprender la falsedad del esquema imaginado en cuanto a los brotes espontáneos de toda la Isla, y por el entendimiento de que la lucha tendrá que ser larga y deberá contar con una gran participación campesina. Aquí se inician también los primeros ingresos de los campesinos en la guerrilla y se libran dos encuentros, de poca monta en cuanto al número de combatientes pero de gran importancia sicológica debido a que borró la susceptibilidad del grupo central de esta guerrilla, constituido por elementos provenientes de la ciudad, contra los campesinos. Estos a su vez, desconfiaban del grupo y, sobre todo, temían las bárbaras represalias del gobierno. Se demostraron en esta etapa dos cosas, ambas muy importantes para los factores interrelacionados: a los campesinos, que las bestialidades del ejército y toda la persecución no serían suficientes para acabar con la guerrilla, pero sí serían capaces de acabar con sus casas, sus cosechas y sus familias, por lo que era una buena solución refugiarse en el seno de aquélla, donde estaban a cubierto sus vidas; a su vez, aprendieron los guerrilleros la necesidad cada vez más grande de ganarse a las masas campesinas, para lo cual, obviamente, había que ofrecerles algo que ellos ansiaran con todas sus fuerzas; y no hay nada que un campesino quiera más que la tierra.

Prosigue luego una etapa nómada en la cual el Ejército Rebelde va conquistando zonas de influencia. No puede todavía permanecer mucho tiempo en ellas pero el ejército enemigo tampoco logra hacerlo y apenas puede internarse. En diversos combates se va estableciendo una especie de frente no bien delimitado entre las dos partes.

El 28 de mayo de 1957 se marca un hito, al atacar en El Uvero a una guarnición bien armada, bastante bien atrincherada y con posibilidades de recibir refuerzos rápidamente; al lado del mar y con aeropuerto. La victoria de las fuerzas rebeldes en este combate, uno de los más sangrientos llevado a cabo, ya que quedó un treinta por ciento de las fuerzas que entraron en combate fuera de él, muertas o heridas, hizo cambiar totalmente el panorama; ya había un territorio en el cual el Ejército Rebelde campeaba por sus respetos, de donde no se filtraban hacia el enemigo las noticias de ese ejército y de donde podía, en rápidos golpes de mano descender a los llanos y atacar puestos del adversario.

Poco después, se produce ya la primera segregación y se establecen dos columnas combatientes. La segunda lleva, por razones de enmascaramiento bastante infantiles, el nombre de 4a. Columna. Inmediatamente dan muestras de actividad las dos, y el 26 de julio, se ataca a Estrada Palma y, cinco días después, a Bueycito, a unos treinta kilómetros de este lugar. Ya las manifestaciones de fuerza son más importantes, se espera a pie firme a los represores, se les detiene en varias tentativas de subir a la Sierra y se establecen frentes de lucha con amplias zonas de tierra de nadie, vulneradas por incursiones punitivas de los dos bandos pero manteniéndose, aproximadamente, los mismos frentes.

Sin embargo, la guerrilla va engrosando sus fuerzas con sustancial aporte de los campesinos de la zona y de algunos miembros del Movimiento en las ciudades, haciéndose más combativa, aumentando su espíritu de lucha. Parten en febrero del año 58, después de soportar algunas ofensivas que son rechazadas, las columnas de [Juan] Almeida, la 3, a ocupar su lugar cerca de Santiago y la de Raúl Castro, que recibe el número 6 y el nombre de nuestro héroe, Frank País, muerto pocos meses antes. Raúl

[Castro] realiza la hazaña de cruzar la carretera central los primeros días de marzo de ese año, internándose en las lomas de Mayarí y creando el Segundo Frente Oriental "Frank País".

Los éxitos crecientes de nuestras fuerzas rebeldes se iban filtrando a través de la censura y el pueblo iba rápidamente alcanzando el clímax de su actividad revolucionaria. Fue en este momento que se planteó, desde La Habana, la lucha en todo el territorio nacional mediante una huelga general revolucionaria que debía destruir la fuerza del enemigo atacándola simultáneamente en todos los puntos.

La función del Ejército Rebelde sería, en este caso, la de un catalizador o, quizás, la de una "espina irritativa" para desencadenar el movimiento. En esos días nuestras guerrillas aumentaron su actividad, y empezó a crear su leyenda heroica Camilo Cienfuegos, luchando por primera vez en los llanos orientales, con un sentido organizativo y respondiendo a una dirección central.

La huelga revolucionaria, sin embargo no estaba planteada adecuadamente, pues desconocía la importancia de la unidad obrera y no se buscó el que los trabajadores, en el ejercicio mismo de su actividad revolucionaria, eligieran el momento preciso. Se pretendió dar un golpe de mano clandestino, llamando a la huelga desde una radio, ignorando que el secreto del día y la hora se había filtrado a los esbirros pero no al pueblo. El movimiento huelguístico fracasó, siendo asesinado inmisericordemente un buen y selecto número de patriotas revolucionarios.

Como dato curioso, que debe anotarse alguna vez en la historia de esta Revolución, Jules Dubois, el correveidile de los monopolios norteamericanos, conocía de antemano el día en que se desencadenaría la huelga.

En este momento se produce uno de los cambios cualitativos más importantes en el desarrollo de la guerra, al adquirirse la certidumbre de que el triunfo se lograría solamente por el aumento de las fuerzas guerrilleras, hasta derrotar al ejército enemigo en batallas campales.

Ya entonces se han establecido amplias relaciones con el campesinado; el Ejército Rebelde ha dictado sus códigos penales y civiles, imparte justicia, reparte alimentos y cobra impuestos en las zonas administradas. Las zonas aledañas reciben también la influencia del Ejército Rebelde, pero se preparan grandes ofensivas tendientes a liquidar de una buena vez el foco. Es así como el 25 de mayo empieza esta ofensiva que en dos meses de lucha, arroja un saldo de mil bajas para el ejército invasor, totalmente desmoralizado, y un aumento en seiscientas armas de nuestra capacidad combatiente.

Está demostrado ya que el ejército no puede derrotarnos; definitivamente, no hay fuerza en Cuba capaz de hacer doblegar los picachos de la Sierra Maestra y todas las lomas del Segundo Frente Oriental "Frank País"; los caminos se tornan intransitables en Oriente para las tropas de la tiranía. Derrotada la ofensiva, se encarga a Camilo Cienfuegos, con la Columna No. 2, y al autor de estas líneas, con la Columna No. 8 "Ciro Redondo", el cruzar la provincia de Camagüey, establecerse en Las Villas, cortar las comunicaciones del enemigo. Camilo debía luego seguir su avance para repetir la hazaña del héroe cuyo nombre lleva su columna "Antonio Maceo": la invasión total de Oriente a Occidente.

La guerra muestra en este momento una nueva característica; la correlación de fuerzas se vuelca hacia la Revolución, dos pequeñas columnas de ochenta y ciento cuarenta hombres, cruzarán durante mes y medio los llanos de Camagüey, constantemente cercados o acosados por un ejército que moviliza miles de soldados, llegarán a Las Villas e iniciarán la tarea de cortar en dos la Isla.

A veces resulta extraño, otras veces incomprensible y, algunas más, increíble el que se puedan batir dos columnas de tan pequeño tamaño, sin comunicaciones, sin movilidad, sin las más elementales armas de la guerra moderna, contra ejércitos bien adiestrados y sobrearmados. Lo fundamental es la característica de cada grupo; cuanto más incómodo está, cuanto más adentrado en los rigores de la naturaleza, el guerrillero se siente más en su casa, su moral más alta, su sentido de seguridad, más grande. Al mismo tiempo, en cualquier circunstancia ha venido a jugar su vida, a tirarla a la suerte de una moneda cualquiera y, en líneas generales, del resultado final del combate importa poco el que el guerrillero-individuo salga vivo o no.

El soldado enemigo, en el ejemplo cubano que nos ocupa, es el socio menor del dictador, el hombre que recibe la última de las migajas que le ha dejado el penúltimo de los aprovechados, de una larga cadena que se inicia en *Wall Street* y acaba en él. Está dispuesto a defender sus privilegios, pero está dispuesto a defenderlos en la misma medida en que ellos sean importantes. Sus sueldos y sus prebendas valen algunos sufrimientos y algunos peligros, pero nunca valen su vida; si el precio de mantenerlos debe pagarse con ella, mejor es dejarlos, es decir, replegarse frente al peligro guerrillero. De estos dos conceptos y estas dos morales, surge la diferencia, que haría crisis el 31 de diciembre de 1958.

Se va estableciendo cada vez más claramente la superioridad del Ejército Rebelde y, además, se demuestra, con la llegada a Las Villas de nuestras columnas, la mayor popularidad del Movimiento 26 de Julio sobre todos los otros: El Directorio Revolucionario, el Segundo Frente de Las Villas, el

Partido Socialista Popular y algunas pequeñas guerrillas de la Organización Auténtica. Esto era debido en mayor parte a la personalidad magnética de su líder, Fidel Castro, pero también influía la mayor justeza de la línea revolucionaria.

Aquí acaba la insurrección, pero los hombres que llegan a La Habana después de dos años de ardorosa lucha en las sierras y los llanos de Oriente, en los llanos de Camagüey y en las montañas, los llanos y ciudades de Las Villas, no son, ideológicamente, los mismos que llegaron a las playas de Las Coloradas, o que se incorporaron en el primer momento de la lucha. Su desconfianza en el campesino se ha convertido en afecto y respeto por las virtudes del mismo, su desconocimiento total de la vida en los campos se ha convertido en un conocimiento absoluto de las necesidades de nuestros guajiros; sus coqueteos con la estadística y con la teoría han sido anulados por el férreo cemento que es la práctica.

Con la Reforma Agraria como bandera, cuya ejecución empieza en la Sierra Maestra, llegan esos hombres a toparse con el imperialismo; saben que la Reforma Agraria es la base sobre la que va a edificarse la nueva Cuba; saben también que la Reforma Agraria dará tierra a todos los desposeídos pero desposeerá a los injustos poseedores; y saben que los más grandes de los injustos poseedores son también influyentes hombres en el Departamento de Estado o en el Gobierno de los Estados Unidos de América; pero han aprendido a vencer las dificultades con valor, con audacia y, sobre todo, con el apoyo del pueblo, y ya han visto el futuro de liberación que nos aguardaba del otro lado de los sufrimientos. Las etapas que van marcando el desenvolvimiento de esta Revolución hasta el momento actual son aplicaciones tácticas de un fin estratégico, efectuadas a medida que nos iba enseñando la práctica nuestro camino justo.

Para llegar a esta idea final de nuestras metas, se caminó mucho y se cambió bastante. Paralelos a los sucesivos cambios cualitativos ocurridos en los frentes de batalla, corren los cambios de composición social de nuestra guerrilla y también las transformaciones ideológicas de sus jefes. Porque cada uno de estos procesos, de estos cambios, constituyen efectivamente un cambio de calidad en la composición, en la fuerza, en la madurez revolucionaria de nuestro ejército. El campesino le va dando su vigor, su capacidad de sufrimiento, su conocimiento del terreno, su amor a la tierra, su hambre de Reforma Agraria. El intelectual, de cualquier tipo, pone su pequeño grano de arena empezando a hacer un esbozo de la teoría. El obrero da su sentido de organización, su tendencia innata de la reunión y la unificación. Por sobre todas estas cosas está el ejemplo de las fuerzas rebeldes que ya habían demostrado ser mucho más que una "espina irritativa" y cuya lección fue enardeciendo y levantando a las masas hasta que perdieron el miedo a los verdugos. Nunca antes, como ahora, fue para nosotros tan claro el concepto de interacción. Pudimos sentir cómo esa interacción iba madurando, enseñando nosotros la eficacia de la insurrección armada, la fuerza que tiene el hombre cuando, para defenderse de otros hombres, tiene un arma en la mano y una decisión de triunfo en las pupilas; y los campesinos, mostrando las artimañas de la Sierra, la fuerza que es necesaria para vivir y triunfar en ella, y las dosis de tesón, de capacidad de sacrificio que es necesario tener para poder llevar adelante el destino de un pueblo.

Por eso, cuando bañados en sudor campesino, con un horizonte de montañas y de nubes, bajo el sol ardiente de la Isla, entraron a La Habana el jefe rebelde y su cortejo, una nueva "escalinata del jardín de invierno, subía la historia con los pies del pueblo".

Cuba: ¿Excepción histórica o vanguardia en la lucha anticolonialista?

(9 de abril de 1961)

La clase obrera es la clase fecunda y creadora, la clase obrera es la que produce cuanta riqueza material existe en un país. Y mientras el poder no esté en sus manos, mientras la clase obrera permita que el poder esté en manos de los patronos que la explotan, en manos de los especuladores, en manos de los terratenientes, en manos de los monopolios, en manos de los intereses extranjeros o nacionales, mientras las armas estén en manos del servicio de esos intereses y no en sus propias manos, la clase obrera estará obligada a una existencia miserable por muchas que sean las migajas que les lancen esos intereses desde la mesa del festín.

—Fidel Castro

Nunca en América Latina se había producido un hecho de tan extraordinarias características, tan profundas raíces y tan trascendentales consecuencias para el destino de los movimientos progresistas del continente como nuestra guerra revolucionaria. A tal extremo, que ha sido calificada por algunos como el acontecimiento cardinal de América Latina y el que sigue en importancia a la trilogía que constituyen la Revolución rusa, el triunfo sobre las armas hitlerianas con las transformaciones sociales siguientes, y la victoria de la Revolución china.

Este movimiento, grandemente heterodoxo en sus formas y manifestaciones, ha seguido, sin embargo —no podía ser de otra manera—, las líneas generales de todos los grandes acontecimientos históricos del siglo, caracterizados por las luchas anticoloniales y el tránsito al socialismo.

Sin embargo, algunos sectores, interesadamente o de buena fe, han pretendido ver en ella una serie de raíces y características excepcionales, cuya importancia relativa frente al profundo fenómeno histórico-social elevan artificialmente, hasta constituirlas en determinantes. Se habla del excepcionalismo de la Revolución cubana al compararla con las líneas de otros partidos progresistas de América Latina, y se establece, en consecuencia, que la forma y caminos de la Revolución cubana son el producto único de la revolución y que en los demás países de América Latina será diferente el tránsito histórico de los pueblos.

Aceptamos que hubo excepciones que le dan sus características peculiares a la Revolución cubana, es un hecho claramente establecido que cada revolución cuenta con ese tipo de factores específicos, pero no está menos establecido que todas ellas seguirán leyes cuya violación no está al alcance de las posibilidades de la sociedad. Analicemos, pues, los factores de este pretendido excepcionalismo.

El primero, quizás, el más importante, el más original, es esa fuerza telúrica llamada Fidel Castro Ruz, nombre que en pocos años ha alcanzado proyecciones históricas. El futuro colocará en su lugar exacto los méritos de nuestro primer ministro, pero a nosotros se nos antojan comparables con los de las más altas figuras históricas de toda Latinoamérica. Y, ¿cuáles son las circunstancias excepcionales que rodean la personalidad de Fidel Castro? Hay varias características en su vida y en su carácter que lo hacen sobresalir ampliamente por sobre todos sus compañeros y seguidores; Fidel es un hombre de tan enorme personalidad que, en cualquier movimiento donde participe, debe llevar la conducción y así lo ha hecho en el curso de su carrera desde la vida estudiantil hasta el premierato de nuestra patria y de los pueblos oprimidos de América Latina. Tiene las características de gran conductor, que sumadas a sus dotes personales de audacia, fuerza y valor, y a su extraordinario afán de auscultar siempre la voluntad del pueblo, lo han llevado al lugar de honor y de sacrificio que hoy ocupa. Pero tiene otras cualidades importantes, como son su capacidad para asimilar los conocimientos y las experiencias, para comprender todo el conjunto de una situación dada sin perder de vista los detalles, su fe inmensa en el futuro, y su amplitud de visión para prevenir los acontecimientos y anticiparse a los hechos, viendo siempre más lejos y mejor que sus compañeros. Con estas grandes cualidades cardinales, con su capacidad de aglutinar, de unir, oponiéndose a la división que debilita; su capacidad de dirigir a la cabeza de todos la acción del pueblo; su amor infinito por él, su fe en el futuro y su capacidad de preverlo, Fidel Castro hizo más que nadie en Cuba para construir de la nada el aparato hoy formidable de la Revolución cubana.

Sin embargo, nadie podría afirmar que en Cuba había condiciones político-sociales totalmente diferentes a las de otros países de América

Latina y que, precisamente por esa diferencia, se hizo la Revolución. Tampoco se podría afirmar por el contrario, que, a pesar de esa diferencia Fidel Castro hizo la Revolución. Fidel, grande y hábil conductor, dirigió la Revolución en Cuba, en el momento y en la forma en que lo hizo, interpretando las profundas conmociones políticas que preparaban al pueblo para el gran salto hacia los caminos revolucionarios. También existieron ciertas condiciones, que no eran tampoco específicas de Cuba, pero que difícilmente serán aprovechables de nuevo por otros pueblos, porque el imperialismo, al contrario de algunos grupos progresistas, sí aprende con sus errores.

La condición que pudiéramos calificar de excepción, es que el imperialismo norteamericano estaba desorientado y nunca pudo aquilatar los alcances verdaderos de la Revolución cubana. Hay algo en esto que explica muchas de las aparentes contradicciones del llamado cuarto poder norteamericano. Los monopolios, como es habitual en estos casos, comenzaban a pensar en un sucesor de Batista, precisamente porque sabían que el pueblo no estaba conforme y que también lo buscaba, pero por caminos revolucionarios. ¿Qué golpe más inteligente y más hábil que quitar al dictadorzuelo inservible y poner en su lugar a los nuevos "muchachos" que podrían, en su día, servir altamente a los intereses del imperialismo? Jugó algún tiempo el imperio sobre esta carta su baraja continental y perdió lastimosamente. Antes del triunfo, sospechaban de nosotros, pero no nos temían; más bien apostaban a dos barajas, con la experiencia que tienen para este juego donde habitualmente no se pierde. Emisarios del Departamento de Estado, fueron varias veces, disfrazados de periodistas, a calar la revolución montuna, pero no pudieron extraer de ella el síntoma del peligro inminente. Cuando quiso reaccionar el imperialismo, cuando se dio cuenta que el grupo de jóvenes inexpertos que paseaban en triunfo por las calles de La Habana, tenía una amplia conciencia de su deber político y una férrea decisión de cumplir con ese deber, ya era tarde. Y así, amanecía, en enero de 1959, la primera revolución social de toda esta zona caribeña y la más profunda de las revoluciones americanas.

No creemos que se pueda considerar excepcional el hecho de que la burguesía, o, por lo menos, una buena parte de ella, se mostrara favorable a la guerra revolucionaria contra la tiranía, al mismo tiempo que apoyaba y promovía los movimientos tendientes a buscar soluciones negociadas que les permitieran sustituir el gobierno de Batista por elementos dispuestos a frenar la Revolución.

Teniendo en cuenta las condiciones en que se libró la guerra revolucionaria y la complejidad de las tendencias políticas que se oponían a la tiranía, tampoco resulta excepcional el hecho de que algunos elementos latifundistas adoptaran una actitud neutral o, al menos, no beligerante hacia las fuerzas insurreccionales.

Es comprensible que la burguesía nacional, acogotada por el imperialismo y por la tiranía, cuyas tropas caían a saco sobre la pequeña propiedad y hacían del cohecho un medio diario de vida, viera con cierta simpatía que estos jóvenes rebeldes de las montañas castigaran al brazo armado del imperialismo, que era el ejército mercenario.

Así, fuerzas no revolucionarias ayudaron de hecho a facilitar el camino del advenimiento del poder revolucionario.

Extremando las cosas, podemos agregar un nuevo factor de excepcionalidad, y es que, en la mayoría de los lugares de Cuba, el campesino se había proletarizado por las exigencias del gran cultivo capitalista semimecanizado y había entrado en una etapa organizativa que le daba una mayor conciencia de clase. Podemos admitirlo. Pero debemos apuntar, en honor a la verdad, que sobre el territorio primario de nuestro Ejército Rebelde, constituido por los sobrevivientes de la derrotada columna que hace el viaje del *Granma*, se asienta precisamente un campesinado de raíces sociales y culturales diferentes a las que pueden encontrarse en los parajes del gran cultivo semimecanizado cubano. En efecto, la Sierra Maestra, escenario de la primera columna revolucionaria, es un lugar donde se refugian todos los campesinos que, luchando a brazo partido contra el latifundio, van allí a buscar un nuevo pedazo de tierra que arrebatan al Estado o a algún voraz propietario latifundista para crear su pequeña riqueza. Deben estar en continua lucha contra las exacciones de los soldados, aliados siempre del poder latifundista, y su horizonte se cierra en el título de propiedad. Concretamente, el soldado que integraba nuestro primer ejército guerrillero de tipo campesino, sale de la parte de esta clase social que demuestra más agresivamente su amor por la tierra y su posesión, es decir, que demuestra más perfectamente lo que puede catalogarse como espíritu pequeñoburgués; el campesino lucha porque quiere tierra; para él, para sus hijos, para manejarla, para venderla y enriquecerse a través del trabajo.

A pesar de su espíritu pequeñoburgués, el campesino aprende pronto que no puede satisfacerse su afán de posesión de la tierra, sin romper el sistema de la propiedad latifundista. La reforma agraria radical, que es la única que puede dar la tierra al campesino, choca con los intereses directos de los imperialistas, latifundistas y de los magnates azucareros y ganaderos. La burguesía teme chocar con esos intereses. El proletariado no teme chocar con ellos. De este modo, la marcha misma de la Revolución une a los obreros y a los campesinos. Los obreros sostienen la reivindicación contra el latifundio. El campesino pobre, beneficiado con la propiedad de la tierra, sostiene lealmente al poder revolucionario y lo defiende frente a los enemigos imperialistas y contrarrevolucionarios.

Creemos que no se puede alegar más factores de excepcionalismo. Hemos sido generosos en extremarlos, veremos ahora, cuáles son las raíces permanentes de todos los fenómenos sociales de América Latina, las contradicciones que, madurando en el seno de las sociedades actuales, provocan cambios que pueden adquirir la magnitud de una revolución como la cubana.

En orden cronológico, aunque no de importancia en estos momentos, figura el latifundio; el latifundio fue la base del poder económico de la clase dominante durante todo el período que sucedió a la gran revolución libertadora del anticolonialismo del siglo pasado. Pero esta clase social latifundista, que existe en todos los países, está por regla general a la zaga de los acontecimientos sociales que conmueven al mundo. En alguna parte, sin embargo, lo más alerta y esclarecido de esa clase latifundista advierte el peligro y va cambiando el tipo de inversión de sus capitales, avanzando a veces para efectuar cultivos mecanizados de tipo agrícola, trasladando una parte de sus intereses a algunas industrias o convirtiéndose en agentes comerciales del monopolio. En todo caso, la primera revolución libertadora no llegó nunca a destruir las bases latifundistas, que actuando siempre en forma reaccionaria, mantienen el principio de servidumbre sobre la tierra. Este es el fenómeno que asoma sin excepciones en todos los países de América Latina y que ha sido substrato de todas las injusticias cometidas, desde la época en que el rey de España concediera a los muy nobles conquistadores las grandes mercedes territoriales, dejando, en el caso cubano, para los nativos, criollos y mestizos, solamente los realengos, es decir, la superficie que separa tres mercedes circulares que se tocan entre sí.

El latifundista comprendió, en la mayoría de los países, que no podía sobrevivir solo, y rápidamente entró en alianza con los monopolios, vale decir con el más fuerte y fiero opresor de los pueblos americanos. Los capitales norteamericanos llegaron a fecundar las tierras vírgenes, para, llevarse después, insensiblemente, todas las divisas que antes, generosamente, habían regalado, más otras partidas que constituyen varias veces la suma originalmente invertida en el país "beneficiado".

América Latina fue campo de la lucha interimperialista y las "guerras" entre Costa Rica y Nicaragua; la segregación de Panamá; la infamia cometida contra Ecuador en su disputa contra Perú; la lucha entre Paraguay y Bolivia; no son sino expresiones de esta batalla gigantesca entre los grandes consorcios monopolistas del mundo, batalla decidida casi completamente a favor de los monopolios norteamericanos después de la Segunda Guerra Mundial. De ahí en adelante el imperio se ha dedicado a perfeccionar su posesión colonial y a estructurar lo mejor posible todo el andamiaje para evitar que penetren los viejos o nuevos competidores de otros países imperialistas. Todo esto da por resultado una economía monstruosamente distorsionada, que ha sido descrita por los economistas pudorosos del régimen imperial con una frase inocua, demostrativa de la profunda piedad que nos tienen a nosotros, los seres inferiores (llaman "inditos" a nuestros indios explotados miserablemente, vejados y reducidos a la ignominia, llaman "de color" a todos los hombres de raza negra o mulata preteridos, discriminados, instrumentos, como persona y como idea de clase, para dividir a las masas obreras en su lucha por mejores destinos económicos); a nosotros, pueblos de América Latina, se nos llama con otro nombre pudoroso y suave: "subdesarrollados".

¿Qué es subdesarrollo?

Un enano de cabeza enorme y tórax henchido es "subdesarrollado" en cuanto a sus débiles piernas o sus cortos brazos no articulan con el resto de su anatomía; es el producto de un fenómeno teratológico que ha distorsionado su desarrollo. Eso es lo que en realidad somos nosotros, los suavemente llamados "subdesarrollados", en verdad países coloniales, semicoloniales o dependientes. Somos países de economía distorsionada por la acción imperial, que ha desarrollado anormalmente las ramas industriales o agrícolas necesarias para complementar su compleja economía. El "subdesarrollo", o el desarrollo distorsionado, conlleva peligrosas especializaciones en materias primas, que mantienen en la amenaza del hambre a todos nuestros pueblos. Nosotros, los "subdesarrollados", somos también los del monocultivo, los del monoproducto, los del monomercado. Un producto único cuya incierta venta depende de un mercado único que impone y fija condiciones, he aquí la gran fórmula de la dominación económica imperial, que se agrega a la vieja y eternamente joven divisa romana, divide e impera.

El latifundio, pues, a través de sus conexiones con el imperialismo, plasma, completamente el llamado "subdesarrollo" que da por resultado los bajos salarios y el desempleo. Este fenómeno de bajos salarios y desempleo es un círculo vicioso que da cada vez más bajos salarios y cada vez más desempleo, según se agudizan las grandes contradicciones del sistema y, constantemente a merced de las variaciones cíclicas de su economía, crean lo que es el denominador común de los pueblos de América

Latina, desde el río Bravo al Polo Sur. Ese denominador común, que pondremos con mayúscula y que sirve de base de análisis para todos los que piensan en estos fenómenos sociales, se llama Hambre del Pueblo, cansancio de estar oprimido, vejado, explotado al máximo, cansancio de vender día a día miserablemente la fuerza de trabajo (ante el miedo de engrosar la enorme masa de desempleados), para que se exprima de cada cuerpo humano el máximo de utilidades, derrochadas luego en las orgías de los dueños del capital.

Vemos, pues, cómo hay grandes e inesquivables denominadores comunes de América Latina, y cómo no podemos nosotros decir que hemos estado exentos de ninguno de estos entes ligados que desembocan en el más terrible y permanente: Hambre del Pueblo. El latifundio, ya como forma de explotación primitiva, ya como expresión de monopolio capitalista de la tierra, se conforma a las nuevas condiciones y se alía al imperialismo, forma de explotación del capital financiero y monopolista más allá de las fronteras nacionales, para crear el colonialismo económico, eufemísticamente llamado "subdesarrollo", que da por resultado el bajo salario, el subempleo, el desempleo; el Hambre de los Pueblos. Todo existía en Cuba. Aquí también había hambre, aquí había una de las cifras porcentuales de desempleo más alta de América Latina, aquí el imperialismo era más feroz que en muchos de los países de América Latina y aquí el latifundio existía con tanta fuerza como en cualquier país hermano.

¿Qué hicimos nosotros para liberarnos del gran fenómeno del imperialismo con su secuela de gobernantes títeres en cada país y sus ejércitos mercenarios, dispuestos a defender a ese títere y a todo el complejo sistema social de la explotación del hombre por el hombre? Aplicamos algunas fórmulas que ya otras veces hemos dado como descubrimiento de nuestra medicina empírica para los grandes males de nuestra querida América Latina, medicina empírica que rápidamente se enmarcó dentro de las explicaciones de la verdad científica.

Las condiciones objetivas para la lucha están dadas por el Hambre del Pueblo, la reacción frente a esa hambre, el temor desatado para aplazar la reacción popular y la ola de odio que la represión crea. Faltaron en América Latina condiciones subjetivas de las cuales la más importante es la conciencia de la posibilidad de la victoria por la vía violenta frente a los poderes imperiales y sus aliados internos. Esas condiciones se crean mediante la lucha armada que va haciendo más clara la necesidad del cambio (y permite preverlo) y de la derrota del ejército por las fuerzas populares y su posterior aniquilamiento (*como condición imprescindible a toda revolución verdadera*).

Apuntando ya que las condiciones se completan mediante el ejercicio de la lucha armada, tenemos que explicar una vez más que el escenario de esa lucha debe ser el campo, y que, desde el campo, con un ejército campesino que persigue los grandes objetivos por los que debe luchar el campesinado (el primero de los cuales es la justa distribución de la tierra), tomará las ciudades. Sobre la base ideológica de la clase obrera, cuyos grandes pensadores descubrieron las leyes sociales que nos rigen, la clase campesina de América Latina dará el gran ejército libertador del futuro, como lo dio ya en Cuba. Ese ejército creado en el campo, en el cual van madurando las condiciones subjetivas para la toma del poder, que va conquistando las ciudades desde afuera, uniéndose a la clase obrera y aumentando el caudal ideológico con esos nuevos aportes, puede y debe derrotar al ejército opresor en escaramuzas, combates, sorpresas, al principio; en grandes batallas al final, cuando haya crecido hasta dejar su minúscula situación de guerrilla para alcanzar la de un gran ejército popular de liberación. Etapa de la consolidación del poder revolucionario será la liquidación del antiguo ejército, como apuntáramos arriba.

Si todas estas condiciones que se han dado en Cuba se pretendieran aplicar en los demás países de América Latina, en otras luchas por conquistar el poder para las clases desposeídas, ¿qué pasaría? ¿sería factible o no? Si es factible, ¿sería más fácil o más difícil que en Cuba? Vamos a exponer las dificultades que a nuestro parecer harán más duras las nuevas luchas revolucionarias de América Latina; hay dificultades generales para todos los países y dificultades más específicas para algunos cuyo grado de desarrollo o peculiaridades nacionales los diferencian de otros. Habíamos apuntado, al principio de este trabajo, que se podían considerar como factores de excepción la actitud del imperialismo, desorientado frente a la Revolución cubana y, hasta cierto punto, la actitud de la misma clase burguesa nacional, también desorientada, incluso mirando con cierta simpatía la acción de los rebeldes debido a la presión del imperio sobre sus intereses (situación esta última que es, por lo demás, general a todos nuestros países). Cuba ha hecho de nuevo la raya en la arena y se vuelve al dilema de Pizarro; de un lado, están los que quieren al pueblo, y del otro están los que lo odian y entre ellos, cada vez más determinada, la raya que divide indefectiblemente a las dos grandes fuerzas sociales: la burguesía y la clase trabajadora, que cada vez están definiendo con más claridad sus respectivas posiciones a medida que avanza el proceso de la Revolución cubana.

Esto quiere decir que el imperialismo ha aprendido a fondo la lección de Cuba, y que no volverá a ser tomado por sorpresa en ninguna de nuestras veinte repúblicas, en ninguna de las colonias que todavía existen, en ninguna parte de América Latina. Quiere decir esto que grandes luchas populares contra poderosos ejércitos de invasión aguardan a los que pretendan ahora violar la paz de los sepulcros, la paz romana. Importante, porque, si dura fue la guerra de liberación cubana con sus dos años de continuo combate, zozobra e inestabilidad, infinitamente más duras serán las nuevas batallas que esperan al pueblo en otros lugares de América Latina.

Los Estados Unidos apresuran la entrega de armas a los gobiernos títeres que ve más amenazados; los hace firmar pactos de dependencia, para hacer jurídicamente más fácil el envío de instrumentos de represión y de matanza y tropas encargadas de ello. Además, aumenta la preparación militar de los cuadros en los ejércitos represivos, con la intención de que sirvan de punta de lanza eficiente contra el pueblo.

¿Y la burguesía? se preguntará. Porque en muchos países de América Latina existen contradicciones objetivas entre las burguesías nacionales que luchan por desarrollarse y el imperialismo que inunda los mercados con sus artículos para derrotar en desigual pelea al industrial nacional, así como otras formas o manifestaciones de lucha por la plusvalía y la riqueza.

No obstante estas contradicciones las burguesías nacionales no son capaces, por lo general, de mantener una actitud consecuente de lucha frente al imperialismo.

Demuestra que temen más a la revolución popular, que a los sufrimientos bajo la opresión y el dominio despótico del imperialismo que aplasta a la nacionalidad, afrenta el sentimiento patriótico y coloniza la economía.

La gran burguesía se enfrenta abiertamente a la revolución y no vacila en aliarse al imperialismo y al latifundismo para combatir al pueblo y cerrarle el camino a la Revolución.

Un imperialismo desesperado e histérico, decidido a emprender toda clase de maniobra y a dar armas y hasta tropas a sus títeres para aniquilar a cualquier pueblo que se levante; un latifundismo feroz, inescrupuloso y experimentado en las formas más brutales de represión y una gran burguesía dispuesta a cerrar, por cualquier medio, los caminos a la revolución popular, son las grandes fuerzas aliadas que se oponen directamente a las nuevas revoluciones populares de la América Latina.

Tales son las dificultades que hay que agregar a todas las provenientes de luchas de este tipo en las nuevas condiciones de América Latina, después de consolidado el fenómeno irreversible de la Revolución cubana.

Hay otras más específicas. Los países que, aún sin poder hablar de una efectiva industrialización, han desarrollado su industria media y ligera o, simplemente, han sufrido procesos de concentración de su población en grandes centros, encuentran más difícil preparar guerrillas. Además la influencia ideológica de los centros poblados inhibe la lucha guerrillera y da vuelo a luchas de masas organizadas pacíficamente.

Esto último da origen a cierta "institucionalidad", a que en períodos más o menos "normales", las condiciones sean menos duras que el trato habitual que se da al pueblo.

Llega a concebirse incluso la idea de posibles aumentos cuantitativos en las bancas congresionales de los elementos revolucionarios hasta un extremo que permita un día un cambio cualitativo.

Esta esperanza, según creemos, es muy difícil que llegue a realizarse, en las condiciones actuales, en cualquier país de América Latina. Aunque no esté excluida la posibilidad de que el cambio en cualquier país se inicie por vía electoral, las condiciones prevalecientes en ellos hacen muy remota esa posibilidad.

Los revolucionarios no pueden prever de antemano todas las variantes tácticas que pueden presentarse en el curso de la lucha por su programa liberador. La real capacidad de un revolucionario se mide por el saber encontrar tácticas revolucionarias adecuadas en cada cambio de la situación, en tener presente todas las tácticas y en explotarlas al máximo. Sería error imperdonable desestimar el provecho que puede obtener el programa revolucionario de un proceso electoral dado; del mismo modo que sería imperdonable limitarse tan solo a lo electoral y no ver los otros medios de lucha, incluso la lucha armada, para obtener el poder, que es el instrumento indispensable para aplicar y desarrollar el programa revolucionario, pues si no se alcanza el poder, todas las demás conquistas son inestables, insuficientes, incapaces de dar las soluciones que se necesitan, por más avanzadas que puedan parecer.

Y cuando se habla de poder por vía electoral nuestra pregunta es siempre la misma: si un movimiento popular ocupa el gobierno de un país por amplia votación popular y resuelve, consecuentemente, iniciar las grandes transformaciones sociales que constituyen el programa por el cual triunfó, ¿no entraría en conflicto inmediatamente con las clases reaccionarias de ese país?, ¿no ha sido siempre el ejército el instrumento de opresión de esa clase? Si es así, es lógico razonar que ese ejército tomará partido por su clase y entrará en conflicto con el gobierno constituido. Puede ser derribado ese gobierno mediante un golpe de estado más o menos incruento y volver a empezar el juego de nunca acabar; puede a su vez, el ejército opresor ser derrotado mediante la acción popular armada en apoyo a su gobierno; lo que nos parece difícil es que las fuerzas armadas acepten de buen grado reformas sociales profundas y se resignen mansamente a su liquidación como casta.

En cuanto a lo que antes nos referimos de las grandes concentraciones urbanas, nuestro modesto parecer es que, aun en estos casos, en condiciones de atraso económico, puede resultar aconsejable desarrollar la lucha fuera de los límites de la ciudad, con características de larga duración. Más explícitamente, la presencia de un foco guerrillero en una montaña cualquiera, en un país con populosas ciudades, mantiene perenne el foco de rebelión, pues es muy difícil que los poderes represivos puedan rápidamente, y aun en el curso de años, liquidar guerrillas con bases sociales asentadas en un terreno favorable a la lucha guerrillera donde existan gentes que empleen consecuentemente la táctica y la estrategia de este tipo de guerra.

Es muy diferente lo que ocurriría en las ciudades; puede allí desarrollarse hasta extremos insospechados la lucha armada contra el ejército represivo pero, esa lucha se hará frontal solamente cuando haya un ejército poderoso que lucha contra otro ejército; no se puede entablar una lucha frontal contra un ejército poderoso y bien armado cuando solo se cuenta con un pequeño grupo.

La lucha frontal se haría, entonces con muchas armas y, surge la pregunta: ¿dónde están las armas? Las armas no existen de por sí, hay que tomárselas al enemigo; pero, para tomárselas a ese enemigo hay que luchar, y no se puede luchar de frente. Luego, la lucha en las grandes ciudades debe iniciarse por un procedimiento clandestino para captar los grupos militares o para ir tomando armas, una a una en sucesivos golpes de mano.

En este segundo caso se puede avanzar mucho y no nos atreveríamos a afirmar que estuviera negado el éxito a una rebelión popular con base guerrillera dentro de la ciudad. Nadie puede objetar teóricamente esta idea, por lo menos no es nuestra intención, pero sí debemos anotar lo fácil que sería mediante alguna delación, o, simplemente, por exploraciones sucesivas, eliminar a los jefes de la Revolución. En cambio, aun considerando que efectúen todas las maniobras concebibles en la ciudad, que se recurra al sabotaje organizado y, sobre todo, a una forma particularmente eficaz de la guerrilla que es la guerrilla suburbana, pero manteniendo el núcleo en terrenos favorables para la lucha guerrillera, si el poder opresor derrota a todas las fuerzas populares de la ciudad y las aniquila, el poder político revolucionario permanece incólume, porque está relativamente a salvo de las contingencias de la guerra. Siempre considerando que *está relativamente a salvo, pero no fuera de la guerra, ni la dirige desde otro país o desde lugares distantes; está dentro de su pueblo, luchando.* Esas son las consideraciones que nos hacen pensar que, aun analizando países en que el predominio urbano es muy grande, el foco central político de la lucha puede desarrollarse en el campo.

Volviendo al caso de contar con células militares que ayuden a dar el golpe y suministren las armas, hay dos problemas que analizar: primero, si esos militares realmente se unen a las fuerzas populares para el golpe, considerándose ellos mismos como núcleo organizado y capaz de autodecisión; en ese caso será un golpe de una parte del ejército contra otra y permanecerá, muy probablemente, incólume la estructura de casta en el ejército. El otro caso, el de que los ejércitos se unieran rápida y espontáneamente a las fuerzas populares, en nuestro concepto, solamente se puede producir después que aquellos hayan sido batidos violentamente por un enemigo poderoso y persistente, es decir, en condiciones de catástrofe para el poder constituido. En condiciones de un ejército derrotado, destruida la moral, puede ocurrir este fenómeno, pero para que ocurra es necesaria la lucha y siempre volvemos al punto primero, ¿cómo realizar esa lucha? La respuesta nos llevará al desarrollo de la lucha guerrillera en terrenos favorables, apoyada por la lucha en las ciudades y contando siempre con la más amplia participación posible de las masas obreras y, naturalmente, guiados por la ideología de esa clase.

Hemos analizado suficientemente las dificultades con que tropezarán los movimientos revolucionarios de América Latina, ahora cabe preguntarse si hay o no algunas facilidades con respecto a la etapa anterior, la de Fidel Castro en la Sierra Maestra.

Creemos que también aquí hay condiciones generales que faciliten el estallido de brotes de rebeldía y condiciones específicas de algunos países que las facilitan aún más. Debemos apuntar dos razones subjetivas como las consecuencias más importantes de la Revolución cubana: la primera es la posibilidad del triunfo, pues ahora se sabe perfectamente la capacidad de coronar con el éxito una empresa como la acometida por aquel grupo de ilusos expedicionarios del *Granma* en su lucha de dos años en la Sierra Maestra; eso indica inmediatamente que se puede hacer un movimiento revolucionario que actúe desde el campo, que se ligue a las masas campesinas, que crezca de menor a mayor, que destruya al ejército en lucha frontal, que tome las ciudades desde el campo, que vaya incrementando, con su lucha, las condiciones subjetivas necesarias, para tomar el poder.

La importancia que tiene este hecho, se ve por la cantidad de excepcionalistas que han surgido en estos momentos. Los excepcionalistas son los seres especiales que encuentran que la Revolución cubana es un acontecimiento único e inimitable en el mundo, conducido por un hombre que tiene o no fallas, según que el excepcionalista sea de derecha o de izquierda, pero que, evidentemente, ha llevado a la Revolución por unos senderos que se abrieron única y exclusivamente para que por ellos caminara la Revolución cubana. Falso de toda falsedad, decimos nosotros; la posibilidad de triunfo de las masas populares de América Latina está claramente expresada por el camino de la lucha guerrillera, basada en el ejército campesino, en la alianza de los obreros con los campesinos, en la derrota del ejército en lucha frontal, en la toma de la ciudad desde el campo, en la disolución del ejército como primera etapa de la ruptura total de la superestructura del mundo colonialista anterior.

Podemos apuntar, como segundo factor subjetivo, que las masas no solo saben las posibilidades de triunfo; ya conocen su destino. Saben cada vez con mayor certeza que, cualquiera que sean las tribulaciones de la historia durante períodos cortos, el porvenir es del pueblo, porque el porvenir es de la justicia social. Esto ayudará a levantar el fermento revolucionario aún a mayores alturas que las alcanzadas actualmente en Latinoamérica.

Podríamos anotar algunas consideraciones no tan genéricas y que no se dan con la misma intensidad en todos los países. Una de ellas, sumamente importante, es que hay más explotación campesina en general, en todos los países de América Latina, que la que hubo en Cuba. Recuérdese, para los que pretenden ver en el período insurreccional de nuestra lucha el papel de la proletarización del campo, que, en nuestro concepto, la proletarización del campo sirvió para acelerar profundamente la etapa de cooperativización en el paso siguiente a la toma del poder y la Reforma Agraria, pero que, en la lucha primera, el campesino, centro y médula del Ejército Rebelde, es el mismo que está hoy en la Sierra Maestra, orgullosamente dueño de su parcela e intransigentemente individualista. Claro que en América Latina hay particularidades; un campesino argentino no tiene la misma mentalidad que un campesino comunal del Perú, Bolivia o Ecuador, pero el hambre de tierra está permanentemente presente en los campesinos y el campesinado da la tónica general de América Latina, y como, en general, está más explotado aún de lo que lo había sido en Cuba, aumentan las posibilidades de que esta clase se levante en armas.

Además, hay otro hecho. El ejército de Batista, con todos sus enormes defectos, era un ejército estructurado de tal forma que todos eran cómplices desde el último soldado al general más encumbrado, en la explotación del pueblo. Eran ejércitos mercenarios completos, y esto le daba una cierta cohesión al aparato represivo. Los ejércitos de América Latina, en su gran mayoría, cuentan con una oficialidad profesional y con reclutamientos periódicos. Cada año, los jóvenes que abandonan su hogar escuchando los relatos de los sufrimientos diarios de sus padres, viéndolos con sus propios ojos, palpando la miseria y la injusticia social, son reclutados. Si un día son enviados como carne de cañón para luchar contra los defensores de una doctrina que ellos sienten como justa en su carne, su capacidad agresiva estará profundamente afectada y con sistemas de divulgación adecuados, haciendo ver a los reclutas la justicia de la lucha, el porqué de la lucha, se lograrán resultados magníficos.

Podemos decir, después de este somero estudio del hecho revolucionario, que la Revolución cubana ha contado con factores excepcionales que le dan su peculiaridad y factores comunes a todos los pueblos de América Latina que expresan la necesidad interior de esta Revolución. Y vemos también que hay nuevas condiciones que harán más fácil el estallido de los movimientos revolucionarios, al dar a las masas la conciencia de su destino; la conciencia de la necesidad y la certeza de la posibilidad; y que, al mismo tiempo, hay condiciones que dificultarán el que las masas en armas puedan rápidamente lograr su objetivo de tomar el poder. Tales son la alianza estrecha del imperialismo con todas las burguesías americanas, para luchar a brazo partido contra la fuerza popular. Días negros esperan a América Latina y las últimas declaraciones de los gobernantes de los Estados Unidos, parecen indicar que días negros esperan al mundo: Lumumba, salvajemente asesinado, en la grandeza de su martirio muestra la enseñanza de los trágicos errores que no se deben cometer. Una vez iniciada la lucha antimperialista, es indispensable ser consecuente y se debe dar duro, donde duela, constantemente y nunca dar un paso atrás; siempre adelante, siempre contragolpeando, siempre respondiendo a cada agresión con una más fuerte presión de las masas populares. Es la forma de triunfar. Analizaremos en otra oportunidad, si la Revolución cubana después de la toma del poder, caminó por estas nuevas vías revolucionarias con factores de excepcionalidad o si también aquí, aun respetando ciertas características especiales, hubo fundamentalmente un camino lógico derivado de leyes inmanentes a los procesos sociales.

Una actitud nueva frente al trabajo

(21 de agosto de 1962)

Este discurso fue pronunciado en un acto en La Habana, organizado por la Central de Trabajadores de Cuba (CTC), con trabajadores de cuatro fábricas que habían sobrecumplido sus cuotas de producción. En este acto también habló Lázaro Peña, secretario general de la CTC.

Compañero Encargado de Negocios de la hermana República Democrática Alemana;
Compañeros todos:

Este acto tiene una doble significación, que ya apuntara el compañero Lázaro, de rendir tributo de agradecimiento a todos los trabajadores de la República Democrática Alemana, que materializan su amistad a través del mar acortando las distancias y nos estrechan su mano fraterna, ayudándonos en esta etapa de la construcción del socialismo con una de nuestras armas más queridas, como son las herramientas de trabajo.

La otra significación es la de celebrar, todos reunidos, el que un grupo de fábricas de nuestro Ministerio, en las difíciles condiciones creadas por el bloqueo imperialista, haya podido, sin embargo, romper sus metas de producción.

Estas fábricas pertenecen a empresas distintas, pero todas están estrechamente ligadas por el consumo del pueblo: los dos molinos harineros, que pertenecen a la Empresa Consolidada de la Harina, una de las fábricas de la Empresa Consolidada de la Goma y la fábrica de hielo, que pertenece a la Empresa Consolidada de Cervezas y Maltas.

Desgraciadamente, por las condiciones actuales, no han sido las otras fábricas de la Empresa de Cervezas y Maltas, las productoras de cervezas, las que hayan podido romper muchas metas: hemos tenido que reducir mucho la producción, porque toda la materia prima es importada.

Esa es, en general, la tragedia de nuestra industria, creada en condiciones semicoloniales, dependiendo para su abastecimiento del extranjero. En esas condiciones hemos tenido que desarrollar simultáneamente técnicas nuevas para adaptarlas a las materias primas distintas que venían de los países socialistas; técnicas nuevas también para ahorrar más material, para encontrar, en algunos casos, materias primas cubanas; insistir lo más posible sobre el ahorro de las materias primas y la importancia que tiene para nuestro desarrollo; y tratar de elevar todos juntos nuestra conciencia revolucionaria, para hacer del trabajo el centro de todos nuestros afanes en la dura lucha por la construcción del socialismo.

En esta tarea la emulación tiene un papel preponderante. Y estos compañeros, emulando a veces entre fábricas, otras veces entre sindicatos o entre empresas, han ido rompiendo una a una distintas metas.

Hace unos días festejábamos en el Molino "Echeverría" de La Habana, el que se produjera el saco cien mil en el mes; y pocas horas antes sus contrincantes, los del Molino Harinero "Frank País" de Santiago, habían roto su marca de cincuenta mil sacos. En esta forma, la emulación, convirtiéndose en algo así como una disputa colectiva donde interviene la conciencia de los trabajadores para armonizarla y hacerla como una competencia deportiva, va poco a poco interesando a las masas en el trabajo. Esta reunión es la muestra de los avances que hemos logrado.

Sin embargo, como toda reunión seria de revolucionarios en esta época, también cabe hacer una autocrítica sobre los sistemas y métodos empleados hasta ahora para hacer de la emulación un verdadero aparato movilizador de las masas.

Todos ustedes, compañeros obreros, saben que hemos trabajado desde hace tiempo en la emulación; que presentamos algunas bases al último Congreso, en el Congreso obrero [Central de Trabajadores de Cuba] del mes de noviembre del año pasado. Sin embargo, no pudimos separarnos de cierto espíritu formal y burocrático, y actualmente es tarea realmente de especialistas de alto vuelo el poder descifrar, a través de todas las tablas de la emulación, quién es el ganador o quién va delante de la competencia.

Convertimos la emulación en una competencia formal, la alejamos del centro lógico donde debíamos haber apoyado su fuerza, que es en las masas. Pero los trabajadores, conscientes de su importancia, llenos de entusiasmo revolucionario, rompieron las barreras formales y empezaron a emular por su cuenta en distintas unidades de producción. Nosotros tenemos que recoger la experiencia de nuestros errores y discutir constantemente con las masas, discutir de tal forma que esta tarea de la emulación sea una tarea realmente colectiva; que no triunfen en la emulación solamente aquellos que logren alcanzar sus metas, o romperlas —como en algunos casos se han roto—, sino que triunfen aquellos que rompen metas porque las doblan, o porque las triplican, porque alcanzan resultados verdaderamente fabulosos. Y que nadie pueda ganar una emulación en el futuro por el solo hecho de llegar a la meta.

Es decir, que toda la masa de los trabajadores de cada fábrica esté consciente de que este trabajo de la emulación es algo más que una competencia en un determinado momento, y que es una parte vital del trabajo de la nación; que todos estén interesados en la emulación; que todos los trabajadores comprendan bien la importancia que tiene el resultado de la emulación que es producir más y mejor, aumentar la producción, aumentar la productividad y aumentar la calidad de los productos, ahorrar el consumo de todas las materias primas. Y que de todas esas verdades elementales se puedan hacer sistemas; que está bien que organicemos en sentido nacional para poder establecer los ganadores absolutos después de cuentas complicadas, pero que todos ustedes emulen a todos los niveles; de taller en taller, de departamento a departamento, de fábrica a fábrica, de empresa a empresa, de organismo a organismo, y que la emulación sea parte de la discusión cotidiana del trabajador en sus horas libres. Ese sería el real triunfo de la emulación.

Y es muy importante, porque estamos en una etapa dura de la Revolución. Es la etapa de la construcción del Socialismo, en las condiciones de bloqueo imperialista, a ciento cincuenta kilómetros de las costas norteamericanas; rodeados por el enemigo día y noche; vigilados, espiados por sus aviones que violan nuestro territorio; que lanzan espías desde la Base de Guantánamo; hollado nuestro territorio nacional por la mancha de Guantánamo; amenazados constantemente por una invasión que puede significar la guerra más cruel de toda la historia de la humanidad; sintiéndonos en cierta manera vanguardia del proletariado del mundo, en un amplio frente de lucha donde hay muchos puestos de vanguardia, pero teniendo ese orgullo de defender aquí lo más preciado del hombre: su derecho a desarrollarse libremente, su derecho a construir una sociedad nueva en nuevas condiciones, donde no haya explotadores ni explotados. Y para todo esto, mientras la agresión imperialista no se materialice, mientras quede solo la amenaza, mientras no sea necesario tomar el fusil, tomar el arma que la Revolución nos asigne por suerte y, por ayuda de nuestros amigos, cada vez más fuerte y cada vez más capaces de destruir una invasión; mientras ese momento no llegue, el trabajo es el lugar cotidiano de lucha, es el lugar donde nos estamos enfrentando al imperialismo en cada hora de nuestra jornada.

Y ese trabajo debe hacerse lo mejor posible, con el mayor interés; porque la construcción del socialismo está basada en los frutos del trabajo, en la mayor producción, en la mayor productividad. En balde sería que profundizáramos al máximo nuestra conciencia, si no pudiéramos aumentar nuestra producción, si no tuviéramos bienes que repartir al pueblo.

El socialismo es un sistema social que se basa en la distribución equitativa de las riquezas de la sociedad, pero a condición de que esa sociedad tenga riquezas que repartir, que haya máquinas para trabajar, y que esas máquinas tengan materias primas para producir lo necesario para el consumo de nuestra población. Y en la medida que aumentamos esos productos para distribuirlos entre toda la población, vamos caminando en la construcción del socialismo.

Nuevas fábricas tendrán que venir, porque el socialismo se basa en la técnica, el socialismo se asienta en una sociedad desarrollada técnicamente; no puede existir en condiciones feudales, en condiciones pastoriles, se desarrolla sobre la técnica.

El trabajo contribuye, pues, con sus frutos, a dar la producción y, además, el trabajo ejercido día a día, con entusiasmo creador, desarrolla en todos nosotros la conciencia del socialismo; productividad, más producción, conciencia, eso es la síntesis sobre la que se puede formar la sociedad nueva.

Pero, no nos olvidemos que todavía no hemos formado la sociedad nueva, que todavía no se han borrado todos los recuerdos del pasado, los recuerdos de lucha; pero también los vicios de un pasado mezquino, de un pasado que ahogaba al hombre; que las masas obreras que hoy entran a la construcción del socialismo no son puras, porque están constituidas por seres humanos que tienen también en sí toda una serie de malos hábitos heredados de otra época —digo mal tiene, tenemos—, todos tenemos estos malos hábitos heredados de otra época, que pesó sobre nosotros durante muchos años.

Todos hemos sido hijos de ese medio, hemos destruido lo fundamental y lo hemos cambiado, pero no hemos podido destruir en nuestra conciencia con la misma rapidez aquellos malos hábitos. Ni el ejercicio del trabajo social, del trabajo en comunidad, del trabajo donde el trabajo de uno se funde en el de todos contribuye a dar esa nueva conciencia: la del hombre que siente el trabajo como una necesidad moral, y no solamente como la necesidad material para llevar el salario a sus hijos, a sus familiares.

En esta etapa hay toda una serie de medidas que tomar para que se vaya haciendo cada vez más estrecha la ligazón entre las masas y el Gobierno;

para que nos vayamos depurando de los vicios del pasado, y para que vayamos formando un Estado fuerte, rico, con los mejores de sus hijos, que contribuyan con su trabajo en tareas de dirección a caminar más rápidamente este período de tránsito al socialismo y el período siguiente a la sociedad socialista, porque ya debemos pensar —aunque sea como un futuro lejano— en el comunismo, que es la sociedad perfecta, que es la aspiración fundamental de los primeros hombres que supieron ver más allá del tiempo presente y predecir el destino de la humanidad.

Entre esos factores podemos señalar, y señalar como muy importante, el de la disciplina. Al romperse la estructura de la vieja sociedad, el obrero se sintió liberado de una serie de trabas que pesaban sobre él, y muchos compañeros creyeron que alcanzar esta nueva etapa de la sociedad, significaba, automáticamente, estar libres de deberes y adquirir solamente derechos. Eso es, precisamente, el reflejo de la vieja sociedad en la conciencia de hombres que están construyendo una sociedad nueva.

La disciplina, sin embargo, compañeros, es fundamental para el trabajo de construcción. No consideren a la disciplina como una actitud negativa, es decir, como la sumisión a la dirección administrativa. La disciplina debe ser en esta etapa absolutamente dialéctica; disciplina consiste en acatar las decisiones de la mayoría, de acuerdo con el centralismo democrático, en seguir detrás de los grandes lineamientos de un Gobierno que ha sido apoyado por las masas; en discutir en cada nivel los problemas fundamentales del taller, de la fábrica, o de la empresa, para la producción mejor, el discutir colectivamente siempre, el participar los trabajadores, a través de sus organismos, cada vez más en la dirección de la fábrica, en el sentido de tener participación en las discusiones y en las decisiones sobre la producción, y en vigilar constantemente para que el aparato administrativo cumpla también cada una de las reglas disciplinarias que debemos todos nosotros imponernos profundamente.

Nosotros descuidamos la disciplina a todos los niveles; se descuidó, sobre todo, en el terreno económico. Mientras nuestras guerrillas, con la característica interior de guerrilla, de soldado que no conocía de la disciplina formal del cuartel, se iba formando en nuevas unidades que necesitaba una rígida disciplina, porque el mando de los soldados en la batalla debe hacerse así, rígido y automático; el aparato económico marchaba a un ritmo distinto, y la comprensión de los compañeros trabajadores de todos los niveles, de estos problemas, no siempre era clara.

Hemos tenido que tomar actitudes drásticas para restablecerlas definitivamente y para establecer el principio de autoridad, de responsabilidad única en la administración estatal.

Precisamente, uno de los directores de las fábricas, un director de empresa de una de las fábricas premiadas hoy, ha sido también hoy sancionado por haber incumplido una recomendación de la Junta Central de Planificación, expresada a través de nuestro Organismo.

Fueron sancionados varios directores de empresas. De todos ellos tenemos el mejor concepto como revolucionarios y como trabajadores y como cumplidores de las tareas administrativas; pero su entusiasmo los llevó a creer que su empresa era lo fundamental y que tenían que asegurar los abastecimientos de la empresa, olvidándose de que la empresa es un minúsculo engranaje dentro del aparato total de la administración y hubo que tomar las medidas drásticas.

Dio la casualidad que aquellos compañeros sancionados son de los mejores trabajadores entre los directores de nuestro Ministerio; es decir, que su entusiasmo revolucionario por hacer producir al máximo su fábrica, los hizo perder la perspectiva y perder, con ella, la disciplina necesaria.

Pero esa disciplina no debe traducirse nada más que a niveles administrativos; esa disciplina debe llevarse al trabajador y en esa tarea todos ustedes, a través de sus organismos de masas y como individuos también, tienen que cooperar con todo entusiasmo.

Nos faltan dos cosas fundamentales, dos pilares sobre los que debe asentarse también la construcción de esta nueva sociedad: el establecimiento de normas de trabajo y de salarios para todas las categorías de los trabajadores en todo el país. Estamos muy atrasados en este trabajo. Hace meses prometimos acabarlo pronto. El primero de mayo, la víspera del primero de mayo anunciamos que empezábamos por la empresa de minería y efectivamente empezamos y hoy, a mediados del mes de agosto, tenemos establecidas las normas de trabajo en una mina y estamos estudiando estas normas en algunas otras.

Esa lentitud no la debemos permitir. El trabajo para implantar las normas y para implantar los salarios, para establecerse los nuevos contratos colectivos, debe ser un trabajo de masas y un trabajo que no sea de masas en cuanto se refleje solamente en la discusión viva cuando llegue al centro de trabajo, sino que debe ser un trabajo de masas en cuanto a que las masas muevan de por sí el trabajo de racionalización de todos los puestos y de fijación de los nuevos salarios.

Esto debe ser una preocupación de todos, preocupación de los sindicatos nacionales, preocupación de los núcleos revolucionarios [del Partido], preocupación del Gobierno entero y preocupación de los trabajadores.

Y esas normas son las que fijan la cantidad y la calidad del producto que cada trabajador debe dar a la sociedad. Cada trabajador en cada puesto de trabajo, debe estar calificado para entregar a la sociedad el fruto de su trabajo en una forma ya establecida en cuanto a cantidad y a calidad.

Recordemos siempre que la calidad no está reñida, de ninguna manera, con estas etapas de construcción del socialismo; recordemos siempre que nuestra obligación de productores, productores de una sociedad que se libera, es la de dar a nuestro pueblo lo mejor que podamos, lo mejor de nuestro esfuerzo, nuestro esfuerzo convertido ya en productos de la mejor terminación y de la mejor calidad.

Pero, naturalmente, la disciplina sola no es el factor que nos va a llevar adelante. Hay muchos. Podemos poner un ejemplo en el día de hoy: la ayuda de los países amigos, cómo los países amigos nos tienden su mano, nos dan su colaboración en forma de asistencia técnica, de consejos, de bienes materiales, de fábricas completas para que nosotros desarrollemos la sociedad.

Lo único que crea nuevos valores es el trabajo humano. Y el trabajo materializado son las grandes fábricas, las grandes máquinas que vamos a poner en nuestro país este cuatrienio y en los próximos períodos de planificación. Sin embargo, si nosotros, con nuestro solo esfuerzo, tuviéramos que hacer las instalaciones gigantescas que proyectamos, tendríamos que recurrir al expediente de sumir a todo el pueblo en la estrechez más grande, para lograr los excedentes necesarios para materializarlos en esas fábricas.

La ayuda de los países amigos nos ahorra una buena parte del sacrificio y, por eso, en este caso nuestro camino se ve simplificado. Sin embargo, el sacrificio también es parte de la construcción de la nueva sociedad.

No se puede aspirar a destruir a una agencia del imperialismo norteamericano, como era toda la burguesía importadora de este país; los latifundistas que veraneaban en Estados Unidos o en Europa, a las mismas compañías norteamericanas; desafiar el poder opresor más fuerte de la tierra en este momento y al mismo tiempo, pretender hacer todo eso sin sacrificio.

Debemos estar dispuestos para los sacrificios relativos que hemos pasado e incluso para nuevos sacrificios, para bloqueos más fuertes, para rechazar quién sabe cuáles intentos del invasor de destruir nuestra sociedad. Debemos mantener siempre en alto nuestra bandera de ser los iniciadores de la construcción de la sociedad socialista en América Latina. Ese es un honor y un ejemplo. Ese es el ejemplo del cual se nutren los países de América Latina.

Cuando llegan los visitantes aquí, o cuando escuchan nuestras verdades a través de "Radio Habana", una nueva conciencia se expande por **América**

Latina. Ya saben las masas oprimidas de todo el Continente, no solamente que es necesario un cambio, que no se puede seguir viviendo en la opresión centenaria en que se ha vivido, haciendo de la injusticia el instrumento de enriquecimiento de unos pocos; esa conciencia que las masas tenían en toda la América Latina: campesinos y obreros maltratados, vejados, asesinados, de toda América Latina, se ha convertido en algo nuevo, en la certeza de la posibilidad del cambio. ¡Y se afilan muchos machetes en América Latina, en toda América Latina!

Cuando tengamos que lamentarnos de los sacrificios, debemos recordar que nuestra responsabilidad trasciende las fronteras de Cuba, de que somos un ejemplo vivo, de que hemos demostrado algo nuevo en América Latina y debemos superar cualquier dificultad.

Bien, compañeros, pero además, para construir la sociedad necesitamos también una técnica superior, una tecnología moderna. Ejemplo de lo que pueda ser esto es la visita de un técnico soviético a los dos molinos harineros que compiten mes a mes rompiendo metas de producción. Este compañero, después de investigar la capacidad instalada de los molinos, descubrió lo que llamamos "cuellos de botellas": los lugares aquellos cuya producción menor detenían toda la producción; recomendó las medidas necesarias para superar estos "cuellos de botellas". Se hicieron, se tomaron las medidas, y hoy, con muy poca inversión —y con el talento y la capacidad de este compañero soviético, y su entusiasmo revolucionario además, porque era un trabajador infatigable—, tenemos nosotros el equivalente casi a otro molino más aquí en Cuba.

Es decir, que los compañeros de la Harina, que reciben el estímulo moral de estar frente al pueblo, siendo reconocidos como trabajadores ejemplares, deben reconocer que una parte de ese triunfo le corresponde a aquel compañero que durante varios meses nos entregó todos los conocimientos técnicos con sin igual entusiasmo. Para alcanzar esta tecnología superior, para derrotar todos los inconvenientes que se crucen en nuestro camino, necesitamos capacitación constante, estudio constante.

Una de las empresas premiadas, una fábrica de esa Empresa —pero toda la Empresa trabajó en la misma forma—, la Empresa de la Goma, se encontró un día apenas nacionalizadas las fábricas, que los técnicos extranjeros y algunos técnicos cubanos se habían marchado. Y solamente mediante el trabajo de los obreros de la Empresa y de un técnico cubano que se enfrentó a todos los problemas allí existentes es que se pudo mantener en marcha aquella fábrica, superar todos los inconvenientes técnicos, adaptar la tecnología a las nuevas materias primas y, en continuos cambios, ir mejorando cada vez más su ritmo de trabajo, ¡hasta estar hoy una de esas fábricas a la cabeza de la producción!

Ni el entusiasmo, ni la disciplina, ni el espíritu de sacrificio, ni el trabajo al máximo, pueden concretarse en una gran obra, si no hay también conocimientos técnicos donde asentarse.

Los conocimientos técnicos, pues, y la capacitación constante para conseguirlos a todos los niveles, debe ser una preocupación diaria también de la clase obrera. ¡No nos olvidemos del Mínimo Técnico, ni de la Superación, ni del Seguimiento! ¡No nos olvidemos que cada partícula de saber que agregamos a nuestros conocimientos va sedimentando y nos permite sentar los cimientos para desarrollar ahí conocimientos efectivos en el futuro! ¡No pensemos en nuestra edad ni en lo relativo de nuestros conocimientos, no analicemos las imposibilidades, sino que analicemos las posibilidades y arrasemos con las imposibilidades! Esa debe ser nuestra consigna, la consigna de toda la clase obrera en este momento.

Es decir, compañeros: el trabajo, punto central de la actividad humana, de la construcción del socialismo, el trabajo, a quien hoy se rinde homenaje indirectamente, está determinado también —en su eficacia— por la actitud que se tenga hacia él.

De nuevo tenemos que encontrarnos con el pasado, el pasado que salta las barreras donde se destruyó la vieja sociedad y sigue en la conciencia de los trabajadores. En este caso, el pasado, que se refleja haciendo que en la conciencia de muchos trabajadores sea esta necesidad de trabajar cotidianamente una necesidad oprimente, una necesidad que tratan de burlar, que burlan considerando que la fábrica es todavía del viejo patrón, es decir, yendo hacia el pasado.

Y nuestra actitud debe ser totalmente diferente. El trabajo debe ser una necesidad moral nuestra, el trabajo debe ser algo al cual vayamos cada mañana, cada tarde, o cada noche, con entusiasmo renovado, con interés renovado. Tenemos que aprender a sacar del trabajo lo que tiene de interesante o lo que tiene de creador, a conocer el más mínimo secreto de la máquina o del proceso en el que nos toca trabajar.

Si no nos gusta ese trabajo, a capacitarnos para poder hacer aquel que nos gusta. Pero tener siempre esa parte de la vida grande, una buena parte de la vida del hombre, como algo dinámico, adherido a sus momentos más felices, y no como una de las partes pesadas de la vida del hombre.

Ese es el gran saldo que se logrará plenamente cuando se llegue a la sociedad comunista. Pero en los procesos sociales, los cambios que parecen bruscos, se producen, sin embargo, en los hombres poco a poco.

En un momento dado parece que hubiera una gran conmoción y que hubiera un cambio único; sin embargo, ese cambio se ha ido gestando día a día y a veces generación a generación, en los hombres. Y nosotros tenemos que empezar hoy a tomar esa nueva actitud ante el trabajo —nueva para algunos, porque ya hay muchos pioneros que la han iniciado—, y cada hombre que se sienta feliz en su trabajo, que se sienta feliz con su tarea de creador, que le inculque, que expela todo su entusiasmo revolucionario, todo su entusiasmo creador hacia los que les rodean, que riegue su conocimiento junto con su entusiasmo, que movilice con su ejemplo, que no se quede en ser solo obrero de mérito, obrero ejemplar, que lleve consigo a todos aquellos capaces de seguirlo, que emule con todo el mundo, que ayude al mismo tiempo, que cristalice su entusiasmo en grupos de trabajadores, que emule con otros trabajadores, que se convierta todo esto en el centro de la sociedad; que se recuerde siempre que el más digno de los trabajadores del país es aquel que pueda ostentar un título de trabajador distinguido en cualquiera de las esferas de la producción.

Si nosotros vamos logrando esto, compañeros, no digamos si lo logramos hoy, mañana o pasado, porque es un proceso y porque al lado de los más revolucionarios están siempre aquellos que todavía no sienten la Revolución como una cosa suya, y aquellos otros que no se resignan a olvidarse del pasado como hasta ahora, y a mayor ritmo que ahora, si todos los días cada uno de nosotros, los que sienten en sí el entusiasmo creador, es capaz de incorporar un compañero o simplemente de interesar primero, para que poco a poco se vaya incorporando al trabajo, caminaremos con las "botas de siete leguas", caminaremos rápidamente hacia la construcción del socialismo, hacia la sociedad socialista. La tarea está planteada.

No debemos solamente dejarlo en planteamientos que queden en el aire, que se recojan en alguna intervención, se analicen, o discutan uno o dos días después. El planteamiento debe ser tomado por las masas como el centro de su acción —permítanme insistir y recalcar sobre esto. La construcción del socialismo está basada en el trabajo de las masas, en la capacidad de las masas, para poder organizarse y dirigir mejor la industria, la agricultura, toda la economía del país, en la capacidad de las masas para superar día a día sus conocimientos; en la capacidad de las masas para ir incorporando a todos los técnicos, a todos los compañeros que se han quedado aquí para trabajar con nosotros en la tarea revolucionaria; en la capacidad de las masas para crear más productos para toda nuestra población; en la capacidad de las masas para ver el futuro, saber verlo cercano como está en este momento —cercano en dimensión de historia, no de la vida de un hombre—, y emprender con todo entusiasmo el camino hacia ese futuro.

Hoy saludamos a algunos cuantos compañeros. Forman, más que la vanguardia, lo que llamábamos nosotros la punta de vanguardia, lo que va más delante de la vanguardia, lo que está en el primer frente, los primeros en afrontar el peligro. Nos han echado un reto, el reto a que todos los alcancemos, el reto a que todos nos unamos en una sola e interminable cadena de brazos, que avance también como una ola interminable e incontenible, para llegar pronto a la primera etapa de nuestro viaje, y poder decir —mirando ya un pasado cumplido—; ¡estamos en el socialismo y seguimos adelante!

¡Venceremos!

El cuadro, columna vertebral de la Revolución

(Septiembre de 1962)

Innecesario sería insistir en las características de nuestra Revolución, en la forma original, con algunos rasgos de espontaneidad, con que se produjo el tránsito de una revolución nacional libertadora, a una revolución socialista y en el cúmulo de etapas vividas a toda prisa en el curso de este desarrollo, que fue dirigido por los mismos actores de la epopeya inicial del Moncada, pasando por el *Granma* y terminando en la declaración del carácter socialista de la Revolución cubana. Nuevos simpatizantes, cuadros, organizaciones, se fueron sumando a la endeble estructura orgánica del movimiento inicial, hasta construir el aluvión de pueblo que caracteriza nuestra Revolución.

Cuando se hizo patente que en Cuba una nueva clase social tomaba definitivamente el mando, se vieron también las grandes limitaciones que tendría en el ejercicio del poder estatal a causa de las condiciones en que encontráramos el Estado, sin cuadros para desarrollar el cúmulo enorme de tareas que debían cumplirse en el aparato estatal, en la organización política y en todo el frente económico.

En el momento siguiente a la toma del poder, los cargos burocráticos se designaron "a dedo"; no hubo mayores problemas, no los hubo porque todavía no estaba rota la vieja estructura. El aparato funcionaba con su andar lento y cansino de cosa vieja y casi sin vida, pero tenía una organización y, en ella, la coordinación suficiente para mantenerse por inercia, desdeñando los cambios políticos que se producían como preludios del cambio en la estructura económica.

El Movimiento 26 de Julio, hondamente herido por las luchas internas entre sus alas izquierda y derecha, no podía dedicarse a tareas constructivas; y el Partido Socialista Popular, por el hecho de soportar fieros embates y la ilegalidad durante años, no había podido desarrollar cuadros intermedios para afrontar las nuevas responsabilidades que se avecinaban.

Cuando se produjeron las primeras intervenciones estatales en la economía,[14] la tarea de buscar cuadros no era muy complicada y se podía elegir entre mucha gente que tenía alguna base mínima para ejercer el cargo de dirección. Pero, con el aceleramiento del proceso, ocurrido a partir de la nacionalización de las empresas norteamericanas y, posteriormente, de las grandes empresas cubanas, se produce una verdadera hambre de técnicos administrativos. Se siente, por otro lado, una necesidad angustiosa de técnicos en la producción, debido al éxodo de muchos de ellos atraídos por mejores posiciones ofrecidas por las compañías imperialistas en otras partes de América Latina o en los mismos Estados Unidos, y el aparato político debe someterse a un intenso esfuerzo, en medio de las tareas de estructuración, para dar atención ideológica a una masa que entra en contacto con la Revolución, plena de ansias de aprender.

Todos cumplimos el papel como buenamente pudimos, pero no fue sin penas ni apuros. Muchos errores se cometieron en la parte administrativa del ejecutivo, enormes fallas se cometieron por parte de los nuevos administradores de empresas, que tenían responsabilidades demasiado grandes en sus manos, y grandes y costosos errores cometimos también en el aparato político que, poco a poco, fue cayendo en una tranquila y placentera burocracia, identificado casi como trampolín para ascensos y para cargos burocráticos de mayor o menor cuantía, desligado totalmente de las masas.

El eje central de nuestros errores está en nuestra falta de sentimiento de la realidad en un momento dado, pero la herramienta que nos faltó, lo que fue embotando nuestra capacidad de percepción y convirtiendo al Partido en un ente burocrático, poniendo en peligro la administración y la producción, fue la falta de cuadros desarrollados a nivel medio. La política de cuadros se hacía evidente como sinónimo de política de masas; establecer nuevamente el contacto con las masas, contacto estrechamente mantenido por la Revolución en la primera época de su vida, era la consigna. Pero establecerlo a través de algún tipo de aparato que permitiera sacarle el mayor provecho, tanto en la percepción de todos los latidos de las masas como en la transmisión de orientaciones políticas, que en muchos casos solamente fueron dadas por intervenciones personales del Primer Ministro Fidel Castro o de algunos otros líderes de la Revolución.

A esta altura podemos preguntarnos, ¿qué es un cuadro? Debemos decir que un cuadro es un individuo que ha alcanzado el suficiente desarrollo político como para poder interpretar las grandes directivas emanadas del poder central, hacerlas suyas y trasmitirlas como orientación a la masa, percibiendo además las manifestaciones que ésta haga de sus deseos y sus motivaciones más íntimas. Es un individuo de disciplina ideológica y administrativa, que conoce y practica el centralismo democrático y sabe valorar las contradicciones existentes en el método para aprovechar al máximo sus múltiples facetas; que sabe practicar en la producción el principio de la discusión colectiva y decisión y responsabilidad únicas; cuya fidelidad está probada y cuyo valor físico y moral se ha desarrollado al compás de su desarrollo ideológico, de tal manera que está dispuesto siempre a afrontar cualquier debate y a responder hasta con su vida de la buena marcha de la Revolución. Es, además, un individuo con capacidad de análisis propio, lo que le permite tomar las decisiones necesarias y practicar la iniciativa creadora de modo que no choque con la disciplina.

El cuadro, pues, es un creador, es un dirigente de alta estatura, un técnico de buen nivel político que puede, razonando dialécticamente, llevar adelante su sector de producción o desarrollar a la masa desde su puesto político de dirección.

Este ejemplar humano, aparentemente rodeado de virtudes difíciles de alcanzar, está sin embargo, presente en el pueblo de Cuba y nos lo encontramos día a día. Lo esencial es aprovechar todas las oportunidades que hay para desarrollarlo al máximo, para educarlo, para sacar de cada personalidad el mayor provecho y convertirla en el valor más útil para la nación.

El desarrollo de un cuadro se logra en el quehacer diario; pero debe acometerse la tarea, además, de un modo sistemático en escuelas especiales, donde profesores competentes, ejemplos a la vez del alumnado, favorezcan el más rápido ascenso ideológico.

En un régimen que inicia la construcción del socialismo, no puede suponerse un cuadro que no tenga un alto desarrollo político, pero por desarrollo político no debe considerarse solo el aprendizaje de la teoría marxista; debe también exigirse la responsabilidad del individuo por sus actos, la disciplina que coarte cualquier debilidad transitoria y que no esté reñida con una alta dosis de iniciativa, la preocupación constante por todos los problemas de la Revolución. Para desarrollarlo hay que empezar, por establecer el principio selectivo en la masa, es allí donde hay que buscar las personalidades nacientes, probadas en el sacrificio o que empiezan ahora a mostrar sus inquietudes, y llevarlas a escuelas especiales, o, en su defecto a cargos de mayor responsabilidad que lo prueben en el trabajo práctico.

Así hemos ido encontrando multitud de nuevos cuadros que se han desarrollado en estos años; pero su desarrollo no ha sido parejo, puesto que los jóvenes compañeros se han visto frente a la realidad de la creación revolucionaria sin una adecuada orientación de partido. Algunos han triunfado plenamente, pero hay muchos que no pudieron hacerlo completamente y quedaron a mitad del camino, o que, simplemente, se perdieron en el laberinto burocrático o en las tentaciones que da el poder.

Para asegurar el triunfo y la consolidación total de la Revolución necesitamos desarrollar cuadros de distintos tipos; el cuadro político que sea la base de nuestras organizaciones de masas, el que oriente a éstas a través de la acción del Partido Unido de la Revolución Socialista[15] (ya se están empezando a sentar estas bases con las escuelas nacionales y provinciales de Instrucción Revolucionaria y con los estudios y círculos de estudios a todos los niveles); también se necesitan cuadros militares para lo cual se puede utilizar la selección que hizo la guerra en nuestros jóvenes combatientes, ya que quedó con vida una buena cantidad sin grandes conocimientos teóricos pero probados en el fuego, probados en las condiciones más duras de la lucha y de una fidelidad a toda prueba hacia el régimen revolucionario, a cuyo nacimiento y desarrollo están íntimamente unidos desde las primeras guerrillas de la Sierra. Debemos promover también cuadros económicos que se dediquen específicamente a las tareas difíciles de la planeación y a las tareas de la organización del Estado Socialista en estos momentos de creación. Es necesario trabajar con los profesionales, impulsando a los jóvenes a seguir alguna de las carreras técnicas más importantes, para tentar de darle a la ciencia el tono de entusiasmo ideológico que garantice un desarrollo acelerado. Y es imperativo crear el equipo administrativo que sepa aprovechar y acoplar los conocimientos técnicos específicos de los demás y orientar a las empresas y otras organizaciones del Estado para acoplarlas al fuerte ritmo de la Revolución. Para todos ellos, el denominador común es la claridad política. Esta no consiste en el apoyo incondicional a los postulados de la Revolución, sino en un apoyo razonado, en una gran capacidad de sacrificio y en una capacidad dialéctica de análisis que permita hacer continuos aportes, a todos los niveles, a la rica teoría y práctica de la Revolución. Estos compañeros deben seleccionarse de las masas, aplicando el principio único de que el mejor sobresalga y que al mejor se le den las mayores oportunidades de desarrollo.

En todos estos lugares, la función del cuadro, a pesar de ocupar frentes distintos, es la misma. El cuadro es la pieza maestra del motor ideológico que es el Partido Unido de la Revolución. Es lo que pudiéramos llamar un tornillo dinámico de este motor; tornillo en cuanto a pieza funcional que asegura su correcto funcionamiento, dinámico en cuanto a que no es un simple trasmisor hacia arriba o hacia abajo de lemas o demandas, sino un creador que ayudará al desarrollo de las masas y a la información de los dirigentes, sirviendo de punto de contacto con aquéllas. Tiene una importante misión de vigilancia para que no se liquide el gran espíritu de la Revolución, para que ésta no duerma, no disminuya su ritmo. Es un lugar sensible; transmite lo que viene de la masa y le infunde lo que orienta el Partido.

Desarrollar los cuadros, es, pues, una tarea inaplazable del momento. El desarrollo de los cuadros ha sido tomado con gran empeño por el Gobierno Revolucionario; con sus programas de becas siguiendo principios selectivos, con los programas de estudio de los obreros, dando distintas oportunidades de desarrollo tecnológico, con el desarrollo de las escuelas técnicas especiales, con el desarrollo de las escuelas secundarias y las universidades abriendo nuevas carreras, con el desarrollo, en fin del estudio, el trabajo y la vigilancia revolucionaria como lemas de toda nuestra patria, basadas fundamentalmente en la Unión de Jóvenes Comunistas, de donde deben salir los cuadros de todo tipo y aun los cuadros dirigentes de la Revolución en el futuro.

Íntimamente ligado al concepto de cuadro, está el de la capacidad de sacrificio, de demostrar con el propio ejemplo las verdades y consignas de la Revolución. El cuadro, como dirigente político, debe ganarse el respeto de los trabajadores con su acción. Es imprescindible que cuente con la consideración y el cariño de los compañeros a quienes debe guiar por los caminos de vanguardia.

Por todo ello, no hay mejor cuadro que aquel cuya elección efectúa la masa en las asambleas que designan los obreros ejemplares, los que serán integrados al PURS junto con los antiguos miembros de las ORI que pasen todas las pruebas selectivas exigidas. Al principio constituirán un partido pequeño, pero su influencia entre los trabajadores será inmensa; luego éste se agrandará cuando el avance de la conciencia socialista vaya convirtiendo en una necesidad el trabajo y la entrega total a la causa del pueblo. Con dirigentes medios de esa categoría, las difíciles tareas que tenemos delante se cumplirán con menos contratiempos. Luego de un período de desconcierto y de malos métodos se ha llegado a la política justa, la que no será abandonada jamás. Con el impulso siempre renovado de la clase obrera, nutriendo con sus fuentes inagotables las filas del futuro Partido Unido de la Revolución Socialista, y con la rectoría de nuestro Partido, entramos de lleno en la tarea de formación de cuadros que garanticen el desarrollo impetuoso de nuestra Revolución. Hay que triunfar en el empeño.

Ser un joven comunista

(20 de octubre de 1962)

Este discurso fue realizado en la ceremonia que marcaba el segundo aniversario de la integración del movimiento juvenil revolucionario en Cuba.

Q ueridos compañeros:
Una de las tareas más gratas de un revolucionario, es ir observando, en el transcurso de los años de Revolución, cómo se van formando, decantando y fortaleciendo las instituciones que nacieron al inicio de la Revolución; cómo se convierten en verdaderas instituciones con fuerza, vigor y autoridad entre las masas, aquellas organizaciones que empezaron en pequeña escala con muchas dificultades, con muchas indecisiones, y se fueron transformando, mediante el trabajo diario y el contacto con las masas, en pujantes representaciones del movimiento revolucionario de hoy.

La Unión de Jóvenes Comunistas tiene casi los mismos años que nuestra Revolución, a través de los distintos nombres que tuviera, a través de las distintas formas de organización. Al principio fue una emanación del Ejército Rebelde. De allí quizás surgiera también su nombre. Era una organización ligada al ejército para iniciar a la juventud cubana en las tareas masivas de la defensa nacional, que era el problema más urgente y el que precisaba de una solución más rápida.

En el antiguo Departamento de Instrucción del Ejército Rebelde nacieron la Asociación de Jóvenes Rebeldes (AJR) y las Milicias Nacionales Revolucionarias (MNR). Después adquirieron vida propia: esta última la de una pujante formación de pueblo armado, representante del pueblo armado y con categoría propia, fundida con nuestro ejército en las tareas de defensa. La otra, como una organización destinada a la superación política de la juventud cubana.

Después, cuando se fue consolidando la Revolución y pudimos ya plantearnos las tareas nuevas que se ven en el horizonte, sugirió el compañero Fidel el cambio de nombre de esta organización. Un cambio de nombre que es toda una expresión de principios. La Unión de Jóvenes Comunistas está directamente orientada hacia el futuro. Está vertebrada con vistas al futuro luminoso de la sociedad socialista, después de atravesar el camino difícil en que estamos ahora de la construcción de una sociedad nueva, en el camino del afianzamiento total de la dictadura de clase, expresada a través de la sociedad socialista, para llegar finalmente a la sociedad sin clases, la sociedad perfecta, la sociedad que ustedes serán los encargados de construir, de orientar y de dirigir en el futuro.

Para ello, la Unión de Jóvenes Comunistas alza sus símbolos que son los símbolos de todo el pueblo de Cuba: el estudio, el trabajo y el fusil.

Y en sus medallones se muestran dos de los más altos exponentes de la juventud cubana, muertos ambos trágicamente sin poder llegar a ver el resultado final de esta lucha en que todos estamos empeñados: Julio Antonio Mella y Camilo Cienfuegos.

En este segundo aniversario, en esta hora de construcción febril, de preparativos constantes para la defensa del país, de preparación técnica y tecnológica acelerada al máximo, debe plantearse siempre, y ante todo, el problema de qué es y qué debe ser la Unión de Jóvenes Comunistas.

La Unión de Jóvenes Comunistas tiene que definirse con una sola palabra: vanguardia. Ustedes, compañeros, deben ser la vanguardia de todos los movimientos. Los primeros en estar dispuestos para los sacrificios que la Revolución demande, cualquiera que sea la índole de esos sacrificios. Los primeros en el trabajo. Los primeros en el estudio. Los primeros en la defensa del país.

Y plantearse esta tarea no solo como la expresión total de la juventud de Cuba, no solo como una tarea de grandes masas vertebradas en una institución, sino como las tareas diarias de cada uno de los integrantes de la Unión de Jóvenes Comunistas. Para ello, hay que plantearse tareas reales y concretas, tareas de trabajo cotidiano que no pueden admitir el más mínimo desmayo.

La tarea de la organización debe estar constantemente unida a todo el trabajo que se desarrolle en la Unión de Jóvenes Comunistas. La organización es la clave que permite atenazar las iniciativas que surgen de los líderes de la Revolución, las iniciativas que plantea en reiteradas oportunidades nuestro Primer Ministro [Fidel Castro], y las iniciativas que surgen del seno de la clase obrera, que deben transformarse también en directivas precisas, en ideas precisas para la acción subsiguiente.

Si no existe la organización, las ideas, después del primer momento de impulso, van perdiendo eficacia, van cayendo en la rutina, van cayendo en el conformismo, y acaban por ser simplemente un recuerdo.

Hago esta advertencia porque muchas veces en este corto y, sin embargo, tan rico período de nuestra Revolución, muchas grandes iniciativas han fracasado, han caído en el olvido por la falta del aparato organizativo necesario para poder sustentarlas y llevarlas a buen fin.

Al mismo tiempo, todos y cada uno de ustedes deben tener presente que ser joven comunista, pertenecer a la Unión de Jóvenes Comunistas, no es una gracia que alguien les concede, ni es una gracia que ustedes conceden al Estado o a la Revolución. Pertenecer a la Unión de Jóvenes Comunistas debe ser el más alto honor de un joven de la sociedad nueva. Debe ser un honor por el que luchen en cada momento de su existencia. Y, además, el honor de mantenerse y mantener en alto el nombre individual dentro del gran nombre de la Unión de Jóvenes Comunistas. Debe ser un empeño constante también.

En esta forma avanzaremos aún más rápidamente. Acostumbrándonos a pensar como masa, a actuar con las iniciativas que nos brinda la gran iniciativa de la masa obrera y las iniciativas de nuestros máximos dirigentes; y, al mismo tiempo, actuar siempre como individuos, permanentemente preocupados de nuestros propios actos, permanentemente preocupados de que nuestros actos no manchen nuestro nombre ni el nombre de la asociación a que pertenecemos.

Después de dos años podemos recapitular y observar cuáles han sido los resultados de esta tarea. Y hay enormes logros en la vida de la Unión de Jóvenes Comunistas. Uno de los más importantes, de los más espectaculares, ha sido el de la defensa.

Los jóvenes que primero —algunos de ellos—, subieron los cinco picos del Turquino[16]; los que se enrolaron en una serie de organizaciones militares, todos los que empuñaron el fusil en los momentos de peligro estuvieron prestos a defender la Revolución en cada uno de los lugares donde se esperaba la invasión o la acción enemiga.

A los jóvenes de Playa Girón[17] les cupo el altísimo honor de poder defender allí a nuestra Revolución, defender allí las instituciones que hemos creado a fuerza de sacrificio, los logros que todo el pueblo ha conseguido en años de lucha; toda nuestra Revolución se defendió allí en 72 horas de lucha.

La intención del enemigo era crear una cabeza de playa suficientemente fuerte, con un aeropuerto dentro, que permitiera hostilizar todo nuestro territorio, bombardearlo inmisericordemente, convertir nuestras fábricas en cenizas, reducir a polvo nuestros medios de comunicación, arruinar nuestra agricultura. En una palabra: sembrar el caos en nuestro país. La acción decidida de nuestro pueblo liquidó la intentona imperialista en solo 72 horas.

Jóvenes que aún eran niños, se cubrieron de gloria. Algunos están hoy aquí como exponentes de esa juventud heroica, y de otros nos queda por lo menos su nombre como recuerdo, como acicate para nuevas batallas, que habrá que dar, para nuevas actitudes heroicas frente al ataque imperialista.

En el momento en que la defensa del país era la tarea más importante la juventud estuvo presente. Hoy la defensa del país sigue ocupando el primer lugar en nuestros deberes. Pero no debemos olvidar que la consigna que guía a los jóvenes comunistas está íntimamente unida entre sí: no puede haber defensa del país solamente en el ejercicio de las armas, prestos a la defensa, sino que, además debemos defender el país construyéndolo con nuestro trabajo y preparando los nuevos cuadros técnicos para acelerar su desarrollo en los años venideros. Ahora esta tarea adquiere una importancia enorme y está a la misma altura que la del ejercicio directo de las armas.

Cuando se plantearon problemas como éstos la juventud dijo presente una vez más. Los jóvenes brigadistas respondiendo al llamamiento de la Revolución, invadieron todos los rincones del país. Y así, en pocos meses y en batalla muy dura —donde hubo incluso mártires de la Revolución, mártires de la educación—, pudimos anunciar una situación nueva en América Latina: la de que Cuba era el territorio libre de analfabetismo en América.[18]

El estudio a todos los niveles es también hoy una tarea de la juventud. El estudio mezclado con el trabajo, como en los casos de los jóvenes estudiantes que están recogiendo café en Oriente, que utilizan sus vacaciones para recoger un grano tan importante en nuestro país, para nuestro comercio exterior, para nosotros, que consumimos una gran cantidad de café todos los días. Esta tarea es similar a la de la alfabetización. Es una tarea de sacrificio que se hace alegremente, reuniéndose los compañeros estudiantes —una vez más— en las montañas de nuestro país para llevar allí su mensaje revolucionario.

Son muy importantes esas tareas porque dentro de ellas la Unión de Jóvenes Comunistas, los jóvenes comunistas no solamente dan. Reciben, y en algunos casos más de lo que dan: adquieren experiencias nuevas, una nueva experiencia del contacto humano, nuevas experiencias de cómo viven nuestros campesinos, de cómo es el trabajo y la vida en los lugares más apartados, de todo lo que hay que hacer para elevar aquellas regiones al mismo nivel que los lugares más habitables del campo y las ciudades. Adquieren experiencia y madurez revolucionarias.

Los compañeros que pasan por aquellas tareas de alfabetizar o recoger café, en contacto directo con nuestro pueblo ayudándolo lejos de sus hogares reciben —puedo afirmarlo— más aún de lo que dan, ¡y lo que dan es mucho!

Esta es la forma de educación que mejor cuadra a una juventud que se prepara para el comunismo: la forma de educación en la cual el trabajo pierde la categoría de obsesión que tiene en el mundo capitalista y pasa a ser un grato deber social, que se realiza con alegría, que se realiza al son de cánticos revolucionarios, en medio de la camaradería más fraternal, en medio de contactos humanos que vigorizan a unos y otros, y a todos elevan.

Además, la Unión de Jóvenes Comunistas ha avanzado mucho en su organización. De aquel débil embrión que se formara como apéndice del Ejército Rebelde, a esta organización de hoy, hay una gran diferencia. Por todas partes, en todos los centros de trabajo, en todos los organismos administrativos, en todos los lugares donde puedan ejercer su acción, allí hay jóvenes comunistas y allí están trabajando para la Revolución.

El avance organizativo debe ser considerado también como un logro importante de la Unión de Jóvenes Comunistas.

Sin embargo, compañeros, en este camino difícil ha habido muchos problemas, ha habido dificultades grandes, ha habido errores groseros, y no siempre hemos podido superarlos. Es evidente que la Unión de Jóvenes Comunistas, como organismo menor, como hermano menor de las Organizaciones Revolucionarias Integradas, tiene que beber allí de las experiencias de los compañeros que han trabajado más en todas las tareas revolucionarias, y debe escuchar siempre —con respeto— la voz de esa experiencia.

Pero la juventud tiene que crear. Una juventud que no crea es una anomalía, realmente. Y a la Unión de Jóvenes Comunistas le ha faltado un poco de espíritu creador. Ha sido, a través de su dirigencia, demasiado dócil, demasiado respetuosa y poco decidida a plantearse problemas propios.

Hoy se está rompiendo eso. El compañero Joel [Iglesias] nos hablaba de las iniciativas de los trabajos en las granjas. Son ejemplos de cómo se empieza a romper la dependencia total —que se convierte en absurda— de un organismo mayor, cómo se empieza a pensar con la propia cabeza.

Pero es que nosotros, y nuestra juventud con todos nosotros, está convaleciente de una enfermedad que, afortunadamente, no fue muy larga, pero que influyó mucho en el retraso del desarrollo de la profundización ideológica de nuestra Revolución. Estamos todos convalecientes de ese mal, llamado sectarismo.

¿A qué condujo el sectarismo? Condujo a la copia mecánica, a los análisis formales, a la separación entre la dirigencia y las masas. Incluso en nuestra

Dirección Nacional, y el reflejo directo se produjo aquí, en la Unión de Jóvenes Comunistas.

Si nosotros —también desorientados por el fenómeno del sectarismo— no alcanzábamos a recibir la voz del pueblo, que es la voz más sabia y más orientadora, si no alcanzábamos a recibir las palpitaciones del pueblo para poder transformarlas en ideas concretas, en directivas precisas, mal podríamos dar esas directivas a la Unión de Jóvenes Comunistas. Y como la dependencia era absoluta, como la docilidad era muy grande, la Unión de Jóvenes Comunistas navegaba como un pequeño barquito al garete, dependiendo del gran barco: nuestras Organizaciones Revolucionarias, que también éstas marchaban al garete.

Aquí se producían iniciativas pequeñas, que era lo único capaz de producir la Unión de Jóvenes Comunistas, las cuales se transformaban a veces en *slogans* groseros, en evidentes manifestaciones faltas de profundidad ideológica.

El compañero Fidel hizo serias críticas de extremismos y de expresiones algunas tan conocidas por todos ustedes como: "la ORI es la candela...", "somos socialistas, p'alante y p'alante...". Todas aquellas cosas que criticara Fidel, y que ustedes conocen bien, eran el reflejo del mal que gravaba nuestra Revolución.

Nosotros hemos salido de esa época. Hemos liquidado totalmente esa época. Pero sin embargo, siempre los organismos van un poco más atrasados. Es como un mal que hubiera tenido inconsciente a una persona. Cuando el mal cede, el cerebro se recupera, se recupera la claridad mental, pero todavía los miembros no coordinan bien sus movimientos, los primeros días después de levantarse del lecho el andar es inseguro y poco a poco se va adquiriendo la nueva seguridad. En ese camino estamos nosotros.

Así debemos definir y analizar objetivamente todos nuestros organismos para seguir limpiando. Saber, para no caernos, para no tropezar e irnos al suelo; conocer nuestras debilidades para aprender a resolverlas, conocer nuestras flaquezas para liquidarlas y adquirir más fuerza.

Esa falta de iniciativa propia se debe al desconocimiento, durante un buen tiempo, de la dialéctica que mueve los organismos de masas y al olvido de que los organismos como la Unión de Jóvenes Comunistas no pueden ser simplemente de dirección, no pueden ser algo que constantemente mande directivas hacia las bases y que no reciba nada de ellas.

Se pensaba que la Unión de Jóvenes Comunistas y todas las organizaciones de Cuba eran organizaciones de una sola línea. Una sola línea que iba desde la cabeza hacia las bases, pero que no tenía un cable de retorno que trajera la comunicación de las bases. Un doble y constante intercambio de experiencias, de ideas, de directivas, que vienen a ser las más importantes, las que hicieran centrar el trabajo de nuestra juventud.

Al mismo tiempo se podían recoger los puntos en que estuviera más flojo el trabajo, los puntos donde se flaqueara más.

Nosotros vemos todavía cómo los jóvenes, héroes de novelas casi, que pueden entregar su vida cien veces por la Revolución, que se les llama para cualquier tarea concreta y esporádica, y marchan en masa hacia ellas. Sin embargo a veces faltan a su trabajo porque tenían una reunión de la Unión de Jóvenes Comunistas, o porque se acostaron tarde la noche anterior, discutiendo alguna iniciativa de los Jóvenes Comunistas, o simplemente no van al trabajo porque no, sin causa justificada.

Cuando se observa una brigada de trabajo voluntario donde se supone que están los jóvenes comunistas en muchos casos no los hay. No hay uno. El dirigente tenía que ir a una reunión, el otro estaba enfermo, el de más allá no se había enterado bien. Y el resultado es que la actitud fundamental, la actitud de vanguardia del pueblo, la actitud de ejemplo viviente que conmueve y lleva adelante a todo el mundo —como hicieron los jóvenes de Playa Girón—, esa actitud no se repite en el trabajo. La seriedad que debe tener la juventud de hoy para afrontar los grandes compromisos —y el compromiso mayor es la construcción de la sociedad socialista— no se refleja en el trabajo concreto.

Hay debilidades grandes y hay que trabajar sobre ellas. Trabajar organizando, trabajar puntualizando el lugar donde duele, el lugar donde hay debilidades que corregir, y trabajar sobre cada uno de ustedes para poner bien claro en sus conciencias que no puede ser buen comunista aquel que solamente piensa en la Revolución cuando llega el momento del sacrificio, del combate, de la aventura heroica, de lo que se sale de lo vulgar y de lo cotidiano y, sin embargo, en el trabajo es mediocre o menos que mediocre.

¿Cómo puede ser eso, si ustedes reciben ya el nombre de jóvenes comunistas, el nombre que nosotros, como organización dirigente, partido dirigente, todavía no tenemos? Ustedes que tienen que construir un futuro en el cual el trabajo será la dignidad máxima del hombre, el trabajo será un deber social, un gusto que se da el hombre, donde el trabajo será creador al máximo y todo el mundo deberá estar interesado en su trabajo y en el de los demás, en el avance de la sociedad, día a día.

¿Cómo puede ser que ustedes que ya hoy tienen ese nombre, desdeñan el trabajo? Ahí hay una falla. Una falla de organización, de esclarecimiento, de trabajo. Una falla además, humana. A todos nosotros —a todos, yo creo— nos gusta mucho más aquello que rompe la monotonía de la vida, aquello que de pronto, una vez cada cierto tiempo, lo hace pensar a uno en su propio valor, en el valor que tiene dentro de la sociedad.

Y me imagino el orgullo de aquellos compañeros que estaban en una "cuatro bocas", por ejemplo, defendiendo su patria de los aviones yanquis, y de pronto a alguien le tocaba la suerte de ver que sus balas alcanzaban un avión enemigo. Evidentemente es el momento más feliz en la vida de un hombre. Eso nunca se olvida. Nunca lo olvidarán los compañeros a los que les tocó vivir esa experiencia.

Pero nosotros tenemos que defender nuestra Revolución, la que estamos haciendo todos los días. Y para poder defenderla, hay que ir construyéndola, fortificándola con ese trabajo que hoy no le gusta a la juventud, o que, por lo menos, considera como el último de sus deberes, porque conserva todavía la mentalidad antigua, la mentalidad proveniente del mundo capitalista, o sea que el trabajo es, sí, un deber, es una necesidad, pero un deber y una necesidad tristes.

¿Por qué ocurre esto? Porque todavía no le hemos dado al trabajo su verdadero sentido. No hemos sido capaces de unir al trabajador con el objeto de su trabajo. Y al mismo tiempo, de impartirle al trabajador conciencia de la importancia que tiene el acto creativo que día a día realiza.

El trabajador y la máquina, el trabajador y el objeto sobre el que se ejerce el trabajo son dos cosas diferentes y antagónicas. Y, ahí hay que trabajar, para ir formando nuevas generaciones que tengan el interés máximo en trabajar y sepan encontrar en el trabajo una fuente permanente y constantemente cambiante de nuevas emociones. Hacer del trabajo algo creador, algo nuevo.

Ese es quizás el punto más flojo de nuestra Unión de Jóvenes Comunistas. Hoy por eso recalco este punto, y en medio de la alegría de festejar esta fecha aniversario, vuelvo a poner la pequeña gota de amargura para tocar el punto sensible, para llamar a la juventud a que reaccione.

Hoy nos pasó en una asamblea en que se discutía algo en el Ministerio. Muchos de ustedes probablemente ya hayan discutido la emulación en sus centros de trabajo y hayan leído un tremendo papel que está circulando. Pero ¿cuál es el problema de la emulación, compañeros? El problema es que la emulación no puede regirse por papeles que la reglamenten, la ordenen y le den un molde. El reglamento y el molde son necesarios para poder comparar después el trabajo de la gente entusiasta que está emulando.

Cuando dos compañeros empiezan a emular, cada uno en una máquina para construir más, después de un tiempo empiezan a sentir la necesidad de algún reglamento para determinar cuál de los dos produce más en su máquina: de la calidad del producto, de la cantidad, de las horas de trabajo, la forma en que queda la máquina después, cómo la han atendido... Muchas cosas. Pero si en vez de tratarse de dos compañeros que efectivamente emulan y a los cuales nosotros vamos a darles un reglamento, aparece un reglamento para otros dos que están pensando en que llegue la hora para irse a su casa, ¿para qué sirve el reglamento, qué función cumple?

En muchas cosas estamos trabajando con reglamento y haciendo el molde para algo que no existe. El molde tiene que tener un contenido, el reglamento tiene que ser, en estos casos, lo que defina y limite una situación ya creada. El reglamento debiera ser el resultado de la emulación llevada a cabo anárquicamente si quieren, sí, pero entusiasta, desbordante por todos los centros de trabajo de Cuba. Automáticamente surgiría la necesidad de reglamentar, de hacer una emulación con reglamentos.

Así hemos tratado muchos problemas, así hemos sido formales en el tratamiento de muchas cosas. Y cuando en esa asamblea pregunté por qué no había estado, o cuántas veces había estado el secretario de los Jóvenes Comunistas, supe que había estado alguna vez, pocas, y que los Jóvenes Comunistas no habían estado.

Pero en el curso de la asamblea, discutiendo estos problemas y otros, los Jóvenes Comunistas, el núcleo, la Federación de Mujeres y los Comités de Defensa y el Sindicato, naturalmente, se llenaron de entusiasmo. Por lo menos se llenaron de un rescoldo interno, de amargura, de un deseo de mejorar, un deseo de demostrar que eran capaces de hacer aquello que no se ha hecho: mover a la gente. Entonces, de pronto, todos se comprometieron a hacer que el Ministerio completo emulara en todos los niveles, a discutir el reglamento, después de establecer las emulaciones, y a venir dentro de quince días a presentar ya todo un hecho concreto, con todo el Ministerio emulando entre sí.

Ya allí hay movilización. La gente ya ha comprendido y ha sentido internamente —porque cada compañero de esos es un gran compañero— que había algo flojo en su trabajo. Se ha llenado de dignidad herida y ha ido a resolver. Eso es lo que hay que hacer. Acordarse de que el trabajo es lo más importante. Perdónenme si insisto una y otra vez, pero es que sin trabajo no hay nada. Toda la riqueza del mundo, todos los valores que tiene la humanidad, son nada más que trabajo acumulado. Sin eso no puede existir nada. Sin el trabajo extra que se da para crear más excedentes para nuevas fábricas, para nuevas instalaciones sociales el país no avanza. Y por más fuertes que sean nuestros ejércitos estaremos siempre con un ritmo lento de crecimiento, y hay que romper eso, romper con todos los viejos errores, manifestarlos a la luz pública, analizarlos en cada lugar, y entonces, corregirlos.

Quiero plantear ahora, compañeros, cuál es mi opinión, la visión de un dirigente nacional de las ORI, de lo que debe ser un joven comunista, a ver si estamos de acuerdo todos.

Yo creo que lo primero que debe caracterizar a un joven comunista es el honor que siente por ser joven comunista. Ese honor que le lleva a mostrar ante todo el mundo su condición de joven comunista, que no lo vuelca en la clandestinidad, que no lo reduce a fórmulas, sino que lo expresa en cada momento, que le sale del espíritu, que tiene interés en demostrarlo porque es su símbolo de orgullo.

Junto a eso, un gran sentido del deber hacia la sociedad que estamos construyendo, con nuestros semejantes como seres humanos y con todos los hombres del mundo.

Eso es algo que debe caracterizar al joven comunista. Al lado de eso, una gran sensibilidad ante todos los problemas, gran sensibilidad frente a la injusticia; espíritu inconforme cada vez que surge algo que está mal, lo haya dicho quien lo haya dicho. Plantearse todo lo que no se entienda; discutir y pedir aclaración de lo que no esté claro; declararle la guerra al formalismo, a todos los tipos de formalismo. Estar siempre abierto para recibir las nuevas experiencias, para conformar la gran experiencia de la humanidad, que lleva muchos años avanzando por la senda del socialismo, a las condiciones concretas de nuestro país, a las realidades que existen en Cuba: y pensar —todos y cada uno— cómo ir cambiando la realidad, cómo ir mejorándola.

El joven comunista debe proponerse ser siempre el primero en todo, luchar por ser el primero, y sentirse molesto cuando en algo ocupa otro lugar. Luchar por mejorar, por ser el primero. Claro que no todos pueden ser el primero, pero sí estar entre los primeros, en el grupo de vanguardia. Ser un ejemplo vivo, ser el espejo donde se miren los compañeros que no pertenezcan a las juventudes comunistas, ser el ejemplo donde puedan mirarse los hombres y mujeres de edad más avanzada que han perdido cierto entusiasmo juvenil, que han perdido la fe en la vida y que ante el estímulo del ejemplo reaccionan siempre bien. Esa es otra tarea de los jóvenes comunistas.

Junto a eso, un gran espíritu de sacrificio, un espíritu de sacrificio no solamente para las jornadas heroicas, sino para todo momento. Sacrificarse para ayudar al compañero en las pequeñas tareas, para que pueda así cumplir su trabajo, para que pueda cumplir con su deber en el colegio, en el estudio, para que pueda mejorar de cualquier manera. Estar siempre atento a toda la masa humana que lo rodea.

Es decir: se plantea a todo joven comunista ser esencialmente humano, ser tan humano que se acerque a lo mejor de lo humano, purificar lo mejor del hombre por medio del trabajo, del estudio, del ejercicio de la solidaridad continuada con el pueblo y con todos los pueblos del mundo, desarrollar al máximo la sensibilidad hasta sentirse angustiado cuando se asesina a un hombre en cualquier rincón del mundo y para sentirse entusiasmado cuando en algún rincón del mundo se alza una nueva bandera de libertad.

El joven comunista no puede estar limitado por las fronteras de un territorio: el joven comunista debe practicar el internacionalismo proletario y sentirlo como cosa propia. Acordarse, como debemos acordarnos nosotros, aspirantes a comunistas aquí en Cuba, que somos un ejemplo real y palpable para toda nuestra América Latina, y más aún que para nuestra América, para otros países del mundo que luchan también en otros continentes por su libertad, contra el colonialismo, contra el neocolonialismo, contra el imperialismo, contra todas las formas de opresión de los sistemas injustos; acordarse siempre de que somos una antorcha encendida, de que nosotros todos somos el mismo espejo que cada uno de nosotros individualmente es para el pueblo de Cuba, y somos ese espejo para que se miren en él los pueblos de América Latina, los pueblos del mundo oprimido que luchan por su libertad. Y debemos ser dignos de ese ejemplo. En todo momento y a toda hora debemos ser dignos de ese ejemplo.

Eso es lo que nosotros pensamos que debe ser un joven comunista. Y si se nos dijera que somos casi unos románticos, que somos unos idealistas inveterados, que estamos pensando en cosas imposibles, y que no se puede lograr de la masa de un pueblo el que sea casi un arquetipo humano, nosotros tenemos que contestar, una y mil veces que sí, que sí se puede, que estamos en lo cierto, que todo el pueblo puede ir avanzando, ir liquidando las pequeñeces humanas, como se han ido liquidando en Cuba en estos cuatro años de Revolución; ir perfeccionándose como nos perfeccionamos todos día a día, liquidando intransigentemente a todos aquellos que se quedan atrás, que no son capaces de marchar al ritmo que marcha la Revolución cubana. Tiene que ser así, debe ser así, y así será, compañeros. Será así, porque ustedes son jóvenes comunistas, creadores de la sociedad perfecta, seres humanos destinados a vivir en un mundo nuevo de donde habrá desaparecido definitivamente todo lo caduco, todo lo viejo, todo lo que represente la sociedad cuyas bases acaban de ser destruidas.

Para alcanzar eso hay que trabajar todos los días. Trabajar en el sentido interno de perfeccionamiento, de aumento de los conocimientos, de aumento de la comprensión del mundo que nos rodea. Inquirir y averiguar y conocer bien el porqué de las cosas y plantearse siempre los grandes problemas de la humanidad como problemas propios.

Así, en un momento dado, en un día cualquiera de los años que vienen —después de pasar muchos sacrificios, sí, después de habernos visto quizá muchas veces al borde de la destrucción—, después de haber visto quizá cómo nuestras fábricas son destruidas y de haberlas reconstruido nuevamente, después de asistir al asesinato, a la matanza de muchos de nosotros y de reconstruir lo que sea destruido, al fin de todo esto, un día cualquiera, casi sin darnos cuenta, habremos creado, junto con los otros pueblos del mundo, la sociedad comunista, nuestro ideal.

Compañeros, hablarle a la juventud es una tarea muy grande. Uno se siente en ese momento capaz de transmitir algunas cosas y siente la comprensión de la juventud. Hay muchas cosas que quisiera decir de todos nuestros esfuerzos, nuestros afanes; de cómo, sin embargo, muchos de ellos se rompen ante la realidad diaria y cómo hay que volver a iniciarlos. De los momentos de flaqueza y de cómo el contacto con el pueblo —con los ideales y la pureza del pueblo— nos infunde de nuevo fervor revolucionario.

Habría muchas cosas de qué hablar. Pero también tenemos que cumplir con nuestros deberes. Y aprovecho para explicarles por qué me despido de ustedes, con toda mala intención si ustedes quieren. Me despido de ustedes, porque voy a cumplir con mi deber de trabajador voluntario a una textilera; allí estamos trabajando desde hace ya algún tiempo. Estamos emulando con la Empresa Consolidada de Hilados y Tejidos Planos que trabaja en otra textilera y estamos emulando con la Junta Central de Planificación, que trabaja en otra textilera.

Quiero decirles, honestamente, que el Ministerio de Industrias va último en la emulación, que tenemos que hacer un esfuerzo mayor, más grande, repetir constantemente, para avanzar, para poder cumplir aquello que nosotros mismos decimos de ser los mejores, de aspirar a ser los mejores, porque nos duele ser los últimos en la emulación socialista.

Sucede, simplemente, que aquí ha ocurrido lo mismo que les ha ocurrido a muchos de ustedes: la emulación es fría, un poco inventada, y no hemos sabido entrar en contacto directo con la masa de trabajadores de la industria. Mañana tendremos una asamblea para discutir esos problemas y para tratar de resolverlos todos, de buscar los puntos de unión, de establecer un lenguaje común de una identidad absoluta entre los trabajadores de esa industria y nosotros los trabajadores del Ministerio. Y después de logrado eso, estoy seguro de que aumentaremos mucho los rendimientos allí y que podremos, por lo menos, luchar honorablemente por los primeros lugares.

En todo caso, en la próxima asamblea el año que viene les contaremos el resultado. Hasta entonces.

El partido de la clase obrera

(1963)

Introducción a libro titulado, El Partido Marxista-Leninista.

Este pequeño libro está destinado a iniciar a los militantes del Partido, en el amplio y riquísimo acervo de las ideas marxistas-leninistas.

La elección de los temas es simple y efectiva. Se trata de un capítulo del *Manual de marxismo-leninismo* de Otto V. Kuusinen y de una serie de discursos de Fidel Castro. La selección es buena porque en el capítulo del *Manual de marxismo-leninismo* se sintetiza la experiencia de los partidos hermanos y se da un esquema general de lo que debe ser y cómo debe actuar un partido marxista-leninista, y en la sucesión de discursos del compañero Fidel se ve desfilar la historia política de nuestro país a través de las palabras en algunos casos autobiográficas, del dirigente de la Revolución.

Las dos cosas están íntimamente ligadas, la teoría general como expresión de las experiencias del Partido Comunista de la Unión Soviética y de los partidos marxistas-leninistas de toda la humanidad y la aplicación práctica de estas ideas generales a nuestras especiales características. De las peculiaridades que dan el marco al desarrollo de los acontecimientos sociales en esta región del mundo, no debe inferirse que existan excepciones históricas; simplemente, en el marco general de la teoría, hija de la experiencia, cabe el caso específico de la situación cubana que agrega nuevas experiencias al movimiento obrero del mundo.

El manual nos enseña con meridiana claridad qué es un partido marxista-leninista: "personas fundidas por una comunidad de ideas que se agrupan para dar vida a las concepciones marxistas, es decir, para llevar a cabo la misión histórica de la clase obrera." Explica además cómo un partido no puede vivir aislado de la masa, cómo debe estar en permanente contacto con ella, cómo debe ejercer la crítica y la autocrítica y ser muy severo con sus propios errores; cómo no debe basarse solamente en conceptos negativos de lucha contra algo, sino también en conceptos positivos de lucha por algo, cómo los partidos marxistas no pueden cruzarse de brazos esperando que las condiciones objetivas y subjetivas, formadas a través del complejo mecanismo de la lucha de clases, alcancen todos los requisitos necesarios para que el poder caiga en manos del pueblo como una fruta madura. Enseña el papel dirigente y catalizador de este partido, vanguardia de la clase obrera, dirigente de su clase, que sabe mostrarle el camino al triunfo y acelerar el paso hacia nuevas situaciones sociales. Insiste en que aun en los momentos de reflujo social, es necesario saber retroceder y mantener firmes los cuadros para apoyarse en la próxima ola y avanzar más lejos, hacia el fin fundamental del partido en la primera época revolucionaria, que es la obtención del poder.

Y es lógico que este partido lo sea de clase. Un partido marxista-leninista mal podría ser de otra manera; su misión es buscar el camino más corto para lograr la dictadura del proletariado y sus militantes más valiosos, sus cuadros dirigentes y su táctica salen de la clase obrera.

No puede concebirse que la construcción del socialismo se inicie con un partido de la clase burguesa, con un partido que tuviera entre sus integrantes una buena cantidad de explotadores y éstos fueran encargados de fijar su línea política. Evidentemente, una agrupación de ese tipo solo puede dirigir la lucha en una etapa de liberación nacional, hasta ciertos niveles y en determinadas circunstancias. En el momento siguiente, la clase revolucionaria se convertiría en reaccionaria y se establecerían nuevas condiciones que obligarán a la aparición del partido marxista-leninista como dirigente de la lucha revolucionaria. Y ya, en América Latina al menos, es prácticamente imposible hablar de movimientos de liberación dirigidos por la burguesía. La Revolución cubana ha polarizado fuerzas; frente al dilema pueblo o imperialismo, las débiles burguesías nacionales eligen el imperialismo y traicionan definitivamente a su país. Se pierde casi totalmente la posibilidad de que en esta parte del mundo se produzca un tránsito pacífico al socialismo.

Si el partido marxista-leninista es capaz de prever las etapas históricas a sobrevenir y es capaz de convertirse en bandera y vanguardia de un pueblo aún antes de haber liquidado la etapa de liberación nacional — tratándose de nuestros países colonizados— entonces ese partido habrá cumplido una doble misión histórica y podrá afrontar las tareas de la construcción del socialismo con más fuerza, con más prestigio entre las masas.

Luego viene la experiencia cubana; experiencia rica por todo lo que tiene de nuevo, por todo lo que tiene de vigoroso en esta época de desarrollo de la revolución americana y también por lo rico en enseñanzas que son sus errores, analizados y corregidos públicamente, en contacto con las masas y ante el juicio de la opinión pública.

Particularmente importantes son los discursos del compañero Fidel referidos al Partido Unido de la Revolución Socialista y a los métodos de trabajo empleados en las ORI que marcan dos etapas fundamentales de nuestro desarrollo. En la primera [2 de diciembre de 1961] se expresa la confusión franca de un revolucionario cabal que ha llegado al pináculo del camino ascendente de la evolución de su pensamiento y proclama sin dudas, ante el mundo, su profesión de marxista-leninista. Pero lo hace, no como una simple afirmación verbal, sino mostrando los rasgos, los hechos más salientes de la evolución del dirigente, de la evolución del movimiento y del Partido hacia una conjugación destinada a integrar el Partido Unido de la Revolución Socialista.

Analizándose a sí mismo, el compañero Fidel reconoce la cantidad de concepciones regresivas que el medio había inculcado en él; cuenta cómo instintivamente fue luchando contra esas concepciones y forjándose en la lucha, cuenta de sus dudas y explica el porqué de esas dudas y cómo se resolvieron.

En esta etapa el Movimiento 26 de Julio constituía algo nuevo, muy difícil de definir; Fidel Castro, héroe del Moncada, prisionero de Isla de Pinos, entrena un grupo de expedicionarios que tiene como misión alcanzar las costas de Oriente, iniciar el incendio revolucionario de la provincia y separarla del resto de la isla en un primer momento o avanzar incontenibl emente, de acuerdo con las condiciones objetivas, hasta la propia Habana, en una sucesión de victorias más o menos sangrientas.

La realidad golpeó sobre nosotros; no estaban dadas todas las condiciones subjetivas necesarias para que aquel intento cristalizara, no se habían seguido todas las reglas de la guerra revolucionaria que después aprenderíamos con nuestra sangre y la sangre de nuestros hermanos en dos años de dura lucha. Fuimos derrotados y allí comenzó la más importante historia de nuestro movimiento. Allí se mostró su verdadera fuerza, su verdadero mérito histórico; nos dimos cuenta de los errores tácticos cometidos y de que faltaban algunos factores subjetivos importantes; el pueblo tenía conciencia de la necesidad de un cambio, faltaba la certeza de su posibilidad. Crearla era la tarea, y en la Sierra Maestra comienza el largo proceso que sirve de catalizador al movimiento entero de la Isla y que va provocando huracanes ininterrumpidos, incendios revolucionarios ininterrumpidos en todo el territorio.

Se empieza a demostrar con los hechos que el Ejército Revolucionario, con la fe y el entusiasmo del pueblo correctamente encaminados, en condiciones favorables para la lucha, puede ir aumentando su fuerza mediante el adecuado uso de las armas y destruir un día el ejército enemigo. Esa es una gran lección en nuestra historia. Antes de lograr el triunfo, ha ido cambiando la correlación de fuerzas hasta convertirse en inmensamente favorable al movimiento revolucionario; se han creado las condiciones subjetivas necesarias para realizar el cambio y provocado la crisis de poder esencial para el mismo. Se da una nueva experiencia revolucionaria a América Latina, se demuestra cómo las grandes verdades del marxismo-leninismo se cumplen siempre; en este caso, que la misión de los dirigentes y de los partidos es la de crear todas las condiciones necesarias para la toma de poder y no convertirse en nuevos espectadores de la ola revolucionaria que va naciendo en el seno del pueblo.

Al mismo tiempo, al mostrar la necesidad de que los núcleos armados que defienden la soberanía popular estén a cubierto de sorpresas, de ataques, de aniquilamientos, indica la importancia de que la lucha armada tenga por escenario los terrenos más favorables a la guerra de guerrillas, es decir, los lugares más accidentados de las zonas rurales. Ese es otro aporte de la Revolución a nuestra lucha de emancipación americana; del campo se va a la ciudad, de menor a mayor, creando el movimiento revolucionario que culmina en La Habana.

En otra parte Fidel expresa claramente: condición esencial del revolucionario es saber interpretar la realidad. Refiriéndose a la huelga de abril, explica cómo no supimos interpretarla en ese momento y por ello sufrimos una catástrofe. ¿Por qué se declara la huelga de abril? Porque había en el seno del movimiento una serie de contradicciones que nosotros llamamos de la Sierra y del Llano y que se hacían patentes a través del análisis de los elementos considerados fundamentales para decidir la lucha armada, los que eran diametralmente diferentes en cada una de las alas.

La Sierra estaba dispuesta a derrotar al ejército cuantas veces fuera necesario, ir ganándole batalla tras batalla, conquistando sus armamentos y llegar algún día a la toma total del poder sobre la base de su Ejército Rebelde. El Llano era partidario de la lucha armada general en todo el país con un epílogo de huelga general revolucionaria que expulsara a la dictadura batistiana y sentara la autoridad de los "civiles" como gobernantes convirtiendo al nuevo ejército en "apolítico".

El choque de esta tesis es continuo y no es lo más adecuado para la unidad de mando que se requiere en momentos como éste. La huelga de abril es preparada y decretada por el Llano con la anuencia de la dirección de la Sierra que no se siente capaz de impedirla, aunque tiene serias dudas sobre su resultado y con las expresas reservas del PSP que advierte el peligro a tiempo. Los comandantes revolucionarios van al Llano para ayudarla y así Camilo Cienfuegos, nuestro inolvidable Jefe del Ejército, empieza a hacer sus primeras incursiones en la zona de Bayamo.

Estas contradicciones tienen una raíz más honda que las discrepancias tácticas: el Ejército Rebelde ya es ideológicamente proletario y piensa en función de clase desposeída; el Llano todavía sigue pequeñoburgués, con futuros traidores en su dirección y muy influenciado por el medio en que se desenvuelve.

Era una lucha menor por el control interno, en el marco de la gran lucha revolucionaria por el poder. Los recientes acontecimientos de Argelia se explican claramente por analogía con la Revolución cubana: el ala revolucionaria no se deja desplazar del poder y lucha conquistándolo íntegro, el Ejército de Liberación es el representante genuino de la revolución que triunfa.

Los choques se suceden periódicamente y solamente se logra la unidad de mando (todavía no acatada por todos, sin embargo) cuando Fidel es nombrado Primer Ministro, algunos meses después de logrado el triunfo de la Revolución. Hasta ese momento ¿qué habíamos hecho?; habíamos adquirido, como dijera Fidel, el derecho a empezar. Solo habíamos culminado una etapa que se basaba en la lucha a muerte contra el sistema establecido en Cuba, representado en el dictador Batista, pero el hecho de seguir consecuentemente una línea revolucionaria tendente a mejorar el estado de nuestra sociedad y liberarla lo más posible de todas la trabas económicas, nos llevaba por fuerza a una lucha frontal con el imperialismo.

Para el desarrollo y profundización de nuestra ideología, el imperialismo ha sido un factor muy importante; cada golpe que nos daba precisaba una respuesta; cada vez que reaccionaban los yanquis, con su soberbia habitual, tomando alguna medida contra Cuba, nosotros teníamos que tomar la contramedida necesaria y de esta manera iba profundizándose la Revolución.

El Partido Socialista Popular entraba en este frente y los compañeros de vieja militancia revolucionaria y los compañeros que llegaban al poder a través de la lucha en la Sierra empezaban una tarea de fusión. Ya en ese momento Fidel advertía contra algunos peligros del sectarismo y criticaba al que estregara en la nariz de otros los 15 ó 20 años de militancia y el sectarismo de las barbas en la Sierra o del tiratiros de la ciudad.

En la época de la lucha armada había un grupo de compañeros que trataban de defender al movimiento del aparente caudillismo del compañero Fidel y cometieron el mismo error, que se repitiera después en la época del sectarismo, de confundir los grandes méritos del dirigente, los grandes méritos del líder de la Revolución y sus innegables dotes de mando, con el individuo cuya única preocupación era asegurarse el apoyo incondicional de los suyos y establecer un sistema de caudillaje. Fue una lucha de principios falsos llevada por un grupo de compañeros, lucha que no terminó siquiera el primero de enero o el momento en que Fidel asumiera el cargo de Primer Ministro, sino mucho después, cuando el ala derecha del Movimiento 26 de Julio era destrozada. Así cayeron, por oponerse a la voluntad popular, [Manuel] Urrutia, [José] Miró Cardona, [Manuel] Ray, Hubert Matos, David Salvador y tantos otros traidores.

Surge, después de la victoria total contra el ala derecha, la necesidad de estructurar un partido: el Partido Unido de la Revolución, exponente del marxismo-leninismo en las condiciones de Cuba. Debiera ser un organismo ligado a las masas y por cuadros estrictamente seleccionados, de una organización centralizada y elástica a la vez y, para todo ello, confiábamos ciegamente en la autoridad ganada en muchos años de lucha por el Partido Socialista Popular, haciendo dejación casi total de nuestros criterios organizativos. De esta manera se fueron creando una serie de condiciones para que madurara el fruto del sectarismo.

En el proceso de estructuración, el compañero Aníbal Escalante se encargaba de la organización y comenzaba una etapa negra aunque, felizmente, muy corta, de nuestro desarrollo. Se erraba en los métodos de dirección; el Partido perdía sus cualidades esenciales de ligazón a las masas, del ejercicio del centralismo democrático y del espíritu de sacrificio. Recurriendo, a veces, a verdaderos malabarismos se colocaban gentes sin experiencia y sin méritos en lugares dirigentes, por el hecho de haberse acomodado a la situación imperante.

Las ORI pierden su función de motor ideológico —y de control de todo el aparato productivo a través de esta función— y pasa a ser un aparato administrativo; en estas condiciones, los llamados de alerta que debían venir de las provincias, explicando la serie de problemas que allí existían, se perdían, porque quienes debían analizar el trabajo de los funcionarios administrativos eran precisamente los dirigentes del núcleo que cumplían una doble función de partido y de administración pública.

La etapa de los conceptos equivocados, de las equivocaciones garrafales y de los trasplantes mecánicos ha finalizado, afortunadamente. Las viejas bases en que se fundara este engendro sectario se han roto.

Frente a los interrogantes, la decisión de la Dirección Nacional presidida por Fidel fue volver a las masas, recurrir a las masas, y así se estableció el sistema de consulta de todos los centros de trabajo para la elección de los obreros ejemplares por la masa, la posibilidad de ser seleccionados para integrar los Núcleos del Partido, de un partido íntimamente unido a ellas.

Como parte de los cambios del Partido se reformó el sistema de educación, premiando con ella, no como en momentos pasados, a los amigos, a los "claros", a los "bachilleres del marxismo", sino a los mejores trabajadores, a los hombres que han demostrado con su actitud frente a la Revolución, con su trabajo diario y su entusiasmo y espíritu de sacrificio las superiores dotes de miembro del partido dirigente.

De acuerdo con eso se han cambiado todos los criterios y empieza una nueva época de vigorización del Partido y de los métodos. Se abre ante nosotros un amplio y luminoso camino de construcción socialista en la que al Partido le toca la tarea de conducción. Esa conducción no será la de la orden mecánica y burocrática, la del control estrecho y sectario, la del mandar hacer, la del consejo que debe seguirse en cuanto a expresión verbal y no por constituir un ejemplo vivo, la del privilegio de las ideas o de la historia pasada.

El partido del futuro estará íntimamente unido a las masas y absorberá de ellas las grandes ideas que después se plasmarán en directivas concretas; un partido que aplicará rígidamente su disciplina de acuerdo con el centralismo democrático y, al mismo tiempo, donde existan, permanentes, la discusión, la crítica y la autocrítica abiertas, para mejorar el trabajo continuamente. Será en esta etapa un partido de cuadros, de los mejores, y éstos deberán cumplir su tarea dinámica de estar en contacto con el pueblo, transmitir las experiencias hacia las esferas superiores, transmitir a las masas las directivas concretas y ponerse en marcha al frente de éstas. Primeros en el estudio, primeros en el trabajo, primeros en el entusiasmo revolucionario, primeros en el sacrificio; en todo momento los más buenos, más puros, más humanos que todos los otros, deben ser los cuadros de nuestro Partido.

Porque hay que recordar siempre que el marxista no es una máquina automática y fanática dirigida, como un torpedo, mediante un servomecanismo hacia un objetivo determinado. De este problema se ocupa expresamente Fidel en una de sus intervenciones [11 de abril de 1962]:

> ¿Quién ha dicho que el marxismo es la renuncia de los sentimientos humanos, al compañerismo, al amor al compañero, al respeto al compañero, a la consideración al compañero? ¿Quién ha dicho que

el marxismo es no tener alma, no tener sentimientos? Si precisamente fue el amor al hombre lo que engendró el marxismo, fue el amor al hombre, a la humanidad, el deseo de combatir la desdicha del proletariado, el deseo de combatir la miseria, la injusticia, el calvario y toda la explotación sufrida por el proletariado, lo que hace que de la mente de Carlos Marx surja el marxismo cuando precisamente podía surgir el marxismo, cuando precisamente podía surgir una posibilidad real y más que una posibilidad real, la necesidad histórica de la Revolución social de la cual fue intérprete Carlos Marx. Pero, ¿qué lo hizo ser ese intérprete sino el caudal de sentimientos humanos de hombres como él, como Engels, como Lenin?

Esta apreciación de Fidel es fundamental para el militante del nuevo partido, recuérdenlo siempre, compañeros, grábenselo en la memoria como su arma más eficaz contra todas las desviaciones. El marxista debe ser el mejor, el más cabal, el más completo de los seres humanos pero, siempre, por sobre todas las cosas, un ser humano; un militante de un partido que vive y vibra en contacto con las masas; un orientador que plasma en directivas concretas los deseos a veces oscuros de la masa; un trabajador incansable que entrega todo a su pueblo; un trabajador sufrido que entrega sus horas de descanso, su tranquilidad personal, su familia o su vida a la Revolución, pero nunca es ajeno al calor del contacto humano.

En el terreno internacional nuestro Partido tendrá deberes importantísimos; como el primer país socialista de América Latina, un ejemplo a seguir por otros países, una experiencia viva para ser captada por los demás partidos hermanos; una experiencia viviente, repetida y cambiante, que muestra a la luz del conocimiento público todos sus aciertos y sus errores. En esta forma su ejemplo es más didáctico y no tiene la aspiración de ser elevado solamente ante quienes han hecho profesión de fe del marxismo-leninismo, sino ante las masas populares de América Latina.

La Segunda Declaración de La Habana [4 de febrero de 1962] es una guía para el proletariado, el campesinado y los intelectuales revolucionarios de América Latina; nuestra propia actitud será guía permanente. Debemos ser dignos de ese lugar que tenemos, debemos trabajar todos los días pensando en nuestra América Latina y fortalecer más y más las bases de nuestro estado, su organización económica y su desarrollo político, para poder también, al mismo tiempo que nos superamos internamente, convencer más y más a los pueblos de América Latina de la posibilidad práctica de iniciar el camino del desarrollo socialista, en la etapa actual de correlación de fuerzas internacionales.

Todo esto sin olvidarnos de que nuestra capacidad emocional frente a los desmanes de los agresores y los sufrimientos de los pueblos, no puede estar limitada al marco de América Latina, ni siquiera al marco de América Latina y los países socialistas juntos; debemos practicar el verdadero internacionalismo proletario, recibir como afrenta propia toda agresión, toda afrenta, todo acto que vaya contra la dignidad del hombre, contra su felicidad en cualquier lugar del mundo.

Nosotros, militantes de un partido nuevo, en una nueva región liberada del mundo y en nuevas situaciones, debemos mantener siempre en alto la misma bandera de dignidad humana que alzara nuestro [José] Martí, guía de muchas generaciones, presente hoy con su frescura de siempre en la realidad de Cuba: "Todo hombre verdadero debe sentir en la mejilla el golpe dado a cualquier mejilla de hombre".

Contra el burocratismo

(Febrero de 1963)

Nuestra Revolución fue, en esencia, el producto de un movimiento guerrillero que inició la lucha armada contra la tiranía y cristalizó en la toma del poder. Los primeros pasos como estado revolucionario, así como toda la primitiva época de nuestra gestión en el gobierno, estaban fuertemente teñidos de los elementos fundamentales de la táctica guerrillera como forma de administración estatal. El "guerrillerismo" repetía la experiencia de la lucha armada de las sierras y campos de Cuba en las distintas organizaciones administrativas y de masas, y se traducía en que solamente las grandes consignas revolucionarias eran seguidas (y muchas veces interpretadas de distintas maneras) por los organismos de la administración y de la sociedad en general. La forma de resolver los problemas concretos estaba sujeta al libre arbitrio de cada uno de los dirigentes.

Por ocupar todo el complejo aparato de la sociedad, los campos de acción de las "guerrillas administrativas" chocaban entre sí, produciéndose continuos roces, órdenes y contraórdenes, distintas interpretaciones de las leyes, que llegaban, en algunos casos, a la réplica contra las mismas por parte de organismos que establecían sus propios dictados en forma de decretos, haciendo caso omiso del aparato central de dirección. Después de un año de dolorosas experiencias llegamos a la conclusión de que era imprescindible modificar totalmente nuestro estilo de trabajo y volver a organizar el aparato estatal de un modo racional, utilizando las técnicas de la planificación conocidas en los hermanos países socialistas.

Como otra medida, se empezaron a organizar los fuertes aparatos burocráticos que caracterizan esta primera época de construcción de nuestro Estado socialista, pero el bandazo fue demasiado grande y toda una serie de organismos, entre los que se incluye el Ministerio de Industrias, iniciaron una política de centralización operativa, frenando exageradamente la iniciativa de los administradores. Este concepto centralizador se explica por la escasez de cuadros medios y el espíritu anárquico anterior, lo que obligaba a un celo enorme en las exigencias de cumplimiento de las directivas. Paralelamente, la falta de aparatos de control adecuados hacía difícil la correcta localización a tiempo de las fallas administrativas, lo que amparaba el uso de la "libreta". De esta manera, los cuadros más conscientes y los más tímidos frenaban sus impulsos para atemperarlos a la marcha del lento engranaje de la administración, mientras otros campeaban todavía por sus respetos, sin sentirse obligados a acatar autoridad alguna, obligando a nuevas medidas de control que paralizaran su actividad. Así comienza a padecer nuestra Revolución el mal llamado burocratismo.

El burocratismo, evidentemente, no nace con la sociedad socialista ni es un componente obligado de ella. La burocracia estatal existía en la época de los regímenes burgueses con su cortejo de prebendas y de lacayismo, ya que a la sombra del presupuesto medraba un gran número de aprovechados que constituían la "corte" del político de turno. En una sociedad capitalista, donde todo el aparato del Estado está puesto al servicio de la burguesía, su importancia como órgano dirigente es muy pequeña y lo fundamental resulta hacerlo lo suficientemente permeable como para permitir el tránsito de los aprovechados y lo suficientemente hermético como para apresar en sus mallas al pueblo.

Dado el peso de los "pecados originales" yacentes en los antiguos aparatos administrativos y las situaciones creadas con posterioridad al triunfo de la Revolución, el mal del burocratismo comenzó a desarrollarse con fuerza. Si fuéramos a buscar sus raíces en el momento actual, agregaríamos a causas viejas nuevas motivaciones, encontrando tres razones fundamentales.

Una de ellas es la falta de motor interno. Con esto queremos decir, la falta de interés del individuo por rendir un servicio al Estado y por superar una situación dada. Se basa en una falta de conciencia revolucionaria o, en todo caso, en el conformismo frente a lo que anda mal.

Se puede establecer una relación directa y obvia entre la falta de motor interno y la falta de interés por resolver los problemas. En este caso, ya sea que esta falla del motor ideológico se produzca por una carencia absoluta de convicción o por cierta dosis de desesperación frente a problemas repetidos que no se pueden resolver, el individuo, o grupo de individuos, se refugian en el burocratismo, llenan papeles, salvan su responsabilidad y establecen la defensa escrita para seguir vegetando o para defenderse de la irresponsabilidad de otros.

Otra causa es la falta de organización. Al pretender destruir el "guerrillerismo" sin tener la suficiente experiencia administrativa, se producen disloques, cuellos de botellas, que frenan innecesariamente el flujo de las informaciones de las bases y de las instrucciones u órdenes emanadas de los aparatos centrales. A veces éstas, o aquéllas, toman rumbos extraviados y, otras, se traducen en indicaciones mal vertidas, disparatadas, que contribuyen más a la distorsión.

La falta de organización tiene como característica fundamental la falla en los métodos para encarar una situación dada. Ejemplos podemos ver en los Ministerios, cuando se quieren resolver problemas a otros niveles que el adecuado o cuando éstos se tratan por vías falsas y se pierden en el laberinto de los papeles. El burocratismo es la cadena del tipo de funcionario que quiere resolver de cualquier manera sus problemas, chocando una y otra vez contra el orden establecido, sin dar con la solución. Es frecuente observar cómo la única salida encontrada por un buen número de funcionarios es el solicitar más personal para realizar una tarea cuya fácil solución solo exige un poco de lógica, creando nuevas causas para el papeleo innecesario.

No debemos nunca olvidar, para hacer una sana autocrítica, que la dirección económica de la Revolución es la responsable de la mayoría de los males burocráticos: Los aparatos estatales no se desarrollaron mediante un plan único y con sus relaciones bien estudiadas, dejando amplio margen a la especulación sobre los métodos administrativos. El aparato central de la economía, la Junta Central de Planificación, no cumplió su tarea de conducción y no la podía cumplir, pues no tenía la autoridad suficiente sobre los organismos, estaba incapacitada para dar órdenes precisas en base a un sistema único y con el adecuado control y le faltaba el imprescindible auxilio de un plan perspectivo. La centralización excesiva sin una organización perfecta frenó la acción espontánea sin el sustituto de la orden correcta y a tiempo. Un cúmulo de decisiones menores limitó la visión de los grandes problemas y la solución de todos ellos se estancó, sin orden ni concierto. Las decisiones de última hora, a la carrera y sin análisis, fueron la característica de nuestro trabajo.

La tercera causa, muy importante, es la falta de conocimientos técnicos suficientemente desarrollados como para poder tomar decisiones justas y en poco tiempo. Al no poder hacerlo, deben reunirse muchas experiencias de pequeño valor y tratar de extraer de allí una conclusión. Las discusiones suelen volverse interminables, sin que ninguno de los expositores tenga la autoridad suficiente como para imponer su criterio. Después de una, dos, unas cuantas reuniones, el problema sigue vigente hasta que se resuelve por sí solo o hay que tomar una resolución cualquiera, por mala que sea.

La falta casi total de conocimientos, suplida como dijimos antes por una larga serie de reuniones, configura el "reunionismo", que se traduce fundamentalmente en falta de perspectiva para resolver los problemas. En estos casos, el burocratismo, es decir, el freno de los papeles y de las indecisiones al desarrollo de la sociedad, es el destino de los organismos afectados.

Estas tres causas fundamentales influyen, una a una o en distintas conjugaciones, en menor o mayor proporción, en toda la vida institucional del país, y ha llegado el momento de romper con sus malignas influencias. Hay que tomar medidas concretas para agilizar los aparatos estatales, de tal manera que se establezca un rígido control central que permita tener en las manos de la dirección las claves de la economía y libere al máximo la iniciativa, desarrollando sobre bases lógicas las relaciones de las fuerzas productivas.

Si conocemos las causas y los efectos del burocratismo, podemos analizar exactamente las posibilidades de corregir el mal. De todas las causas fundamentales, podemos considerar a la organización como nuestro problema central y encararla con todo el rigor necesario. Para ello debemos modificar nuestro estilo de trabajo; jerarquizar los problemas adjudicando a cada organismo y cada nivel de decisión su tarea; establecer las relaciones concretas entre cada uno de ellos y los demás, desde el centro de decisión económica hasta la última unidad administrativa y las relaciones entre sus distintos componentes, horizontalmente, hasta formar el conjunto de las relaciones de la economía. Esa es la tarea más asequible a nuestras fuerzas actualmente, y nos permitirá, como ventaja adicional, encaminar hacia otros frentes a una gran cantidad de empleados innecesarios, que no trabajan, realizan funciones mínimas o duplican las de otros sin resultado alguno.

Simultáneamente, debemos desarrollar con empeño un trabajo político para liquidar las faltas de motivaciones internas, es decir, la falta de claridad política, que se traduce en una falta de ejecutividad. Los caminos son: la educación continuada mediante la explicación concreta de las tareas, mediante la inculcación del interés a los empleados administrativos por su trabajo concreto, mediante el ejemplo de los trabajadores de vanguardia, por una parte, y las medidas drásticas de eliminar al parásito, ya sea al que esconde en su actitud una enemistad profunda hacia la sociedad socialista o al que está irremediablemente reñido con el trabajo.

Por último, debemos corregir la inferioridad que significa la falta de conocimientos. Hemos iniciado la gigantesca tarea de transformar la sociedad de una punta a la otra en medio de la agresión imperialista, de un bloqueo cada vez más fuerte, de un cambio completo en nuestra tecnología, de agudas escaseces de materias primas y artículos alimenticios y de una fuga en masa de los pocos técnicos calificados que tenemos. En esas condiciones debemos plantearnos un trabajo muy serio y muy perseverante con las masas, para suplir los vacíos que dejan los traidores y las necesidades de fuerza de trabajo calificada que se producen por el ritmo veloz impuesto a nuestro desarrollo. De allí que la capacitación ocupe un lugar preferente en todos los planes del Gobierno Revolucionario. La capacitación de los trabajadores activos se inicia en los centros de trabajo al primer nivel educacional: la eliminación de algunos restos de analfabetismo que quedan en los lugares más apartados, los cursos de seguimiento, después, los de superación obrera para aquellos que hayan alcanzado tercer grado, los cursos de Mínimo Técnico para los obreros de más alto nivel, los de extensión para hacer subingenieros a los obreros calificados, los cursos universitarios para todo tipo de profesional y, también, los administrativos. La intención del Gobierno Revolucionario es convertir nuestro país en una gran escuela, donde el estudio y el éxito de los estudios sean uno de los factores fundamentales para el mejoramiento de la condición del individuo, tanto económicamente como en su ubicación moral dentro de la sociedad, de acuerdo con sus calidades.

Si nosotros logramos desentrañar, bajo la maraña de los papeles, las intrincadas relaciones entre los organismos y entre secciones de organismos, la duplicación de funciones y los frecuentes "baches" en que caen nuestras instituciones, encontramos las raíces del problema y elaboramos normas de organización, primero elementales, más completas luego, damos la batalla frontal a los displicentes, a los confusos y a los vagos, reeducamos y educamos a esta masa, la incorporamos a la Revolución y eliminamos lo desechable y, al mismo tiempo, continuamos sin desmayar, cualesquiera que sean los inconvenientes confrontados, una gran tarea de educación a todos los niveles, estaremos en condiciones de liquidar en poco tiempo el burocratismo.

La experiencia de la última movilización es la que nos ha motivado a tener discusiones en el Ministerio de Industrias para analizar el fenómeno de que, en medio de ella, cuando todo el país ponía en tensión sus fuerzas para resistir el embate enemigo, la producción industrial no caía, el ausentismo desaparecía, los problemas se resolvían con una insospechada velocidad. Analizando esto, llegamos a la conclusión de que convergieron varios factores que destruyeron las causas fundamentales del burocratismo; había un gran impulso patriótico y nacional de resistir al imperialismo que abarcó a la inmensa mayoría del pueblo de Cuba, y cada trabajador, a su nivel, se convirtió en un soldado de la economía dispuesto a resolver cualquier problema.

El motor ideológico se lograba de esta manera por el estímulo de la agresión extranjera. Las normas organizativas se reducían a señalar estrictamente lo que no se podía hacer y el problema fundamental que debiera resolverse; mantener la producción por sobre todas las cosas, mantener determinadas producciones con mayor énfasis aún, y desligar a las empresas, fábricas y organismos de todo el resto de las funciones aleatorias, pero necesarias en un proceso social normal.

La responsabilidad especial que tenía cada individuo lo obligaba a tomar decisiones rápidas; estábamos frente a una situación de emergencia nacional, y había que tomarlas fueran acertadas o equivocadas; había que tomarlas, y rápido; así se hizo en muchos casos.

No hemos efectuado el balance de la movilización todavía y, evidentemente, ese balance, en términos financieros no puede ser positivo, pero sí lo fue en términos de movilización ideológica, en la profundización de la conciencia de las masas. ¿Cuál es la enseñanza? Que debemos hacer carne en nuestros trabajadores, obreros, campesinos o empleados que el peligro de la agresión imperialista sigue pendiente sobre nuestras cabezas, que no hay tal situación de paz y que nuestro deber es seguir fortaleciendo la Revolución día a día, porque, además, esa es nuestra garantía máxima de que no haya invasión. Cuanto más le cueste al imperialismo tomar esta Isla, cuanto más fuertes sean sus defensas y cuanto más alta sea la conciencia de sus hijos, más lo pensarán; pero al mismo tiempo, el desarrollo económico del país nos acerca a situaciones de más desahogo, de mayor bienestar. Que el gran ejemplo movilizador de la agresión imperialista se convierta en permanente, es la tarea ideológica.

Debemos analizar las responsabilidades de cada funcionario, establecerlas lo más rígidamente posible dentro de cauces, de los que no debe salirse bajo pena de severísimas sanciones y, sobre esta base, dar las más amplias facultades posibles. Al mismo tiempo, estudiar todo lo que es fundamental y lo que es accesorio en el trabajo de las distintas unidades de los organismos estatales y limitar lo accesorio para poner énfasis sobre lo fundamental, permitiendo así más rápida acción. Y exigir acción a nuestros funcionarios, establecer límites de tiempo para cumplir las instrucciones emanadas de los organismos centrales, controlar correctamente y obligar a tomar decisiones en tiempo prudencial.

Si nosotros logramos hacer todo ese trabajo, el burocratismo desaparecerá. De hecho no es una tarea de un organismo, ni siquiera de todos los organismos económicos del país; es la tarea de la nación entera, es decir, de los organismos dirigentes, fundamentalmente del Partido Unido de la Revolución y de las agrupaciones de masas. Todos debemos trabajar para cumplir esta consigna apremiante del momento:

Guerra al burocratismo. Agilización del aparato estatal. Producción sin trabas y responsabilidad por la producción.

Sobre el sistema presupuestario de financiamiento

(Febrero de 1964)

Articulo publicado originalmente en la revista Nuestra Industria, Revista Económica, *febrero 1964. Para profundizar en el tema ver,* El Gran Debate sobre la economía en Cuba, *Ocean Press, 2003.*

Antecedentes generales

Se ha hablado ya algo sobre el tema, pero no lo suficiente y considero que es imperativo comenzar a hacer un análisis más profundo sobre el mismo, para poder dar una idea clara de sus alcances y metodología.

Tiene su sanción oficial en la *Ley reguladora del sistema presupuestario de financiamiento de las empresas estatales* y su bautismo en el proceso de trabajo interno del Ministerio de Industrias.

Su historia es corta y se remonta apenas al año 1960 en que comienza a adquirir alguna consistencia; pero no es nuestro propósito analizar su desarrollo sino el sistema tal como se presenta ahora, en el entendido de que no ha terminado, ni mucho menos, su evolución.

Nuestro interés es hacer la comparación con el llamado cálculo económico; de este sistema hacemos énfasis en el aspecto de la autogestión financiera, por ser una característica fundamental de diferenciación, y en la actitud frente al estímulo material, pues sobre esta base se establece aquella.

La explicación de las diferencias se hace difícil, pues éstas son, a menudo, oscuras y sutiles y, además, el estudio del sistema presupuestario de financiamiento no se ha profundizado lo suficiente como para que la exposición pueda competir con claridad con la del cálculo económico.

Empezaremos con algunas citas. La primera es de los manuscritos económicos de Marx, de la época en que su producción fue bautizada como de *Marx el joven*, cuando, incluso en su lenguaje, el peso de las ideas filosóficas que contribuyeron a su formación se notaba mucho, y sus ideas sobre la economía eran más imprecisas. No obstante, Marx estaba en la plenitud de su vida, ya había abrazado la causa de los humildes y la explicaba filosóficamente, aunque sin el rigor científico de *El Capital*. Pensaba más como filósofo y, por tanto, se refería más concretamente al hombre como individuo humano y a los problemas de liberación como ser social, sin entrar todavía en el análisis de la ineluctabilidad del resquebrajamiento de las estructuras sociales de la época, para dar paso al período de transición: la dictadura del proletariado. En *El Capital*, Marx se presenta como el economista científico que analiza minuciosamente el carácter transitorio de las épocas sociales y su identificación con las relaciones de producción; no da paso a las disquisiciones filosóficas.

El peso de este momento de la inteligencia humana es tal que nos ha hecho olvidar frecuentemente el carácter humanista (en el mejor sentido de la palabra) de sus inquietudes. La mecánica de las relaciones de producción y su consecuencia: la lucha de clases, oculta en cierta medida el hecho objetivo de que son hombres los que se mueven en el ambiente histórico. Ahora nos interesa el hombre y de ahí la cita que, no por ser de su juventud, tiene menos valor como expresión del pensamiento del filósofo:

> El comunismo, como superación positiva de la propiedad privada, como autoenajenación humana y, por tanto, como real apropiación de la esencia humana por y para el hombre; por tanto, como el retorno total, consciente y logrado dentro de toda la riqueza del desarrollo anterior del hombre para sí como un hombre social, es decir, humano. Este comunismo es, como naturalismo acabado = humanismo y, como humanismo acabado = naturalismo; es la verdadera solución del conflicto entre el hombre y la naturaleza y del hombre contra el hombre, la verdadera solución de la pugna entre la existencia y la esencia, entre la objetivación y la afirmación de sí mismo, entre la libertad y la necesidad, entre el individuo y la especie. Es el secreto revelado de la historia y tiene la *conciencia* de ser esta solución.[19]

La palabra *conciencia* es subrayada por considerarla básica en el planteamiento del problema; Marx pensaba en la liberación del hombre y veía al comunismo como la solución de las contradicciones que produjeron su enajenación, pero como un acto consciente. Vale decir, no puede verse el comunismo meramente como el resultado de contradicciones de una sociedad de alto desarrollo, que fueran a resolver en una etapa de transición para alcanzar la cumbre; el hombre es el actor consciente de la historia. Sin esta *conciencia*, que engloba la de su ser social, no puede haber comunismo.

Durante la confección de *El Capital*, Marx no abandonó su actividad militante; cuando en 1875 se realizó el Congreso de Gotha para la unificación de las organizaciones obreras existentes en Alemania (Partido Obrero Social-Demócrata y Asociación General de Obreros Alemanes) y se confeccionó el programa del mismo nombre su respuesta fue la *Crítica del Programa de Gotha*.

Este escrito, realizado en medio de su trabajo fundamental y con una clara orientación polémica, tiene su importancia debido a que en él toca, aunque de pasada, el tema del período de transición. En el análisis del punto 3 del *Programa de Gotha* se extiende algo sobre algunos de los temas más importante en este período, considerado por él como el resultado del resquebrajamiento del sistema capitalista desarrollado. En esta etapa no se prevé el uso del dinero, pero sí la retribución individual del trabajo; porque:

> De lo que aquí se trata no es de la sociedad comunista que se ha desarrollado sobre su propia base, sino de una que acaba de salir precisamente de la sociedad capitalista y que, por tanto, presenta todavía en todos sus aspectos, en el económico, en el moral y en el intelectual, el sello de la vieja sociedad de cuya entraña procede. Congruentemente con esto, en ella el productor individual obtiene de la sociedad —después de hechas las obligadas deducciones— exactamente lo que ha dado. Lo que el productor ha dado a la sociedad es su cuota individual de trabajo.[20]

Marx solo pudo intuir el desarrollo del sistema imperialista mundial; Lenin lo ausculta y da su diagnóstico:

> La desigualdad del desarrollo económico y político es una ley absoluta del capitalismo. De aquí se deduce que es posible que la victoria del socialismo empiece por unos cuantos países capitalistas, o incluso por un solo país capitalista. El proletariado triunfante de este país, después de expropiar a los capitalistas y de organizar la producción socialista dentro de sus fronteras, se enfrentaría con el resto del mundo, con el mundo capitalista, atrayendo a su lado a las clases oprimidas de los demás países, levantando en ellos la insurrección contra los capitalistas, empleando, en caso necesario, incluso las fuerzas de las armas en contra de las fuerzas explotadoras y sus Estados.

> La forma política de la sociedad en que triunfe el proletariado, derrotando a la burguesía, será la republica democrática, que centralizará cada vez más las fuerzas del proletariado de dicha nación o de dichas naciones en la lucha contra los Estados que aún no hayan pasado al socialismo. Es imposible suprimir las clases sin una dictadura de las clases oprimidas, del proletariado. La libre unión de las naciones en el socialismo es una lucha tenaz, más o menos una lucha prolongada, de las repúblicas socialistas contra los Estados atrasados.[21]

Pocos años más tarde Stalin sistematizó la idea hasta extremos de considerar posible la revolución socialista en las colonias:

> La tercera contradicción es la contradicción entre un puñado de naciones "civilizadas" dominadoras y los centenares de millones de hombres de los pueblos coloniales y dependientes en el mundo. El imperialismo es la explotación más descarada y la opresión más inhumana de los cientos de millones de habitantes de las inmensas colonias y países dependientes. Exprimir superganancias: tal es el objetivo de esta explotación y de esta opresión. Pero, al explotar esos países, el imperialismo se ve obligado a construir en ellos ferrocarriles, fábricas y talleres, centros industriales y comerciales. La aparición de la clase de los proletarios, la formación de una intelectualidad en el país, el despertar de una conciencia nacional, el incremento del movimiento de liberación, son otros tantos resultados inevitables de esta "política". El incremento del movimiento revolucionario en todas las colonias y en todos los países dependientes sin excepción atestigua esto de un modo palmario. Esta circunstancia es importante para el proletariado en el sentido de que mina en sus raíces las posiciones del capitalismo, convirtiendo a las colonias y a los países dependientes, de reservas del imperialismo en reservas de la revolución proletaria.[22]

Las tesis de Lenin se demuestran en la práctica logrando el triunfo en Rusia, dando nacimiento a la URSS.

Estamos frente a un fenómeno nuevo: el advenimiento de la revolución socialista en un solo país, económicamente atrasado, con veintidós millones de kilómetros cuadrados, poca densidad de población, agudización de la pobreza por la guerra, y, como si todo esto fuera poco, agredido por las potencias imperialistas.

Después de un período de comunismo de guerra, Lenin sienta las bases de la NEP [Nueva Política Económica] y, con ella, las bases del desarrollo de la sociedad soviética hasta nuestros días.

Aquí precisa señalar el momento que vivía la Unión Soviética y nadie mejor que Lenin para ello:

> Así, pues, en 1918 mantenía la opinión de que el capitalismo de Estado constituía un paso adelante en comparación con la situación económica existente entonces en la República Soviética. Esto suena muy extraño y, seguramente, hasta absurdo, pues nuestra república era ya entonces una república socialista; entonces adoptábamos cada día con el mayor apresuramiento —quizá con un apresuramiento excesivo— diversas medidas económicas nuevas, que no podían ser calificadas más que de medidas socialistas. Y, sin embargo, pensaba que el capitalismo de Estado representaba un paso adelante, en comparación con aquella situación económica de la República Soviética y, explicaba esta idea enumerando simplemente los elementos del régimen económico de Rusia. Estos elementos eran, a mi juicio, los siguientes: 1) forma patriarcal, es decir, más primitiva, de la agricultura; 2) pequeña producción mercantil (incluidos la mayoría de los campesinos que venden su trigo); 3) capitalismo privado; 4) capitalismo de Estado, y 5) socialismo. Todos estos elementos económicos existían a la sazón en Rusia. Entonces me planteé la tarea de explicar las relaciones que existían entre esos elementos y si no sería oportuno considerar algunos de los elementos no socialistas, precisamente el capitalismo de Estado, superior al socialismo. Repito: a todos les parece muy extraño que un elemento no socialista sea apreciado en más y considerado superior al socialismo en una república que se proclama socialista. Pero comprenderéis la cuestión si recordáis que nosotros no considerábamos, ni mucho menos, el régimen económico de Rusia como algo homogéneo y altamente desarrollado, sino que teníamos plena conciencia de que al lado de la forma socialista, existían en Rusia la agricultura patriarcal, es decir, la forma primitiva de economía agrícola. ¿Qué papel podía desempeñar el capitalismo de Estado en semejante situación?
>
> Después de haber subrayado que en 1918 considerábamos el capitalismo de Estado como una posible línea de repliegue, paso a analizar los resultados de nuestra política económica. Repito: entonces era una idea muy vaga; pero en 1921, después de haber superado la etapa más importante de la guerra civil, y de haberla superado victoriosamente, nos enfrentamos con una gran crisis política interna —yo supongo que es la mayor— de la Rusia Soviética, crisis que suscitó el descontento no solo de una parte considerable de los campesinos, sino también de los obreros. Fue la primera vez, y confío que la última en la historia de la Rusia Soviética, que grandes masas de campesinos estaban contra nosotros, no de modo conciente,

sino instintivo, por su estado de ánimo. ¿A qué se debía esta situación tan original y, claro es, tan desagradable para nosotros?

La causa consistía en que habíamos avanzado demasiado en nuestra ofensiva económica, en que no nos habíamos asegurado una base suficiente, en que las masas sentían lo que nosotros no supimos entonces formular de manera consciente, pero que muy pronto, unas semanas después reconocimos: que el paso directo a formas puramente socialistas de economía, a la distribución puramente socialista, era superior a nuestras fuerzas y que si no estábamos en condiciones de efectuar un repliegue para limitarnos a tareas más fáciles, nos amenazaría la bancarrota.[23]

Como se ve la situación económica y política de la Unión Soviética hacía necesario el repliegue de que hablara Lenin. Por lo que se puede caracterizar esta política como una táctica estrechamente ligada a la situación histórica del país, y, por tanto, no se le debe dar validez universal a todas sus afirmaciones. Nos luce que hay que considerar dos factores de considerable importancia para su implantación en otros países: 1º) Las características de la Rusia zarista en el momento de la revolución, incluyendo aquí el desarrollo de la técnica a todos los niveles, el carácter especial de su pueblo, las condiciones generales del país, que se agrega al destrozo de una guerra mundial, las devastaciones de las hordas blancas y los invasores imperialistas. 2º)Las características generales de la época en cuanto a las técnicas de dirección y control de la economía.

Oscar Lange, en su artículo *Los problemas actuales de la ciencia económica en Polonia*, dice lo siguiente:

> La ciencia económica burguesa desempeña todavía otra función. La burguesía y también los monopolios, no destinan grandes medios a la creación de escuelas de orden superior e institutos de análisis científicos en el campo de las ciencias económicas sólo con el objeto de tener en ellos una ayuda para la apología del sistema capitalista. Esperan de los economistas algo más, esto es, una ayuda en la solución de los numerosos problemas conexos con la política económica. En el período del capitalismo de competencia las tareas en este campo eran limitadas, referidas solamente a la administración financiera, la política monetaria y crediticia, la política aduanal, los transportes, etc. Pero en las condiciones del capitalismo de monopolio y especialmente en las condiciones de presente penetración del capitalismo de Estado en la vida económica, los problemas de este género crecen. Podemos enumerar algunos: el análisis del mercado para facilitar la política de precios de los grandes monopolios; los métodos de un conjunto de empresas

industriales de dirección centralizada; las recíprocas reglamentaciones de contabilidad entre estas empresas, el ligamen programado de su actividad y desarrollo, de su correspondiente localización, de la política de amortizaciones o inversiones. De todo esto resultan las cuestiones relacionadas con la actividad del Estado capitalista en el período actual, del mismo modo que los criterios de actividad de las industrias nacionalizadas, de su política de inversiones y localización (por ejemplo, en el campo de la energética), del modo de intervención político-económica en el conjunto de la economía nacional, etcétera.

A todos estos problemas se ha añadido una serie de adquisiciones técnico-económicas, las cuales, en ciertos campos como, por ejemplo, el análisis del mercado o en la programación de la actividad de las empresas que forman parte de un grupo, o en los reglamentos de contabilidad en el interior de cada fábrica o del grupo, en los criterios de amortización y otros, pueden ser parcialmente utilizados por nosotros en el proceso de edificación del socialismo (como sin duda la utilizarán los trabajadores de los países actualmente capitalistas cuando se efectúe el tránsito al socialismo).[24]

Es de hacer notar que Cuba no había efectuado su tránsito, ni siquiera iniciado su revolución cuando esto se escribía. Muchos de los adelantos técnicos que Lange describe existían en Cuba; es decir, las condiciones de la sociedad cubana de aquella época permitían el control centralizado de algunas empresas, cuya sede era La Habana o Nueva York. La Empresa Consolidada del Petróleo, formada a partir de la unificación de las tres refinerías imperialistas existentes (Esso, Texaco y Shell), mantuvo y, en algunos casos, perfeccionó sus sistemas de controles y es considerada modelo en este ministerio. En aquellas en que no existía la tradición centralizadora ni las condiciones prácticas, éstas fueron creadas sobre la base de una experiencia nacional, como en la Empresa Consolidada de la Harina, que mereció el primer lugar entre las del viceministerio de la Industria Ligera.

Aunque la práctica de los primeros días de manejo de las industrias nos convence plenamente de la imposibilidad de seguir racionalmente otro camino, sería ocioso discutir ahora si las medidas organizativas tomadas hubieran dado parecidos o mejores resultados con la implantación de la autogestión a nivel de unidad; lo importante es que se pudo hacer en condiciones muy difíciles y que la centralización permitió liquidar —en el caso de la industria del calzado, por ejemplo— una gran cantidad de chinchales ineficientes y destinar seis mil obreros para otras ramas de la producción.

Con esta serie de citas hemos pretendido fijar los temas que consideramos básicos para la explicación del sistema:

Primero: El comunismo es una meta de la humanidad que se alcanza conscientemente; luego, la educación, la liquidación de las taras de la sociedad antigua en la conciencia de las gentes, es un factor de suma importancia, sin olvidar claro está, que sin avances paralelos en la producción no se puede llegar nunca a tal sociedad.

Segundo: Las formas de conducción de la economía, como aspecto tecnológico de la cuestión, deben tomarse de donde estén más desarrolladas y puedan ser adaptadas a la nueva sociedad. La tecnología de la petroquímica del campo imperialista puede ser utilizada por el campo socialista sin temor de *contagio* de la ideología burguesa. En la rama económica (en todo lo referente a normas técnicas de dirección y control de la producción) sucede lo mismo.

Se podría, si no es considerado demasiado pretencioso, parafrasear a Marx en su referencia a la utilización de la dialéctica de Hegel y decir de estas técnicas que han sido puestas al derecho.

Un análisis de las técnicas contables utilizadas hoy habitualmente en los países socialistas nos muestra que entre ellas y las nuestras media un concepto diferencial, que podría equivaler al que existe en el campo capitalista, entre capitalismo de competencia y monopolio. Al fin, las técnicas anteriores sirvieron de base para el desarrollo de ambos sistemas, *puestas sobre los pies*, de ahí en adelante se separan los caminos, ya que el socialismo tiene sus propias relaciones de producción y, por ende, sus propias exigencias.

Podemos decir pues, que como técnica, el antecesor del sistema presupuestario de financiamiento es el monopolio imperialista radicado en Cuba, y que había sufrido ya las variaciones inherentes al largo proceso del desarrollo de la técnica de conducción y control que va desde los albores del sistema monopolista hasta nuestros días en que alcanza sus niveles superiores. Cuando los monopolistas se retiraron se llevaron sus cuadros superiores y algunos intermedios; al mismo tiempo, nuestro concepto inmaduro de la revolución nos llevó a arrasar con una serie de procedimientos establecidos, por el mero hecho de ser capitalistas. Esto hace que nuestro sistema no llegue todavía al grado de efectividad que tenían las sucursales criollas de los monopolios en cuanto a dirección y control de la producción; por ese camino vamos, limpiándolo de cualquier hojarasca anterior.

Diferencias generales entre el cálculo económico y el sistema presupuestario de financiamiento

Entre el cálculo económico y el sistema presupuestario de financiamiento hay diferencias de distintos grados; intentaremos dividirlas en dos grandes grupos y explicarlas someramente; hay diferencias de tipo metodológico —práctico, diríamos— y diferencias de carácter más profundo pero cuya naturaleza puede hacer bizantino el análisis, si no se opera con gran cautela.

Conviene aclarar ahora que lo que nosotros buscamos es una forma más eficiente de llegar al comunismo; no hay discrepancia de principio. El cálculo económico ha demostrado su eficacia práctica y partiendo de las mismas bases se plantean los mismos fines; nosotros creemos que el esquema de acción de nuestro sistema, convenientemente desarrollado, puede elevar la eficacia de la gestión económica del Estado Socialista, profundizar la conciencia de las masas y cohesionar aún más el sistema socialista mundial, sobre la base de una acción integral.

La diferencia más inmediata surge cuando hablamos de la empresa. Para nosotros una empresa es un conglomerado de fábricas o unidades que tienen una base tecnológica parecida, un destino común para su producción o, en algún caso, una localización geográfica limitada; para el sistema de cálculo económico, una empresa es una unidad de producción con una personalidad jurídica propia. Un central azucarero es una empresa para aquel método y, para nosotros, todos los centrales azucareros y otras unidades relacionadas con el azúcar constituyen la Empresa Consolidada del Azúcar. Recientemente en la URSS se han hecho ensayos de este tipo adaptados a las condiciones propias de ese país hermano (véase "Los Combinados de Empresas Soviéticas. La nueva forma de administración de las industrias", I. Ivonin, *Nuestra Industria, Revista Económica*, No. 4). Otra diferencia es la forma de utilización del dinero; en nuestro sistema solo opera como dinero aritmético, como reflejo, en precios, de la gestión de la empresa, que los organismos centrales analizarán para efectuar el control de su funcionamiento; en el cálculo económico es no solo esto, sino también medio de pago que actúa como instrumento indirecto de control, ya que son estos fondos los que permiten operar a la unidad; y sus relaciones con el banco son similares a las de un productor privado en contacto con bancos capitalistas a los que deben explicar exhaustivamente sus planes y demostrar su solvencia. Naturalmente, en este caso no opera la decisión arbitraria sino la sujeción a un plan y las relaciones se efectúan entre organizaciones estatales.

Consecuentemente con la forma de utilizar el dinero, nuestras empresas no tienen fondos propios; en el Banco existen cuentas separadas para extraerlos y depositarlos, la empresa puede extraer fondos según el plan, de la cuenta especial de gastos y de la general para pagar salarios, pero al efectuar un depósito, éste pasa al Estado automáticamente.

Las empresas de la mayoría de los países hermanos tienen fondos propios en los bancos que refuerzan con créditos de los mismos por los que pagan interés sin olvidar nunca que estos fondos *propios*, al igual que los créditos, pertenecen a la sociedad expresando en su movimiento el estado financiero de la empresa.

En cuanto a las normas de trabajo las empresas del cálculo económico usan el trabajo normado a tiempo y el trabajo por pieza o por hora (destajo); nosotros estamos tratando de llevar todas nuestras fábricas al trabajo normado a tiempo, con premios de sobrecumplimientos limitados por la tarifa de la escala superior. Después nos extenderemos sobre el particular.

En el sistema de cálculo económico plenamente desarrollado existe un método riguroso de contratación, con penas monetarias por incumplimientos y sobre la base de un andamiaje jurídico establecido tras años de experiencia. En nuestro país todavía no existe tal estructura, ni siquiera para los organismos de autogestión como el INRA [Instituto Nacional de Reforma Agraria], y se hace particularmente difícil para su implantación por el hecho de coexistir dos sistemas tan disímiles. Por ahora existe la Comisión de Arbitraje, carente de facultades ejecutivas, pero cuya importancia va creciendo paulatinamente y puede ser la base de nuestra estructura jurídica en un futuro. Internamente, entre organismos sujetos al sistema presupuestario, la decisión es fácil pues se toman medidas administrativas si las cuentas de control están bien llevadas y al día (cosa que ya sucede en la mayoría de las empresas de este Ministerio).

Partiendo de la base de que en ambos sistemas el plan general del Estado es la máxima autoridad, acatada obligatoriamente, se pueden sintetizar analogías y diferencias operativas, diciendo que la autogestión se basa en un control centralizado global y una descentralización más acusada, se ejerce el control indirecto mediante el *rublo*, por el Banco, y el resultado monetario de la gestión sirve como medida para los premios; el interés material es la gran palanca que mueve individual y colectivamente a los trabajadores.

El sistema presupuestario de financiamiento se basa en un control centralizado de la producción de la actividad de la empresa; su plan y su gestión económica son controlados por organismos centrales, en una forma directa, no tiene fondos propios ni recibe créditos bancarios, y usa, en forma individual, el estímulo material, vale decir los premios y castigos monetarios individuales y, en su momento, usará los colectivos, pero el estímulo material directo está limitado por la forma de pago de la tarifa salarial.

Contradicciones más sutiles, estímulo material versus conciencia

Aquí entramos de lleno en el campo de las contradicciones más sutiles y que mejor deben ser explicadas. El tema del estímulo material versus estímulo moral ha dado origen a muchas discusiones entre los interesados en estos asuntos. Precisa aclarar bien una cosa: *no negamos la necesidad objetiva del estímulo material*, sí somos renuentes a su uso como palanca impulsora fundamental. Consideramos que, en economía, este tipo de palanca adquiere rápidamente categoría per se y luego impone su propia fuerza en las relaciones entre los hombres. No hay que olvidarse que viene del capitalismo y está destinada a morir en el socialismo.

¿Cómo la haremos morir?

—Poco a poco, mediante el gradual aumento de los bienes de consumo para el pueblo que hace innecesario este estímulo— nos contestan. Y en esta concepción vemos una mecánica demasiado rígida. Bienes de consumo, esa es la consigna y es la gran formadora, en definitiva, de conciencia para los defensores del otro sistema. Estímulo material directo y conciencia son términos contradictorios, en nuestro concepto.

Éste es uno de los puntos en que nuestras discrepancias alcanzan dimensiones concretas. No se trata ya de matices; para los partidarios de la autogestión financiera el estímulo material directo, proyectado hacia el futuro y acompañando a la sociedad en las diversas etapas de la construcción del comunismo, no se contrapone al "desarrollo" de la conciencia, para nosotros sí. Es por eso que luchamos contra su predominio, pues significaría el retraso del desarrollo de la moral socialista.

Si el estímulo material se opone al desarrollo de la conciencia, pero es una gran palanca para obtener logros en la producción, ¿debe entenderse que la atención preferente al desarrollo de la conciencia retarda la producción? En términos comparativos, en una época dada, es posible, aunque nadie ha hecho los cálculos pertinentes; nosotros afirmamos que en tiempo relativamente corto el desarrollo de la conciencia hace más por el desarrollo de la producción que el estímulo material y lo hacemos basados en la proyección general del desarrollo de la sociedad para entrar al comunismo, lo que presupone que el trabajo deje de ser una penosa necesidad para convertirse en un agradable imperativo. Cargada de subjetivismo, la afirmación requiere la sanción de la experiencia y en eso estamos; si, en el curso de ella, se demostrara que es un freno peligroso para el desarrollo de las fuerzas productivas, habrá que tomar la determinación de cortar por lo sano y volver a los caminos transitados; hasta ahora no ha ocurrido así y el método, con el perfeccionamiento que va dando la práctica, adquiere cada vez más consistencia y demuestra su coherencia interna.

¿Cuál es, pues, el tratamiento correcto al interés material? Creemos que nunca se puede olvidar su existencia, ya sea como expresión colectiva de los afanes de las masas o como presencia individual, reflejo en la conciencia de los trabajadores de los hábitos de la vieja sociedad.

Para el tratamiento del interés material de la forma colectiva no tenemos una idea bien definida hasta ahora, debido a insuficiencias en el aparato de planificación que nos impiden basarnos con confianza en él y a no haber podido estructurar hasta el momento un método que permita soslayar las dificultades; el peligro mayor lo vemos entre el antagonismo que se crea entre la administración estatal y los organismos de producción, antagonismo analizado por el economista soviético Liberman, quien llega a la conclusión de que hay que cambiar los métodos de estímulo colectivo, dejando la antigua fórmula de premios basada en el cumplimiento de los planes para pasar a otras más avanzadas.

Aun cuando no estamos de acuerdo con él en el énfasis dado al interés material (como palanca), nos parece correcta su preocupación por las aberraciones que el concepto *cumplimiento del plan* ha sufrido en el transcurso de los años. Las relaciones entre las empresas y los organismos centrales adquieren formas bastante contradictorias y los métodos usados por aquellas para obtener beneficios toman a veces características que se apartan bastante de la moral socialista.

Creemos que se están desperdiciando, en cierta manera, las posibilidades de desarrollo que ofrecen las nuevas relaciones de producción para acentuar la evolución del hombre hacia *El reino de la libertad*. Precisamente, puntualizamos en nuestra definición de los argumentos fundamentales del sistema la interrelación existente entre educación y desarrollo de la producción. Se puede abordar la tarea de la construcción de la nueva conciencia porque estamos frente a nuevas formas de relaciones de producción y, aunque en sentido histórico general, la conciencia es producto de las relaciones de producción, deben considerarse las características de la época actual cuya contradicción fundamental (en niveles mundiales) es la existente entre el imperialismo y el socialismo. Las ideas socialistas tocan la conciencia de las gentes del mundo entero, por eso puede adelantarse un desarrollo al estado particular de las fuerzas productivas en un país dado.

En la URSS de los primeros años, el Estado Socialista caracterizaba el régimen a pesar de las relaciones de tipo mucho más atrasadas que habían en su seno. En el capitalismo hay restos de la etapa feudal, pero es aquel sistema el que caracteriza el país luego de triunfar en los aspectos fundamentales de su economía. En Cuba, el desarrollo de las contradicciones entre dos sistemas mundiales permitió el establecimiento del carácter socialista de la revolución, carácter que le fue dado en un acto consciente, gracias a los conocimientos adquiridos por sus dirigentes, la profundización de la conciencia de las masas y la correlación de fuerzas en el mundo.

Si todo esto es posible, ¿por qué no pensar en el papel de la educación como ayudante pertinaz del Estado socialista en la tarea de liquidar las viejas tareas de una sociedad que ha muerto y se lleva a la tumba sus viejas relaciones de producción? Veamos a Lenin:

> Por ejemplo, no puede ser más vulgar la argumentación empleada por ellos y que han aprendido de memoria en la etapa del desarrollo de la socialdemocracia de la Europa Occidental, de que nosotros no hemos madurado para el socialismo, que no existen en nuestro país, como se expresan algunos señores "eruditos" que militan en sus filas, las condiciones económicas objetivas para el socialismo. Y a ninguno de ellos se les pasa por la imaginación preguntarse: ¿Pero no podía un pueblo que se encontró con la situación revolucionaria como la que se formó durante la primera guerra imperialista, no podía, bajo la influencia de su situación desesperada, lanzarse en una lucha que le brindara, por lo menos algunas perspectivas de conquistar para sí condiciones fuera de las habituales para el ulterior incremento de la civilización?
>
> Rusia no ha alcanzado tal nivel de desarrollo de las fuerzas productivas que haga posible el socialismo. Todos los héroes de la II Internacional, y entre ellos, naturalmente, Sujánov, van y vienen con esta tesis, como chico con zapatos nuevos. Esta tesis indiscutible la repiten de mil maneras y les parece que es decisiva para valorar nuestra revolución.
>
> Pero, ¿qué hacer, si una situación peculiar ha llevado a Rusia, primero, a la guerra imperialista mundial, en la que intervinieron todos los países más o menos importantes de la Europa Occidental, y ha colocado su desarrollo al borde de las revoluciones del Oriente, que comienzan y que en parte han comenzado ya, en unas

condiciones en las cuales hemos podido llevar a la práctica precisamente esa alianza de la "guerra campesina" con el movimiento obrero, de la que, como una de las probables perspectivas, escribió un "marxista" como Marx en 1856, refiriéndose a Prusia?

Y ¿qué debíamos hacer, si una situación absolutamente sin salida, decuplicando las fuerzas de los obreros y campesinos, abría ante nosotros la posibilidad de pasar de una manera diferente que en todos los demás países del occidente de Europa a la creación de la premisa fundamental de la civilización? ¿Ha cambiado a causa de eso la línea general del desarrollo de la historia universal? ¿Ha cambiado por eso la correlación esencial de las clases fundamentales en cada país que entra, que ha entrado ya, en el curso general de la historia universal? Si para implantar el socialismo se exige un determinado nivel cultural (aunque nadie puede decir cuál es este determinado "nivel cultural", ya que es diferente en cada uno de los países socialistas de Europa Occidental), ¿por qué, entonces, no podemos comenzar primero por las conquistas, por vía revolucionaria, de las premisas para este determinado nivel, y luego, ya a base del Poder obrero y campesino, y del régimen soviético, ponernos en marcha para alcanzar a los demás países?[25]

En cuanto a la presencia en forma individualizada del interés material, nosotros la reconocemos (aún luchando contra ella y tratando de acelerar su liquidación mediante la educación) y lo aplicamos a las normas de trabajo a tiempo con premio y en el castigo salarial subsiguiente al no cumplimiento de las mismas.

La sutil diferencia entre los partidarios de la autogestión y nosotros, sobre el tema, estriba en los argumentos para pagar un salario normado, para el premio y el castigo. La norma de producción es la cantidad media de trabajo que crea un producto en determinado tiempo, con la calificación media y en condiciones específicas de utilización de un equipo; es la entrega de una cuota de trabajo que se hace a la sociedad por parte de uno de sus miembros, es el cumplimiento de su deber social. Si se sobrecumplen las normas, hay un mayor beneficio para la sociedad y se puede suponer que el obrero que lo haga cumple mejor sus deberes, mereciendo, por tanto, una recompensa material. Aceptamos esta condición como el mal necesario de un período de transición, pero no aceptamos que la interpretación del apotegma, *"de cada cual según su capacidad, a cada cual según su trabajo"*, deba interpretarse como el pago completo, en plus-salario, del porcentaje del sobrecumplimiento de una norma dada (hay casos en que el pago supera el porcentaje de sobrecumplimiento, como estímulo extraordinario de la productividad individual); Marx explica bien claramente, en la *Crítica del Programa de Gotha*, que una parte considerable del salario del obrero va a capítulos muy alejados de su relación inmediata:

> Tomemos, en primer lugar, las palabras el "fruto del trabajo" en el sentido del producto del trabajo; entonces el fruto del trabajo colectivo será la totalidad del producto social. Pero de aquí hay que deducir:
> Primero: una parte para reponer los medios de producción consumidos.
> Segundo: una parte suplementaria para ampliar la producción.
> Tercero: el fondo de reserva o de seguro contra accidente, trastornos debido a fenómenos naturales, etc.
> Estas deducciones de el "fruto íntegro del trabajo" constituyen una necesidad económica, y su magnitud se determinará según los medios y fuerzas existentes, y en parte, por medio del cálculo de probabilidades; lo que no puede hacerse de ningún modo es calcularla partiendo de la equidad.
> Queda la parte restante del producto total, destinada a servir de medios de consumo.
> Pero, antes de que esta parte llegue al reparto individual, de ella hay que deducir todavía:
> Primero: los gastos generales de administración, no concernientes a la producción.
> En esta parte se conseguirá, desde el primer momento, una reducción considerabilísima, en comparación con la sociedad actual, reducción que irá en aumento a medida que la nueva sociedad se desarrolle.
> Segundo: la parte que se destine a satisfacer necesidades colectivas, tales como escuelas, instituciones sanitarias, etcétera.
> Esta parte aumentará considerablemente desde el primer momento, en comparación con la sociedad actual, y seguirá aumentando en la medida en que la sociedad se desarrolle.
> Tercero: los fondos de sostenimiento de las personas no capacitadas para el trabajo, etc.; en una palabra, lo que hoy compete a la llamada beneficencia oficial.
> Solo después de esto podemos proceder al "reparto", es decir, a lo único que, bajo la influencia de Lasalle y con una concepción estrecha, tiene presente el programa, es decir, a la parte de los medios de consumo que se reparte entre los productores individuales de la colectividad.
> El "fruto íntegro del trabajo" se ha transformado ya, imperceptiblemente, en el "fruto parcial", aunque lo que se le quite al productor en calidad de individuo vuelva a él, directa o indirectamente, en calidad de miembro de la sociedad.

Y así como se ha evaporado la expresión el "fruto íntegro del trabajo", se evapora ahora la expresión el "fruto del trabajo" en general.[26]

Todo esto nos muestra que la amplitud de los fondos de reserva depende de una serie de decisiones político-económicas o político-administrativas. Como todos los bienes existentes en la reserva salen siempre del trabajo no retribuido, debemos colegir qué decisiones sobre el volumen de los fondos analizados por Marx conlleva cambios en los pagos, es decir, variaciones del volumen de trabajo no retribuido directamente. A todo lo expuesto hay que agregar que no hay, o no se conoce, una norma matemática que determine lo *justo* del premio de sobrecumplimiento (como tampoco del salario base) y, por tanto, debe basarse fundamentalmente en las nuevas relaciones sociales, la estructura jurídica que sancione la forma de distribución por la colectividad de una parte del trabajo del obrero individual.

Nuestro sistema de normas tiene el mérito de que establece la obligatoriedad de la capacitación profesional para ascender de una categoría a otra, lo que dará, con el tiempo, un ascenso considerable del nivel técnico.

El no cumplimiento de la norma significa el incumplimiento del deber social; la sociedad castiga al infractor con el descuento de una parte de sus haberes. La norma no es un simple hito que marque una medida posible o la convención sobre una medida del trabajo; es la expresión de una obligación moral del trabajador, es *su deber social*.

Aquí es donde deben juntarse la acción del control administrativo con el control ideológico. El gran papel del Partido en la unidad de producción es ser su motor interno y utilizar todas las formas de ejemplo de sus militantes para que el trabajo productivo, la capacitación, la participación en los asuntos económicos de la unidad, sean parte integrante de la vida de los obreros, se vaya transformando en hábito insustituible.

Acerca de la ley del valor

Una diferencia profunda (al menos en el rigor de los términos empleados) existe entre la concepción de la ley del valor y la posibilidad de su uso consciente, planteada por los defensores del cálculo económico y la nuestra.

Dice el *Manual de Economía Política*:

> Por oposición al capitalismo, donde la ley del valor actúa como una fuerza ciega y espontánea, que se impone a los hombres, en la

> economía socialista se tiene conciencia de la ley del valor y el Estado la tiene en cuenta y la *utiliza* en la práctica de la dirección planificada de la economía.
>
> El conocimiento de la acción de la ley del valor y su *inteligente utilización* ayudan necesariamente a los dirigentes de la economía a encauzar racionalmente la producción, a mejorar sistemáticamente los métodos de trabajo y a aprovechar las reservas latentes para producir más y mejor.[27]

Las palabras subrayadas por nosotros indican el espíritu de los párrafos.

La ley del valor actuaría como una fuerza ciega pero conocida y, por tanto, doblegable, o utilizable por el hombre.

Pero esta ley tiene algunas características:

Primero: está condicionada por la existencia de una sociedad mercantil.

Segundo: sus resultados no son susceptibles de medición a priori y deben reflejarse en el mercado donde intercambian productores y consumidores.

Tercero: es coherente en un todo, que incluye mercados mundiales y cambios y distorsiones en algunas ramas de producción se reflejan en el resultado total.

Cuarto: dado su carácter de ley económica actúa fundamentalmente como tendencia y, en los períodos de transición, su tendencia debe de ser lógicamente a desaparecer.

Algunos párrafos después, el *Manual* expresa:

> El Estado socialista utiliza la ley del valor, realizando por medio del sistema financiero y de crédito, el control sobre la producción y la distribución del producto social.
>
> El dominio de la ley del valor y su utilización con arreglo a un plan representan una enorme ventaja del socialismo sobre el capitalismo. Gracias al dominio sobre la ley del valor, su acción en la economía socialista no lleva aparejado el despilfarro del trabajo social inseparable de la anarquía de la producción propia del capitalismo. La ley del valor y las categorías con ella relacionadas —el dinero, el precio, el comercio, el crédito, las finanzas— son utilizadas con éxito por la URSS y por los países de democracia popular, en interés de la construcción del socialismo y del comunismo, en el proceso de la dirección planificada de la economía nacional.

Esto solo puede considerarse exacto en cuanto a la magnitud total de valores producidos para el uso directo de la población y los respectivos fondos disponibles para su adquisición, lo que podría hacer cualquier ministro de Hacienda capitalista con unas finanzas relativamente equilibradas. Dentro de ese marco, todas las distorsiones parciales de la ley caben.

Más adelante se apunta:

> La producción mercantil, la ley del valor y el dinero solo se extinguirán al llegar a la fase superior del comunismo, es necesario *desarrollar* y utilizar la ley del valor y las relaciones monetario-mercantiles durante el período de construcción de la sociedad comunista.

¿Por qué *desarrollar*? Entendemos que durante cierto tiempo se mantengan las categorías del capitalismo y este término no puede determinarse de antemano, pero las características del período de transición son las de una sociedad que liquida sus viejas ataduras para ingresar rápidamente a una nueva etapa. La *tendencia* debe ser, en nuestro concepto, a liquidar lo más vigorosamente posible las categorías antiguas entre las que se incluye el mercado, el dinero y, por tanto, la palanca del interés material o, por mejor decir, las condiciones que provocan la existencia de las mismas. Lo contrario haría suponer que la tarea de la construcción del socialismo en una sociedad atrasada, es algo así como un accidente histórico y que sus dirigentes, para subsanar el *error*, deben dedicarse a la consolidación de todas las categorías inherentes a la sociedad intermedia, quedando solo la distribución del ingreso de acuerdo al trabajo y la tendencia a liquidar la explotación del hombre por el hombre como fundamentos de la nueva sociedad, lo que luce insuficiente por sí solo como factor del desarrollo del gigantesco cambio de conciencia necesario para poder afrontar el tránsito, cambio que deberá operarse por la acción multifacética de todas las nuevas relaciones, la educación y la moral socialista, con la concepción individualista que el estímulo material directo ejerce sobre la conciencia frenando el desarrollo del hombre como ser social.

Para resumir nuestras divergencias: consideramos la ley del valor como parcialmente existente, debido a los restos de la sociedad mercantil subsistentes, que se refleja también en el tipo de cambio que se efectúa entre el Estado suministrador y el consumidor; creemos que, particularmente en una sociedad de comercio exterior muy desarrollado, como la nuestra, la ley del valor en escala internacional debe reconocerse como un hecho que rige las transacciones comerciales, aun dentro del campo socialista, y reconocemos la necesidad de que este comercio pase ya a formas más elevadas en los países de la nueva sociedad, impidiendo que se ahonden las diferencias entre países desarrollados y los más atrasados por la acción del intercambio. Vale decir, es necesario hacer fórmulas de comercio que permitan el financiamiento de las inversiones industriales de los países en desarrollo, aunque esto contravenga los sistemas de precios existentes en el mercado mundial capitalista, lo que permitirá el avance más parejo de todo el campo socialista, con las naturales consecuencias de limar asperezas y cohesionar el espíritu del internacionalismo proletario (el reciente acuerdo entre Cuba y la URSS es una muestra de los pasos que se pueden dar en este sentido). Negamos la posibilidad del uso consciente de la ley del valor, basado en la no existencia de un mercado libre que exprese automáticamente la contradicción entre productores y consumidores; negamos la existencia de la categoría *mercancía* en la relación entre empresas estatales, y consideramos todos los establecimientos como parte de la única gran empresa que es el Estado (aunque, en la práctica, no sucede todavía así en nuestro país). La ley del valor y el plan son dos términos ligados por una contradicción y su solución; podemos, pues, decir que la planificación centralizada es el modo de ser de la sociedad socialista, su categoría definitoria y el punto en que la conciencia del hombre alcanza, por fin, a sintetizar y dirigir la economía hacia su meta, la plena liberación del ser humano en el marco de la sociedad comunista.

Sobre la formación de los precios

En la teoría de la formación de los precios tenemos también divergencias profundas. En la autogestión se forman los precios "atendiendo a la ley del valor", pero no se explica (hasta donde nuestro conocimiento alcanza) cuál expresión de la ley del valor se toma. Se parte del trabajo socialmente necesario para producir un artículo dado pero se ha descuidado el hecho de que el trabajo socialmente necesario es un concepto económico-histórico y, por lo tanto, cambiante, no solo a nivel local (o nacional) sino en términos mundiales; los continuos avances en la tecnología, consecuencia en el mundo capitalista de la competencia, disminuyen el gasto de trabajo necesario, y, por tanto, el valor del producto. Una sociedad cerrada puede ignorar los cambios durante determinado tiempo, pero siempre habría que volver a estas relaciones internacionales para cotejar su valor. Si una sociedad dada los ignora durante un lapso largo, sin desarrollar fórmulas nuevas y exactas en su reemplazo, creará interconexiones internas que configuren su propio esquema del valor, congruente en sí mismo, pero contradictorio con las tendencias de la técnica más desarrollada (el ejemplo del acero y el plástico), esto puede provocar atrasos relativos de alguna importancia y, en todo caso, distorsiones a la ley del valor en escala internacional que hagan incomparables las economías.

El *impuesto de circulación* es una ficción contable mediante la cual se mantienen determinados niveles de rentabilidad a las empresas, encareciendo el producto para el consumidor, de tal manera que se nivela la oferta de artículos con el fondo de la demanda solvente; creemos que es una imposición del sistema pero no una necesidad absoluta y trabajamos sobre fórmulas que contemplen todos estos aspectos.

Consideramos que es necesaria una estabilización global del fondo mercantil y la demanda solvente: el Ministerio de Comercio Interior [MINCIN] se encargaría de nivelar la capacidad de compra de la población con los precios de las mercancías ofrecidas, considerando siempre que toda una serie de artículos de carácter fundamental para la vida del hombre deben ofrecerse a precios bajos, aunque, en otros menos importantes, se cargue la mano con manifiesto desconocimiento de la ley del valor en cada caso concreto.

Aquí surge un gran problema ¿cuál será la base de formación de precios reales que adopte la economía para el análisis de las relaciones de producción? Podría ser el análisis del trabajo necesario en términos cubanos. Esto traería aparejado distorsiones inmediatas y la pérdida de visión de los problemas mundiales por las necesarias interrelaciones automáticas que se crearían. Podría tomarse, al contrario, el precio mundial; esto acarrearía la pérdida de visión de los problemas nacionales, ya que nuestro trabajo no tiene productividad aceptable en términos mundiales en casi ninguna rama.

Proponemos, como primera aproximación al problema, que se considere la creación de índices de precios basados en lo siguiente:

Todas las materias primas de importación tendrán un precio fijo, estable, basado en una medida del mercado internacional más unos puntos por el costo de transporte y el aparato de Comercio Exterior. Todas las materias primas cubanas tendrían el precio de su costo de producción real en términos monetarios. A ambos se les agregarían los gastos de trabajo planificado más el desgaste de los medios básicos para elaborarlas y ése sería el precio de los productos entregados entre empresas y al comercio exterior, pero constantemente estarían afectados por índices que reflejarán el precio de esa mercancía en el mercado mundial más los costos de transporte y de Comercio Exterior.

Las empresas que operan por el régimen de financiamiento presupuestario trabajarían sobre la base de sus costos planificados y no tendrían beneficios; todos los lograría el MINCIN (naturalmente esto se refiere a aquella parte del producto social que se realiza como mercancía, en lo fundamental como fondo de consumo); los índices nos darían continuamente (al aparato central y la empresa) cuál es nuestra real efectividad y evitaría tomar decisiones equivocadas. La población no sufriría nada con todos estos cambios, ya que los precios por la mercancía que compra están fijados independientemente, atendiendo a la demanda y la necesidad vital de cada producto.

Por ejemplo, para calcular el monto de una inversión, haríamos el cálculo de materias primas y equipos directamente importados, el gasto de los equipos de producción y montaje, el costo de los salarios planificados, atendiendo a las posibilidades reales y un cierto margen para el costo del aparato constructor. Esto podría darnos, al finalizar la inversión tres cifras: una, el costo real en dinero de la obra; otra, lo que debería costar la obra según nuestra planificación; la tercera, lo que debería costar en términos de productividad mundial. La diferencia entre la primera y la segunda se cargaría a la ineficiencia del aparato constructor; la diferencia entre la segunda y la tercera sería el índice, en el sector del que se trate, de nuestro atraso.

Esto nos permite tomar decisiones fundamentales sobre el empleo de materiales alternativos tales como el cemento, el hierro, los plásticos; los techos de fibrocemento, aluminio o zinc; las tuberías de hierro, plomo o cobre; el uso de ventanas de madera, hierro o aluminio, etc.

Todas las decisiones pueden apartarse del óptimo matemático atendiendo a razones políticas, de comercio exterior, etcétera, pero siempre tendríamos el espejo de los sucesos reales del mundo frente a nuestro trabajo. Los precios nunca estarán separados de su imagen mundial, que será cambiante en determinados años, de acuerdo con los adelantos de la tecnología y donde cada vez tendrá mayor preeminencia el mercado socialista y la división internacional del trabajo, luego de lograr un sistema socialista mundial de precios más lógicos que el usado actualmente.

Podríamos seguir abundando en este interesantísimo tema, pero es preferible dejar aquí esbozadas algunas ideas primarias y aclarar que todo esto necesita una elaboración posterior.

Los premios colectivos

Sobre los premios colectivos a la gestión de la empresa, queremos remitirnos en primer lugar a los experimentos expuestos por Fikriat Tabeiev, "Investigación económica y dirección de la economía", en el No. 11, 1963, de la *Revista Internacional*, donde dice:

¿Cuál ha de ser entonces el índice fundamental y decisivo para apreciar el trabajo de las empresas? Las investigaciones económicas han dado lugar a varias propuestas en este sentido.

Algunos economistas proponen como índice principal la norma de acumulación; otros, el gasto de trabajo, etcétera. La prensa soviética ha reflejado en sus páginas la amplia discusión provocada por un artículo del profesor Liberman, en el que se proponía como exponente fundamental de la empresa el grado de rentabilidad, la norma de acumulación y el beneficio. Creemos que al juzgar el funcionamiento de una empresa conviene ante todo tener en cuenta la aportación hecha por el personal de la misma al tipo dado de producción. Esto, en última instancia no está reñido con la lucha por una rentabilidad suficientemente elevada de la producción, perfeccionando el proceso productivo. Las organizaciones sociales de Tartaria han propuesto utilizar como índice principal la norma de valor de elaboración de cada pieza. Para comprobar la posibilidad de poner en práctica dicha propuesta se ha realizado un experimento económico.

En 1962 fueron determinadas y aprobadas las normas de valor de la elaboración para la producción de todas las ramas de la industria de Tartaria. Ese año constituyó un período de transición, durante el cual el nuevo índice fue utilizado en la planificación paralelamente al índice de la producción global. El índice basado en la norma de valor de la elaboración expresa los gastos, técnicamente justificados, en los que se incluye el salario y los plus percibidos por los obreros, más los gastos de taller y de toda la fábrica para la producción de cada artículo.

Es preciso señalar que la aplicación de este índice no tiene nada que ver con los "infernales" sistemas de contabilidad del trabajo que se utilizan en los países capitalistas. Nosotros nos orientamos de un modo consecuente a organizar en forma racional los procesos laborales y no a intensificar el trabajo en proporciones desmesuradas. Toda la labor encaminada a establecer las normas de trabajo se realiza con la participación directa del personal de las empresas y de las organizaciones sociales, particularmente de los sindicatos.

A diferencia del índice de la producción global, la norma de valor de la elaboración no comprende la inmensa mayoría de los gastos materiales —trabajo pretérito materializado de otras empresas— ni el beneficio, es decir, aquellos componentes del valor de la producción global y mercantil que desvirtúan el verdadero volumen de la actividad productiva de la empresa. Al reflejar con más exactitud el trabajo invertido en la fabricación de cada artículo, el índice que expresa la norma de valor de la elaboración permite de un modo más real las tareas relativas a la elevación del rendimiento, al descenso de los costos y a la rentabilidad del tipo dado de producción. También es el más conveniente desde el punto de vista de la planificación intrafabril y para la organización del cálculo económico dentro de la empresa. Además, permite comparar la productividad del trabajo en empresas afines.

Nos parece muy digna de estudio esta investigación soviética, y coincidente, en algunos aspectos, con nuestra tesis.

Resumen de ideas sobre el sistema presupuestario de financiamiento

Para hacer un resumen de nuestras ideas sobre el sistema presupuestario de financiamiento, debe comenzarse por aclarar que es un concepto global, vale decir, su acción objetiva se ejercería cuando participara en todos los aspectos de la economía, en un todo único que, partiendo de las decisiones políticas y pasando por la JUCEPLAN [Junta Central de Planificación], llegara a las empresas y unidades por los canales del ministerio y allí se fundiera con la población para volver a caminar hasta el órgano de decisión política formando una gigantesca rueda bien nivelada, en la cual se podrían cambiar determinados ritmos automáticamente, porque el control de la población lo permitiría. Los ministerios tendrían la responsabilidad específica de efectuar y controlar los planes, cosa que harían empresas y unidades, de acuerdo con escalas de decisión que pueden ser más o menos elásticas, según la profundidad organizativa alcanzada, el tipo de producción o el momento de que se trate. JUCEPLAN se encargaría de los controles globales y centrales de la economía y estaría auxiliada en su acción por los Ministerios de Hacienda, en todo el control financiero, y Trabajo, en la planificación de la fuerza de trabajo.

Como todo esto no sucede así, describiremos nuestra realidad actual con todas sus limitaciones, sus pequeños triunfos, sus defectos y sus derrotas, justificadas o justificables algunas, producto de nuestra inexperiencia o de fallas groseras otras.

JUCEPLAN da solamente los lineamientos generales de plan y las cifras de control de aquellos productos que se llaman básicos y de los cuales lleva un control, más o menos acusado. Los organismos centrales, en los que incluimos al Ministerio de Industrias, llevan el control de los productos llamados centralizados y los otros productos se determinan por contratación entre empresas. Luego de establecido y compatibilizado el plan, se firman los contratos —a veces se ha hecho esto preliminarmente— y comienza el trabajo.

El aparato central del ministerio se encarga de asegurar que la producción se cumpla a nivel de empresa y la empresa debe encargarse de que se cumpla a nivel de unidad. Lo fundamental es que la contabilidad se consolida en estos dos puntos, en la empresa y en el ministerio. Los medios básicos e inventarios deben mantenerse controlados a nivel central, de tal manera que se puedan mover fácilmente en todo el conjunto de las unidades, de un lado hacia otro, aquellos recursos que por alguna circunstancia permanecen inmóviles en determinadas unidades. El ministerio tiene también autoridad para mover los medios básicos entre distintas empresas. Los fondos no tienen carácter mercantil, solamente se hace la correspondiente anotación de los libros, dándolos de baja en un lado y de alta en el otro. De la producción se entrega una parte directamente a la población a través del MINCIN, y otra a las unidades productivas de otros tipos para los cuales los nuestros son productos intermedios.

Nuestro concepto fundamental es que en todo este proceso el producto va adquiriendo valor por el trabajo que se ejerce sobre él, pero que no hay ninguna necesidad de relaciones mercantiles entre las empresas; simplemente los contratos de entrega y las correspondientes órdenes de compras, o el documento que deba exigirse en el momento dado, significan la sanción de que se ha cumplido con el deber de producir y entregar determinado producto. El hecho de la aceptación de un artículo por parte de una empresa significaría (en términos algo ideales en el momento actual, es preciso reconocerlo), la aceptación de la calidad del producto. Éste se convierte en mercancía al cambiar jurídicamente de posesionario, al entrar en el consumo individual. Los medios de producción para otras empresas no constituyen mercancías, pero debe valorárselos de acuerdo con los índices que anteriormente propusimos, comparando con el trabajo necesario en la norma destinada al consumo, para poder adjudicarle un precio al medio básico o materia prima de que se trate.

Calidad, cantidad y surtido deben cumplirse de acuerdo con planes trimestrales. En la unidad, ésta, de acuerdo con sus normas de trabajo, pagaría a los obreros directamente su salario. Queda en blanco una de las partes que todavía no ha sido atendida: la forma de retribuir a la colectividad de una unidad productiva por su acción particularmente brillante, o más brillante que la media, en el conjunto de la economía, y de castigar o no aquellas otras fábricas que no hayan sido capaces de cumplir adecuadamente su papel.

El sistema presupuestario de financiamiento en su estado actual

¿Qué sucede en el día de hoy? Una de las primeras cosas que pasa es que la fábrica no cuenta nunca con los abastecimientos en la forma y el momento señalado, de tal manera, que incumple sus planes de producción, pero lo que es peor, recibe en muchos casos materias primas para proceso de distinta tecnología, produce cambios en la misma que obligan a cambios tecnológicos; esto incide sobre los costos directos de producción, sobre la cantidad de mano de obra, sobre las inversiones, en algunos casos, y a menudo desarman todo el plan, obligando a frecuentes cambios.

En el momento actual, a nivel ministerial, hemos tenido que ser meramente receptores de todas estas anomalías, registradores de ellas, pero ya estamos entrando en la fase en la cual podremos actuar sobre determinadas categorías del plan, por lo menos para exigir que cualquier distorsión sea prevista en forma contable o matemática y pueda entonces controlarse. Todavía no existen los aparatos automáticos necesarios para que todos los controles se hagan velozmente y los índices se puedan analizar; no existe la suficiente capacidad de análisis, ni la suficiente capacidad de entrega de índices o cifras correctas para su interpretación.

Las empresas están unidas a sus fábricas directamente, a veces por teléfono o telégrafo, o por algún delegado provincial; otros casos, a través de las delegaciones del ministerio que sirven de control; y en los municipios o lugares económico-políticos de este tipo, funcionan los llamados CILOS, que no son otra cosa que la reunión de administradores de unidades, vecinas entre sí, que tienen la responsabilidad de analizar sobre sus problemas y de decidir sobre pequeñas ayudas mutuas cuyo trámite burocrático se haría muy largo a través de todos los canales, y en algunos casos, pueden prestar medios básicos, pero siempre considerando que hay que consultarlo en la empresa correspondiente antes de hacer traslados definitivos.

Los primeros días de cada mes llega la estadística de producción al ministerio donde se analiza hasta los más altos niveles y se toman las medidas fundamentales para corregir los defectos. En días subsiguientes va llegando otra estadística más elaborada que permite también ir tomando, a distintos niveles, medidas concretas para solucionar problemas.

¿Cuáles son las debilidades fundamentales del sistema? Creemos que, en primer lugar, debe colocarse la inmadurez que tienen. En segundo lugar, la escasez de cuadros realmente capacitados en todos los niveles. En tercer lugar, la falta de una difusión completa de todo el sistema y de sus mecanismos para que la gente lo vaya comprendiendo mejor. Podemos citar también la falta de un aparato central de planificación que funcione de la misma manera y con absoluta jerarquía, lo que podría facilitar el trabajo. Citaremos algunas fallas en abastecimiento de materiales, fallas en el transporte, que a veces nos obligan a acumular productos y, en otras, nos impiden producir; fallas en todo el aparato de control de la calidad y en las relaciones (muy estrechas, muy armónicas y muy bien definidas, debían ser) con los organismos de distribución, particularmente el MINCIN; y con algunos organismos suministradores, particularmente el MINCEX y el INRA. Todavía es difícil precisar cuáles fallas son producto de debilidades inherentes al sistema y cuáles otras debidas sustancialmente a nuestro grado de organización actual.

La fábrica en este momento no tiene, ni la empresa tampoco, un estímulo material de tipo colectivo; no responde esto a una idea central de todo el esquema, sino a no haber alcanzado la suficiente profundidad organizativa en los momentos actuales, para poder hacerlo sobre otras bases que no sean el simple cumplimiento o el sobrecumplimiento de los principales planes de la empresa, por razones que ya hemos apuntado anteriormente.

Se le imputa al sistema una tendencia al burocratismo, y uno de los puntos en los cuales debe insistirse es en la racionalización de todo el aparato administrativo para que aquel sea lo menor posible. Ahora bien, desde el punto de vista del análisis objetivo es evidente que mucha menos burocracia existiría cuanto más centralizadas estén todas las operaciones de registro y de control de la empresa o unidad, de tal manera que si todas las empresas pudieran tener centralizadas todas sus facetas administrativas su aparato se reduciría al pequeño núcleo de dirección de la unidad y al colector de informaciones para pasarlas a la central.

Eso, en el momento actual, es imposible, tenemos que ir a la creación de unidades de tamaño óptimo, cosa que se facilita mucho por el sistema, al establecerse las normas de trabajo, de un solo tipo de calificación salarial, de manera que se rompen las ideas estrechas sobre la empresa como centro de acción del individuo y se va volcando más a la sociedad en su conjunto.

Ventajas del sistema planteadas en forma general

En nuestro concepto este sistema tiene las siguientes ventajas:

Primero, al tender a la centralización, tiende a una utilización más racional de los fondos con carácter nacional.

Segundo, tiende a una mejor racionalización de todo el aparato administrativo del Estado.

Tercero, esta misma tendencia a la centralización obliga a crear unidades mayores dentro de límites adecuados, que ahorran fuerza de trabajo y aumentan la productividad de los trabajadores.

Cuarto, integrado en un sistema único de normas, hace de todo el ministerio, en un caso, y de todos los ministerios, si fuera posible, una sola gran empresa estatal en la cual poder pasar de un lado a otro e ir ascendiendo en ramas distintas y en lugares distintos sin que haya problemas salariales y simplemente cumpliendo una escala de tipo nacional.

Quinto, contando con organismos constructores presupuestados se puede simplificar mucho el control de las inversiones, cuya vigilancia concreta hará el inversionista contratante y su supervisión financiera, el Ministerio de Hacienda.

Es importante señalar que se va creando en el obrero la idea general de la cooperación entre todos, la idea de pertenecer a un gran conjunto que es el de la población del país; se impulsa el desarrollo de su conciencia del deber social.

Es interesante la siguiente cita de Marx que, desprovista de las palabras que supongan al régimen capitalista, expone el proceso de las tradiciones de trabajo, pudiéndonos servir como antecedente de la construcción del socialismo:

> No basta con que las condiciones de trabajo cristalicen en uno de los polos como capital y en el polo contrario como hombres que no tienen nada que vender más que su fuerza de trabajo. Ni basta tampoco con obligar a éstos a venderse voluntariamente. En el transcurso de la producción capitalista se va formando una clase obrera que, a fuerza de educación, de tradición, de costumbre se somete a las exigencias de este régimen de producción como a las más lógicas leyes naturales. La organización del proceso capitalista de producción ya desarrollado vence todas las resistencias; la existencia constante de una superpoblación relativa mantiene la ley de oferta y la demanda de trabajo a tono con las necesidades de explotación del capital, y la presión sorda de las condiciones económicas sella el poder de mando del capitalista sobre el obrero. Todavía se emplea, de vez en cuando, la violencia directa, extraeconómica; pero solo en casos excepcionales. "Dentro de la marcha natural de las cosas, ya puede dejarse al obrero a merced de las "leyes naturales de producción", es decir, entregado al predominio del capital, predominio que las propias condiciones de producción engendran, garantizan y perpetúan.[28]

Las fuerzas productivas se están desarrollando, las relaciones de producción cambian; todo está esperando la acción directa del Estado obrero sobre la conciencia.

Con respecto al interés material, lo que queremos lograr en este sistema es que la palanca no se convierta en algo que obligue al individuo, en cuanto individuo, o a la colectividad de individuos, a luchar desesperadamente con otros por asegurar determinadas condiciones de producción o de distribución que lo coloquen en condiciones privilegiadas. Hacer que el deber social sea el punto fundamental en el cual se apoya todo el esfuerzo del obrero, pero vigilar la labor consciente de sus debilidades, premiar, o castigar, aplicando estímulos o desestímulos materiales de tipo individual o colectivo, cuando el obrero o la unidad de producción sea o no capaz de cumplir con su deber social. Además, la calificación obligatoria para el ascenso, cuando se pueda llevar a efecto en escala nacional, provoca una tendencia general al estudio de toda la masa obrera del país; capacitación que no se ve frenada por ninguna peculiar situación local, ya que el marco de trabajo es todo el país, y que provoca consecuentemente una tendencia a la profundización técnica muy considerable.

Es de considerar, además, que se pueden retirar fácilmente, mediante una política de subsidios, estudiantes obreros que se capaciten para pasar a otros puestos de trabajo e ir liquidando la zona donde el trabajo vivo es mayor, para crear fábricas de un tipo más productivo, es decir, más acorde con la idea central de pasar al comunismo, a la sociedad de la gran producción y de la satisfacción de las necesidades fundamentales del hombre.

Faltaría a esto destacar el papel educador que debiera jugar el Partido para que el centro de trabajo se convirtiera en el exponente colectivo de la aspiración de los trabajadores y de sus inquietudes y que fuera el lugar donde se plasmaran sus deseos de servir a la sociedad.

Podría pensarse que el centro de trabajo fuera la base del núcleo político de la sociedad futura, cuyas indicaciones, trasladándose a organismos políticos más complejos, darían ocasión al Partido y al gobierno de tomar las decisiones fundamentales para la economía o para la vida cultural del individuo.

El socialismo y el hombre en Cuba

(1965)

Este artículo fue escrito en forma de carta a Carlos Quijano, editor de Marcha, *un semanario publicado en Montevideo, Uruguay el 12 de marzo de 1965.*

Estimado compañero:[29]
Acabo estas notas en viaje por el África[30], animado del deseo de cumplir, aunque tardíamente, mi promesa. Quisiera hacerlo tratando el tema del título. Creo que pudiera ser interesante para los lectores uruguayos.

Es común escuchar de boca de los voceros capitalistas, como un argumento en la lucha ideológica contra el socialismo, la afirmación de que este sistema social o el período de construcción del socialismo al que estamos nosotros abocados, se caracteriza por la abolición del individuo en aras del Estado. No pretenderé refutar esta afirmación sobre una base meramente teórica, sino establecer los hechos tal cual se viven en Cuba y agregar comentarios de índole general. Primero esbozaré a grandes rasgos la historia de nuestra lucha revolucionaria antes y después de la toma del poder.

Como es sabido, la fecha precisa en que se iniciaron las acciones revolucionarias que culminaron el primero de enero de 1959, fue el 26 de julio de 1953. Un grupo de hombres dirigidos por Fidel Castro atacó la madrugada de ese día el cuartel Moncada, en la provincia de Oriente. El ataque fue un fracaso, el fracaso se transformó en desastre y los sobrevivientes fueron a parar a la cárcel, para reiniciar, luego de ser amnistiados, la lucha revolucionaria.

Durante este proceso, en el cual solamente existían gérmenes de socialismo, el hombre era un factor fundamental. En él se confiaba, individualizado, específico, con nombre y apellido, y de su capacidad de acción dependía el triunfo o el fracaso del hecho encomendado.

Llegó la etapa de la lucha guerrillera. Esta se desarrolló en dos ambientes distintos: el pueblo, masa todavía dormida a quien había que movilizar, y su vanguardia, la guerrilla, motor impulsor del movimiento, generador de conciencia revolucionaria y de entusiasmo combativo. Fue esta vanguardia el agente catalizador, el que creó las condiciones subjetivas necesarias para la victoria. También en ella, en el marco del proceso de proletarización de nuestro pensamiento, de la revolución que se operaba en nuestros hábitos, en nuestras mentes, el individuo fue el factor fundamental. Cada uno de los combatientes de la Sierra Maestra que alcanzara algún grado superior en las fuerzas revolucionarias, tiene una historia de hechos notables en su haber. En base a estos lograba sus grados.

Fue la primera época heroica en la cual se disputaban por lograr un cargo de mayor responsabilidad, de mayor peligro, sin otra satisfacción que el cumplimiento del deber. En nuestro trabajo de educación revolucionaria volvemos a menudo sobre este tema aleccionador. En la actitud de nuestros combatientes se vislumbraba al hombre del futuro.[31]

En otras oportunidades de nuestra historia se repitió el hecho de la entrega total a la causa revolucionaria. Durante la Crisis de [los misiles, 1962] Octubre o en los días del ciclón Flora [en octubre de 1963], vimos actos de valor y sacrificio excepcionales realizados por todo un pueblo.[32] Encontrar la fórmula para perpetuar en la vida cotidiana esa actitud heroica, es una de nuestras tareas fundamentales desde el punto de vista ideológico.

En enero de 1959 se estableció el Gobierno Revolucionario con la participación en él de varios miembros de la burguesía entreguista. La presencia del Ejército Rebelde constituía la garantía del poder, como factor fundamental de fuerza.

Se produjeron enseguida contradicciones serias, resueltas, en primera instancia, en febrero del 59, cuando Fidel Castro asumió la jefatura del Gobierno con el cargo de Primer Ministro. Culminaba el proceso en julio del mismo año, al renunciar el presidente Urrutia ante la presión de las masas.[33]

Aparecía en la historia de la Revolución cubana, ahora con caracteres nítidos, un personaje que se repetirá sistemáticamente: la masa.

Este ente multifacético no es, como se pretende, la suma de elementos de la misma categoría (reducidos a la misma categoría, además, por el sistema impuesto), que actúa como un manso rebaño. Es verdad que sigue sin vacilar a sus dirigentes, fundamentalmente a Fidel Castro, pero el grado en que él ha ganado esa confianza responde precisamente a la interpretación cabal de los deseos del pueblo, de sus aspiraciones, y a la lucha sincera por el cumplimiento de las promesas hechas.

Participación de las masas

La masa participó en la Reforma Agraria y en el difícil empeño de la administración de las empresas estatales[34]; pasó por la experiencia heroica de Playa Girón[35]; se forjó en la lucha contra las distintas bandas de bandidos armadas por la CIA; vivió una de las definiciones más importantes de los tiempos modernos en la Crisis de [los Mísiles] Octubre y sigue hoy trabajando en la construcción del socialismo.

Vistas las cosas desde un punto de vista superficial, pudiera parecer que tienen razón aquellos que hablan de la supeditación del individuo al Estado; la masa realiza con entusiasmo y disciplina sin iguales las tareas que el gobierno fija, ya sean de índole económica, cultural, de defensa, deportiva, etcétera. La iniciativa parte en general de Fidel o del alto mando de la Revolución y es explicada al pueblo que la toma como suya. Otras veces, experiencias locales se toman por el Partido y el Gobierno para hacerlas generales, siguiendo el mismo procedimiento.

Sin embargo, el Estado se equivoca a veces. Cuando una de esas equivocaciones se produce, se nota una disminución del entusiasmo colectivo por efectos de una disminución cuantitativa de cada uno de los elementos que la forman, y el trabajo se paraliza hasta quedar reducido a magnitudes insignificantes; es el instante de rectificar. Así sucedió en marzo de 1962 ante la política sectaria impuesta al Partido por Aníbal Escalante.[36]

Es evidente que el mecanismo no basta para asegurar una sucesión de medidas sensatas y que falta una conexión más estructurada con la masa. Debemos mejorarlo durante el curso de los próximos años, pero, en el caso de las iniciativas surgidas en los estratos superiores del Gobierno utilizamos por ahora el método casi intuitivo de auscultar las reacciones generales frente a los problemas planteados.

Maestro en ello es Fidel, cuyo particular modo de integración con el pueblo solo puede apreciarse viéndole actuar. En las grandes concentraciones públicas se observa algo así como el diálogo de dos diapasones cuyas vibraciones provocan otras nuevas en el interlocutor. Fidel y la masa comienzan a vibrar en un diálogo de intensidad creciente hasta alcanzar el clímax en un final abrupto, coronado por nuestro grito de lucha y de victoria.

Lo difícil de entender para quien no viva la experiencia de la Revolución es esa estrecha unidad dialéctica existente entre el individuo y la masa, donde ambos se interrelacionan y, a su vez la masa, como conjunto de individuos, se interrelaciona con los dirigentes.

Las invisibles leyes del capitalismo

En el capitalismo se pueden ver algunos fenómenos de este tipo cuando aparecen políticos capaces de lograr la movilización popular, pero si no se trata de un auténtico movimiento social, en cuyo caso no es plenamente lícito hablar de capitalismo, el movimiento vivirá lo que la vida de quien lo impulse o hasta el fin de las ilusiones populares, impuesto por el rigor de la sociedad capitalista. En ésta, el hombre está dirigido por un frío ordenamiento que, habitualmente, escapa al dominio de su comprensión. El ejemplar humano, enajenado, tiene un invisible cordón umbilical que le liga a la sociedad en su conjunto: la ley del valor.[37] Ella actúa en todos los aspectos de su vida, va modelando su camino y su destino.

Las leyes del capitalismo, invisibles para el común de las gentes y ciegas, actúan sobre el individuo sin que éste se percate. Solo ve la amplitud de un horizonte que aparece infinito. Así lo presenta la vida capitalista que pretende extraer del caso Rockefeller[38] —verídico o no—, una lección sobre las posibilidades de éxito. La miseria que es necesario acumular para que surja un ejemplo así y la suma de ruindades que conlleva una fortuna de esa magnitud no aparecen en el cuadro y no siempre es posible a las fuerzas populares aclarar estos conceptos. (Cabría aquí la disquisición sobre cómo en los países imperialistas los obreros van perdiendo su espíritu internacional de clase al influjo de una cierta complicidad en la explotación de los países dependientes y cómo este hecho, al mismo tiempo, lima el espíritu de lucha de las masas en el propio país, pero ese es un tema que sale de la intención de estas notas.)

El individuo y el socialismo

De todos modos, se muestra el camino con escollos que, aparentemente, un individuo con las cualidades necesarias puede superar para llegar a la meta. El premio se avizora en la lejanía; el camino es solitario. Además, es una carrera de lobos: solamente se puede llegar sobre el fracaso de otros.

Intentaré, ahora, definir al individuo, actor de ese extraño y apasionante drama que es la construcción del socialismo, en su doble existencia de ser único y miembro de la comunidad.

Creo que lo más sencillo es reconocer su cualidad de no hecho, de producto no acabado. Las taras del pasado se trasladan al presente en la conciencia individual y hay que hacer un trabajo continuo para erradicarlas.[39]

El proceso es doble, por una lado actúa la sociedad con su educación directa e indirecta, por otro, el individuo se somete a un proceso consciente de autoeducación.

La nueva sociedad en formación tiene que competir muy duramente con el pasado. Esto se hace sentir no solo en la conciencia individual, en la que pesan los residuos de una educación sistemáticamente orientada al aislamiento del individuo, sino también por el carácter mismo de este período de transición con persistencia de las relaciones mercantiles. La mercancía es la célula económica de la sociedad capitalista; mientras exista, sus efectos se harán sentir en la organización de la producción y, por ende, en la conciencia.

En el esquema de Marx se concebía el período de transición como resultado de la transformación explosiva del sistema capitalista destrozado por sus contradicciones; en la realidad posterior se ha visto cómo se desgajan del árbol imperialista algunos países que constituyen las ramas débiles, fenómeno previsto por Lenin. En éstos, el capitalismo se ha desarrollado lo suficiente como para hacer sentir sus efectos, de un modo u otro, sobre el pueblo, pero no son sus propias contradicciones las que, agotadas todas la posibilidades, hacen saltar el sistema. La lucha de liberación contra un opresor externo, la miseria provocada por accidentes extraños, como la guerra, cuyas consecuencias hacen recaer las clases privilegiadas sobre los explotados, los movimientos de liberación destinados a derrocar regímenes neocoloniales, son los factores habituales de desencadenamiento. La acción consciente hace el resto.

En estos países no se ha producido todavía una educación completa para el trabajo social y la riqueza dista de estar al alcance de las masas mediante el simple proceso de apropiación. El subdesarrollo por un lado y la habitual fuga de capitales hacia países "civilizados" por otro, hacen imposible un cambio rápido y sin sacrificios.[40] Resta un gran tramo a recorrer en la construcción de la base económica y la tentación de seguir los caminos trillados del interés material, como palanca impulsora de un desarrollo acelerado, es muy grande.

Se corre el peligro de que los árboles impidan ver el bosque. Persiguiendo la quimera de realizar el socialismo con la ayuda de las armas melladas que nos legara el capitalismo (la mercancía como célula económica, la rentabilidad, el interés material individual como palanca, etcétera), se puede llegar a un callejón sin salida. Y se arriba allí tras de recorrer una larga distancia en la que los caminos se entrecruzan muchas veces y es difícil percibir el momento en que se equivocó la ruta. Entretanto, la base económica adaptada ha hecho su trabajo de zapa sobre el desarrollo de la conciencia. Para construir el comunismo, simultáneamente con la base material hay que hacer al hombre nuevo.

Nuevo sentido de conciencia

De allí que sea tan importante elegir correctamente el instrumento de movilización de las masas. Ese instrumento debe ser de índole moral, fundamentalmente, sin olvidar una correcta utilización del estímulo material, sobre todo de naturaleza social.[41]

Como ya dije, en momento de peligro extremo es fácil potenciar los estímulos morales; para mantener su vigencia, es necesario el desarrollo de una conciencia en la que los valores adquieran categorías nuevas. La sociedad en su conjunto debe convertirse en una gigantesca escuela.

Las grandes líneas del fenómeno son similares al proceso de formación de la conciencia capitalista en su primera época. El capitalismo recurre a la fuerza, pero, además, educa a la gente en el sistema. La propaganda directa se realiza por los encargados de explicar la ineluctabilidad de un régimen de clase, ya sea de origen divino o por imposición de la naturaleza como ente mecánico. Esto aplaca a las masas que se ven oprimidas por un mal contra el cual no es posible la lucha.

A continuación viene la esperanza, y en esto se diferencia de los anteriores regímenes de casta que no daban salida posible.

Para algunos continuará vigente todavía la fórmula de casta: el premio a los obedientes consiste en el arribo, después de la muerte, a otros mundos maravillosos donde los buenos son premiados, con lo que sigue la vieja tradición. Para otros, la innovación: la separación en clases es fatal, pero los individuos pueden salir de aquella a que pertenecen mediante el trabajo, la iniciativa, etcétera. Este proceso, y el de autoeducación para el triunfo, deben ser profundamente hipócritas: es la demostración interesada de que una mentira es verdad.

En nuestro caso, la educación directa adquiere una importancia mucho mayor.[42] La explicación es convincente porque es verdadera; no precisa de subterfugios. Se ejerce a través del aparato educativo del Estado en función de la cultura general, técnica e ideológica, por medio de organismos tales como el Ministerio de Educación y el aparato de divulgación del Partido. La educación prende en las masas y la nueva actitud preconizada tiende a convertirse en hábito; la masa la va haciendo suya y presiona a quienes no se han educado todavía. Esta es la forma indirecta de educar a las masas, tan poderosa como aquella otra.

Consciente proceso de autoeducación

Pero el proceso es consciente; el individuo recibe continuamente el impacto del nuevo poder social y percibe que no está completamente adecuado a él. Bajo el influjo de la presión que supone la educación indirecta, trata de acomodarse a una situación que siente justa y cuya propia falta de desarrollo le ha impedido hacerlo hasta ahora. Se autoeduca.

En este período de construcción del socialismo podemos ver el hombre nuevo que va naciendo. Su imagen no está todavía acabada; no podría estarlo nunca ya que el proceso marcha paralelo al desarrollo de formas económicas nuevas.

Descontando aquellos cuya falta de educación los hace tender al camino solitario, a la autosatisfacción de sus ambiciones, los hay que dentro de este nuevo panorama de marcha conjunta, tienen tendencia a caminar aislados de la masa que acompañan. Lo importante es que los hombres van adquiriendo cada día más conciencia de la necesidad de su incorporación a la sociedad y, al mismo tiempo, de su importancia como motores de la misma.

Ya no marchan completamente solos, por veredas extraviadas, hacia lejanos anhelos. Siguen a su vanguardia, constituida por el Partido, por los obreros de avanzada, por los hombres de avanzada que caminan ligados a las masas y en estrecha comunión con ellas.[43] Las vanguardias tienen su vista puesta en el futuro y en su recompensa, pero ésta no se vislumbra como algo individual; el premio es la nueva sociedad donde los hombres tendrán características distintas: la sociedad del hombre comunista.

El camino es largo y lleno de dificultades. A veces, por extraviar la ruta, hay que retroceder; otras, por caminar demasiado aprisa, nos separamos de las masas; en ocasiones por hacerlo lentamente, sentimos el aliento cercano de los que nos pisan los talones. En nuestra ambición de revolucionarios tratamos de caminar tan aprisa como sea posible, abriendo caminos, pero sabemos que tenemos que nutrirnos de la masa y que ésta solo podrá avanzar más rápido si la alentamos con nuestro ejemplo.

A pesar de la importancia dada a los estímulos morales, el hecho de que exista la división en dos grupos principales (excluyendo, claro está, a la fracción minoritaria de los que no participan, por una razón u otra, en la construcción del socialismo), indica la relativa falta de desarrollo de la conciencia social. El grupo de vanguardia es ideológicamente más avanzado que la masa; ésta conoce los valores nuevos, pero insuficientemente. Mientras en los primeros se produce un cambio cualitativo que les permite ir al sacrificio en su función de avanzada, los segundos solo ven a medias y deben ser sometidos a estímulos y presiones de cierta intensidad; es la dictadura del proletariado ejerciéndose no solo sobre la clase derrotada, sino también, individualmente, sobre la clase vencedora.

Todo esto entraña, para su éxito total, la necesidad de una serie de mecanismos, las instituciones revolucionarias.[44]

En la imagen de las multitudes marchando hacia el futuro, encaja el concepto de institucionalización como el de un conjunto armónico de canales, escalones, represas, aparatos bien aceptados que permitan esa marcha, que permitan la selección natural de los destinados a caminar en la vanguardia y que adjudiquen el premio y el castigo a los que cumplen o atenten contra la sociedad en construcción.

Institucionalización de la revolución

Esta institucionalidad de la Revolución todavía no se ha logrado. Buscamos algo nuevo que permita la perfecta identificación entre el Gobierno y la comunidad en su conjunto, ajustada a las condiciones peculiares de la construcción del socialismo y huyendo al máximo de los lugares comunes de la democracia burguesa, trasplantados a la sociedad en formación (como las cámaras legislativas, por ejemplo). Se han hecho algunas experiencias dedicadas a crear paulatinamente la institucionalización de la Revolución, pero sin demasiada prisa. El freno mayor que hemos tenido ha sido el miedo a que cualquier aspecto formal nos separe de las masas y del individuo, nos haga perder de vista la última y más importante ambición revolucionaria que es ver al hombre liberado de su enajenación.

No obstante la carencia de instituciones, lo que debe superarse gradualmente, ahora las masas hacen la historia como el conjunto consciente de individuos que luchan por una misma causa. El hombre, en el socialismo, a pesar de su aparente estandarización, es más completo; a pesar de la falta del mecanismo perfecto para ello, su posibilidad de expresarse y hacerse sentir en el aparato social es infinitamente mayor.

Todavía es preciso acentuar su participación consciente, individual y colectiva, en todos los mecanismos de dirección y producción y ligarla a la idea de la necesidad de la educación técnica e ideológica, de manera que sienta cómo estos procesos son estrechamente interdependientes y sus avances son paralelos. Así logrará la total conciencia de su ser social, lo que equivale a su realización plena como criatura humana, rotas las cadenas de la enajenación.

Esto se traducirá concretamente en la reapropiación de su naturaleza a través del trabajo liberado y la expresión de su propia condición humana a través de la cultura y el arte.

Nueva condición del trabajo

Para que se desarrolle en la primera, el trabajo debe adquirir una condición nueva[45]; la mercancía-hombre cesa de existir y se instala un sistema que otorga una cuota por el cumplimiento del deber social. Los medios de producción pertenecen a la sociedad y la máquina es sólo la trinchera donde se cumple el deber. El hombre comienza a liberar su pensamiento del hecho enojoso que suponía la necesidad de satisfacer sus necesidades animales mediante el trabajo. Empieza a verse retratado en su obra y a comprender su magnitud humana a través del objeto creado, del trabajo realizado. Esto ya no entraña dejar una parte de su ser en forma de fuerza de trabajo vendida, que no le pertenece más, sino que significa una emanación de sí mismo, un aporte a la vida común en que se refleja; el cumplimiento de su deber social.

Hacemos todo lo posible por darle al trabajo esta nueva categoría de deber social y unirlo al desarrollo de la técnica, por un lado, lo que dará condiciones para una mayor libertad, y al trabajo voluntario por otro, basados en la apreciación marxista de que el hombre realmente alcanza su plena condición humana cuando produce sin la compulsión de la necesidad física de venderse como mercancía.

Claro que todavía hay aspectos coactivos en el trabajo, aun cuando sea voluntario; el hombre no ha transformado toda la coerción que lo rodea en reflejo condicionado de naturaleza social y todavía produce, en muchos casos, bajo la presión del medio (compulsión moral, la llama Fidel).Todavía le falta el lograr la completa recreación espiritual ante su propia obra, sin la presión directa del medio social, pero ligado a él por los nuevos hábitos. Esto será el comunismo.

El cambio no se produce automáticamente en la conciencia, como no se produce tampoco en la economía. Las variaciones son lentas y no son rítmicas; hay períodos de aceleración, otros pausados e incluso, de retroceso.

Debemos considerar, además, como apuntáramos antes, que no estamos frente al período de transición puro, tal como lo viera Marx en la *Crítica del Programa de Gotha*, sino a una nueva fase no prevista por él; primer período de transición del comunismo o de la construcción del socialismo. Este transcurre en medio de violentas luchas de clase y con elementos de capitalismo en su seno que oscurecen la comprensión cabal de su esencia.[46]

Si a esto se agrega el escolasticismo que ha frenado el desarrollo de la filosofía marxista e impedido el tratamiento sistemático del período, cuya economía política no se ha desarrollado, debemos convenir en que todavía estamos en pañales y es preciso dedicarse a investigar todas las características primordiales del mismo antes de elaborar una teoría económica y política de mayor alcance.

La teoría que resulte dará indefectiblemente preeminencia a los dos pilares de la construcción: la formación del hombre nuevo y el desarrollo de la técnica. En ambos aspectos nos falta mucho por hacer, pero es menos excusable el atraso en cuanto a la concepción de la técnica como base fundamental, ya que aquí no se trata de avanzar a ciegas sino de seguir durante un buen tramo el camino abierto por los países más adelantados del mundo. Por ello Fidel machaca con tanta insistencia sobre la necesidad de la formación tecnológica y científica de todo nuestro pueblo y más aún, de su vanguardia.

Individualismo

En el campo de las ideas que conducen a actividades no productivas, es más fácil ver la división entre necesidad material y espiritual. Desde hace mucho tiempo el hombre trata de liberarse de la enajenación mediante la cultura y el arte. Muere diariamente las ocho y más horas en que actúa como mercancía para resucitar en su creación espiritual. Pero este remedio porta los gérmenes de la misma enfermedad: es un ser solitario el que busca comunión con la naturaleza. Defiende su individualidad oprimida por el medio y reacciona ante las ideas estéticas como un ser único cuya aspiración es permanecer inmaculado.

Se trata solo de un intento de fuga. La ley del valor no es ya un mero reflejo de las relaciones de producción; los capitalistas monopolistas la rodean de un complicado andamiaje que la convierte en una sierva dócil, aun cuando los métodos que emplean sean puramente empíricos. La superestructura impone un tipo de arte en el cual hay que educar a los artistas. Los rebeldes son dominados por la maquinaria y solo los talentos excepcionales podrán crear su propia obra. Los restantes devienen asalariados vergonzantes o son triturados.

Se inventa la investigación artística a la que se da como definitoria de la libertad, pero esta "investigación" tiene sus límites, imperceptibles hasta el momento de chocar con ellos, vale decir, de plantearse los reales problemas del hombre y su enajenación. La angustia sin sentido o el pasatiempo vulgar constituyen válvulas cómodas a la inquietud humana; se combate la idea de hacer del arte un arma de denuncia.

Si se respetan las leyes del juego se consiguen todos los honores; los que podría tener un mono al inventar piruetas. La condición es no tratar de escapar de la jaula invisible.

Nuevo impulso a la investigación artística

Cuando la Revolución tomó el poder se produjo el éxodo de los domesticados totales; los demás, revolucionarios o no, vieron un camino nuevo. La investigación artística cobró nuevo impulso. Sin embargo, las rutas estaban más o menos trazadas y el sentido del concepto fuga se escondió tras la palabra libertad. En los propios revolucionarios se mantuvo muchas veces esta actitud, reflejo del idealismo burgués en la conciencia.

En países que pasaron por un proceso similar se pretendió combatir estas tendencias con un dogmatismo exagerado. La cultura general se convirtió casi en un tabú y se proclamó súmmun de la aspiración cultural una representación formalmente exacta de la naturaleza, convirtiéndose ésta, luego, en una representación mecánica de la realidad social que se quería hacer ver; la sociedad ideal, casi sin conflictos ni contradicciones, que se buscaba crear.

El socialismo es joven y tiene errores. Los revolucionarios carecemos, muchas veces, de los conocimientos y la audacia intelectual necesarios para encarar la tarea del desarrollo de un hombre nuevo por métodos distintos a los convencionales y los métodos convencionales sufren de la influencia de la sociedad que los creó. (Otra vez se plantea el tema de la relación entre forma y contenido). La desorientación es grande y los problemas de la construcción material nos absorben. No hay artistas de gran autoridad que, a su vez, tengan gran autoridad revolucionaria. Los hombres del Partido deben tomar esa tarea entre las manos y buscar el logro del objetivo principal: educar al pueblo.

Se busca entonces la simplificación, lo que entiende todo el mundo, que es lo que entienden los funcionarios. Se anula la auténtica investigación artística y se reduce el problema de la cultura general a una apropiación del presente socialista y del pasado muerto (por tanto, no peligroso). Así nace el realismo socialista sobre las bases del arte del siglo pasado.[47]

Pero el arte realista del siglo XIX, también es de clase, más puramente capitalista, quizás, que este arte decadente del siglo XX, donde se transparenta la angustia del hombre enajenado. El capitalismo en cultura ha dado todo de sí y no queda de él sino el anuncio de un cadáver maloliente; en arte, su decadencia de hoy. Pero, ¿por qué pretender buscar en las formas congeladas del realismo socialista la única receta válida? No se puede oponer al realismo socialista "la libertad", porque ésta no existe todavía, no existirá hasta el completo desarrollo de la sociedad nueva; pero no se pretenda condenar a todas las formas de arte posteriores a la primera mitad del siglo XIX desde el trono pontificio del realismo a ultranza, pues se caería en un error proudhoniano de retorno al pasado, poniéndole camisa de fuerza a la expresión artística del hombre que nace y se construye hoy.

Falta el desarrollo de un mecanismo ideológico-cultural que permita la investigación y desbroce la mala hierba, tan fácilmente multiplicable en el terreno abonado de la subvención estatal.

En nuestro país, el error del mecanismo realista no se ha dado, pero sí otro de signo contrario. Y ha sido por no comprender la necesidad de la creación del hombre nuevo, que no sea el que represente las ideas del siglo XIX, pero tampoco las de nuestro siglo decadente y morboso. El hombre del siglo XXI es el que debemos crear, aunque todavía es una aspiración subjetiva y no sistematizada. Precisamente éste es uno de los puntos fundamentales de nuestro estudio y de nuestro trabajo y en la medida en que logremos éxitos concretos sobre una base teórica o, viceversa, extraigamos conclusiones teóricas de carácter amplio sobre la base de nuestra investigación concreta, habremos hecho un aporte valioso al marxismo-leninismo, a la causa de la humanidad.

La reacción contra el hombre del siglo XIX nos ha traído la reincidencia en el decadentismo del siglo XX; no es un error demasiado grave, pero debemos superarlo, so pena de abrir un ancho cauce al revisionismo.

Las grandes multitudes se van desarrollando, las nuevas ideas van alcanzando adecuado ímpetu en el seno de la sociedad, las posibilidades materiales de desarrollo integral de absolutamente todos sus miembros, hacen mucho más fructífera la labor. El presente es de lucha; el futuro es nuestro.

Nueva generación revolucionaria

Resumiendo, la culpabilidad de muchos de nuestros intelectuales y artistas reside en su pecado original; no son auténticamente revolucionarios. Podemos intentar injertar el olmo para que dé peras, pero simultáneamente hay que sembrar perales. Las nuevas concepciones vendrán libres del pecado original. Las probabilidades de que surjan artistas excepcionales serán tanto mayores cuanto más se haya ensanchado el campo de la cultura y la posibilidad de expresión. Nuestra tarea consiste en impedir que la generación actual, dislocada por sus conflictos, se pervierta y pervierta a las nuevas. No debemos crear asalariados dóciles al pensamiento oficial ni becarios que vivan al amparo del presupuesto, ejerciendo una libertad entre comillas. Ya vendrán los revolucionarios que entonen el canto del hombre nuevo con la auténtica voz del pueblo. Es un proceso que requiere tiempo.

En nuestra sociedad, juegan un gran papel la juventud y el Partido.[48]

Particularmente importante es la primera, por ser la arcilla maleable con que se puede construir al hombre nuevo sin ninguna de las taras anteriores. Ella recibe un trato acorde con nuestras ambiciones. Su educación es cada vez más completa y no olvidamos su integración al trabajo desde los primeros instantes. Nuestros becarios hacen trabajo físico en sus vacaciones o simultáneamente con el estudio. El trabajo es un premio en ciertos casos, un instrumento de educación, en otros, jamás un castigo. Una nueva generación nace.

El Partido es una organización de vanguardia. Los mejores trabajadores son propuestos por sus compañeros para integrarlo. Éste es minoritario pero de gran autoridad por la calidad de sus cuadros. Nuestra aspiración es que el Partido sea de masas, pero cuando las masas hayan alcanzado el nivel de desarrollo de la vanguardia, es decir, cuando estén educados para el comunismo. Y a esa educación va encaminado el trabajo. El Partido es el ejemplo vivo; sus cuadros deben dictar cátedras de laboriosidad y sacrificio, deben llevar, con su acción, a las masas, al fin de la tarea revolucionaria, lo que entraña años de duro bregar contra las dificultades de la construcción, los enemigos de clase, las lacras del pasado, el imperialismo...

El papel del individuo

Quisiera explicar ahora el papel que juega la personalidad, el hombre como individuo dirigente de las masas que hacen la historia. Es nuestra experiencia, no una receta.

Fidel dio a la Revolución el impulso en los primeros años, la dirección[49], la tónica siempre, pero hay un buen grupo de revolucionarios que se desarrollan en el mismo sentido que el dirigente máximo y una gran masa que sigue a sus dirigentes porque les tiene fe; y les tiene fe, porque ellos han sabido interpretar sus anhelos.

No se trata de cuántos kilogramos de carne se come o de cuántas veces por año pueda ir alguien a pasearse en la playa, ni de cuántas bellezas que vienen del exterior pueden comprarse con los salarios actuales. Se trata, precisamente, de que el individuo se sienta más pleno, con mucha más riqueza interior y con mucha más responsabilidad. El individuo de nuestro país sabe que la época gloriosa que le toca vivir es de sacrificio; conoce el sacrificio. Los primeros lo conocieron en la Sierra Maestra y dondequiera que se luchó; después lo hemos conocido en toda Cuba. Cuba es la vanguardia de América y debe hacer sacrificios porque ocupa el lugar de avanzada, porque indica a las masas de América Latina el camino de la libertad plena.

Dentro del país, los dirigentes tienen que cumplir su papel de vanguardia; y, hay que decirlo con toda sinceridad, en una revolución verdadera, a la que se le da todo, de la cual no se espera ninguna retribución material, la tarea del revolucionario de vanguardia es a la vez magnífica y angustiosa.

Amor por la humanidad

Déjeme decirle, a riesgo de parecer ridículo, que el revolucionario verdadero está guiado por grandes sentimientos de amor. Es imposible pensar en un revolucionario auténtico sin esta cualidad. Quizás sea uno de los grandes dramas del dirigente; éste debe unir a un espíritu apasionado una mente fría y tomar decisiones dolorosas sin que se contraiga un músculo. Nuestros revolucionarios de vanguardia tienen que idealizar ese amor a los pueblos, a las causas más sagradas y hacerlo único, indivisible. No pueden descender con su pequeña dosis de cariño cotidiano hacia los lugares donde el hombre común lo ejercita.

Los dirigentes de la Revolución tienen hijos que en sus primeros balbuceos, no aprenden a nombrar al padre; mujeres que deben ser parte del sacrificio general de su vida para llevar la Revolución a su destino; el marco de los amigos responde estrictamente al marco de los compañeros de Revolución. No hay vida fuera de ella.

En esas condiciones, hay que tener una gran dosis de humanidad, una gran dosis de sentido de la justicia y de la verdad para no caer en extremos dogmáticos, en escolasticismos fríos, en aislamiento de las masas. Todos los días hay que luchar porque ese amor a la humanidad viviente se transforme en hechos concretos, en actos que sirvan de ejemplo, de movilización.

El revolucionario, motor ideológico de la Revolución dentro de su Partido, se consume en esa actividad ininterrumpida que no tiene más fin que la muerte, a menos que la construcción se logre en escala mundial. Si su afán de revolucionario se embota cuando las tareas más apremiantes se ven realizadas a escala local y se olvida el internacionalismo proletario, la revolución que dirige deja de ser una fuerza impulsora y se sume en una cómoda modorra, aprovechada por nuestros enemigos irreconciliables, el imperialismo, que gana terreno. El internacionalismo proletario es un deber pero también es una necesidad revolucionaria. Así educamos a nuestro pueblo.

Peligros del dogmatismo

Claro que hay peligros presentes en las actuales circunstancias. No solo el del dogmatismo, no solo el de congelar las relaciones con las masas en medio de la gran carrera; también existe el peligro de las debilidades en que se puede caer. Si un hombre piensa que, para dedicar su vida entera a la revolución, no puede distraer su mente por la preocupación de que a un hijo le falta determinado producto, que los zapatos de los niños estén rotos, que su familia carezca de determinado bien necesario, bajo este razonamiento deja infiltrarse los gérmenes de la futura corrupción.

En nuestro caso hemos mantenido que nuestros hijos deben tener y carecer de lo que tienen y de lo que carecen los hijos del hombre común; y nuestra familia debe comprenderlo y luchar por ello. La revolución se hace a través del hombre, pero el hombre tiene que forjar día a día su espíritu revolucionario.

Así vamos marchando. A la cabeza de la inmensa columna —no nos avergüenza ni nos intimida el decirlo— va Fidel, después, los mejores cuadros del Partido, e inmediatamente, tan cerca que se siente su enorme fuerza, va el pueblo en su conjunto; sólida armazón de individualidades que caminan hacia un fin común; individuos que han alcanzado la conciencia de lo que es necesario hacer; hombres que luchan por salir del reino de la necesidad y entrar al de la libertad.

Esa inmensa muchedumbre se ordena; su orden responde a la conciencia de la necesidad del mismo; ya no es fuerza dispersa, divisible en miles de fracciones disparadas al espacio como fragmentos de granada, tratando de alcanzar por cualquier medio, en lucha reñida con sus iguales, una posición, algo que permita apoyo frente al futuro incierto.

Sabemos que hay sacrificios delante nuestro y que debemos pagar un precio por el hecho heroico de constituir una vanguardia como nación. Nosotros, dirigentes, sabemos que tenemos que pagar un precio por tener derecho a decir que estamos a la cabeza del pueblo que está a la cabeza de América.[50] Todos y cada uno de nosotros paga puntualmente su cuota de sacrificio, conscientes de recibir el premio en la satisfacción del deber cumplido, conscientes de avanzar con todos hacia el hombre nuevo que se vislumbra en el horizonte.

Permítanme intentar unas conclusiones[51]:

Nosotros, socialistas, somos más libres porque somos más plenos; somos más plenos por ser más libres.

El esqueleto de nuestra libertad completa está formado, falta la sustancia proteica y el ropaje; los crearemos.

Nuestra libertad y su sostén cotidiano tienen color de sangre y están henchidos de sacrificio.

Nuestro sacrificio es consciente; cuota para pagar la libertad que construimos.

El camino es largo y desconocido en parte; conocemos nuestras limitaciones. Haremos el hombre del siglo XXI: nosotros mismos.

Nos forjaremos en la acción cotidiana, creando un hombre nuevo con una nueva técnica.

La personalidad juega el papel de movilización y dirección en cuanto que encarna las más altas virtudes y aspiraciones del pueblo y no se separa de la ruta.

Quien abre el camino es el grupo de vanguardia, los mejores entre los buenos, el Partido.

La arcilla fundamental de nuestra obra es la juventud: en ella depositamos nuestra esperanza y la preparamos para tomar de nuestras manos la bandera.

Si esta carta balbuceante aclara algo, ha cumplido el objetivo con que la mando.

Reciba nuestro saludo ritual, como un apretón de manos o un "Ave María Purísima". Patria o muerte.

PARTE 3

SOLIDARIDAD INTERNACIONAL

"Desde todos los otros hermanos países de América y de nuestra tierra, si todavía persistiera como ejemplo, les contestará la voz de los pueblos, desde ese momento y para siempre: 'Así sea: que la libertad sea conquistada en cada rincón de América'."

Discurso al Primer Congreso Latinoamericano de Juventudes

(28 de julio de 1960)

Compañeros de América Latina y del mundo entero:
Sería largo enumerar ahora el saludo individual que nuestra patria da a cada uno de ustedes, y a cada uno de los países que representan. Queremos, sin embargo, hacer un distingo con algunas personas representantes de países castigados por catástrofes de la naturaleza o por catástrofes del imperialismo. Queremos saludar especialmente esta noche, al representante del pueblo de Chile, Clotario Bletz, cuya voz juvenil ustedes escucharon hace un momento, y cuya madurez, sin embargo, puede servir de ejemplo y de guía a nuestros hermanos trabajadores de ese sufrido pueblo, que ha sido castigado por uno de los más terribles terremotos de la historia.

Queremos saludar especialmente, también, a Jacobo Árbenz, [ex] presidente de la primera nación latinoamericana [Guatemala] que levantó su voz, sin miedo, contra el colonialismo, y que expresó, en una reforma agraria profunda y valiente, el anhelo de sus masas campesinas. Y queremos agradecer también, en él, y en la democracia que sucumbió, el ejemplo que nos diera y la apreciación correcta de todas las debilidades que no pudo superar aquel Gobierno, para ir nosotros a la raíz de la cuestión y decapitar de un solo tajo a los que tienen el poder y a los esbirros de los que tienen el poder.

Y queremos saludar también a dos de las delegaciones más sufridas, quizás, de América Latina: a la de Puerto Rico que todavía hoy, después de ciento cincuenta años de haberse declarado la libertad por primera vez, en América Latina, sigue luchando por dar el primer paso, el más difícil quizás, el de lograr, al menos formalmente, un gobierno libre. Y quisiera que los delegados de Puerto Rico llevaran mi saludo y el de Cuba entera, a Pedro Albizu Campos; quisiéramos que le trasmitieran a Pedro Albizu Campos toda nuestra emocionada cordialidad, todo nuestro reconocimiento por el camino que enseñara con su valor, y toda nuestra fraternidad de hombres libres hacia un hombre libre, a pesar de estar en una mazmorra de la sedicente democracia norteamericana. Pero quisiera también saludar hoy, por paradójico que parezca, a la delegación que representa lo más puro del pueblo norteamericano. Y quisiera saludarla, porque no solamente el pueblo norteamericano no es culpable de la barbarie y de la injusticia de sus gobernantes, sino que también es víctima inocente de la ira de todos los pueblos del mundo, que confunden a veces un sistema social con un pueblo.

Por eso, a las distinguidas personalidades que he nombrado, y a las delegaciones de los pueblos hermanos que he nombrado, va mi saludo individualizado, aunque mis brazos y los brazos de toda Cuba están abiertos para recibir a ustedes, y para mostrarles aquí lo que hay de bueno y lo que hay de malo, lo que se ha logrado y lo que está por lograrse, el camino recorrido y lo que falta por recorrer. Porque aun cuando todos ustedes vengan a deliberar, en nombre de sus respectivos países, en este Congreso de la Juventud Latinoamericana, cada uno de ustedes —y de eso estoy seguro— vino acicateado por la curiosidad de conocer exactamente qué cosa era este fenómeno nacido en una isla del Caribe, que se llama hoy Revolución cubana.

Y muchos de ustedes, de diversas tendencias políticas, se preguntarán hoy, como se han preguntado ayer, y como quizás se pregunten mañana también ¿qué es la Revolución cubana?, ¿cuál es su ideología? Y enseguida surgirá la pregunta, que en adeptos o en contrarios siempre se hace en estos casos: ¿Es la Revolución cubana comunista? Y unos contestarán esperanzados que sí, o que va camino de ello, y otros, quizás decepcionados piensen también que sí y habrá quienes decepcionados piensen que no, y quienes esperanzados, piensen también que no. Y si a mí me preguntaran si esta Revolución que está ante los ojos de ustedes es una revolución comunista, después de las consabidas explicaciones para averiguar qué es comunismo y dejando de lado las acusaciones manidas del imperialismo, de los poderes coloniales, que lo confunden todo, vendríamos a caer en que esta Revolución, en caso de ser marxista —y escúchese bien que digo marxista—, sería porque descubrió también, por sus métodos, los caminos que señalara Marx.

Recientemente una de las altas personalidades de la Unión Soviética, el viceprimer ministro [Anastas] Mikoyan, al brindar por la felicidad de la Revolución cubana, reconocía él— marxista de siempre—, que esto era un fenómeno que Marx no había previsto. Y acotaba entonces que la vida enseña más que el más sabio de los libros y que el más profundo de los pensadores.

Y esta Revolución cubana, sin preocuparse por sus motes, sin averiguar qué se decía de ella, pero oteando constantemente qué quería el pueblo de Cuba de ella, fue hacia adelante, y de pronto se encontró con que no solamente había hecho, o estaba en vías de hacer la felicidad de su pueblo, sino que habían volcado sobre esta Isla, las miradas curiosas de amigos y enemigos, las miradas esperanzadas de todo un continente, y las miradas furiosas del rey de los monopolios.

Pero todo esto no surgió de la noche a la mañana, y permítanme ustedes que les cuente algo de mi experiencia, experiencia que puede servir a muchos pueblos en circunstancias parecidas, para que tengan una idea dinámica de cómo surgió este pensamiento revolucionario de hoy, porque la Revolución cubana de hoy, continuadora sí, no es la Revolución cubana de ayer, aun después de la victoria, y mucho menos es la insurrección cubana de antes de la victoria; de aquellos jóvenes que en número de ochenta y dos cruzaron en un barco que hacía agua las difíciles zonas del Golfo de México [noviembre–diciembre de 1956], para arribar a las costas de la Sierra Maestra, a estos representantes de la Cuba de hoy, hay una distancia que no se mide por años, o por lo menos no se mide por años en la forma correcta de hacerlo, con sus días de veinticuatro horas y sus horas de sesenta minutos.

Todos los miembros del Gobierno cubano, jóvenes de edad, jóvenes de carácter y de ilusiones, han, sin embargo, madurado en la extraordinaria Universidad de la experiencia y en contacto vivo con el pueblo, con sus necesidades y con sus anhelos. Todos nosotros pensamos llegar un día a algún lugar de Cuba y tras de algunos gritos y algunas acciones heroicas y tras de algunos muertos y algunos mítines radiales tomar el poder y expulsar al dictador Batista. La historia nos enseñó que era mucho más difícil que eso derrotar a todo un gobierno respaldado por un ejército de asesinos, que además de ser asesinos, eran socios de ese Gobierno y respaldados en definitiva por la más grande fuerza colonial de toda la tierra.

Y fue así como poco a poco cambiaron todos nuestros conceptos. Cómo nosotros, hijos de las ciudades, aprendimos a respetar al campesino, a respetar su sentido de la independencia, a respetar su lealtad, a reconocer sus anhelos centenarios por la tierra que le había sido arrebatada y a reconocer su experiencia en los mil caminos del monte. Y cómo los campesinos aprendieron de nosotros el valor que tiene un hombre, cuando en sus manos hay un fusil y cuando ese fusil está dispuesto a disparar contra otro hombre, por más fusiles que acompañen a este otro hombre.

Los campesinos nos enseñaron su sabiduría y nosotros enseñamos nuestro sentido de la rebeldía a los campesinos. Y desde ese momento hasta ahora y para siempre, los campesinos de Cuba y las fuerzas rebeldes de Cuba, y hoy el Gobierno Revolucionario cubano, marchan unidos como un solo hombre.

Pero siguió progresando la Revolución y expulsamos de las abruptas laderas de la Sierra Maestra a las tropas de la dictadura, y llegamos entonces a tropezarnos con otra realidad cubana, que era el obrero, el trabajador, ya sea el obrero agrícola o el obrero de los centros industriales y aprendimos de él también y también le enseñamos que en un momento dado, mucho más fuerte y positivo que la más fuerte y positiva de las manifestaciones pacíficas, es un tiro bien dado a quien se le debe dar. Aprendimos el valor de la organización, pero enseñamos de nuevo el valor de la rebeldía y de este resultado surgió la rebeldía organizada por todo el territorio de Cuba.

Ya había transcurrido mucho tiempo y ya muchas muertes, muchas de ellas combativas y otras inocentes, jalonaban el camino de nuestra victoria. Las fuerzas imperialistas empezaron a ver que en lo alto de la Sierra Maestra había algo más que un grupo de bandoleros o algo más que un grupo de ambiciosos asaltantes del poder; sus bombas, sus balas, sus aviones y sus tanques fueron dados generosamente a la dictadura y con ellos de vanguardia, pretendieron volver a subir, y por última vez, a la Sierra Maestra.

A pesar del tiempo transcurrido, a pesar de que ya columnas de nuestras fuerzas rebeldes habían partido a invadir otras regiones de Cuba y estaba formado ya el Segundo Frente Oriental "Frank País", bajo las órdenes del comandante Raúl Castro, a pesar de todo eso, de nuestra fuerza en la opinión pública, de que éramos ya materia de cintillos en periódicos en sus secciones internacionales en todos los lados del mundo, la Revolución cubana contaba con doscientos fusiles, no con doscientos hombres, pero con doscientos fusiles para detener la última ofensiva del régimen, la cual acumuló diez mil soldados y toda clase de instrumentos de muerte, y la historia de cada uno de esos doscientos fusiles es una historia de sacrificio y de sangre, porque eran fusiles del imperialismo, que la sangre y la decisión de nuestros mártires habían dignificado y convertido en fusiles del pueblo. Y así se desarrolló la última etapa de la gran ofensiva del ejército, que llamaron ellos "de cerco y aniquilamiento".

Por eso les digo yo a ustedes, juventud estudiosa de toda América Latina, que si nosotros hoy hacemos eso que se llama marxismo, es porque lo descubrimos aquí. Porque en aquella época, y después de derrotar a las tropas de la dictadura y después de hacer sufrir a esas tropas mil bajas, es decir, de hacerles cinco veces más bajas que el total de nuestras fuerzas combatientes, y después de haber ocupado más de seiscientas armas, cayó en nuestras manos un pequeño folleto que estaba escrito por Mao Tse Tung, y en ese folleto que trataba precisamente sobre los problemas estratégicos de la guerra revolucionaria en China, se describían incluso las campañas que Chiang Kai-Chek llevaba contra las fuerzas populares y que el dictador denominaba como aquí "campañas de cerco y aniquilamiento". Y no solamente se habían repetido las palabras con que ambos dictadores, en lugares opuestos del mundo, bautizaban su campaña, se repitió el tipo de la campaña que esos dictadores hicieron para tratar de destruir a las fuerzas populares y se repitió por parte de las fuerzas populares, sin conocer los manuales que ya estaban escritos sobre estrategia y táctica de la guerra de guerrillas, lo mismo que se preconizaba en el otro extremo del mundo para combatir a esa fuerza; porque naturalmente, cuando alguien expone una experiencia puede ser por cualquiera aprovechada, pero también puede ser vuelta a realizar esa experiencia sin necesidad de que se conozca la experiencia anterior.

Nosotros no conocíamos las experiencias de las tropas chinas en veinte años de lucha en su territorio, pero aquí conocíamos nuestro territorio, conocíamos nuestro enemigo y usamos algo que todo hombre tiene sobre sus hombros y que si lo sabe usar vale mucho: usamos la cabeza también para combatir al enemigo. De allí resultó su derrota.

Después siguió una historia de invasiones hacia occidente, de ruptura de las vías de comunicaciones y de aplastante caída de la dictadura, cuando nadie lo esperaba. Llegó entonces el 1º de enero [1959]. Y la Revolución de nuevo, sin pensar en lo que había leído, pero oyendo lo que tenía que hacer de labios del pueblo, decidió primero y antes que nada castigar a los culpables y los castigó.

Las potencias coloniales enseguida sacaron a primera plana la historia de eso, que ellos llamaban asesinatos, y trataron enseguida de sembrar algo que siempre pretenden sembrar los imperialistas, la división. Porque "aquí había *asesinos comunistas que mataban*, sin embargo había un patriota ingenuo llamado Fidel Castro, que no tenía *nada que ver* y que podía ser salvado". Trataban de dividir ellos a los hombres que habían luchado por una misma causa, con pretextos y con argumentos baladíes, y siguieron manteniendo durante cierto tiempo esa esperanza. Pero un día se encontraron con que la ley de Reforma Agraria aprobada, era mucho más violenta y mucho más profunda que lo que habían aconsejado los sesudos autoconsejeros del Gobierno; todos ellos, entre paréntesis, están hoy en

Miami o en alguna otra ciudad de Estados Unidos. Pepín Rivero en el *Diario de la Marina* o Medrano en *Prensa Libre*... o había más, había incluso un primer ministro en nuestro gobierno que aconsejaba mucha moderación porque "estas cosas hay que tratarlas con moderación".

La "moderación" es otra de las palabras que les gusta usar a los agentes de la colonia, son moderados, todos los que tienen miedo o todos los que piensan traicionar de alguna forma... El pueblo no es de ninguna manera moderado.

Ellos aconsejaban repartir marabú —que es un arbusto que crece en nuestros campos— y que campesinos con sus machetes tumbaran ese marabú o se aposentaran en alguna ciénaga o agarraran algún pedazo de tierra del Estado, que todavía hubiera escapado a la voracidad de los latifundistas; pero tocar la tierra de los latifundistas era un pecado que estaba por encima de lo que ellos podían pensar que fuera posible. Pero fue posible.

Yo recuerdo, en aquella época, una conversación con un señor, que me decía que estaba libre de todo problema con el Gobierno Revolucionario, porque no tenía nada más que novecientas caballerías; novecientas caballerías son más de diez mil hectáreas [25 000 acres]. Y por supuesto que ese señor tuvo problemas con el Gobierno Revolucionario, y se le quitaron las tierras, y se repartieron además, y se dio en propiedad la tierra al pequeño campesino individual; y además se crearon las cooperativas, en las tierras en que ya estaba acostumbrado el obrero agrícola, el trabajador agrícola, a trabajar en comunidad por un salario.

Y aquí se asienta una de las peculiaridades que es necesario estudiar en la Revolución cubana, el que esta Revolución hizo su Reforma Agraria por primera vez en América, atacando unas relaciones sociales de propiedad, que no eran feudales, había sí resabios feudales en el tabaco o en el café; y eso, el tabaco o el café, se dio a los pequeños trabajadores individuales que hacía tiempo que estaban en ese pedazo de tierra y que querían su tierra; pero la caña, o el arroz o incluso el ganado, en la forma en que es explotado en Cuba, está ocupado en su conjunto y trabajado en su conjunto por obreros que tienen la propiedad conjunta de todas esas tierras, que no son poseedores de una partícula de tierra, sino de todo ese gran conjunto llamado cooperativa, y eso nos ha permitido ir muy rápido y muy profundo en nuestra Reforma Agraria. Porque es algo que debe caer en cada uno de ustedes y colocarlo como una verdad que no se puede desmentir de ninguna manera, que no hay gobierno que pueda llamarse revolucionario aquí en América Latina, si no hace como primera medida una Reforma Agraria. Pero además no puede llamarse revolucionario el gobierno que diga que va a hacer o que haga una Reforma Agraria tibia; revolucionario es el gobierno que hace una Reforma Agraria cambiando el régimen de propiedad de la tierra, no solamente dándole al campesino la tierra que sobra, sino, y principalmente, dándole al campesino la que no sobre, la que está en poder de los latifundistas, que es la mejor, que es la que rinde más, y es además la que le robaron al campesino en épocas pasadas.

Eso es Reforma Agraria y con eso deben de empezar todos los gobiernos revolucionarios, y sobre la Reforma Agraria vendrá la gran batalla de la industrialización del país que es mucho menos simple, que es muy complicada, donde hay que luchar con fenómenos muy grandes y donde se naufragaría muy fácil en épocas pasadas si no existiera hoy en la tierra fuerzas muy grandes que son amigas de estas pequeñas naciones, porque hay que anotarlo aquí, para todos, para los que lo son, para los que no lo son y para los que lo odian, que países como Cuba en este momento, países revolucionarios y nada moderados, pueden plantearse la pregunta de si la Unión Soviética o la China Popular es amiga nuestra, y no pueden responder en una forma tibia, tienen que responder con toda la fuerza que la Unión Soviética, la China y todos los países socialistas, y aun muchos otros países coloniales o semicoloniales que se han liberado, son nuestros amigos y que en esa amistad, en la amistad con esos gobiernos de todo el mundo, es que se pueden basar las realizaciones de una revolución americana, porque si a nosotros se nos hubiera hecho la agresión que se nos hizo con el azúcar y el petróleo y no existiera la Unión Soviética que nos diera petróleo y nos comprara azúcar, se necesitaría toda la fuerza, toda la fe y toda la devoción de este pueblo, que es enorme, para poder aguantar el golpe que eso significaría; y las fuerzas de la desunión trabajarían después, amparadas en el efecto que causaría en el nivel de vida de todo el pueblo cubano, las medidas que tomó la "democracia norteamericana" contra esta amenaza del mundo libre, porque ellos nos agredieron desembozadamente. Y hay gobernantes de América Latina, que todavía nos aconsejan a nosotros, que lamamos la mano de quien nos quiere pegar y escupamos a quien nos quiere defender. Y nosotros les contestamos a esos gobernantes de esos países que preconizan la humillación en pleno siglo XX que, en primer lugar, Cuba no se humilla ante nadie, y que en segundo lugar, Cuba conoce porque ha conocido por experiencia propia, y sus gobernantes las conocen, muy bien que las conocen, conocen las debilidades y las lacras del gobierno que aconseja esa medida, pero sin embargo Cuba no se ha dignado ni se ha permitido, ni lo creyó permisible, hasta este momento, aconsejar a los gobernantes de ese país, que fusilaran a toda su oficialidad traidora, que nacionalizaran todas las empresas monopolistas que tienen.

El pueblo de Cuba fusiló a sus asesinos y disolvió el ejército de la dictadura, pero no ha ido a decirle a ningún gobierno de América Latina que fusile a los asesinos del pueblo o liquide el sostén de la dictadura. Sin embargo, Cuba sabe bien que hay asesinos en cada uno de los pueblos; y si no, lo pueden decir, incluso, los cubanos miembros de nuestro propio Movimiento [Andrés Coba], asesinados en un país amigo [Venezuela], por esbirros que quedan de la anterior dictadura.

Nosotros no pedimos paredón tampoco para el asesino de nuestros militantes, aunque sí le hubiéramos dado paredón en este país... Lo que queremos, simplemente, es que ya que no se puede ser solidario en América Latina, no se sea, al menos, traidor a América Latina; que no se repita más en América Latina que nosotros nos debemos a una alianza continental con nuestro gran esclavizador, porque esa es la mentira más cobarde y más denigrante que pueda proferir un gobernante en América Latina. Nosotros, los miembros de la Revolución cubana, que somos el pueblo entero de Cuba, llamamos amigo a nuestros amigos y enemigos a nuestros enemigos, y no admitimos términos medios: o se es amigo, o se es enemigo. Nosotros, pueblo de Cuba, no le indicamos a ningún pueblo de la tierra lo que tiene que hacer con el Fondo Monetario Internacional, por ejemplo, pero no admitimos que nos vengan a dar consejos. Sabemos lo que hay que hacer; si lo quieren hacer, bien; si no lo quieren hacer, allá ellos. Pero nosotros no admitimos consejos, porque estuvimos aquí solos hasta el último momento, esperando de pie la agresión directa del más fuerte poder que hay en el mundo capitalista, y no pedimos ayuda a nadie. Y estábamos dispuestos aquí, nosotros con nuestro pueblo, a aguantar hasta las últimas consecuencias de nuestra rebeldía.

Por eso podemos hablar con nuestra frente en alto y con nuestra voz muy clara, en todos los congresos y en todos los consejos donde se reúnan nuestros hermanos del mundo. Cuando la Revolución cubana habla, podrá estar equivocada, pero nunca dice una mentira. La Revolución cubana expresa en cada tribuna en que tiene que hablar, la verdad de los hijos de su tierra y la expresa siempre de cara a los amigos o a los enemigos. Nunca se esconde para lanzar una piedra y nunca da consejos que llevan un puñal adentro, pero que están forrados con terciopelo.

A nosotros se nos ataca, se nos ataca mucho por lo que somos, pero se nos ataca muchísimo más, porque mostramos a cada uno de los pueblos de América Latina lo que se puede ser. Y le importa mucho más al imperialismo que las minas de níquel o que los centrales de azúcar de Cuba, el petróleo de Venezuela, o el algodón de México, o el cobre de Chile, o las vacas de Argentina, o la hierba de Paraguay, o el café de Brasil; y le importa el total de esas materias primas que nutren los monopolios.

Por eso, cada vez que pueden nos ponen una piedra en el camino. Y cuando las piedras que nos ponen, no pueden ponerlas ellos, hay desgraciadamente, en América Latina, quienes se prestan a poner esas piedras. No importa los nombres, porque incluso, nadie es culpable, porque nosotros no podemos decir aquí que el presidente [de Venezuela] Betancourt sea el culpable de la muerte de nuestro compatriota y de nuestro correligionario [Andrés Coba], no es culpable el presidente Betancourt; el presidente Betancourt es, simplemente, un prisionero de un régimen que se dice democrático. Ese régimen democrático, ese régimen que pudo ser otro ejemplo de América Latina, cometió, sin embargo, la gran pifia de no usar el paredón a tiempo. Y hoy, el gobierno democrático de Venezuela es prisionero de los esbirros que conoció Venezuela hasta hace poco, que conoció Cuba, y que conoce la mayor parte de América Latina.

Nosotros no podemos echarle en cara al presidente Betancourt una muerte; nosotros solamente podemos decir aquí, amparados en nuestra historia de revolucionarios, y en nuestra fe de revolucionarios, que el día en que el presidente Betancourt, elegido por su pueblo, se sienta tan prisionero que no pueda seguir adelante, y decida pedir ayuda a algún pueblo hermano, aquí está Cuba, para mostrarle a Venezuela alguna de sus experiencias en el campo revolucionario; que sepa el presidente Betancourt, que no fue —de ninguna manera pudo ser— nuestro representante diplomático, el que inició todo ese lío que se tradujo en una muerte. Fueron ellos, en último extremo, los norteamericanos o el Gobierno norteamericano. Un poquito más aquí, los batistianos, otro poco más aquí, todos aquellos que eran la reserva del Gobierno norteamericano en este país, y que se vestían de antibatistianos, pero querían derrotar a Batista y mantener el sistema: los [José] Miró, los [Miguel Ángel] Quevedo, los [Pedro Luis] Díaz Lanz, los Huber Matos... Y visiblemente, las fuerzas de la reacción que operan en Venezuela. Porque, es muy triste decirlo, pero el gobernante venezolano está a merced de que su propia tropa lo asesine, como ocurrió hace poco con un automóvil cargado de dinamita. El presidente venezolano, en este momento es prisionero de sus fuerzas de represión.

Y duele, duele porque de Venezuela llegó la más fuerte y la más solidaria de las ayudas al pueblo cubano cuando estábamos nosotros en la Sierra Maestra. Duele, porque logró sacarse, por lo menos, a lo más odioso del sistema opresivo, representado por [Marcos] Pérez Jiménez, mucho antes que nosotros. Y duele porque recibió a nuestra delegación, cuando llegó allí, en primer lugar, Fidel Castro, y luego nuestro presidente Dorticós, con las más grandes demostraciones de cariño y de afecto.

Un pueblo que ha alcanzado la alta conciencia política y la alta fe combatiente del pueblo venezolano, no estará mucho tiempo prisionero de algunas bayonetas o de algunas balas, porque las balas y las bayonetas pueden cambiar de manos, y pueden resultar muertos los asesinos.

Pero no es mi misión aquí, enumerar los gobiernos de América Latina, enumerar, en estos últimos días, las puñaladas traperas que nos han dado y echar leña al fuego de la rebelión. No es esa mi tarea porque, en primer lugar, Cuba todavía no está exenta de peligro, y todavía hoy es el centro único de las miradas de los imperialistas en esta parte del mundo, y necesita de la solidaridad de todos ustedes, de la solidaridad de los de [Partido de] Acción Democrática, en Venezuela, igual que de los de URD [Unión Democrática Republicana] o de los comunistas, o de COPEI [Comité Político Electoral Independiente], o de cualquier partido; de la solidaridad de todo el pueblo de México, de la solidaridad de todo el pueblo de Colombia, de Brasil y de cada uno de los pueblos de América Latina. Porque sí es cierto que los colonialistas se asustaron. Ellos también les tienen miedo a los cohetes, y también les tienen miedo a las bombas como todo el mundo, y vieron hoy, por primera vez en su historia, que las bombas destructoras podían caer sobre sus mujeres y sus hijos, sobre todo lo que habían construido con tanto amor, como cualquiera quiere a su riqueza. Empezaron a sacar cálculos; hicieron funcionar sus maquinas electrónicas de calcular, y vieron que no era bueno ese sistema. Pero eso no quiere decir que hayan renunciado, de ninguna manera, a suprimir la democracia cubana. Están de nuevo sacando laboriosos cálculos en sus máquinas multiplicadoras, para saber cuál es el mejor de los otros métodos alternos que tienen, para agredir a la Revolución cubana. Porque tienen el método Ydígoras y el método Nicaragua, y el método Haití —ya no el método Santo Domingo por ahora—, pero tienen, también, el de los mercenarios que están en la Florida, tienen el método OEA [Organización de Estados Americanos], tienen muchos métodos. Y tienen fuerza, tienen fuerza para ir perfeccionando esos métodos.

El [ex] presidente Árbenz conoció, él y su pueblo, que tienen muchos métodos y mucha fuerza. Desgraciadamente para Guatemala, el presidente Árbenz tenía un ejército a la antigua usanza, y no había conocido enteramente de la solidaridad de los pueblos y de su capacidad de hacer retroceder cualquier agresión.

Esa es una de nuestras grandes fuerzas: las fuerzas que se mueven en todo el mundo y que olvidan todas las banderas particulares de las luchas políticas nacionales, para defender, en un momento dado, a la Revolución cubana. Y me permitiría decirlo, que es un deber de la juventud de América

Latina, porque esto que hay aquí es algo nuevo, y es algo digno de estudio. No quiero decirles yo lo que tiene de bueno; ustedes podrán constatar lo que tiene de bueno.

Que tiene mucho de malo... lo sé; que hay mucha desorganización aquí... yo lo sé. Todos ustedes ya lo sabrán, quizás, si han ido a la Sierra. Que hay guerrillerismo todavía... yo lo sé. Que aquí faltan técnicos en cantidades fabulosas de acuerdo con nuestras pretensiones... yo lo sé. Que todavía nuestro ejército no ha alcanzado el grado de madurez necesaria, ni los milicianos han alcanzado la suficiente coordinación para constituirse en un ejército... yo lo sé.

Pero lo que yo sé, y quisiera que todos ustedes supieran, es que esta Revolución se hizo siempre contando con la voluntad de todo el pueblo de Cuba, y que cada campesino y cada obrero, si maneja mal el fusil, está trabajando todos los días para manejarlo mejor, para defender su Revolución y si no puede en este momento entender el complicado mecanismo de una máquina cuyo técnico se fue ya a los Estados Unidos, lo estudia todos los días para aprenderlo, para que su fábrica ande mejor. Y el campesino estudiará su tractor, para resolver los problemas mecánicos que tenga, para que los campos de su cooperativa rindan más.

Y todos los cubanos, de las ciudades y del campo, hermanados en un solo sentimiento, van siempre hacia el futuro pensando con una unidad absoluta, dirigidos por un líder en el que tienen la más absoluta confianza, porque ha demostrado en mil batallas y en mil ocasiones diferentes, su capacidad de sacrificio, y la paciencia y la clarividencia de su pensamiento.

Y ese pueblo que hoy está ante ustedes, les dice que, aun cuando debiera desaparecer de la faz de la tierra porque se desatara a causa de él, una contienda atómica, y fuera su primer blanco; aun cuando desapareciera totalmente esta Isla y sus habitantes, se consideraría completamente feliz, y completamente logrado, si cada uno de ustedes al llegar a sus tierras es capaz de decir:

> Aquí estamos. La palabra nos viene húmeda de los bosques cubanos. Hemos subido a la Sierra Maestra, y hemos conocido a la aurora, y tenemos nuestra mente y nuestras manos llenas de la semilla de la aurora, y estamos dispuestos a sembrarla en esta tierra y a defenderla para que fructifique.

Y de todos los otros hermanos países de América Latina, y de nuestra tierra, si todavía persistiera como ejemplo, les contestará la voz de los pueblos, desde ese momento y para siempre: "¡Así sea: que la libertad sea conquistada en cada rincón de América Latina!"

Conferencia de la OEA en Punta del Este

(8 de agosto de 1961)

Che Guevara encabezó la delegación cubana en 1961 a la reunión ministerial del Consejo Interamericano Económico y Social patrocinado por la Organización de Estados Americanos (OEA) La Conferencia se realizó en Punta del Este, Uruguay. Para profundizar en el tema, ver Punta del Este: Proyecto alternativo de desarrollo para América Latina, Ocean Press, 2003

eñor Presidente, señores delegados:
Como todas las delegaciones, tenemos que empezar agradeciendo al gobierno y al pueblo de Uruguay la cordial acogida que nos ha dispensado en esta visita.

Quisiera también agradecer personalmente al señor Presidente de la asamblea el obsequio que nos hiciera de las obras completas de Rodó, y explicarle que no iniciamos esta alegación con una cita de ese grande americano por dos circunstancias. La primera es que volvemos a *Ariel* después de muchos años para buscar algo que representará, en el momento actual, las ideas de alguien que más que uruguayo es americano nuestro, americano del río Bravo hacia el sur.

Y no lo traje porque Rodó manifiesta en todo su *Ariel*, la lucha violenta y las contradicciones de los pueblos latinoamericanos contra la nación que hace cincuenta años ya, también está interfiriendo nuestra economía y nuestra libertad política.[1]

Y la segunda razón, señor Presidente, es que el presidente de una de las delegaciones aquí presente nos hizo el regalo de una cita de Martí para iniciar su intervención.[2]

Contestaremos, pues, a Martí con Martí, pero con el Martí antimperialista y antifeudal, que murió de cara a las balas españolas luchando por la libertad de su patria y tratando de impedir con la libertad de Cuba que los

Estados Unidos cayeran sobre la América Latina, como dijera en una de sus últimas cartas.

En aquella Conferencia Monetaria Internacional, que el señor presidente del banco recordó hablando de los 70 años de espera del Banco Interamericano en su alocución inaugural,[3] decía Martí:

> Quien dice unión económica, dice unión política. El pueblo que compra, manda. El pueblo que vende, sirve. Hay que equilibrar el comercio, para asegurar la libertad. El pueblo que quiere morir, vende a un solo pueblo, y el que quiere salvarse vende a más de uno. El influjo excesivo de un país en el comercio de otro, se convierte en influjo político. La política es obra de los hombres, que rinden sus sentimientos al interés, o sacrifican al interés una parte de sus sentimientos. Cuando un pueblo fuerte da de comer a otro, se hace servir de él. Cuando un pueblo fuerte quiere dar batalla a otro, compele a la alianza y al servicio a los que necesitan de él. [...] El pueblo que quiera ser libre, sea libre en negocios. Distribuya sus negocios entre países igualmente fuertes. Si ha de preferir a alguno, prefiera al que lo necesite menos. [...] Ni uniones de América contra Europa, ni con Europa contra un pueblo de América. El caso geográfico de vivir juntos en América no obliga, sino en la mente de algún candidato o algún bachiller, a unión política. El comercio va por las vertientes de tierra y agua y detrás de quien tiene algo que cambiar por él, sea monarquía o república. La unión, con el mundo, y no con una parte de él; no con una parte de él, contra otra. Si algún oficio tiene la familia de repúblicas de América, no es ir de arria de una de ellas contra las repúblicas futuras.

Ese era Martí hace 70 años, señor Presidente. Bien. Cumpliendo el deber elemental de evocación y retribuyendo la gentileza al señor delegado que nos la hiciera antes pasamos a la parte fundamental de esta intervención nuestra, al análisis de por qué estamos aquí, a caracterizar la conferencia. Y tengo que decir, señor Presidente, que disiento, en nombre de Cuba, de casi todas las afirmaciones que se han hecho, aunque no sé si de todos los pensamientos íntimos de cada uno.

Tengo que decir que Cuba interpreta que ésta es una conferencia política, que Cuba no admite que se separe la economía de la política y que entiende que marchan constantemente juntas. Por eso no puede haber técnicos que hablen de técnicas, cuando está de por medio el destino de los pueblos. Y voy a explicar, además, por qué esta conferencia es política, porque todas las conferencias económicas son políticas; pero es además política, porque está concebida contra Cuba, y está concebida contra el ejemplo que Cuba significa en todo el continente americano.

Y si no, el día 10, en Fuerte Amador, zona del Canal, el General Becker, mientras instruye una serie de militares latinoamericanos en el arte de reprimir a los pueblos, habla de la Conferencia Técnica de Montevideo y dice que hay que ayudarla.

Pero eso no es nada; en el mensaje inaugural del 5 de agosto de 1961, el Presidente Kennedy afirmó:

> Ustedes, los participantes de esta conferencia, atraviesan un momento histórico en la vida de este hemisferio. Esta reunión es algo más que una discusión de temas económicos o una conferencia técnica sobre el desarrollo: constituye, en verdad, una demostración de capacidad de las naciones libres para resolver los problemas materiales y humanos del mundo entero.

Podría seguir con la cita del señor Primer Ministro del Perú, donde se refiere a temas políticos, también, pero para no cansar a los señores delegados, pues preveo que mi intervención será algo larga, me referiré a algunas afirmaciones hechas por los técnicos, a los que nosotros le ponemos comillas, del punto V del temario.

En la página 2 al final, como conclusión definitiva, dice:

> establecer, en el plano hemisférico y en el nacional, procedimientos regulares de consulta con los comités asesores sindicales, a fin de que puedan cumplir un papel influyente en la formulación política de los programas que se aprueban en la Reunión Extraordinaria.

Y para remachar mi afirmación, para que no quede duda de mi derecho a hablar de política, que es lo que pienso hacer, en nombre del gobierno de Cuba, una cita de la página 7 de ese mismo informe del punto V en discusión:

> La tardanza en aceptar el deber que incumbe a los medios de información democrática en orden a defender a los valores esenciales de nuestra civilización, sin desfallecimiento ni compromiso de orden material, significaría un daño irreparable para la sociedad democrática y el peligro inminente de la desaparición de las libertades que hoy gozan como ha ocurrido en Cuba —Cuba, con todas las letras—, donde hoy solo existen prensa, radio, televisión y cine controlados por el orden absoluto del Gobierno.

Es decir, señores delegados, que en el informe a discutir se enjuicia a Cuba desde el punto de vista político: pues bien, desde el punto de vista político Cuba dirá todas sus verdades y, además, desde el punto de vista económico también.

Estamos de acuerdo en una sola cosa con el informe del punto V de los señores técnicos, en una sola frase, que define la situación actual: "una nueva etapa comienza en las relaciones de los pueblos de América", dice, y es cierto. Nada más que esa nueva etapa comienza bajo el signo de Cuba, Territorio Libre de América, y esta Conferencia y el trato especial que han tenido las delegaciones y los créditos que se aprueben tienen todos el nombre de Cuba, les guste o no les guste a los beneficiarios, porque ha habido un cambio cualitativo en América Latina, que es que un día se puede alzar en armas, destruir a un ejército opresor, implantar un nuevo ejército popular, plantear frente al monstruo invencible, esperar el ataque del monstruo y derrotarlo también y eso es algo nuevo en América Latina, señores: eso es lo que hace hablar este lenguaje nuevo y que las relaciones se hagan más fáciles entre todos, menos naturalmente, entre los dos grandes rivales de esta Conferencia.

Cuba, en este momento, no puede ni siquiera hablar de América Latina sola. Cuba es parte de un mundo que está en tensión angustiada, porque no sabe si una de las partes —la más débil, pero la más agresiva— cometerá el torpe error de desencadenar un conflicto que necesariamente sería tonto. Y Cuba está atenta, señores delegados, porque sabe que el imperialismo sucumbiría envuelto en sus propias llamas, pero que Cuba también sufriría en sus carnes el precio de la derrota del imperialismo, y aspira a que se produzca por otros medios. Cuba aspira a que sus hijos vean un porvenir mejor, y a no tener que cobrar el precio de la victoria a costa de millones de seres humanos destruidos por la metralla atómica.

La situación está tensa en el mundo. Aquí estamos reunidos no solo por Cuba, ni mucho menos. El imperialismo necesita asegurar su retaguardia, porque la batalla está en todos los lados, en un momento de profunda tensión.

La Unión Soviética ha reafirmado su decisión de firmar la paz en Berlín, y el presidente Kennedy ha anunciado que puede ir hasta la guerra por Berlín. Pero no está Berlín solamente, no está Cuba solamente: está Laos, por otro lado está el Congo, donde Lumumba fue asesinado por el imperialismo; está el Vietnam dividido, está Corea dividida, Formosa en manos de la pandilla de Chiang Kai-Chek, Argelia desangrada, y que ahora pretenden dividirla también y Túnez, cuya población el otro día fue ametrallada por cometer el "crimen de querer reivindicar su territorio".

Así es el mundo de hoy, señores delegados, y es así que asistimos a esta conferencia para que los pueblos vayan hacia un futuro feliz, de desarrollo armónico, o que se conviertan en apéndices del imperialismo en la preparación de una nueva y terrible guerra, o, si no, también que se desangren en luchas intestinas cuando los pueblos —como casi todos ustedes lo han anunciado—, cansados de esperar, cansados de ser engañados una vez más, inicien el camino que Cuba una vez inició; el de tomar las armas, el de luchar dentro del territorio, el de quitarles armas al ejército enemigo que representa la reacción y el de destruir, hasta sus bases, todo un orden social que está hecho para explotar al pueblo.

La historia de la Revolución Cubana es corta en años, señor Presidente, y rica en hechos positivos y rica también, en conocer la amargura de las agresiones.

Simplemente puntualizaremos algunas palabras para que se entienda bien que hay una larga cadena que nos lleva a desembocar aquí.

En octubre de 1959, solamente se había realizado la Reforma Agraria como medida fundamental económica del Gobierno Revolucionario.

Aviones piratas, que partían de Estados Unidos, volaron sobre el territorio de La Habana y, como consecuencia de los propios proyectiles que arrojaron, más que el fuego de nuestras baterías antiaéreas, se produjeron dos muertos y un centenar de heridos. Luego, tuvo lugar la quema de los campos de caña, que es una agresión económica, una agresión a nuestra riqueza, y que fue negada por los Estados Unidos hasta que estalló un avión —con piloto y todo— y se demostró, indiscutiblemente, la procedencia de esas naves piratas.

Esta vez el gobierno norteamericano tuvo la gentileza de pedir disculpas. Fue también bombardeado por esas naves el central España, en febrero de 1960.

En marzo de ese año, el vapor *Le Coubre* que traía armas y municiones de Bélgica, estalló en los muelles de La Habana en un accidente que los técnicos catalogaron de intencional, y que produjo 100 muertos.

En mayo de 1960, el conflicto con el imperialismo se hizo frontal y agudo. Las compañías de petróleo que operaban en Cuba, invocando el derecho de la fuerza y desdeñando las leyes de la república, que especificaban bien claro sus obligaciones, se negaron a procesar petróleo que habíamos comprado en la Unión Soviética, en uso de nuestro libre derecho a comerciar con todo el mundo y no con una parte de él como decía Martí.

Todos saben cómo respondió la Unión Soviética mandándonos, en un verdadero esfuerzo, centenares de naves para mover 3 600 000 toneladas anuales —el total de nuestra importación de petróleo crudo— y mantener funcionando nuestra vida interna, nuestras fábricas, en fin, todo el aparato industrial que se mueve hoy a partir del petróleo.

En julio de 1960 se produce la agresión económica contra el azúcar cubano, que algunos gobiernos no han visto todavía. Se agudizan las contradicciones y se produce la reunión de la OEA en Costa Rica, en agosto de 1960. Allí —en agosto de 1960, repito— se declara que se condena... Para decirlo en sus términos exactos:

> se condena enérgicamente la intervención aun cuando sea condicionada, de una potencia extracontinental en asuntos de las repúblicas americanas, y declara que la aceptación de una amenaza de intervención extracontinental por parte de un estado americano pone en peligro la solidaridad y la seguridad americanas, lo que obliga a la Organización de los Estados Americanos a desaprobarla y rechazarla con igual energía.

Es decir, los países hermanos de América Latina, reunidos en Costa Rica, nos negaron el derecho a que nos defendieran. Es una de las más curiosas negociaciones que se han producido en la historia del derecho internacional. Naturalmente que nuestro pueblo es un poco desobediente a la voz de las asambleas, y se reunió en la asamblea de La Habana aprobando, por unanimidad —más de un millón de manos levantadas al cielo, una sexta parte de la población total del país— la declaración que se llamó *Declaración de La Habana*, en la cual, en algunos de sus puntos expresa:

> La Asamblea General Nacional del Pueblo reafirma —y está segura de hacerlo como expresión de un criterio común a los pueblos de la América Latina—, que la democracia no es compatible con la oligarquía financiera, con la existencia de la discriminación del negro y los desmanes del Ku-Klux-Klan, con la persecución que privó de sus cargos a científicos como Oppenheimer [Robert Julius], que impidió durante años que el mundo escuchara la voz maravillosa de Paul Robeson, preso en su propio país, que llevó a la muerte, ante la protesta y el espanto del mundo entero y pese a la apelación de gobernantes de diversos países y del Papa Pío XII, a los esposos Rosenberg.
>   La Asamblea General Nacional del Pueblo de Cuba expresa la convicción cubana de que la democracia no puede consistir solo en el ejercicio de un voto electoral que casi siempre es ficticio y está manejado por latifundistas y políticos profesionales, sino en el derecho de los ciudadanos a decidir, como ahora lo hace esta asamblea del pueblo, sus propios destinos. La democracia, además, solo existirá en América Latina cuando los pueblos sean realmente libres para escoger, cuando los humildes no estén reducidos por el hambre, la desigualdad social, el analfabetismo y los sistemas jurídicos a la más ominosa impotencia".

Además, en aquel momento "La Asamblea General Nacional del Pueblo de Cuba, condena, en fin, la explotación del hombre por el hombre".

Aquella fue una declaración de nuestro pueblo, hecha a la faz del mundo, para demostrar nuestra decisión de defender con las armas, con la sangre y con la vida, nuestra libertad y nuestro derecho a dirigir los destinos del mundo en la forma que nuestro pueblo considerara más conveniente.

Vinieron después muchas escaramuzas y batallas verbales a veces, con los hechos otras, hasta que en diciembre de 1960 la cuota azucarera cubana en el mercado americano fue definitivamente cortada. La Unión Soviética respondió en la forma que ustedes conocen, otros países socialistas también y se firmaron contratos para vender en toda el área socialista 4 000 000 de toneladas, a un precio preferencial de cuatro centavos, lo que naturalmente salvó la situación de Cuba que es hasta hoy tan monoproductor, desgraciadamente, como la mayoría de los pueblos de América Latina, y tan dependiente de un solo mercado, de un solo producto —en ese momento—, como lo son hoy los restantes países hermanos.

Pareció que el presidente Kennedy inauguraba la nueva época de que tanto se ha hablado, y a pesar de que también la lucha verbal había sido dura entre el presidente Kennedy y el Primer Ministro de nuestro gobierno, esperamos que mejoraran las cosas. El presidente Kennedy pronunció un discurso en el que se advertía claramente una serie de actitudes a tomar en América, pero parecía anunciar al mundo que el caso de Cuba debía considerarse como algo ya cristalizado.

Nosotros estábamos movilizados en aquella época, después del discurso de Kennedy, y al día siguiente se ordenó la desmovilización. Desgraciadamente, el día 13 de marzo de 1961, el presidente Kennedy hablaba de la Alianza para el Progreso. Hubo ese mismo día, además, un ataque pirata a nuestra refinería en Santiago de Cuba, poniendo en peligro las instalaciones y cobrando la vida de uno de sus defensores. Estábamos pues ante una situación de hecho.

En aquel discurso, que no dudo será memorable, Kennedy hablaba también de que esperaba que los pueblos de Cuba y la República Dominicana, por los que él manifestaba una gran simpatía, pudieran ingresar en el seno de las naciones libres. Al mes se producía Playa Girón, y pocos días después era asesinado misteriosamente el presidente Trujillo. Nosotros siempre fuimos enemigos del presidente Trujillo, simplemente establecemos el hecho crudo, y que no se ha esclarecido de ninguna manera hasta hoy.

Después, se estableció una verdadera obra maestra de beligerancia e ingenuidad política, que dio en llamarse "Libro Blanco" según las revistas que hablan tanto de los Estados Unidos, hasta provocar las iras del presidente Kennedy. Su autor es uno de los distinguidos asesores de la delegación norteamericana, que hoy está con nosotros.[4] Es una acusación llena de tergiversaciones sobre la realidad cubana, que estaba concebida para la preparación que ya venía.

El régimen de Castro representa un peligro para la auténtica revolución americana...

Porque la palabra revolución también necesita, como decía alguno de los miembros de la presidencia, limpiar fondos de vez en cuando.

El régimen de Castro es renuente a negociar amistosamente...

A pesar de que muchas veces hemos dicho que nos sentamos en pie de igualdad a discutir nuestros problemas con Estados Unidos, y aprovecho la oportunidad ahora, en nombre de mi gobierno, señor Presidente, para afirmar, una vez más, que Cuba está dispuesta a sentarse a discutir en pie de igualdad todo lo que la delegación de Estados Unidos quiera discutir, nada más que sobre la base estricta de que no haya condiciones previas. Es decir, que nuestra posición es clarísima al respecto.

Se llamaba, en el "Libro Blanco", al pueblo de Cuba a la subversión y a la revolución "contra el régimen de Castro", pero, sin embargo, el día 13 de abril el presidente Kennedy, una vez más, tomaba la palabra y afirmaba categóricamente que no invadiría Cuba y que las fuerzas armadas de los Estados Unidos no intervendrían nunca en los asuntos internos de Cuba. Dos días después, aviones desconocidos bombardeaban nuestros aeropuertos y reducían a cenizas la mayor parte de nuestra fuerza aérea, vetusta, remanente de lo que habían dejado los batistianos en su fuga.

El señor [Adlai] Stevenson, en el Consejo de Seguridad, dio enfática seguridad de que eran pilotos cubanos, de nuestra fuerza aérea, "descontentos con el régimen de Castro", los que habían cometido tal hecho y afirmó haber conversado con ellos.

El día 19 de abril se produce la fracasada invasión donde nuestro pueblo entero, compacto en pie de guerra, demostró una vez más que hay fuerzas mayores que la fuerza indiscriminada de las armas, que hay valores más grandes que los valores del dinero, y se lanzó en tropel por los estrechísimos callejones que conducían al campo de batalla, siendo masacrados en el camino de ellos por la superioridad aérea enemiga. Nueve pilotos cubanos fueron los héroes de aquella jornada, con los viejos aparatos. Dos de ellos rindieron su vida; siete son testigos excepcionales del triunfo de las armas de la libertad.

Acabó Playa Girón, para no decir nada más sobre esto, porque "a confesión de parte relevo de pruebas", señores delegados, el presidente Kennedy tomó sobre sí la responsabilidad total de la agresión. Y, además, quizás en ese momento no recordó las palabras que había pronunciado pocos días antes.

Podríamos pensar nosotros que había acabado la historia de las agresiones. Como dicen los periodistas, les contaré una primicia. El día 26 de julio de este año, grupos contrarrevolucionarios armados en la Base Naval de Guantánamo iban a esperar al comandante Raúl Castro en dos lugares estratégicos, para asesinarlo. El plan era inteligente y macabro. Le tirarían al comandante Raúl Castro mientras iba por la carretera, de su casa a la manifestación con que celebramos nuestra fecha revolucionaria. Si fracasaban, dinamitarían la base, o mejor dicho, harían estallar las bases ya dinamitadas del palco desde donde presidiría nuestro compañero Raúl Castro esa manifestación patriótica. Y pocas horas después, señores delegados, morteros norteamericanos, desde territorio cubano, empezarían a disparar sobre la Base de Guantánamo. El mundo entero, entonces, se explicaría claramente la cosa, los cubanos, exasperados, porque en sus rencillas particulares uno de esos "comunistas que existen ahí" fue asesinado, empezaban a atacar la Base Naval de Guantánamo, y los pobres Estados Unidos no tendrían otra cosa que defenderse.

Ese era el plan, que nuestras fuerzas de seguridad, bastante más efectivas de lo que pudiera suponerse, descubrieron hace unos días.

Bien. Por todo esto que he relatado es por lo que considero que la Revolución cubana no puede venir a esta asamblea de ilustres técnicos a hablar de cosas técnicas. Yo sé que ustedes piensan que además porque no saben, y quizás tengan razón. Pero lo fundamental es que la política y los hechos, tan tozudos que constantemente están presentes en nuestra situación, nos impiden venir a hablar de números o analizar las perfecciones de los técnicos del CIES [Consejo Interamericano Económico y Social].

Hay una serie de problemas políticos que están dando vueltas. Uno de ellos es político-económico, es el de los tractores.[5] Quinientos tractores no es un valor de cambio. Quinientos tractores es lo que estima nuestro Gobierno que puede permitirle reparar los daños materiales que hicieron los 1 200 mercenarios. No pagan ni una vida, porque las vidas de nuestros ciudadanos no estamos acostumbrados a valorarlas en dólares o en equipos de cualquier clase. Y mucho menos la vida de los niños que murieron en Playa Girón, de las mujeres que murieron en Playa Girón.

Pero nosotros avisamos que si les parece una transacción odiosa del tiempo de la piratería, el cambiar seres humanos —a quienes nosotros llamamos gusanos— por tractores, podríamos hacer la transacción de seres humanos por seres humanos. Hablamos a los señores de Estados Unidos, les recordábamos al gran patriota Albizu Campos, moribundo ya después de años y años de estar en una mazmorra del imperio, y les ofrecimos lo que quisieran por la libertad de Albizu Campos; recordamos a los países de América Latina que tuvieran presos políticos en sus cárceles que podríamos hacer el cambio, nadie respondió.

Naturalmente, nosotros no podemos forzar ese trueque. Está simplemente, a disposición de quienes estiman que la libertad de los "valerosos" contrarrevolucionarios cubanos —el único ejército del mundo que se rindió completo, casi sin bajas—, quien estime que estos sujetos deben estar en libertad, pues que deje en libertad a sus presos políticos, y toda América Latina estará con sus cárceles resplandecientes, o al menos sus cárceles políticas sin preocupaciones.

Hay algún otro problema, también de índole político-económico. Es, señor Presidente, que nuestra flota aérea de transporte está quedándose, avión por avión, en los Estados Unidos. El procedimiento es simple. Suben algunas damas con armas ocultas en las ropas, se las dan a sus cómplices, los cómplices asesinan al custodio, le ponen en la cabeza la pistola al piloto, el piloto enfila hacia Miami, y una compañía, legalmente, por supuesto —porque en Estados Unidos todo se hace legalmente—, establece un recurso por deudas contra el Estado cubano, y entonces el avión se confisca.

Pero resulta que hubo uno de los tantos cubanos patriotas —además hubo un norteamericano patriota, pero ese no es nuestro— que andaba por ahí, y él solito, sin que nadie le dijera nada, decidió enmendar la plana de los robadores de bimotores, y trajo a las playas cubanas un cuatrimotor precioso. Naturalmente, nosotros no vamos a utilizar ese cuatrimotor, que no es nuestro. La propiedad privada la respetamos nosotros, pero exigimos el derecho de que se nos respete, señores; exigimos el derecho de que no haya más farsas; el derecho de que haya órganos americanos que puedan hablar y decirles a los Estados Unidos: "Señores, ustedes están haciendo un vulgar atropello; no se pueden quitar los aviones a un Estado, aunque esté contra ustedes; esos aviones no son suyos, devuelvan esos aviones, o serán sancionados". Naturalmente, sabemos que, desgraciadamente, no hay organismo interamericano que tenga esa fuerza. Apelamos sin embargo, en este augusto cónclave, al sentimiento de equidad y justicia de la delegación de los Estados Unidos, para que se normalice la situación de los robos respectivos de aviones.

Señor Presidente: La presidencia observa que no se puede hacer ninguna clase de manifestación.

Señor delegado de Cuba: Bien, señor Presidente.

Es necesario explicar qué es la Revolución cubana, qué es este hecho especial que ha hecho hervir la sangre de los imperios del mundo y también hervir la sangre, pero de esperanza, de los desposeídos del mundo, al menos.

Es una Reforma Agraria, antifeudal y antimperialista, que fue transformándose por imperio de su evolución interna y de sus agresiones externas, en una revolución socialista y que la proclama así, ante la faz de América Latina: Una revolución socialista.

Una revolución socialista que tomó la tierra del que tenía mucho y se la dio al que estaba asalariado en esa tierra, o la distribuyó en cooperativas entre otros grupos de personas que no tenían ni siquiera tierra donde trabajar, aun fuera como asalariado.

Es una revolución que llegó al poder con su propio ejército y sobre las ruinas del ejército de la opresión; que se sentó en el poder, miró a su alrededor, y se dedicó, sistemáticamente, a destruir todas las formas anteriores de dictaduras de una clase explotadora sobre la clase de los explotados, destruyó el ejército totalmente, como casta, como institución, no como hombres, salvo los criminales de guerra, que fueron fusilados. También de cara a la opinión pública del continente y con la conciencia bien tranquila.

Es una revolución que ha reafirmado la soberanía nacional y, por primera vez, ha planteado para sí y para todos los pueblos de América Latina, y para todos los pueblos del mundo, la reivindicación de los territorios injustamente ocupados por otras potencias.

Es una revolución que tiene una política exterior independiente, que viene aquí a esta reunión de Estados Americanos, como uno más entre los latinoamericanos; que va a la reunión de los Países No Alineados como uno de sus miembros importantes y que se sienta en las deliberaciones con los países socialistas, y que estos le consideran un país hermano.

Es, pues, una revolución con características humanistas. Es solidaria con todos los pueblos oprimidos del mundo; solidaria, señor Presidente, porque también decía Martí: "Todo hombre verdadero debe sentir en la mejilla el golpe dado a cualquier mejilla de hombre". Y cada vez que una potencia imperial avasalla a un territorio, le está dando una bofetada a todos los habitantes de ese territorio.

Por eso nosotros luchamos por la independencia de los países, luchamos por la reivindicación de los territorios ocupados. Apoyamos a Panamá, que tiene un pedazo de su territorio ocupado por los Estados Unidos. Llamamos Islas Malvinas, y no Falkland, a las del sur de Argentina, y llamamos Isla del Cisne[6] a la que Estados Unidos arrebató a Honduras y desde donde nos está agrediendo por medios telegráficos y radiales.

Luchamos constantemente aquí, en América Latina, por la independencia de las Guayanas y de las Antillas Británicas, donde aceptamos el hecho de Belice independiente, porque Guatemala ya ha renunciado a su soberanía sobre ese pedazo de su territorio; y luchamos también en el África, en el Asia, en cualquier lugar del mundo donde el poderoso oprime al débil para que el débil alcance su independencia, su autodeterminación y su derecho a dirigirse como estado soberano.

Nuestro pueblo, permítasenos decirlo, en ocasión del terremoto que asoló a Chile, fue a ayudarlo en la medida de sus fuerzas, con su producto único, con el azúcar. Una ayuda pequeña, pero sin embargo, fue una ayuda que no exigía nada; fue simplemente la entrega al país hermano, al pueblo hermano, de algo de alimento para sobrellevar esas horas angustiosas. Ni nos tiene que agradecer nada ese pueblo, ni mucho menos, nos debe nada. Nuestro deber hizo que entregáramos lo que entregamos.

Nuestra revolución nacionalizó la economía nacional, nacionalizó todo el comercio exterior, que está ahora en manos del Estado, y se dedicó a su diversificación, comerciando con todo el mundo; nacionalizó el sistema bancario para tener en sus manos el instrumento eficaz con que ejercer técnicamente el crédito de acuerdo con las necesidades del país. Hace participar a sus trabajadores en la dirección de la economía nacional planificada, y ha realizado, hace pocos meses, la Reforma Urbana, mediante la cual entregó a cada habitante del país la casa donde residía, quedando dueño de aquella con la sola condición de pagar lo mismo que estaba pagando hasta ese momento, de acuerdo con una tabla, durante determinado número de años.

Tomó muchas medidas de afirmación de la dignidad humana, incluyendo entre las primeras, la abolición de la discriminación racial, que existía, señores delegados; en una forma sutil, pero existía. Las playas de nuestra isla no servían para que se bañaran el negro ni el pobre, porque pertenecían a un club privado, y venían turistas de otras playas a los que no les gusta bañarse con los negros. Nuestros hoteles, los grandes hoteles de La Habana, que eran construidos por compañías extranjeras, no permitían dormir allí a los negros, porque a los turistas que venían de otros países no les gustaban los negros.

Así era nuestro país; la mujer no tenía ninguna clase de derecho igualitario; se le pagaba menos por el trabajo igual, se le discriminaba como en la mayoría de nuestros países americanos.

La ciudad y el campo eran dos zonas en permanente lucha y de esa lucha sacaba el imperialismo la fuerza de trabajo suficiente, para pagar mal y a destiempo.

Nosotros realizamos una revolución en todo esto y realizamos, también, una auténtica revolución en la educación, la cultura y la salud. Este año queda eliminado el analfabetismo en Cuba. Ciento cuatro mil alfabetizadores de todas las edades alfabetizan a un millón doscientos cincuenta mil analfabetos, porque en Cuba sí había analfabetos, muchos más de los que las estadísticas oficiales de tiempos anteriores decían.

Este año, la enseñanza primaria será en forma gratuita y obligatoria, hemos convertido los cuarteles en escuelas; hemos realizado la reforma universitaria, dando libre acceso a todo el pueblo a la cultura superior, las ciencias y la tecnología moderna, hemos hecho una gran exaltación de los valores nacionales, frente a la deformación cultural producida por el imperialismo, y las manifestaciones de nuestro arte recogen los aplausos de todos los pueblos del mundo —de todos no, en algunos lugares no los dejan entrar—, exaltación del patrimonio cultural de toda nuestra América Latina, que se manifiesta en premios anuales dados a literatos de todas las latitudes de América Latina, y cuyo premio de poesía, señor Presidente, ganó el laureado poeta Roberto Ibáñez, en la última confrontación; hemos extendido la función de la medicina en beneficio de campesinos y trabajadores urbanos humildes; deportes para todo el pueblo, que se refleja en 75 000 personas desfilando el 25 de julio en una fiesta deportiva realizada en honor del primer cosmonauta del mundo, Yuri Gagarin; la apertura de las playas populares, a todos, por supuesto sin distinción de colores ni de ideología, y, además, gratuita; y los círculos sociales obreros, en que fueron transformados todos los círculos exclusivistas de nuestro país, que había muchos.

Bien, señores técnicos, compañeros delegados, ha llegado la hora de referirse a la parte económica del temario. El punto I, es muy amplio. Hecho también por técnicos muy sesudos, es la planificación del desarrollo económico y social en la América Latina.

La primera incongruencia que observamos en el trabajo está expresada en esta frase:

> A veces se expresa la idea de que un aumento en el nivel y la diversidad de la actividad económica redunda necesariamente en la mejoría de las condiciones sanitarias. Sin embargo, el grupo es de opinión que el mejoramiento de las condiciones sanitarias no solo es deseable en sí mismo, sino que constituye un requisito esencial, previo al crecimiento económico y debe formar, por lo tanto, parte esencial de los programas de desarrollo de la región.

Esto, por otra parte, se ve reflejado, también, en la estructura de los préstamos del Banco Internacional de Desarrollo, pues en el análisis que hicimos de los 120 000 000 prestados en primer término, 40 000 000, es decir, una tercera parte, corresponden directamente a préstamos de este tipo; para casas de habitación, para acueductos, alcantarillados.

Es un poco... yo no sé, pero casi lo calificaría como una condición colonial. Me da la impresión de que se está pensando en hacer la letrina como una cosa fundamental. Eso mejora las condiciones sociales del pobre indio, del pobre negro, del pobre individuo que yace en una condición subhumana; "vamos a hacerle letrinas y entonces, después que le hagamos letrinas, y después que su educación le haya permitido mantenerla limpia, entonces podrá gozar de los beneficios de la producción". Porque es de hacer notar, señores delegados, que el tema de la industrialización no figura en el análisis de los señores técnicos.

Para los señores técnicos, planificar es planificar la letrina. Lo demás, ¡quién sabe cuándo se hará!

Si me permite, el señor Presidente, lamentaré profundamente, en nombre de la delegación cubana, haber perdido los servicios de un técnico tan eficiente como el que dirigió este primer grupo, el doctor Felipe Pazos. Con su inteligencia y su capacidad de trabajo, y nuestra actividad revolucionaria, en dos años Cuba sería el paraíso de la letrina, aun cuando no tuviéramos ni una de las 250 fábricas que estamos empezando a construir, aun cuando no hubiéramos hecho Reforma Agraria.

Yo me pregunto, señores delegados, si es que se pretende tomar el pelo, no a Cuba, porque Cuba está al margen, puesto que la Alianza para el Progreso no está con Cuba, sino en contra, y no se establece darle un centavo a Cuba, pero sí a todos los demás delegados.

¿No se tiene un poco la impresión de que se les está tomando el pelo? Se dan dólares para hacer carreteras, se dan dólares para hacer caminos, se dan dólares para hacer alcantarillas; señores, ¿con qué se hacen las alcantarillas? No se necesita ser un genio para eso. ¿Por qué no se dan dólares para equipos, dólares para maquinarias, dólares para que nuestros países subdesarrollados, todos, puedan convertirse en países industriales, agrícolas, de una vez? Realmente, es triste.

En la página 10, en los elementos de planificación del desarrollo, en el punto VI, se establece quién es el verdadero autor de este plan.

Dice el punto VI: "Establecer bases más sólidas para la concesión y utilización de ayuda financiera externa, especialmente el proporcionar criterios eficaces para evaluar proyectos individuales."

Nosotros no vamos a establecer las bases más sólidas para la concesión y utilización, porque nosotros no somos, son ustedes los que reciben, no los que conceden, y nosotros quienes miramos, y quienes conceden son los

Estados Unidos. Entonces este punto VI es redactado directamente por los Estados Unidos y éste es el espíritu de todo este engendro llamado punto I.

Pero bien, quiero dejar constancia de una cosa; hemos hablado mucho de política, hemos denunciado que hay aquí una confabulación política; en conversaciones con los señores delegados hemos puntualizado el derecho de Cuba a expresar estas opiniones, porque se ataca directamente a Cuba en el punto V.

Sin embargo, Cuba no viene, como pretenden algunos periódicos o muchos voceros de empresas de información extranjera, a sabotear la reunión.

Cuba viene a condenar lo condenable desde el punto de vista de los principios, pero viene también a trabajar armónicamente, si es que se puede, para conseguir enderezar esto, que ha nacido muy torcido, y está dispuesta a colaborar con todos los señores delegados para enderezarlo y hacer un bonito proyecto.

El honorable señor Douglas Dillon, en su discurso, citó el financiamiento, porque es importante. Nosotros, para juntarnos todos a hablar de desarrollo tenemos que hablar de financiamiento, y todos nos hemos juntado para hablar con el único país que tiene capitales para financiar.

Dice el señor Dillon:

> Mirando hacia los años venideros a todas las fuentes de financiamiento externo —entidades internacionales, Europa y el Japón, así como Norteamérica, las nuevas inversiones privadas y las inversiones de fondos públicos— si Latinoamérica toma las medidas internas necesarias, condición previa, podrá lógicamente esperar que sus esfuerzos —no es tampoco que si toma las medidas ya está, sino que "podrá lógicamente esperar"— serán igualados por un flujo de capital del orden de por lo menos 20 000 millones de dólares en los próximos diez años. Y la mayoría de estos fondos procederán de fuentes oficiales.

¿Esto es lo que hay? No, lo que hay son 500 000 000 aprobados, esto es de lo que se habla. Bien, hay que puntualizar bien esto, porque es el centro de la cuestión. ¿Qué quiere decir? — y yo aseguro que no lo pregunto por nosotros, sino en el bien de todos. ¿Qué quiere decir "si Latinoamérica toma las medidas internas necesarias"? y ¿qué quiere decir "podrá lógicamente esperar"?

Creo que después, en el trabajo de las comisiones o en el momento en que el representante de los Estados Unidos lo juzgue oportuno, habrá que precisar un poco este detalle, porque 20 000 millones es una cifra interesante.

Es nada menos que 2/3 de la cifra que nuestro Primer Ministro anunció como necesaria para el desarrollo de América Latina; un poquito más que se empuje y llegamos a los 30 000 millones. Pero hay que llegar a esos 30 000 millones contantes y sonantes, uno a uno, en las arcas nacionales de cada uno de los países de América Latina, menos esta pobre cenicienta que, probablemente, no recibirá nada.

Allí es donde nosotros podemos ayudar, no en plan de chantaje, como se está previniendo, porque se dice: "no, Cuba es la gallina de los huevos de oro, está Cuba, mientras esté Cuba, los Estados Unidos dan". No, nosotros no venimos en esa forma, nosotros venimos a trabajar, a tratar de luchar en el plano de los principios y las ideas, para que nuestros pueblos se desarrollen, porque todos o casi todos los señores representantes le han dicho: si la Alianza para el Progreso fracasa nada puede detener las olas de los movimientos populares; si la Alianza para el Progreso fracasa y nosotros estamos interesados en que no fracase, en la medida en que signifique para América Latina una real mejoría en los niveles de vida de todos sus 200 000 000 de habitantes. Puedo hacer esta afirmación con honestidad y con toda sinceridad.

Nosotros hemos diagnosticado y previsto la revolución social en América Latina, la verdadera, porque los acontecimientos se están desarrollando de otra manera, porque se pretende frenar a los pueblos con bayonetas y cuando el pueblo sabe que puede tomar las bayonetas y volverlas contra quien las empuña, ya está perdido quien las empuña. Pero si el camino de los pueblos se quiere llevar por este del desarrollo lógico y armónico, por préstamos a largo plazo, con intereses bajos, como anunció el señor Dillon, a 50 años de plazo, también nosotros estamos de acuerdo.

Lo único, señores delegados, es que todos juntos tenemos que trabajar para que aquí se concrete esa cifra y para asegurar que el Congreso de Estados Unidos la apruebe; porque no se olviden que estamos frente a un régimen presidencial y parlamentario, no es una dictadura como Cuba donde se para un señor representante de Cuba, habla en nombre del Gobierno, y hay responsabilidad de sus actos; aquí, además, tiene que ser ratificado allí, y la experiencia de todos los señores delegados es que muchas veces no fueron ratificadas allí las promesas que se hicieron aquí...

La tasa de crecimiento que se da como una cosa bellísima para toda América Latina, es 2,5% de crecimiento neto. Bolivia anunció 5% para 10 años, nosotros felicitamos al representante de Bolivia y le decimos, que con un poquito de esfuerzo y de movilización de las fuerzas populares, puede decir 10%. Nosotros hablamos de 10% de desarrollo sin miedo alguno, 10% de desarrollo es la tasa que prevé Cuba para los años venideros.

¿Qué indica esto, señores delegados? Que si cada uno va por el camino que va, cuando toda América Latina, que actualmente tiene aproximadamente un per cápita de 330 dólares, ve crecer su producto neto en 2,5%, va a tener 500 dólares allá por el año 1980, 500 dólares per cápita. Claro que para muchos países es un verdadero fenómeno.

¿Qué piensa tener Cuba en el año 1980? Pues un ingreso neto per cápita de unos 3 000 dólares; más que los Estados Unidos. Y si nos creen, perfecto, aquí estamos para la competencia, señores. Que se nos deje en paz, que nos dejen desarrollar y que dentro de 20 años vengamos todos de nuevo a ver si el canto de sirena era el de la Cuba revolucionaria o era otro. Pero nosotros anunciamos, responsablemente, esa tasa de crecimiento anual.

Los expertos sugieren sustitución de ineficientes latifundios y minifundios por fincas bien equipadas. Nosotros decimos: ¿quieren hacer Reforma Agraria? Tomen la tierra al que tiene mucha y dénsela al que no tiene. Así se hace Reforma Agraria. Lo demás es canto de sirena. La forma de hacerla; si se entrega un pedazo de parcela, de acuerdo con todas las reglas de la propiedad privada; si se hace en propiedad colectiva; si se hace una mezcla —como tenemos nosotros—; eso depende de las peculiaridades de cada pueblo; pero la Reforma Agraria se hace liquidando los latifundios, no yendo a colonizar allá lejos.

Y así podría hablar de la redistribución del ingreso que en Cuba se hizo efectiva, porque se le quita a los que tienen más y se les permite tener más a los que no tienen nada o a los que tienen menos, porque hemos hecho la Reforma Agraria, porque hemos hecho la Reforma Urbana, porque hemos rebajado las tarifas eléctricas y telefónicas —que entre paréntesis, esta fue la primera escaramuza con las compañías monopolistas extranjeras— porque hemos hecho círculos sociales obreros y círculos infantiles, donde los niños de los obreros van a recibir alimentación y viven mientras sus padres trabajan; porque hemos hecho playas populares y porque hemos nacionalizado la enseñanza, que es absolutamente gratuita. Además, estamos trabajando en un amplio plan de salud.

De industrialización hablaré aparte, porque es la base fundamental del desarrollo y así lo interpretamos nosotros.

Pero, hay un punto que es muy importante —es el filtro, el purificar, los técnicos, creo que son siete, de nuevo, señores— el peligro de la letrinocracia, metido en medio de los acuerdos con que los pueblos quieren mejorar su nivel de vida; otra vez políticos disfrazados de técnicos diciendo: aquí sí y aquí no; porque tú has hecho tal cosa y tal cosa, sí, pero en realidad, porque eres un fácil instrumento de quien da los medios; y a ti no, porque has hecho esto mal; pero en realidad, porque no eres instrumento de quien da los medios, porque dices por ejemplo, que no puedes aceptar como precio de algún préstamo, que Cuba sea agredida.

Ese es el peligro, sin contar que los pequeños, como en todos lados, son los que reciben poco o nada. Hay, señores delegados, un solo lugar donde los pequeños tienen derecho al "pataleo", y es aquí, donde cada voto es un voto, y donde eso hay que votarlo, y pueden los pequeños —si están en actitud de hacerlo— contar con el voto militante de Cuba en contra de las medidas de los "siete", que es esterilizante, purificante y destinada a canalizar el crédito con disfraces técnicos por caminos diferentes.

¿Cuál es la posición que verdaderamente conduce a una auténtica planificación, que debe tener coordinación con todos pero que no puede estar sujeta a ningún otro organismo supranacional?

Nosotros entendemos —y así lo hicimos en nuestro país— señores delegados, que la condición previa para que haya una verdadera planificación económica es que el poder político esté en manos de la clase trabajadora. Ese es el *sine qua non* de la verdadera planificación para nosotros. Además es necesaria la eliminación total de los monopolios imperialistas y el control estatal de las actividades productivas fundamentales. Amarrados bien de esos tres cabos, se entra a la planificación del desarrollo económico; si no, se perderá todo en palabras, en discursos y en reuniones.

Además, hay dos requisitos que permitirán hacer o no que este desarrollo aproveche las potencialidades dormidas en el seno de los pueblos, que están esperando que despierten. Son, por un lado, el de la dirección central racional de la economía por un poder único, que tenga facultades de decisión —no estoy hablando de facultades dictatoriales, sino facultades de decisión— y, por otro, el de la participación activa de todo el pueblo en las tareas de la planificación.

Naturalmente, para que todo el pueblo participe en las tareas de la planificación, tendrá que ser todo el pueblo dueño de los medios de producción, si no, difícilmente participará. El pueblo no querrá, y los dueños de las empresas donde trabaja me parece que tampoco.

Bien, podemos hablar unos minutos de lo que Cuba ha obtenido por su camino, comerciando con todo el mundo, "yendo por las vertientes del comercio", decía Martí.

Nosotros tenemos firmados, hasta estos momentos, créditos por 357 000 000 de dólares con los países socialistas y estamos en conversaciones —que son conversaciones de verdad— por ciento cuarenta y pico de millones más, con lo cual llegaremos a los 500 000 000, en préstamos en estos cinco años.

Ese préstamo que nos da la posesión y el dominio de nuestro desarrollo económico, llega, como dijimos, a los 500 000 000 —la cifra que los Estados Unidos dan a toda América Latina— solamente para nuestra pequeña república. Esto, llevado a la República de Cuba, trasladado a América Latina, significaría que los Estados Unidos para proporcionar o para hacer el mismo trabajo, tendría que dar 15 000 millones de dólares —hablo de pesos a dólares, porque en nuestro país valen lo mismo.

Treinta mil millones de dólares en diez años; la cifra que nuestro Primer Ministro solicitara y con eso, si hay una acertada conducción del proceso económico, América Latina, en solo cinco años sería otra cosa.

Pasamos, ahora, al punto II del temario. Y, naturalmente, antes de analizarlo, formularemos una cuestión política. Amigos nuestros —que hay muchos, aunque no lo parezca— en estas reuniones, nos preguntaban si estábamos dispuestos a reingresar al seno de las naciones latinoamericanas, y estamos luchando porque no se nos expulse, porque no se nos obligue a abandonar el seno de las repúblicas latinoamericanas. Lo que no queremos es ser arria, como hablara Martí. Sencillamente eso. Nosotros denunciamos los peligros de la integración económica de la América Latina, porque conocemos los ejemplos de Europa, y además, América Latina ha conocido ya en su propia carne lo que costó para ella la integración económica de Europa. Denunciamos el peligro de que los monopolios internacionales manejaran totalmente los procesos del comercio dentro de las asociaciones de libre comercio. Pero nosotros lo anunciamos también aquí, al seno de la Conferencia, y esperamos que se nos acepte, que estamos dispuestos a ingresar a la Asociación Latinoamericana de Libre Comercio, como uno más, criticando también lo que haya que criticar, pero cumpliendo todos los requisitos, siempre y cuando se respete, de Cuba, su peculiar organización económica y social, y se acepte ya como un hecho consumado e irreversible, su gobierno socialista.

Y, además, la igualdad de trato y el disfrute equitativo de las ventajas de la división internacional del trabajo, también deben ser extensivos a Cuba. Cuba debe participar activamente y puede contribuir mucho, para mejorar muchos de los grandes "cuellos de botella", que existen en las economías de nuestros países, con la ayuda de la economía planificada, dirigida centralmente y con una meta clara y definida.

Sin embargo, Cuba propone también las siguientes medidas: propone la iniciación de negociaciones bilaterales inmediatas para la evacuación de bases o territorios en países miembros ocupados por otros países miembros, para que no se produzcan casos como el que denunciaba la delegación de Panamá, donde la política financiera de Panamá no se puede cumplir en un pedazo de su territorio. A nosotros nos ocurre lo mismo, y quisiéramos que desapareciera esa anomalía, hablando desde el punto de vista económico.

Nosotros proponemos el estudio de planes racionales de desarrollo y la coordinación de asistencia técnica y financiera de todos los países industrializados, sin distinciones ideológicas ni geográficas de ninguna especie; nosotros proponemos también que se recaben las garantías para salvaguardar los intereses de los países miembros más débiles: la proscripción de los actos de agresión económica de unos miembros contra otros; la garantía para proteger a los empresarios latinoamericanos contra la competencia de los monopolios extranjeros; la reducción de los aranceles norteamericanos para productos industriales de los países latinoamericanos integrados, y establecimos que, a nuestro juicio, el financiamiento externo sería bueno que solo se produjera con inversiones directas que reunieran las siguientes condiciones: no sujetarlos a exigencias políticas, no discriminarlos contra empresas estatales, asignarlos de acuerdo con los intereses del país receptor, que no tengan tasas de interés mayor del tres por ciento, que su plazo de amortización no sea inferior a 10 años y pueda ser ampliable por dificultades en la balanza de pagos; proscripción de la incautación o confiscación de naves y aeronaves de un país miembro por otro; iniciación de reformas tributarias que no incidan sobre las masas trabajadoras y protejan contra la acción de los monopolios extranjeros.

El punto III del temario ha sido tratado con la misma delicadeza por los señores miembros: con sus dos suaves pincitas han tomado el asunto, han levantado un poquito el velo, y lo han dejado caer inmediatamente, porque la cosa es dura...

> Hubiera sido deseable —dice— y hasta tentador para el grupo formular recomendaciones ambiciosas y espectaculares... No lo hizo, sin embargo, debido a los numerosos y complejos problemas técnicos que habría sido necesario resolver. Así es como las recomendaciones que se formulan tuvieron necesariamente que limitarse a aquellos que se consideraron técnicamente realizables.

No sé si seré demasiado perspicaz, pero creo leer entre líneas, que no hay pronunciamiento. La delegación cubana plantea en forma concreta que de esta reunión debe obtenerse: garantía de precios estatales, sin "pudiera" ni "podría"; sin "examinaríamos" ni "examinaremos", sino garantías de precios estables, mercados crecientes o al menos estables, garantías contra agresiones, o garantías contra la suspensión unilateral de compras, en mercados tradicionales, garantías contra el *dumping* de excedentes agrícolas subsidiadas, garantías contra el proteccionismo a la producción de productos primarios, creación de las condiciones en los países industrializados para las compras de productos primarios con mayor grado de elaboración.

Cuba manifiesta que sería deseable que la delegación de Estados Unidos conteste, en el seno de las comisiones, si continuará subsidiando su producción de cobre, de plomo, de zinc, de azúcar, de algodón, de trigo o de lana. Cuba pregunta si Estados Unidos continuará presionando para que los excedentes de productos primarios no sean vendidos a los países socialistas, ampliando así su mercado.

Y viene el punto V del temario, porque el IV es nada más que un informe. Este punto V es la otra cara de la moneda.

Fidel Castro dijo, en ocasión de la Conferencia de Costa Rica, que los Estados Unidos habían ido "con una bolsa de oro en una mano y un garrote en la otra". Hoy, aquí, los Estados Unidos vienen con la bolsa de oro —afortunadamente más grande— en una mano, y la barrera para aislar a Cuba en la otra. Es, de todas maneras, un triunfo de las circunstancias históricas.

Pero en el punto V del temario se establece un programa de medidas en América Latina para la regimentación del pensamiento, la subordinación del movimiento sindical y, si se puede, la preparación de la agresión militar contra Cuba.

Se prevén tres pasos, a través de toda la lectura: movilización, desde ahora mismo, de los medios de difusión y propaganda latinoamericana contra la Revolución cubana y contra las luchas de nuestros pueblos por su libertad; constitución, en reunión posterior, de una federación interamericana de prensa, radio, televisión y cine, que permita a Estados Unidos dirigir la política de todos los órganos de opinión de América Latina, de todos — ahora no hay muchos que estén fuera de su esfera de influencia, pero pretende de todos modos controlar monopolíticamente las nuevas empresas de información y absorber a cuantas sea posible de las antiguas.

Todo esto para hacer algo insólito que se ha anunciado aquí con toda tranquilidad. Se pretende, señores delegados, establecer el Mercado Común de la Cultura, organizado, dirigido, pagado, domesticado; la cultura toda de América Latina al servicio de los planes de propaganda del imperialismo, para demostrar que el hambre de nuestro pueblo no es hambre, sino pereza ¡magnífico!

Frente a esto, nosotros respondemos: debe hacerse una exhortación a que los órganos de opinión de América Latina se hagan partícipes de los ideales de liberación nacional de cada pueblo latinoamericano. Se debe hacer una exhortación al intercambio de información, medios culturales, órganos de prensa, y la realización de visitas directas sin discriminaciones entre nuestros pueblos, porque un norteamericano que va a Cuba tiene cinco años de prisión en estos momentos; a los gobiernos latinoamericanos para que garanticen las libertades que permitan al movimiento obrero la organización sindical independiente, la defensa de los intereses de los obreros y la lucha por la independencia verdadera de sus pueblos; y condenación total, absoluta, del punto V, como un intento del imperialismo de domesticar lo único que nuestros pueblos estaban ahora salvando del desastre: la cultura nacional.

Me voy a permitir, señores delegados, dar un esquema de los objetivos del primer plan de desarrollo económico de Cuba en este próximo cuatrienio. La tasa del crecimiento global será del 12%, es decir, más del 9,5% per cápita neto, en material industrial, transformación de Cuba en el país más industrial de América Latina en relación con su población, como lo indican los datos siguientes:

Primer lugar en América Latina en la producción per cápita de acero, cemento, energía eléctrica y, exceptuando Venezuela, refinación de petróleo; primer lugar en América Latina en tractores, rayón, calzado, tejidos, etc.; segundo lugar en el mundo en producción de níquel metálico (hasta hoy Cuba solo había producido concentrados); la producción de níqueles en 1965 será de 70 000 toneladas métricas, lo que constituye aproximadamente el 30% de la producción mundial; y, además, producirá 2 600 de toneladas métricas de cobalto metálico; producción de 8,5 a 9 000 000 de toneladas de azúcar; inicio de la transformación de la industria azucarera en sucroquímica.

Para lograr estas medidas, fáciles de anunciar, que demandan un enorme trabajo y el esfuerzo de todo un pueblo para cumplirse y un financiamiento externo muy grande, hecho con un criterio de ayuda y no de explotación, se han tomado las siguientes medidas; se van a hacer inversiones en industrias por más de 1 000 000 000 de pesos —el peso cubano equivale al dólar— en la instalación de 800 megawatts de generación eléctrica. En 1960 la capacidad instalada —exceptuando la industria azucarera, que trabaja temporalmente— era de 621 megawatts. Instalación de 205 industrias, entre las cuales las más importantes son las 22 siguientes: una nueva planta de refinación de níquel metálico, lo que elevará el total a 70 000 toneladas; una refinería de petróleo para 2 000 000 de toneladas de petróleo crudo; la primera planta siderúrgica de 700 000 toneladas y que en este cuatrienio llegará a las 500 000 toneladas de acero; la ampliación de nuestras plantas para producir tubos de acero con costura, en 25 000 toneladas métricas; tractores, 5 000 unidades anuales; motocicletas, 10 000 unidades anuales; tres plantas de cemento y ampliación de las existentes por un total de 1 500 000 toneladas, lo que elevará nuestra producción a 2 500 000 toneladas anuales; envases metálicos, 201 000 000 de unidades; ampliación de nuestras fábricas de vidrio a 23 700 toneladas métricas anuales; en vidrio plano, 1 000 000 de metros cuadrados; una fábrica nueva de chapas de bagazo, 10 000 metros cúbicos; una planta de celulosa de bagazo, 60 000 toneladas métricas, aparte de una de celulosa de madera para 40 000 toneladas métricas anuales; una planta de nitrato de amonio, 60 000 toneladas; 81 000 toneladas métricas de superfosfato triple; 132 000 toneladas métricas de ácido nítrico; 85 000 toneladas métricas de amoníaco, 8 nuevas fábricas textiles y ampliación de las existentes con 451 000 husos; una fábrica de sacos de kenaf para 16 000 000 de sacos, y así, otras de menor importancia, hasta el número de 205 hasta estos momentos.

Estos créditos han sido contratados hasta el presente de la siguiente forma: 200 000 000 de dólares con la Unión Soviética; 60 000 000 de dólares con la República Popular China; 40 000 000 con la República Socialista de Checoslovaquia; 15 000 000 con la República Popular de Rumania; 15 000 000 con la República Popular de Hungría; 12 000 000 con la República Popular de Polonia; 10 000 000 con la República Democrática Alemana y 5 000 000 con la República Democrática de Bulgaria. El total contratado hasta la fecha es de 357 000 000. Las nuevas negociaciones que esperamos culminar pronto son fundamentalmente con la Unión Soviética que, como país más industrializado del área socialista, es el que nos ha brindado su apoyo más decidido.

En materia agrícola, se propone Cuba alcanzar la autosuficiencia en la producción de alimentos, incluyendo grasas y arroz, no en trigo, autosuficiencia en algodón y fibras duras; creación de excedentes exportables de frutas tropicales y otros productos agrícolas cuya contribución a las exportaciones triplicarán los niveles actuales.

En materia de comercio exterior, aumentará el valor de las exportaciones el 75% en relación con el año 1960; diversificación de la economía; el azúcar y sus derivados serán alrededor del 60% del valor de las exportaciones, y no el 80% como ahora.

En materia de construcción: eliminación del 40% del déficit actual de vivienda, incluyendo los bohíos, que son los ranchos nuestros; combinación racional de materiales de construcción para que, sin sacrificar la calidad, aumente el uso de los materiales locales.

Hay un punto en que me gustaría detenerme un minuto; es en la educación. Nos hemos reído del grupo de técnicos que ponía la educación y la sanidad como condición *sine qua non* para iniciar el camino del desarrollo. Para nosotros eso es una aberración, pero no es menos cierto que una vez iniciado el camino del desarrollo, la educación debe marchar paralela a él. Sin una educación tecnológica adecuada, el desarrollo se frena. Por lo tanto, Cuba ha realizado la reforma integral de la educación, ha ampliado y mejorado servicios educativos y ha planificado integralmente la educación.

Actualmente está en primer lugar en América Latina en la asignación de recursos para la educación; se dedica el 5,3% del ingreso nacional. Los países desarrollados emplean del 3 al 4, y América Latina del uno al 2% del ingreso nacional. En Cuba el 28,3% de los gastos corrientes del Estado son para el Ministerio de Educación; incluyendo otros organismos que gastan en educación, sube ese porcentaje al 30%. Entre los países latinoamericanos, la mayoría emplean el 21% de su presupuesto.

El aumento del presupuesto de educación, de 75 000 000 en 1958 a 128 000 000 en 1961, un 71% de crecimiento. Y los gastos totales de educación, incluyendo alfabetización y construcciones escolares, en 170 000 000; 25 pesos per cápita. En Dinamarca, por ejemplo, se gastan 25 pesos per cápita al año en educación; en Francia, 15; en América Latina, 5.

Creación, en 2 años, de 10 000 aulas y nombramiento de 10 000 nuevos maestros. Es el primer país de Latinoamérica que satisface plenamente las necesidades de instrucción primaria para toda la población escolar, aspiración del proyecto principal de la UNESCO en América Latina para 1978, ya satisfecha en este momento en Cuba.

Estas medidas y estas cifras realmente maravillosas y absolutamente verídicas que presentamos aquí, señores delegados, han sido posibles por las siguientes medidas: nacionalización de la enseñanza, haciéndola laica y gratuita y permitiendo el aprovechamiento total de sus servicios; creación de un sistema de becas que garantice la satisfacción de todas las necesidades de los estudiantes, de acuerdo con el siguiente plan: becas, 20 000 para escuelas secundarias básicas, de séptimo a noveno grados; 3 000 para institutos preuniversitarios; 3 000 para instrumentos de arte; 6 000 las universidades; 1 500 para cursos de inseminación artificial; 1 200 para cursos sobre maquinaria agrícola; 14 000 para cursos de corte y costura y preparación básica para el hogar para las campesinas; 1 200 para preparación de maestros de montañas; 750 para cursos de iniciación del magisterio primario; 10 000, entre becas y "bolsas de estudios", para alumnos de enseñanza tecnológica; y, además, cientos de becas para estudiar tecnología en los países socialistas; creación de 100 centros de educación secundaria, con lo que cada municipio tendrá por lo menos uno.

Este año, en Cuba, como anuncié, se liquida el analfabetismo. Es un maravilloso espectáculo. Hasta el momento actual 104 500 brigadistas, casi todos ellos estudiantes de entre 10 y 18 años, han inundado el país de un extremo a otro para ir directamente al bohío del campesino, para ir a la casa del obrero, para convencer al hombre anciano que ya no quiere estudiar, y liquidar, así, el analfabetismo en Cuba.

Cada vez que una fábrica liquida el analfabetismo entre sus obreros, iza una bandera azul que anuncia el hecho al pueblo de Cuba; cada vez que una cooperativa liquida el analfabetismo entre sus campesinos, levanta la misma enseña. Y 104 500 jóvenes estudiantes, que tienen como enseña un libro y un farol, para dar la luz de la enseñanza en las regiones atrasadas, y que pertenecen a las Brigadas "Conrado Benítez", con lo cual se honra el nombre del primer mártir de la educación de la Revolución cubana, que fue ahorcado por un grupo de contrarrevolucionarios por el grave delito de estar en las montañas de nuestra tierra, enseñando a leer a los campesinos.

Esa es la diferencia, señores delegados, entre nuestro país y los que lo combaten. Ciento cincuenta y seis mil alfabetizadores voluntarios, que no ocupan su tiempo completo como obreros y profesionales, trabajan en la enseñanza; 32 000 maestros dirigen ese ejército, y solo con la cooperación activa de todo el pueblo de Cuba se pueden haber logrado cifras de tanta trascendencia.

Se ha hecho todo eso en un año, o mejor dicho, en dos años: siete cuarteles regimentales se han convertido en ciudades escolares; 27 cuarteles en escuelas, y todo esto bajo el peligro de las agresiones imperialistas. La Ciudad Escolar "Camilo Cienfuegos" tiene actualmente 5 000 alumnos procedentes de la Sierra Maestra, y en construcción unidades para 20 000 alumnos; se proyecta construir una ciudad similar en cada provincia; cada ciudad escolar se autoabastecerá de alimentos, iniciando a los niños campesinos en las tareas de las técnicas agrícolas.

Además, se han establecido nuevos métodos de enseñanza. La escuela primaria pasó de 1958 a 1959, de 602 000 a 1 231 700 alumnos; la secundaria básica de 21 900 a 83 800; comercio, de 8 900 a 21 300; tecnológicamente de 5 600 a 11 500.

Se han invertido 48 000 000 de pesos en construcciones escolares en solo dos años. La Imprenta Nacional garantiza textos y demás impresos para todos los escolares, gratuitamente. Dos cadenas de televisión, que cubren todo el territorio nacional, son un poderoso medio de difusión masiva para la enseñanza. Asimismo, toda la radio nacional está al servicio del Ministerio de Educación. El Instituto Nacional de Deportes, Educación

Física y Recreación, cuyas siglas son el INDER, promueve el desarrollo físico en forma masiva.

Ese es, señores delegados, el panorama cultural de Cuba en estos momentos.

Ahora viene la parte final de nuestra intervención, la parte de las definiciones, porque queremos precisar bien nuestra posición.

Hemos denunciado la Alianza para el Progreso como un vehículo destinado a separar al pueblo de Cuba de los otros pueblos de América Latina, a esterilizar el ejemplo de la Revolución cubana y después, a domesticar a los pueblos de acuerdo con las indicaciones del imperialismo. Quisiera que se me permitiera demostrar cabalmente esto.

Hay muchos documentos interesantes en el mundo. Nosotros distribuimos entre los delegados algunos documentos que llegaron a nuestras manos y que demuestran, por ejemplo, la opinión que tiene el imperialismo del gobierno de Venezuela, cuyo canciller, hace unos días, nos atacara duramente quizás por entender que nosotros estábamos violando leyes de amistad con su pueblo o su gobierno.

Sin embargo, es interesante precisar que manos amigas nos hicieron llegar un documento interesante. Es un informe de un documento secreto dirigido al embajador Moscoso, en Venezuela, por sus asesores John M. Cates, J. Irving Tragen y Robert Cox.

En uno de sus párrafos dice este documento, hablando de las medidas que hay que tomar en Venezuela para hacer una verdadera Alianza para el Progreso, dirigida por los Estados Unidos:

> Reforma de la burocracia.
>
> Todos los planes que se formulen —hablando de Venezuela—, todos los programas que se inicien para el desarrollo económico de Venezuela, ya sea por el gobierno venezolano o por técnicos norteamericanos, tendrán que ser puestos en práctica a través de la burocracia venezolana. Pero, mientras la administración pública de este país se caracterice por la ineptitud, la indiferencia, la ineficiencia, el formalismo partidista en el otorgamiento de empleos, el latrocinio, la duplicidad de funciones y la creación de impuestos privados, será prácticamente imposible hacer que pasen proyectos dinámicos y eficaces a través de la maquinaria gubernamental.
>
> La reforma del aparato administrativo es posiblemente, por lo tanto, la necesidad más fundamental ya que no solo se dirige a rectificar un desajuste básico económico y social, sino que también implica reacondicionar el instrumento mismo con el que se deberán plasmar todas las demás reformas básicas y proyectos de desarrollo.

Hay muchas cosas interesantes en este documento que pondremos a disposición de los señores delegados, donde se habla, también, de los nativos. Después de enseñar a los nativos, se deja a los nativos. Nosotros somos nativos, nada más. Pero hay algo muy interesante, señores delegados, y es la recomendación que da el señor Cates al señor Moscoso de lo que hay que hacer en Venezuela y por qué hay que hacerlo. Dice así:

> Los Estados Unidos se verán en la necesidad, probablemente más rápido de lo que se piense, de señalar a los godos, a la oligarquía, a los nuevos ricos, a los sectores económicos nacionales y extranjeros en general, a los militares y al clero, que tendrán en última instancia que elegir entre dos cosas: contribuir al establecimiento en Venezuela de una sociedad basada en las masas, en tanto que ellos retienen parte de su *status quo* y riqueza o tener que hacer frente a la pérdida de sus privilegios (y muy posiblemente la muerte misma en el paredón) —este es un informe de los norteamericanos a sus embajadores— si las fuerzas de la moderación y el progreso son desplazadas en Venezuela.

Después esto se completa y da la imagen del cuadro y de todo el tinglado en que se va a empezar a desarrollar esta Conferencia, con otros informes de las instrucciones secretas dirigidas por el Departamento de Estado Norteamericano, en América Latina, sobre el "Caso Cuba".

Es muy importante esto, porque es lo que ya descubre dónde estaba la mamá del cordero. Dice así —me voy a permitir extractar un poco, aunque después lo circulemos, en honor a la brevedad que ya he violado algo—:

> De inicio, se dio ampliamente por sentado en la América Latina que la invasión estaba respaldada por los Estados Unidos y que, por lo tanto, tendría éxito. La mayoría de los gobiernos y sectores responsables de la población estaban preparados para aceptar un hecho consumado (fait accompli), aunque existían recelos acerca de la violación del principio de no intervención. Los comunistas y otros elementos vehementes pro-Castro, tomaron inmediatamente la ofensiva con demostraciones y actos de violencia dirigidos contra agencias de los Estados Unidos en varios países, especialmente en Argentina, Bolivia y México.
>
> Sin embargo, tales actividades latinoamericanas y pro-Castro, recibieron un respaldo limitado y tuvieron menos efecto del que pudiera haberse esperado.
>
> El fracaso de la invasión desalentó a los sectores anti-Castro los cuales consideraban que los Estados Unidos debían hacer algo dramático que restaurara su dañado prestigio, pero fue acogido con alegría por los comunistas y otros elementos pro-Castro.

En la mayoría de los casos, las reacciones de los gobiernos latinoamericanos no fueron sorprendentes. Con la excepción de Haití y la República Dominicana, las repúblicas que ya habían roto o suspendido sus relaciones con Cuba expresaron su comprensión de la posición norteamericana. Honduras se unió al campo anti-Castro, suspendiendo sus relaciones en abril y proponiendo la formación de una alianza de naciones centroamericanas y del Caribe para habérselas por la fuerza con Cuba. La proposición —que fue sugerida también independientemente por Nicaragua—, fue abandonada calladamente cuando Venezuela rehusó respaldarla.

Venezuela, Colombia y Panamá expresaron una seria preocupación por las penetraciones soviéticas y del comunismo internacional en Cuba, pero se mantuvieron a favor de realizar algún tipo de acción colectiva de la OEA. "Acción colectiva de la OEA" —entramos en terreno conocido— para habérselas con el problema cubano. Una opinión similar fue adoptada por Argentina, Uruguay y Costa Rica. Chile, Ecuador, Bolivia, Brasil y México, rehusaron respaldar toda posición que implicara una intervención en los asuntos internos de Cuba. Esa actitud fue probablemente muy intensa en Chile, donde el gobierno encontró una fuerte oposición en todas las esferas a una intervención militar abierta por algún Estado contra el régimen de Castro. En Brasil y Ecuador, la cuestión provocó serias divisiones en el Gabinete, en el Congreso y en los partidos políticos.

En el caso del Ecuador, la posición intransigente pro-Cuba, del presidente Velasco, fue sacudida, pero no alterada, por el descubrimiento de que comunistas ecuatorianos estaban siendo entrenados dentro del país en las tácticas de guerrillas, por revolucionarios pro-Castro.

Asimismo, existen muy pocas dudas de que algunos de los elementos anteriores no comprometidos de la América Latina han quedado impresionados favorablemente por la habilidad de Castro en sobrevivir a un ataque militar apoyado por los Estados Unidos, contra el régimen. Muchos que habían vacilado en comprometerse antes, porque suponían que los Estados Unidos eliminarían al régimen de Castro con el tiempo, puede que hayan cambiado ahora de opinión. La victoria de Castro les ha demostrado el carácter permanente y factible de la Revolución cubana. Además, su victoria ha excitado, sin duda, la latente actitud antinorteamericana que prevalece en gran parte de la América Latina.

En todos los respectos, los estados miembros de la OEA son ahora menos hostiles a la intervención de los Estados Unidos en Cuba que antes de la invasión, pero una mayoría —incluyendo Brasil y México, que suman más de la mitad de la población de la América Latina— no está dispuesta a intervenir activamente y ni siquiera a unirse en una cuarentena contra Cuba. Tampoco pudiera esperarse que la Organización le diera de antemano su aprobación a la intervención directa de los Estados Unidos, excepto en el caso de que Castro esté involucrado, sin lugar a dudas, en un ataque a un gobierno latinoamericano.

> Aun cuando los Estados Unidos tuvieran éxito —lo cual luce improbable— en persuadir a la mayoría de los estados latinoamericanos a unirse en una cuarentena a Cuba, el intento no tendría éxito total. De seguro México y Brasil rehusarían cooperar y servirían de canal para los viajes y otras comunicaciones entre América Latina y Cuba.
> La oposición mantenida por México durante mucho tiempo a la intervención de cualquier tipo, no representaría un obstáculo insuperable a la acción colectiva de la OEA contra Cuba. La actitud del Brasil, sin embargo, que ejerce una fuerte influencia sobre sus vecinos suramericanos, es decisiva para la cooperación hemisférica. Mientras el Brasil rehúse actuar contra Castro, es probable que un número de otras naciones, incluyendo Argentina y Chile, no tengan deseos de arriesgarse a repercusiones internas adversas por complacer a los Estados Unidos.
> La magnitud de la amenaza que constituyen Castro y los comunistas en otras partes de la América Latina, seguirá probablemente dependiendo en lo fundamental, de los siguientes factores:
> a. La habilidad del régimen en mantener su posición.
> b. Su eficacia en demostrar el éxito de su modo de abordar los problemas de reforma y desarrollo; y
> c. La habilidad de los elementos no comunistas en otros países latinoamericanos en proporcionar alternativas, factibles y popularmente aceptables. Si, mediante la propaganda, etc., Castro puede convencer a los elementos desafectos que existen en la América Latina, de que realmente se están haciendo reformas sociales, —es decir, si de esto que decimos se convencen los señores delegados— que es verdad básica que benefician a las clases más pobres crecerá el atractivo del ejemplo cubano y seguirá inspirando imitadores de izquierda en toda la zona. El peligro no es tanto de que un aparato subversivo, con su centro en La Habana, pueda exportar la Revolución, como de que una creciente miseria y descontento entre las masas del pueblo latinoamericano proporcione a los elementos pro-Castro, oportunidades de actuar.

Después de considerar si nosotros intervenimos o no, razonan:

Es probable que los cubanos actúen cautelosamente a este respecto durante algún tiempo. Probablemente no estén deseosos de arriesgarse a que se intercepte y se ponga al descubierto alguna operación de filibusterismo o suministro militar, proveniente de Cuba. Tal eventualidad traería como resultado un mayor endurecimiento de la opinión oficial contra Cuba, acaso hasta el punto de proporcionar un respaldo tácito a la intervención norteamericana, o dar por lo menos posibles motivos para sanciones por parte de la OEA. Por estas razones y debido a la preocupación de Castro por la defensa de su territorio, en este momento, el uso de fuerzas militares cubanas para apoyar la insurrección en otras partes, es extremadamente improbable.

De modo, señores delegados que tengan dudas, observen que el gobierno de los Estados Unidos admite que es muy difícil que nuestras tropas interfieran en las cuestiones nacionales de otros países.

A medida que pasa el tiempo, y ante la ausencia de una intervención directa de Cuba en los asuntos internos de estados vecinos, los presentes temores al castrismo, a la intervención soviética en el régimen, a su naturaleza "socialista" —ellos lo ponen entre comillas— y a la repugnancia por la represión del estado policial de Castro, tenderán a decrecer y la política tradicional de no intervención se reafirmará.

Dice después:

Aparte de su efecto directo sobre el prestigio de los Estados Unidos en esa zona —que indudablemente ha descendido como resultado del fracaso de la invasión— la supervivencia del régimen de Castro pudiera tener un profundo efecto sobre la vida política americana en estos años venideros. La misma prepara la escena para una lucha política promovida en los términos promovidos por la propaganda comunista durante mucho tiempo en este hemisferio, quedando de un lado las fuerzas "populares" —entre comillas— antinorteamericanas, y del otro, los grupos aliados a los Estados Unidos. A los gobiernos que prometen una reforma evolutiva por un período de años, aun a un ritmo acelerado, se les enfrentarán los líderes políticos que prometerán un remedio inmediato a los males sociales, mediante la confiscación de propiedades y el vuelco de la sociedad. El peligro más inmediato del ejemplo de Castro para la América Latina pudiera muy bien ser el peligro para la estabilidad de aquellos gobiernos que están actualmente intentando cambios evolutivos, sociales y económicos, más bien que para los que han tratado de impedir tales cambios, en parte debido a las tensiones y a las excitadas esperanzas que acompañan a los cambios sociales y al desarrollo económico. Los desocupados de la ciudad y los campesinos sin tierras de Venezuela y Perú, por ejemplo, los cuales han esperado que Acción Democrática y el APRA efectúen reformas, constituyen una fuente expedita de fuerza política, para el político que los convenza de que el cambio puede ser efectuado mucho más rápidamente de lo que han prometido los movimientos socialdemocráticos. El apoyo popular que actualmente disfrutan los grupos que buscan cambios evolutivos o el respaldo potencial que normalmente pudieran obtener a medida que las masas latinoamericanas se tornan más activas políticamente, se perderá en la medida en que los líderes políticos extremistas, utilizando el ejemplo de Castro, puedan hacer surgir apoyo para el cambio revolucionario.

Y en el último párrafo, señores, aparece nuestra amiga aquí presente:

La Alianza para el Progreso, que pudiera muy bien proporcionar el estímulo para llevar a cabo programas más intensos de reforma, pero a menos que estos se inicien rápidamente y comiencen pronto a mostrar resultados positivos, es probable que no sea un contrapeso suficiente a la creciente presión de la extrema izquierda.

Los años que tenemos por delante serán testigos, casi seguramente, de una carrera entre aquellas fuerzas que están intentando iniciar programas evolutivos de reformas y las que están tratando de generar apoyo de masas para la revolución fundamental económica y social. Si los moderados se quedan atrás en esta carrera, pudieran, con el tiempo, verse privados de su apoyo de masas y cogidos en una posición insostenible entre los extremos de la derecha y la izquierda.

Estos son, señores delegados, los documentos que la delegación de Cuba quería presentar a ustedes, para analizar descarnadamente la Alianza para el Progreso. Ya sabemos todo el íntimo sentir del Departamento de Estado norteamericano: "Es que hay que hacer que los países de Latinoamérica crezcan, porque si no, viene un fenómeno que se llama castrismo, que es tremendo para los Estados Unidos".

Pues bien, señores, hagamos la Alianza para el Progreso en esos términos; que crezcan de verdad las economías de todos los países miembros de la Organización de los Estados Americanos; que crezcan, para que consuman sus productos y no para convertirse en fuente de recursos para los monopolios norteamericanos; que crezcan para asegurar la paz social, no para crear nuevas reservas para una eventual guerra de conquista; que crezcan para nosotros, no para los de afuera.

Y a todos ustedes, señores delegados, la delegación de Cuba les dice, con toda franqueza: queremos, dentro de nuestras condiciones, estar dentro de la familia latinoamericana, queremos convivir con Latinoamérica; queremos verlos crecer, si fuera posible, al mismo ritmo que estamos creciendo nosotros, pero no nos oponemos a que crezcan a otro ritmo. Lo que sí exigimos es la garantía de la no agresión para nuestras fronteras.

No podemos dejar de exportar ejemplo, como quieren los Estados Unidos, porque el ejemplo es algo espiritual que traspasa las fronteras. Lo que sí damos la garantía de que no exportaremos revolución, damos la garantía de que no se moverá un fusil de Cuba, de que no se moverá una sola arma de Cuba, para ir a luchar en ningún otro país de América Latina.

Lo que no podemos asegurar es que la idea de Cuba deje de implantarse en algún otro país de América Latina, y lo que aseguramos en esta Conferencia es que si no se toman medidas urgentes de prevención social, el ejemplo de Cuba sí prenderá en los pueblos y entonces, sí, aquella exclamación que una vez diera mucho que pensar, que hizo Fidel un 26 de Julio y que se interpretó como una agresión, volverá a ser cierta. Fidel dijo que si seguían las condiciones sociales como hasta ahora, "la cordillera de los Andes sería la Sierra Maestra de América".

Nosotros, señores delegados, llamamos a la Alianza para el Progreso, a la alianza pacífica para el progreso de todos. No nos oponemos a que nos dejen de lado en la repartición de los créditos, pero sí nos oponemos a que se nos deje de lado en la intervención de la vida cultural y espiritual de nuestros pueblos latinoamericanos, a los cuales pertenecemos.

Lo que nunca admitiremos es que se nos coarte nuestra libertad de comerciar y tener relaciones con todos los pueblos del mundo, y de lo que nos defenderemos con todas nuestras fuerzas, es de cualquier intento de agresión extranjera, sea hecho por la potencia imperial, o sea hecho por algún organismo latinoamericano que engloba el deseo de algunos, de vernos liquidados.

Para finalizar, señor Presidente, señores delegados, quiero decirles que hace algún tiempo, tuvimos una reunión en el Estado Mayor de las Fuerzas Revolucionarias de nuestro país, Estado Mayor al cual pertenezco. Se trataba de una agresión contra Cuba, que sabíamos que vendría, pero no sabíamos aún cuándo ni por dónde. Pensamos que sería muy grande; de hecho iba a ser muy grande. Esto se produjo antes de la famosa advertencia del Primer Ministro de la Unión Soviética, Nikita Khruschev, de que sus cohetes podían volar más allá de las fronteras soviéticas.

Nosotros no habíamos pedido esa ayuda y no conocíamos esa disposición de ayuda. Por eso nos reunimos sabiendo que llegaba la invasión, para afrontar, como revolucionarios, nuestro destino final. Sabíamos que si los Estados Unidos invadían a Cuba, habría una hecatombe, pero en definitiva, seríamos derrotados y expulsados de todos los lugares habitados del país.

Propusimos entonces, los miembros del Estado Mayor, que Fidel Castro se retirara a un reducto de la montaña y que uno de nosotros tomara a su cargo la defensa de La Habana. Nuestro Primer Ministro y Jefe contestó aquella vez, con palabras que lo enaltecen —como en todos sus actos— que si los Estados Unidos invadían a Cuba y La Habana se defendiera como debiera defenderse, cientos de miles de hombres, mujeres y niños, morirían ante el ímpetu de las armas yanquis, y que a un gobernante de un pueblo en revolución, no se le podía pedir que se refugiara en la montaña; que su lugar estaba allí, donde se encontraban sus muertos queridos, y que allí, con ellos, cumpliría su misión histórica.

No se produjo esa invasión, pero mantenemos ese espíritu, señores delegados. Por eso puedo predecir que la Revolución cubana es invencible, porque tiene un pueblo y porque tiene un gobernante como el que gobierna a Cuba.

Eso es todo, señores delegados.

La influencia de la Revolución cubana en América Latina

(18 de mayo de 1962)

Discurso pronunciado ante los miembros del Departamento de Seguridad del Estado (DSE). No fue publicado hasta después de la muerte del Che Guevara.

Tengo ante todo que pedirles disculpas porque estaba animado de las mejores intenciones de preparar algunos datos y cifras, que expresaran más claramente algunos análisis sobre Latinoamérica en general, sus relaciones con el imperialismo y las relaciones que tendrán con el Gobierno revolucionario cubano. Sin embargo, como siempre, las buenas intenciones en estos casos han quedado reducidas a eso y tengo que hablar de memoria, de modo que no citaré cifras sino cuestiones de conceptos generales.

No pretendo hacer una historia larga del proceso de la penetración del imperialismo en América Latina, pero sí es bueno saber que la parte del continente americano, que se llama la América Latina, ha vivido casi siempre bajo el yugo de grandes monopolios imperiales. Ustedes conocen que España dominó una gran cantidad del territorio americano, después hubo penetraciones de otros países europeos en la etapa de expansión capitalista, en el nacimiento del capitalismo y también Inglaterra y Francia adquirieron algunas colonias.

Después de la lucha por la independencia, varios países se disputaron el territorio americano y con el nacimiento del imperialismo económico a fines del siglo pasado y principios de este siglo, Estados Unidos dominó rápidamente toda la parte norte del continente, Suramérica y todo Centroamérica. En el sur todavía persistieron otros imperialismos. En el extremo sur en Argentina y Uruguay, fue fuerte Inglaterra hasta fines de la última guerra.

A veces nuestros países han sido campos de guerra provocados por monopolios de diferentes nacionalidades que se disputaban esferas de influencia; la guerra del Chaco es uno de los ejemplos de lucha por el petróleo entre la Shell de los grupos ingleses y alemanes y la Standard Oil. Fue una guerra muy cruenta donde Bolivia y Paraguay estuvieron durante cuatro años perdiendo lo mejor de su juventud en la selva del Chaco.

Hay otros ejemplos de ese tipo, el despojo mediante el cual Perú, representando a la Standard Oil, arrebató una parte del territorio ecuatoriano donde tenía influencia la Shell. También ha habido guerras por otro tipo de productos. La United Fruit ha provocado guerras en Centroamérica por dominar territorios bananeros; ha habido guerras también en el sur, entre Chile, Bolivia y Perú, por la posesión de los yacimientos de nitratos que eran muy importantes antes de descubrirse la forma sintética de hacerlo, es decir, nosotros cuando más, hemos sido actores inconscientes en una lucha entre imperios.

Sin embargo, después de la guerra, los últimos reductos del imperialismo británico —ya el alemán había sido desplazado anteriormente— cedieron su paso al imperialismo norteamericano.

El hecho de que haya sucedido una unificación total del dominio económico de América Latina, ha provocado una tendencia a la unidad entre las fuerzas que luchan contra el imperialismo. Cada vez tenemos que estar más hermanados en la lucha, porque es una lucha común, lucha que se expresa por ejemplo ahora, en la solidaridad de todos los pueblos con respecto a Cuba, porque se está aprendiendo aceleradamente que hay un solo enemigo que es el imperialismo y aquí en América Latina tiene un nombre: es el imperialismo norteamericano.

La penetración ha variado mucho de acuerdo con circunstancias históricas, políticas, económicas y también quizás de acuerdo con la cercanía o la lejanía con la metrópoli imperialista. Hay países que son totalmente colonias como puede ser Panamá, lo que condiciona también su sistema de vida. Hay países que conservan mucho más sus características nacionales y todavía están en una etapa de lucha cultural contra el imperialismo; sin embargo, en todos ellos, el denominador común es el dominio de las grandes reservas de materiales estratégicos para sus industrias, no solamente estratégicos para la guerra sino también para todas sus industrias y el dominio de la banca y casi el monopolio del comercio exterior.

A nosotros nos interesa mucho América Latina por varias causas: porque somos parte de este continente culturalmente, históricamente, porque somos parte de un conglomerado que lucha por su libertad, y además porque la actitud de Latinoamérica está muy cerca a nuestro destino futuro y al destino de nuestra Revolución en sus afanes de expansión ideológica, porque las revoluciones tienen esa característica, se expanden ideológicamente, no quedan circunscritas a un país, sino que van tomando zonas, digamos, para utilizar un término económico, aunque no es el caso, zonas de influencia.

La Revolución cubana ha tenido una influencia enorme en América Latina; pero esa influencia no se ha ejercido en la misma medida en cada uno de los pueblos y a nosotros nos corresponde analizar el porqué de la influencia de la Revolución cubana y el porqué en algunos países ha habido una influencia mayor que en otros. Para eso tendremos que analizar también la vida política de cada uno de los países y la actitud de los partidos progresistas en cada uno de ellos, naturalmente con todo el respeto debido y sin meternos en los asuntos internos de cada partido; pero sí puntualizando, porque es muy importante esta actitud para analizar la situación actual. Hay países que han alcanzado un extraordinario grado de agudización en sus luchas populares; hay países en los cuales la lucha popular se ha frenado, y hay países en los cuales Cuba es un símbolo sagrado para todo el pueblo, y otros en los cuales Cuba es el símbolo de un movimiento liberador que se mira un poquito desde afuera. Los orígenes son complejos pero están relacionados siempre con una actitud frente a la forma de tomar el poder y están muy influenciados por las soluciones que se han dado a estos problemas; en algunos casos también están relacionados con el mayor o menor predominio de la clase obrera y su influencia, y en otros por la proximidad a nuestra Revolución. Podemos analizar en grupos estos países.

En el sur de América Latina hay dos países de mucha importancia en cuanto a su influencia ideológica sobre todo, y uno de ellos es la Argentina, una de las relativamente fuertes potencias que hay en América Latina. Además en el extremo sur está el Uruguay presentando características muy parecidas: ambos países son ganaderos con oligarquías muy fuertes, que asentadas en el dominio latifundista de la tierra y en la posesión del ganado, controlaban el comercio exterior pero que ahora lo tienen que repartir con los Estados Unidos.

Son países con predominio de la población urbana muy acentuada, no podemos decir en el caso de Uruguay que haya predominio de la clase obrera, pues Uruguay es un país muy poco desarrollado. En la Argentina hay predominio de la clase obrera; pero de una clase obrera que está en situación muy difícil porque está solamente empleada en industrias de transformación, depende de materias primas extranjeras, no hay una base sólida industrial en el país, todavía. Tiene un núcleo urbano de enorme preponderancia que es Buenos Aires, que tiene cerca del 30% del total de los habitantes, y es un país con cerca de tres millones de kilómetros cuadrados de territorio habitable, más otra parte antártica que está en disputa y que no tiene valor demográfico.

Este inmenso país tiene más de seis millones de habitantes en un área un poco mayor que La Habana y es la cabeza de toda una enorme extensión de tierra sin cultivar, donde hay una clase campesina que tiene tierras relativamente en gran cantidad y un pequeño grupo de obreros agrícolas que vagan de un lugar a otro de acuerdo con las cosechas, parecido a como hacían aquí los cortadores de caña, que podían recoger café en otra época o ir a la zafra del tabaco y alternarla con otros cultivos periódicos.

En la Argentina y en Uruguay que tienen esas características, y en Chile donde sí hay un gran predominio de la clase obrera, se ha tomado hasta ahora la filosofía de las luchas civiles contra los poderes despóticos y se ha planteado más o menos directa y explícitamente la toma del poder en un futuro mediante elecciones o en una forma pacifica.

Más o menos todos conocen los últimos acontecimientos en Argentina, cuando se planteó una situación más o menos ya real de dominio, de algunos grupos relativamente de izquierda, grupos que representan al sector progresista de la clase obrera argentina; pero que están tergiversando muchas de las aspiraciones del pueblo, a través de una camarilla del partido peronista que está totalmente alejada del pueblo. Sin embargo, cuando se planteó la situación de las elecciones, intervinieron los gorilas, como se llama a los grupos ultrarreaccionarios del ejército argentino, y liquidaron la situación.

En Uruguay sucede algo parecido, aunque el ejército no tiene fuerza ninguna y también se ha dado una especie de golpe de estado por parte del ultrarreaccionario de turno que se llama Nardone. La situación creada por los golpes derechistas y la filosofía de la toma del poder mediante frentes populares y elecciones, provoca cierta apatía frente a la Revolución cubana.

La Revolución cubana ha mostrado una experiencia que no quiere ser única para América Latina pero que es reflejo de una forma de llegar al poder. Naturalmente no es una forma simpática para las aspiraciones de las masas populares que están muy presionadas, muy ahogadas y oprimidas por los grupos internos de opresión y por el imperialismo. Hay entonces que hacer algunas explicaciones en cuanto a la Revolución cubana, y estas explicaciones de tipo teórico condicionan una actitud también frente a la Revolución. Por ello nosotros podemos decir que hay más simpatía en los países en que abiertamente se ha tornado la decisión proclamada de tomar el poder mediante las armas. Naturalmente que ésta es una posición muy difícil de adoptar y muy controvertida, donde nosotros no tenemos que tener una participación directa. Cada país y cada partido dentro de su país, debe buscar las fórmulas de lucha que la experiencia histórica le aconseje; lo que sucede es que la Revolución cubana es un hecho, y es un hecho de una magnitud continental. Por lo menos, pesa la realidad cubana en cada momento de la vida de los países.

En todos estos países han surgido lo que se llaman alas de ultraizquierda o a veces se llaman provocadores que tratan de implantar la experiencia cubana sin ponerse a razonar mucho si es o no el lugar adecuado, simplemente toman una experiencia que se ha realizado en América Latina y tratan de llevarla hacia cada uno de los países. Naturalmente esto provoca más fricciones entre los grupos de izquierda. La historia de la defensa de Cuba en estos países por parte de todos los grupos populares, ha sido también una historia interna, y es bueno decirlo aquí para que ustedes comprendan un poquito algunos problemas, historia de pequeñeces, de lucha por pequeños avances dentro del dominio de organizaciones. Cuba por eso se ha visto mezclada, digamos, sin pretenderlo, en el medio de la polémica. Digo sin pretenderlo porque a nosotros nos basta con esta experiencia y con la proyección que tiene no podemos aspirar nunca a dirigir en cada país la política y la forma de realizar las revoluciones, la forma de llegar al poder. Sin embargo, volvemos a caer en que somos el centro de la polémica.

En Chile, donde los partidos de izquierda tienen una ascendencia mayor, una trayectoria muy vigorosa y una firmeza ideológica quizás como no hay en otro partido en América Latina, la situación ha sido parecida con la salvedad de que el partido chileno y los partidos de izquierda han planteado ya el dilema: o se produce la toma del poder por vía pacífica o debe producirse por una vía violenta y consecuentemente todo el mundo se prepara para una lucha futura, lucha que en mi manera de pensar se producirá porque no hay una experiencia histórica y todavía menos la puede haber aquí en América Latina, en las condiciones actuales del desarrollo de la lucha entre las grandes potencias y la agudización de la lucha entre el imperialismo y el campo de la paz, demuestran que no puede haber aquí, en nuestro concepto, un acto de entrega de una posición por parte del imperialismo. Desde el punto de vista de la estrategia sería ridículo cuando todavía tienen las armas; para eso las fuerzas de izquierda tienen que ser muy poderosas y obligar a capitular a la reacción, y Chile no está todavía en esas condiciones por lo menos. Eso es la parte de Suramérica, donde la Revolución cubana presenta para el pueblo unas características diferentes.

Subiendo, llegando más al norte, entramos en los países donde la Revolución cubana es realmente un faro para los pueblos. Podemos dejar de lado Bolivia, por el hecho de que en Bolivia se ha producido hace años una revolución burguesa muy tímida, muy debilitada por las concesiones que debió hacer su economía totalmente ligada a la economía imperialista y totalmente monoproductora, pues son exportadores de estaño, burguesía que ha debido ser en parte mantenida por el imperialismo. Naturalmente que el imperialismo saca sus riquezas con una mano y mantiene al gobierno con otra y con la cuarta parte de lo que saca, pero ha creado una situación de dependencia que a pesar de los esfuerzos, en muchos casos se ve que esfuerzos sinceros, hechos por el gobierno boliviano, no pueden deshacerse del yugo imperialista; sin embargo, mantienen una cierta actitud correcta frente a algunos planteamientos cubanos, una actitud lo más amigablemente posible en las conferencias internacionales, y han realizado la reforma agraria, una reforma agraria que está muy mediatizada, donde no se le ha quitado al clero sus posesiones, donde las cooperativas realmente no tienen un desarrollo grande y más que todo son cooperativas de tipo tradicional basadas en las anteriores experiencias del comunismo primitivo de los indios de la región, que han mantenido a través de la tradición y les han permitido hacer sus tipos de cooperativas basadas en estos principios del comunismo primitivo. Sin embargo, es un país en el cual la lucha no se manifiesta tan arduamente porque cambian un poco los términos, ya no se trata de la lucha directa de las masas oprimidas de campesinos y obreros contra el imperialismo, sino contra una burguesía nacional la cual ha hecho una serie de concesiones sobre todo derrotando a los feudales, a los latifundistas criollos, de modo que no es tan agudizada la lucha de clases. Sin embargo, cerca está su anterior rival en la guerra de Chaco, el Paraguay.

Paraguay es un país donde ahora hay guerrillas, es un país muy pobre, tiene un millón y medio de habitantes más o menos, con un territorio mucho más grande que Cuba, con selvas muy grandes, que tiene apenas algún ganado y algunos productos agrícolas. Es un país de enfermedades endémicas terribles como la lepra, que está extendida en proporciones enormes, donde no hay prácticamente sanidad, donde la civilización está apenas ceñida a tres o cuatro ciudades relativamente grandes. En aquellos montes ha habido varias experiencias guerrilleras, las más importantes y las más serias desde el punto de vista ideológico, han sido orientadas por un frente popular revolucionario con la participación en algunos casos importantes, del Partido Comunista paraguayo. Sus guerrillas han sido derrotadas sistemáticamente, nosotros creemos que han habido errores tácticos en la conducción de la lucha revolucionaria, que tiene una serie de leyes que no se pueden violar, pero sin embargo se siguen produciendo alzamientos. Actualmente hay gentes que están, por imperio de las circunstancias, alzadas en los montes, debido a que si se entregaran serían muertos y están lejos de las fronteras. Paraguay es un país ideal para la guerra de guerrillas, muy rico en cuanto a la agricultura, de grandes condiciones naturales, no hay elevaciones pronunciadas, pero hay montes y ríos muy grandes y zonas de operaciones muy difíciles para los ejércitos regulares y zonas muy fáciles para la lucha con la ayuda de la población campesina. Hay allí una dictadura de extrema derecha que anteriormente estaba muy influenciada por la oligarquía argentina, era una semicolonia de la Argentina pero que hoy ha pasado a la dependencia directa de los Estados Unidos con las últimas penetraciones de capital norteamericano; mantiene una dictadura bestial donde están todos los gérmenes de una lucha popular que puede realizarse intensamente a corto plazo.

Un poco más arriba está el Perú. Perú es uno de los países que hay que mirar atentamente en el futuro, presenta características muy especiales, tiene un 80% de su población indígena o mestiza con una separación racial muy grande. Allí el blanco es el dueño de la tierra y de los capitales; el mestizo o cholo es en general el mayoral del blanco, y el indio es el siervo de la gleba.

En el Perú se venden todavía fincas con indios de éstos, las fincas se anuncian en los periódicos con tantos trabajadores o tantos indígenas que tienen obligación de trabajar para el señor feudal; es una situación tan miserable como nadie que no haya estado en esa zona se puede imaginar.

En el Perú se presenta el único caso en la América Latina de una gran región agrícola donde los partidos de izquierda tienen una influencia decisiva y una preponderancia absoluta. En el Perú y en la región indígena del Cuzco, es la única zona de influencia del Partido Comunista peruano fuerte y la única zona de influencia fuerte de cualquier partido marxista en el campo en toda América Latina. Hace años tomó la ciudad del Cuzco por las armas, pero no estaban dada las condiciones revolucionarias y hubo una especie de tregua tácita, los alzados entregaron la ciudad y los opresores, las tropas del gobierno, no tomaron represalias. Ha seguido esa situación de tensión y es una de las zonas donde amenaza una revolución o mejor dicho, más que amenaza, donde hay esperanzas de una revolución en América Latina; pero todo el Perú está en una situación parecida, esta situación que les digo de extrema miseria y de extrema opresión, que es la característica esencial de los Andes, intensamente poblada por seres humanos, es también un factor de conducción de la revolución. En esta zona no se habla castellano, se habla el quechua y el aymará, que son las lenguas más comunes y que tienen un fondo común también entre ellas. El que quiera comunicarse con los indígenas tiene que saber hablar estas lenguas, si no es imposible la comunicación y las nacionalidades traspasan la frontera en que se han delimitado los países. El aymará de Bolivia se entiende mucho mejor con el aymará del Perú que con el blanco de Bolivia o del Perú y los propios colonizadores y después los imperialistas se han preocupado de mantener esta situación, de tal manera que hay una natural afinidad entre estos dos países y asimismo en el norte, entre las zonas peruanas de los collas y de los quechuas y la zona ecuatoriana, y en algunos casos llega hasta Colombia. En todos estos países se hablan lenguas vernáculas como las lenguas dominantes. Son países de una geografía extraordinariamente cambiante. El Perú tiene tres cadenas montañosas cruzadas por valles y su mitad oriental va a dar a la gran hoya amazónica donde se forma lo que se llama la montaña en el Perú, que son las zonas de cordilleras de mediana altura con clima subtropical semejante a los climas de nuestras montañas, pero con más difíciles condiciones naturales.

La burguesía muy poco desarrollada que hay en el Perú está toda en la costa y la costa es una pequeña faja desértica, a la cual corre paralela una zona montañosa muy alta. Entre el punto más alto de la cordillera occidental en el Perú y el nivel del mar hay 5 000 metros de altura y apenas en línea recta hay 100 kilómetros, es decir, que es un verdadero caracol lo que hay que subir. Allí se han producido también levantamientos que ustedes deben haber escuchado, hace un mes o dos meses, en la zona minera del centro del país. En Perú hay una minería desarrollada y ustedes saben que el minero es un individuo de alta combatividad en general, no siempre de alta conciencia política por las condiciones en que está el país, pero sí de alta combatividad. El ejército peruano está formado por una clase, una casta de oficiales y después por glebas de indios; de producirse un levantamiento serio, no hay forma de reprimirlo.

Las condiciones en el Ecuador son las mismas, con una diferencia, y es que la burguesía o una parte de la burguesía ecuatoriana y en general los partidarios de la izquierda, tienen mucha más influencia en las ciudades y están mucho más claros en cuanto a la necesidad del levantamiento. Hay varios líderes de estos grupos de izquierda ecuatorianos que han estado en Cuba y que han sido muy influenciados por los efectos y los resultados de la Revolución cubana. Ellos mantienen allí abiertamente la bandera de una revolución agraria inmediata; naturalmente hay también un fuerte ejército represivo y los norteamericanos tienen unidades de sus tropas directamente estacionadas en Ecuador. Creo que también es uno de los países donde se verán pronto luchas revolucionarias intensas. Siguiendo por el espinazo de la Sierra Maestra del continente, que es la cordillera de los Andes, hay un país, Colombia, que lleva doce años en guerra continúa, con temporadas de mayor o menor incremento de esta guerra pero lleva doce años así. Las guerrillas colombianas han tenido algunos errores que les han impedido cristalizar en un triunfo popular, como ocurrió con nuestra Revolución. Uno de los problemas que han tenido es la falta de conducción ideológica. Las guerrillas dispersas, sin un mando central como ocurrió en Cuba, sujetas a la dirección personal de caudillos salidos de la tierra, empezaron a cometer los mismos robos y asesinatos que sus rivales para sobrevivir y, naturalmente, fueron cayendo poco a poco en el bandolerismo. Hubo una serie de grupos guerrilleros que adoptaron la actitud de la autodefensa y se limitaban solamente a defenderse cuando eran atacados por el gobierno; pero toda esta situación de lucha y de guerra a muerte, condujo a que las guerrillas que adoptaron la actitud de la autodefensa fueran poco a poco debilitadas y algunas de ellas exterminadas totalmente.

Actualmente el movimiento guerrillero ha vuelto a surgir en Colombia y ha surgido bajo la influencia absoluta de la Revolución cubana. Hubo un grupo de jóvenes que hicieron algo similar a lo que fue el 26 de Julio en el primer momento, y que se llama el MOE, con una serie de tendencias anárquicas de derecha, a veces matizadas con ideas anticomunistas, pero que reflejan el germen de una decisión de lucha. Algunos de sus líderes estuvieron en Cuba y quizás el más decidido y entusiasta de sus líderes fue el compañero Larrota, que estuvo incluso con nosotros durante la invasión de abril [Bahía de Cochinos, 1961] y un tiempo antes, y que fue asesinado al volver a Colombia. El MOE probablemente no tenga importancia como movimiento político y pudiera ser peligroso en algunos casos, pero es una demostración de lo que pasa. Colombia es un caso claro de los partidos de izquierda, tratando de frenar el movimiento insurreccional para llevarlo a la puja electoral en una situación tan absurda como es aquella en la cual hay solamente dos partidos legales y uno y otro tienen que alternarse en el poder. En condiciones tan absurdas ir a unas elecciones, es para el concepto de los revolucionarios colombianos más impetuosos, simplemente una forma de perder el tiempo y por ello se está desarrollando de todas maneras y a pesar de los frenos impuestos, una lucha que ya ha dejado de ser un estado latente para convertirse en lucha abierta en varios lugares del país. Puede tener o no importancia la lucha en Colombia, es difícil predecirlo, porque precisamente no hay un movimiento de izquierda bien estructurado que dirija esa lucha; es simplemente, impulsos de una serie de grupos sociales y de elementos de distintas clases que están tratando de hacer algo, pero no hay una conducción ideológica y eso es muy peligroso. De manera que no se puede saber a dónde va a llegar, lo que sí es que naturalmente crea las condiciones para un futuro desarrollo de una lucha revolucionaria bien estructurada en Colombia.

En Venezuela la situación es mucho más activa, el Partido Comunista y el Movimiento de Izquierda Revolucionario [MIR], están a la cabeza de un movimiento de liberación por las armas y prácticamente la guerra civil está establecida en Venezuela. A nosotros nos debe interesar mucho este movimiento venezolano, debemos verlo con mucha atención, además de verlo con mucha simpatía. Incluso se ha planteado cierta divergencia, digamos de tipo táctico, en la forma de encarar la lucha. Nosotros, influenciados por nuestra experiencia, prácticamente nacidos como nación de una experiencia unilateral, preconizamos siempre una lucha guerrillera asentada en los núcleos campesinos e ir tomando las ciudades desde el campo; basada en la gran hambre de tierra de nuestras masas, en la extrema debilidad de los ejércitos mercenarios para moverse en los grandes territorios de América Latina, falta de eficacia del imperialismo para atacar a las fuerzas populares en las zonas favorables para la guerrilla, es decir, en la incapacidad del gobierno de moverse más allá de los núcleos poblados. Algunos compañeros venezolanos varias veces han dado su opinión de que se puede hacer algo violento en Venezuela porque hay condiciones especiales, porque hay núcleos militares que están por una insurrección, por un movimiento violento; los resultados parciales se han visto en el último intento de Carúpano. Allí se ha demostrado una vez más una cosa, y es que los militares profesionales de América Latina no sirven para otra cosa en revolución que para dar armas para que el pueblo se arme. La única misión que puede tener un grupo del ejército es dejarse desarmar y de allí para adelante hay que dejarlo tranquilamente y en todo caso sacar gente aislada. La infantería de marina que se alzó no fue capaz de dar un paso en el interior del país. Esa es una zona, yo no la conozco exactamente, pero conozco zonas cercanas y es zona donde las montañas y los bosques están cerca y son impenetrables, donde una guerrilla crea una situación enormemente difícil, donde están cerca de puertos exportadores de petróleo, como es Caripito y amenaza una de las zonas básicas de la economía imperialista en Venezuela. Sin embargo, la infantería de marina no dio un paso fuera del cuartel, del reducto y se rindió en cuanto tuvo la evidencia de que las tropas leales eran superiores en número. En esas condiciones no se puede hacer una revolución. La lucha guerrillera, ustedes lo saben, es una lucha lenta, donde las batallas se suceden con una secuencia también muy lenta, donde las dificultades mayores no son la acción directa del enemigo sino la lucha contra la inclemencia del clima, contra la falta de provisiones, contra la falta de medicamentos, la lucha por perforar ideológicamente a las masas campesinas, la lucha política por incorporar esas masas al movimiento popular, el avance gradual de la revolución y seguramente en el caso de Venezuela la intervención americana para defender sus posesiones petroleras; todas estas cosas son las que condicionan la lucha de guerrillas. El camino adoptado esta vez, nada más que esta vez, no se puede decir otra cosa, en Venezuela fue el tratar de dar el golpe violento mediante algunas unidades del ejército. En el caso de haber triunfado hubiera triunfado una parte del ejército contra otra. ¿Qué hubiera hecho el ejército? Algo muy sencillo: perdonar a la facción perdedora, mantener sus condiciones de casta, todas sus prebendas de casta y, además, su dominio de clase en el país, porque es la clase explotadora que tiene las armas que mantiene ese ejército de explotación. Al triunfar una parte sobre otra, la constitucional sobre la anticonstitucional (si quieren llamarle) no hay nada más que una pequeña distorsión o un pequeño choque entre el grupo de los explotadores, una contradicción que en los momentos actuales de América Latina no llega nunca a ser decisiva y el imperialismo mantiene sus instrumentos de explotación; por eso una de las premisas de la Revolución cubana es destruir el ejército, pero inmediatamente como condición indispensable para tomar el poder seriamente.

Hay otro gran país de América del Sur que está también en una situación extraña y en una situación de equilibrio inestable que es el Brasil. Como ustedes saben, Brasil es el país más grande de América Latina; es el tercer país del mundo en extensión y la más grande reserva de materias primas de los norteamericanos; tiene además 60 millones de habitantes; es una verdadera potencia. Ya está desarrollando sus materias primas, todas ellas dominadas por los capitales norteamericanos y allí se han visto todas las contradicciones de América Latina. También se notan dos tendencias entre las fuerzas de izquierda: las fuerzas partidarias de una revolución o de un camino más pacífico o institucional hacia la toma del poder y las fuerzas de izquierda representadas por las masas campesinas del nordeste, sobre todo, están claramente dispuestas a tomar el poder contra la oposición de la burguesía (la burguesía casi no se opone; del imperialismo que es el gran enemigo). Realmente, este país está constituido por varios países, el nordeste es un país, es una zona muy pobre, bastante densamente poblada donde hay sequías tremendas, donde hay un campesinado combativo y muy numeroso. Hay una zona desértica ocupada por selvas y por pequeñas extensiones agrícolas en todo el centro del país y al sur está la zona industrial, cuya capital real es San Pablo y está también Río de Janeiro, que son las ciudades más importantes del Brasil. La zona del norte es la zona insurrecta por excelencia, es la zona donde la explotación ha llegado a tal extremo que los campesinos no aguantan más; todos los días llegan noticias de la muerte de algunos compañeros del Brasil, en su lucha contra los terratenientes. Después de la renuncia de [Janios] Quadros, del intento de golpe de los militares, se llegó a una situación de transacción y este gobierno actual es un gobierno que está en el poder por una transacción entre los grupos explotadores, entre la burguesía nacional brasileña y el imperialismo. Naturalmente, es una transacción que será rota en cuanto los enemigos puedan ponerse a pelear entre ellos y si no lo han hecho hasta ahora abiertamente, es porque está un gran enemigo, que es el pueblo brasileño.

Cuando la renuncia de Quadros, ustedes recuerdan que Fidel habló aquí y explicó más o menos lo que debía hacer el pueblo brasileño. Esas palabras que llegaron a través del éter al pueblo brasileño, provocaron muchas inquietudes y algunos entendieron una intromisión de nuestro gobierno, de nuestro Primer Ministro, en los asuntos internos del Brasil. Nosotros creemos ciertamente, que ese tipo de opinión es la opinión que debe dar un revolucionario en momentos de tanto peligro y de tanta necesidad de decisión como éste. Si en Brasil se hubiera ganado una batalla decisiva, el panorama de América Latina cambiaría rápidamente. Brasil tiene fronteras con todos los países de América del Sur, menos con Chile y Ecuador; con todos los demás países Brasil tiene fronteras. Tiene una enorme influencia, realmente es un lugar para dar una batalla y nosotros debemos considerar siempre en nuestras relaciones con los países americanos, que somos parte de una sola familia, familia con características más o menos especiales; pero no podemos olvidar nuestro deber de solidaridad y nuestro deber de dar nuestra opinión en algunos momentos específicos. No se trata de meterse a cada momento ni estar cansonamente dando nuestro ejemplo, ejemplo que no en todos los países puede seguirse, pero sí en momentos como aquel en que en Brasil se estaba debatiendo, no digamos la suerte del continente americano, no llega a tanto; se podía perder como en efecto se perdió, parte de la batalla brasileña, y no ha pasado nada, pero sí era un momento de extraordinaria tensión. Si se hubiera ganado esa batalla, hubiéramos ganado mucho y no fue realmente un triunfo de las fuerzas populares lo que ocurrió en Brasil, fue simplemente una transacción, transacción en la cual el grupo que tiene el poder, las armas, la decisión de tomarlas y además una gran claridad sobre lo que hay que hacer, cedió parte de sus prerrogativas alcanzadas en aquel momento, pero para tratar de tomarlas en otros, y allí también tendrá que venir un choque. Este año se ha visto ya como un año de choques violentos entre las fuerzas populares y las fuerzas de opresión; los años venideros serán también por el estilo.

Nadie puede ser profeta para vaticinar qué año y en qué momento en cada país de América Latina se va a producir un encontronazo entre las fuerzas; pero sí es claro que las contradicciones se van agudizando cada vez más y que se están dando las condiciones subjetivas tan importantes para el desarrollo de la revolución. Esas condiciones subjetivas son dos fundamentales: la conciencia de la necesidad de realizar un cambio social, urgente, para liquidar la situación de injusticia, y la certeza de la posibilidad de realizar ese cambio. Todo el pueblo de América Latina se está entrenando para realizarlo. El entrenamiento es de alzamiento de grupos, la lucha diaria, a veces por medios legales, a veces ilegales, a veces en lucha abierta, a veces en lucha clandestina; pero es un entrenamiento constante del pueblo que se ejerce a través de todas las vías posibles, pero que va madurando en calidad y en intensidad y que anuncia batallas muy grandes en América Latina.

Centroamérica es un solo país que tiene las mismas características, un gran dominio imperialista y es uno de los lugares donde la lucha popular ha alcanzado ya un clímax; pero donde los resultados son difíciles de precisar y no creo que sean muy halagüeños a corto plazo, por el dominio tan grande que tienen los norteamericanos. En Guatemala se ha visto un relativo fracaso de las fuerzas progresistas, y México está cayendo a pasos agigantados en una colonia yanqui. Hay una cierta burguesía mexicana, pero ya pactó con el imperialismo. Es un país difícil que ha sido profundamente maleado por la llamada Revolución mexicana y en el cual no se puede prever acciones importantes contra su Gobierno.

Nosotros hemos centrado nuestra atención sobre los países que han entrado en contradicciones con nosotros más abruptamente y en los cuales se han creado condiciones especiales para la lucha. Hemos respondido a la agresión con nuestros medios de difusión, hemos explicado a las masas lo que pudimos con nuestro lenguaje, lo que se podía hacer y estamos esperando. Nosotros no estamos esperando como quien simplemente ha tomado una platea y se pone a ver la lucha, nosotros no somos espectadores de esa lucha sino que somos parte de la lucha y parte importante. El destino de las revoluciones populares en América Latina esta íntimamente ligado al desarrollo de nuestra Revolución. Naturalmente, nosotros tenemos amigos más poderosos que todas las fuerzas de América Latina, y los norteamericanos saben que atacarnos directamente es poner en serio peligro su territorio; sin embargo, han elegido y han seguido con bastante meticulosidad la política de ir aislándonos de toda América Latina. Primero los vínculos económicos que son débiles con América Latina; solamente con Chile tienen alguna importancia. Después la ruptura de relaciones con la mayoría de los países y sigue, no crean que acaba donde está.

Agresiones como ésta que parece que van a hacer en Jamaica impidiéndonos competir, es decir, liquidar la influencia de la Revolución cubana, liquidando el contacto. Lo mismo que hacen los jesuitas, se ponen una sotana larga y entonces los deseos quedan todos escondidos debajo de la sotana, eso mismo pretenden hacer con nosotros, ponernos un capuchón para que nadie nos vea y nuestra maléfica influencia no se ejerza. Es muy importante luchar contra eso, porque nuestro contacto con América Latina depende también de la forma en que el pueblo de América Latina reaccione frente a los ataques del imperialismo, y de esta forma de reaccionar depende una buena parte de nuestra seguridad. No nos olvidemos que el imperialismo se equivoca muchas veces, el imperialismo sabe o no sabe lo que es capaz de hacer la Unión Soviética por defendernos; yo creo que lo sabe, porque si no, ya nos hubiera atacado. Pero puede equivocarse, y lo que nosotros no debemos dejar es que el imperialismo se equivoque esta vez, porque si se equivoca van a destruir al imperialismo hasta las raíces; pero de nosotros va a quedar muy poco también y de ahí que nosotros tenemos que ser luchadores por la paz y defensores convencidos de la paz, convencidos porque nos va a doler en nuestro propio pellejo si se rompe la paz y es que al mismo tiempo estamos hablando con tanta libertad de las revoluciones populares.

Es que las revoluciones, la lucha popular es, aunque parezca paradójico, la forma de defender la paz. El imperialismo no puede luchar con todo un pueblo armado, tiene que llegar en definitiva a algún tipo de transacción; no le conviene, además, probar su guerra contra algo que no existe, trata de crear la guerra entre naciones. Donde el imperialismo gana es en las guerras locales, entre naciones, donde sí puede vencer su material de guerra, hipotecar los países, venderle a los dos países, o a uno; en fin, depende de las circunstancias, probar su maquinaria bélica, probar su táctica, probar los nuevos inventos, eso le conviene.

Ahora, una guerra popular con ejércitos que aparecen y desaparecen en las primeras etapas, con frentes de lucha que no existen, una guerra como la que hay en Indochina, ahora en la parte sur, donde en Saigón, a 40 kilómetros de la capital, han declarado zona de muerte, es decir, a 40 kilómetros de la capital ya es territorio de las guerrillas, esa es la guerra que los imperialistas no pueden sostener, que no les enseña nada porque ellos en definitiva si aspiran a luchar con las armas para defender sus privilegios, no pueden aprender luchando contra unidades fraccionadas en lugares donde no hay un enemigo visible. Ellos tendrían que hacer una guerra contra la Unión Soviética, luchando con cohetes atómicos y en otro tipo de estrategia totalmente diferente.

El imperialismo, aunque no se desangre en realidad, porque pierde poco, va perdiendo puntos de apoyo; no hay que olvidarse de una cosa importante; los norteamericanos son bastante previsores, no son tan estúpidos como parecen, se equivocan, es verdad, pero no son tan estúpidos como parecen. Hace años se han dado cuenta de que sus reservas están mermando; Estados Unidos es realmente un país riquísimo, pero sus reservas están mermando y han empezado a buscar reservas por todo el mundo; ahí cerca de Indochina están las reservas de estaño, por ejemplo; en la Malasia, en el Perú tiene una serie de reservas; en Bolivia también hay estaño; en el Perú hay cobre en grandes cantidades; en Chile también hay cobre; en el Perú también hay hierro; en la Argentina, entre otras cosas, hay uranio, que yo creo que se lo están llevando también; en México hay azufre; en Venezuela hay petróleo, y esa es la base que mueve toda la máquina imperialista. Ellos necesitan de todo el continente americano para mantenerse y además de las partes de Asia y de África que están dominando. ¿Por qué la lucha en el Congo? En el Congo hay uranio, en el Congo hay cobre, en el Congo hay diamantes, hay toda una serie de riquezas naturales. Lucharon duramente en el Congo y desalojaron al imperialismo belga y se quedaron ellos; esa es la política que están siguiendo en el mundo entero los Estados Unidos, preparándose en bloques para mantenerse los años que vienen.

De modo que quitarle el sustento, quitarle la base económica al imperialismo, es debilitarlo y debilitarlo en su mismo corazón. Porque no hay que olvidarse que el imperialismo funciona extraterritorialmente, ya no es los Estados Unidos una potencia que trabaja solamente allí en los Estados Unidos; sus capitales están por todo el mundo, juegan con ellos, los quitan y los ponen de tal manera que ese debilitamiento de la base económica del imperialismo ayuda a romper su fortaleza y ayuda a la paz, a la paz mundial, a la paz global, que es lo que nos interesa a nosotros. Por eso nosotros tenemos que tratar que no se equivoque el imperialismo; hasta ahora nosotros hemos avisado una serie de pasos que íbamos a dar en contragolpe de los que ellos dieron y los dimos y les ha dolido. Se los hemos avisado varias veces, ellos sienten la radio que esta aquí en La Habana, por ejemplo, la sienten en el corazón de verdad porque esa radio se mete por toda la América Latina, los campesinos de toda la América

Latina están oyendo la radio, y lo que larga la radio para allí es de película. De modo que nosotros les hemos enseñado nuestra fortaleza, nuestra modesta fortaleza, y tenemos que hacer que se mantenga la idea de ellos de nuestra fuerza. Claro que también a pesar de que tratan de aislarnos, también tratan de golpearnos aquí. ¿Cómo?; presumiblemente entre actos de sabotaje como los que se han producido en los últimos días y tratando de influir mucho sobre la gente, para crear el clima; el clima es una cosa muy especial. Ustedes conocen el caso de Hungría, que es un caso interesante sobre unos errores del gobierno popular. De pronto se desató una contrarrevolución que fue pagada, preparada y desatada por los yanquis.

Aquí en América Latina sucedió un caso que tiene mucha similitud, aunque no era un gobierno de las características del Gobierno popular húngaro, fue en Bolivia.

En Bolivia había un gobierno burgués, antinorteamericano por lo menos, que encabezaba el mayor Villarroel, abogaba por la nacionalización de las minas, por una serie de medidas y aspiraciones del pueblo boliviano. Ese gobierno acabó en la forma más terrible, el mayor Villarroel acabó colgado de un farol, en la plaza, por el pueblo y era un gobierno popular. ¿Por qué? Porque los especialistas norteamericanos saben manejar ciertas debilidades que suceden en el seno de los gobiernos, por más progresistas que sean y nosotros hemos andado por el camino de las debilidades un buen rato, y todos ustedes tienen su parte de culpa en ese camino; parte mínima naturalmente, nosotros somos mucho más culpables, dirigentes del Gobierno con la obligación de ser perspicaces, pero anduvimos por ese camino que se ha llamado sectario, que es mucho más que sectario, estúpido; el camino de la separación de las masas, el camino de la ligación rígida a veces, de medidas correctas a medidas absurdas, el camino de la supresión de la crítica, no solamente de la supresión de la crítica por quien tiene legítimo derecho de hacerlo, que es el pueblo, sino la supresión de la vigilancia crítica por parte del aparato del Partido que se convirtió en ejecutor y al convertirse en ejecutor perdió sus características de vigilancia, de inspección. Eso nos llevó a errores serios económicos, recuérdense que sobre la base de todos los movimientos políticos está la economía, y nosotros cometimos errores económicos, es decir, fuimos por el camino que al imperialismo le interesaba. Ellos ahora quieren destruir nuestra base económica mediante el bloqueo; mediante todas estas cosas nosotros lo íbamos ayudando.

¿Por qué les digo que ustedes tienen su parte? Por ejemplo, los Comités de Defensa [de la Revolución, CDR], una institución que surgió al calor de la vigilancia popular, que representaba el ansia del pueblo de defender su Revolución, se fue convirtiendo en un hazlo todo, en la imposición, en la madriguera del oportunismo. Se fue convirtiendo en una organización antipática al pueblo. Hoy creo poder decir, con mucha razón, que los CDR son antipáticos al pueblo; aquí tomaron una serie de medidas arbitrarias, pero aquí no se vio tanto y no es para nosotros tan importante eso; el campo que es nuestra base, de donde salió nuestro ejército guerrillero con el cual se nutrió durante dos años, que triunfó sobre las ciudades, nosotros lo descuidamos totalmente, lo tiramos al abandono, y lo dejamos en manos de los CDR.

Comités de Defensa de la Revolución llenos de extremistas, llenos de gente de ese tipo, oportunistas de toda laya que no se pararon en ningún momento a pensar en el daño que le estaban haciendo a la Revolución. Y como todo es parte de una lucha, el imperialismo empezó a trabajar sobre esto, a trabajar cada vez más y trabajó bastante bien; creó en algunas zonas un verdadero antagonismo entre la Revolución y algunos sectores de la pequeña burguesía, que fueron excesivamente abrumados por la acción revolucionaria. Todo eso establece una lección que tenemos que aprender y establece además una gran verdad, y es que los cuerpos de seguridad de cualquier tipo que sean, tienen que estar bajo el control del pueblo, a veces puede parecer y a veces es imprescindible tomar medidas expeditivas con el peligro que se corre de ser arbitrario. Es lógico que en momentos de excesiva tensión no se puede andar con paños tibios, aquí se ha apresado a mucha gente sin saber exactamente si eran culpables. Nosotros, en la Sierra hemos fusilado gentes, sin saber si eran totalmente culpables, pero hay un momento en que la Revolución no podía pararse a averiguar demasiado, tenía la obligación sagrada de triunfar. En momentos en que ya las relaciones naturales entre las gentes vuelven a tener su importancia, tenemos que dar un pasito atrás y establecer esas relaciones, no seguir con las relaciones del fuerte y del débil, del yo lo digo y se acabó. En primer lugar, porque no es justo y en segundo lugar y muy importante, porque no es político. Así como los CDR se han convertido en organismos antipáticos, o por lo menos han perdido una gran parte del prestigio que tenían y del cariño que tenían, los cuerpos de seguridad se pueden convertir en lo mismo, de hecho han cometido errores de ese tipo. Nosotros tenemos la gran virtud de habernos salvado de caer en la tortura, en todas las cosas tremendas en que se ha caído en muchos países defendiendo principios justos.

Establecimos un principio que Fidel defendió mucho siempre, de no tocar nunca a la gente, aun cuando se le fusilara al minuto, y puede ser que haya habido excepciones, yo conozco alguna excepción, pero lo fundamental es que este cuerpo mantuvo esa actitud, y eso es muy importante porque aquí todo se sabe, todo lo que nosotros a veces no decimos por el periódico, todo lo que no queremos ni enterarnos siquiera, después nos enteramos. Yo llego a mi casa y mi mujer me dice: mira, se metió en la embajada fulano, o mira una guagua que un soldado tiroteó; todo se sabe y así también se saben los atropellos y las malas acciones que comete un cuerpo, por más clandestino que sea, por más subterráneo que trabaje, el pueblo tiene muchos conocimientos y sabe apreciar todas esas cosas. Ustedes tienen un papel importantísimo en la defensa del país, menos importante que el desarrollo de la economía, acuérdense de eso, menos importante. Para nosotros es mucho más importante tener malanga que tenerlos a ustedes, pero de todas maneras ustedes tienen un papel importante y hay que saber desempeñarlo, porque todavía tenemos batallas muy duras y durante quién sabe cuánto tiempo, porque todos nosotros tenemos que ir a poner nuestras vidas a disposición de la Revolución, en un campo o en otro, con mayor o menor premura, en un futuro más o menos cercano. Pero las batallas seguirán. Hasta qué grado de tensión, hasta qué grado de batalla abierta, hasta qué grado de profundidad, yo no soy profeta, no lo puedo decir; todos mis deseos, toda mi ambición, es que no sea hasta el grado extremo. Si lo es hasta el grado extremo, realmente ni la actuación de ustedes ni la mía tendrá mucha importancia en el desenlace final; pero si no lo es, y estamos todos no solamente con deseos sino luchando porque no lo sea, si el imperialismo puede ser sujetado ahí donde está, si puede ir reduciéndose en su agresividad, como decía Nikita, porque el elefante es fuerte, aunque el tigre siga siendo tigre, entonces la tarea de ustedes adquiere la importancia que tiene, la de descubrir lo que hay, lo que prepara el enemigo y también la de saber informar lo que siente el pueblo. Ustedes podrán ser grandes informadores al Gobierno de lo que siente el pueblo; pero por ejemplo, en Matanzas, los jefes de la Revolución salían con unas sogas por el pueblo diciendo que el INRA [Instituto Nacional de Reforma Agraria] ponía la soga, que el pueblo pusiera el ahorcado y no hubo ningún informe, por lo menos yo no leí de que sucediera eso, no se supo cumplir con el deber y ni siquiera supo enterarse el cuerpo de seguridad de que sucedían cosas como ésas. Eso es como el ejemplo del llamado terror rojo que se quiso imponer en Matanzas contra el terror blanco, sin darse cuenta que el terror blanco no existía nada más que en la mente de algunos extraviados; el terror blanco lo desatamos nosotros con nuestras medidas absurdas y después metimos el terror rojo. En Matanzas ocurrió un caso curioso y triste, de las medidas absurdas que puede tomar un grupo revolucionario cuando no tiene control; ahora eso se puede repetir y todos tenemos que estar vigilantes para que no se repita.

Contrarrevolucionario es todo aquel que contraviene la moral revolucionaria, no se olviden de eso. Contrarrevolucionario es aquel que lucha contra la Revolución, pero también es contrarrevolucionario el señor que valido de su influencia consigue una casa, que después consigue dos carros, que después viola el racionamiento, que después tiene todo lo que no tiene el pueblo, y que lo ostenta o no lo ostenta pero lo tiene. Ese es un contrarrevolucionario, a ese si hay que denunciarlo enseguida, y al que utiliza sus influencias buenas o malas para su provecho personal o de sus amistades, ese es contrarrevolucionario y hay que perseguirlo pero con saña, perseguirlo y aniquilarlo.

El oportunismo es un enemigo de la Revolución y florece en todos los lugares donde no hay control popular, por eso es que es tan importante controlarlo en los cuerpos de seguridad. En los cuerpos en donde el control se ejerce desde muy arriba, donde no puede haber por el mismo trabajo del cuerpo, un control de cada uno de los pasos, de cada uno de los miembros, allí sí hay que ser inflexibles por las mismas dos razones: porque es de justicia y nosotros hemos hecho una Revolución contra la injusticia y porque es de política, el hacerlo, porque todos aquellos que, hablando de revolución violan la moral revolucionaria, no solamente son traidores potenciales a la Revolución, sino que además son los peores detractores de la Revolución, porque la gente los ve y conoce lo que se hace, aun cuando nosotros mismos no conociéramos las cosas o no quisiéramos conocerlas, las gentes las conocían y así nuestra Revolución, caminando por ese sendero erróneo, por el que caminó unos cuantos meses, fue dilapidando la cosa más sagrada que tiene, que es la fe que tiene en ella, y ahora tendremos que volver a trabajar todos juntos con más entusiasmo que nunca, con más austeridad que nunca, para recuperar lo que dilapidamos.

Es una tarea dura, uno lo percibe, no es el mismo entusiasmo el de este año que el del año pasado; hay una cosita que se ha perdido, que se recupera, que cuesta recuperarla, porque crear la fe en los hombres y en la Revolución en los momentos que vivía Cuba era fácil. Ahora después que esa fe en algún momento es traicionada o se debilita, hacer que se recupere ya no es tan fácil; ahora ustedes tienen que trabajar para ello, al mismo tiempo ser inflexibles con la contrarrevolución; al mismo tiempo ser herméticos en todo lo que sean asuntos del Estado y siempre vigilar y considerar a Cuba como una parte de América Latina para hacer cualquier análisis, el que ustedes tengan que hacer. En cualquier momento para ustedes Cuba debe ser una parte de América Latina, una parte directamente ligada a América Latina. Aquí se ha hecho una experiencia que tiene una trascendencia histórica y que aun cuando nosotros no lo quisiéramos, se va a trasladar al Continente. En algunos pueblos ya se ha hecho carne, pero en todos ya se hará carne. La Segunda Declaración de La Habana tendrá una importancia grande en el desarrollo de los movimientos revolucionarios en América Latina. Es un documento que llamará a las masas a la lucha, eso sí, guardando el respeto que se debe guardar a los grandes documentos, es como un manifiesto comunista de este Continente y en ésta época. Está basada en nuestra realidad y en el análisis marxista de toda la realidad de América Latina.

Por eso me pareció correcto charlar con ustedes un poco esta noche sobre América Latina. Ustedes me perdonarán que no haya sido más convincente por falta de datos, en que no haya abundado en el aspecto económico de la lucha, que es tan importante. Hubiera sido muy interesante, por lo menos para mí, no sé si para ustedes, poder traerles toda una serie de datos que explican la penetración imperialista, que explican diáfanamente la relación que hay entre los movimientos políticos y la situación económica de nuestros países, como a tal penetración corresponde tal reacción y como tal penetración se produce también por tales antecedentes históricos o económicos. El desarrollo de las luchas entre el imperialismo en la América Latina por penetrar la burguesía en algunos lugares, o de un imperio contra otro, el resultado de la monopolización absoluta por parte de los Estados Unidos de las economías y de que toda la economía de América Latina depende de los lugares comunes. Como Colgate, por ejemplo, es una palabra que se repite en casi todos los países de América Latina, o Mejoral, o Palmolive, o miles de esos artículos que uno consume aquí todos los días. El imperialismo ha utilizado nuestro Continente como fuente de materias primas y de expansión para sus monopolios. Eso ha creado también nuestra unión, unión que tiene que ser sagrada, unión que tenemos que defender y que alimentar.

Como moraleja, digamos de esta charla, queda el que ustedes deben estudiar más a Latinoamérica; yo he notado en general que hoy por hoy conocemos en Cuba más de cualquier lugar del mundo quizás que de Latinoamérica, y eso es falso. Estudiando a Latinoamérica aprendemos también un poquito a conocernos, a acercarnos más, y conocemos mejor nuestras relaciones y nuestra historia. Estudiar Latinoamérica significa estudiar la penetración imperialista, es decir, estudiar su economía; allí verán los gérmenes de todo lo que está ocurriendo hoy y nada más.

Táctica y estrategia de la Revolución Latinoamericana

(Octubre–noviembre de 1962)

Ensayo publicado en la revista Verde Olivo, *el 6 de octubre de 1968.*

> La táctica enseña el uso de las fuerzas armadas en los encuentros y la estrategia, el uso de los encuentros para alcanzar el objetivo de la guerra.
> —Karl von Clausewitz

Hemos encabezado estas notas con la cita de una frase de Clausewitz, el autor militar que guerreó contra Napoleón, que teorizó tan sabiamente sobre la guerra y a quien Lenin gustaba citar por la claridad de sus conceptos, a pesar, naturalmente, de ser un analista burgués.

Táctica y estrategia son los dos elementos sustanciales del arte de la guerra, pero guerra y política están íntimamente unidas a través del denominador común, que es el empeño en lograr un objetivo definitivo, ya sea el aniquilamiento del adversario en una lucha armada, ya la toma del poder político.

No se puede, sin embargo, reducir a una fórmula esquemática el análisis de los principios tácticos y estratégicos que rigen las luchas guerreras o políticas.

La riqueza de cada uno de estos conceptos solo puede medirse mediante la práctica combinada al análisis de las complejísimas actividades que encierran.

No hay objetivos tácticos y estratégicos inmutables. A veces, objetivos tácticos alcanzan importancia estratégica y, otras, objetivos estratégicos se convierten en meros elementos tácticos.

El estudio certero de la importancia relativa de cada elemento, es el que permite la plena utilización por las fuerzas revolucionarias de todos los hechos y circunstancias encaminadas al gran y definitivo objetivo estratégico, *la toma del poder.*

El poder es el objetivo estratégico *sine qua non* de las fuerzas revolucionarias y todo debe estar supeditado a esta gran consigna.

Para la toma del poder, en este mundo polarizado en dos fuerzas de extrema disparidad y absoluto choque de intereses, no puede limitarse al marco de una entidad geográfica o social. La toma del poder es un objetivo mundial de las fuerzas revolucionarias. Conquistar el porvenir es el elemento estratégico de la revolución, congelar el presente es la contrapartida estratégica que mueve las fuerzas de la reacción en el mundo actual, ya que están a la defensiva.

En esta lucha de características mundiales, la posición tiene mucha importancia. A veces es determinante. Cuba, por ejemplo, es una colina de avanzada, una colina que mira al amplísimo campo del mundo económicamente distorsionado de la América Latina que abre su antena, su ejemplo hecho luz a todos los pueblos de América Latina. La colina cubana es de alto valor estratégico para los grandes contendientes que en este momento disputan la hegemonía al mundo: el imperialismo y el socialismo.

Distinto sería su valor, colocada en otra situación geográfica o social. Distinto era su valor cuando solo constituía un elemento táctico del mundo imperialista, antes de la Revolución. No aumenta ahora solo por el hecho de ser una puerta abierta a América Latina. A la fuerza de su posición estratégica, militar y política, une el poder de su influencia moral, los "proyectiles morales" son un arma de tan demoledora eficacia que este elemento pasa a ser el más importante en la determinación del valor de Cuba.

Por eso, para analizar cada elemento en la guerra o la política, no se puede hacer extracción del conjunto en que esta situado. Todos los antecedentes sirven para reafirmar una línea o una postura consecuente, con los grandes objetivos estratégicos.

Llevada la discusión al terreno de América Latina, cabe hacerse la pregunta de rigor: ¿Cuáles son los elementos tácticos que deben emplearse para lograr el gran objetivo de la toma del poder en esta parte del mundo? ¿Es posible o no en las condiciones actuales de nuestro Continente lograrlo (el poder socialista, se entiende) por vía pacífica?

Nosotros contestamos rotundamente: en la gran mayoría de los casos, no es posible. Lo más que se lograría sería la captura formal de la superestructura burguesa del poder, y el tránsito al socialismo de aquel gobierno que, en las condiciones de la legalidad burguesa establecida llega al poder formal, deberá hacerse también en medio de una lucha violentísima contra todos los que traten, de una manera u otra, de liquidar su avance hacia nuevas estructuras sociales.

Este es uno de los temas más debatidos, más importantes también, y donde quizás nuestra Revolución tenga más puntos divergentes con otros movimientos revolucionarios de América Latina. Nosotros debemos expresar con toda claridad nuestra posición y tratar de hacer un análisis del porqué.

América Latina es hoy un volcán; no está en erupción, pero está conmovida por inmensos ruidos subterráneos que anuncian su advenimiento. Se oyen por doquier esos anuncios. La Segunda Declaración de La Habana es la expresión y concreción de esos movimientos subterráneos; trata de lograr la conciencia de su objetivo, vale decir, la conciencia de la necesidad y, más aún, la certeza de la posibilidad del cambio revolucionario. Evidentemente, este volcán americano no está separado de todos los movimientos que bullen en el mundo contemporáneo en estos momentos de confrontación crucial de fuerzas entre dos poderosos conceptos de la historia.

Podríamos referirnos a nuestra patria con las siguientes palabras de la Declaración de La Habana:

> ¿Qué es la historia de Cuba sino la historia de América Latina? ¿Y qué es la historia de América Latina sino la historia de Asia, África y Oceanía? ¿Y qué es la historia de todos estos pueblos sino la historia de la explotación más despiadada y cruel del imperialismo en el mundo entero?

América Latina, tanto como África, Asia y Oceanía, son partes de un todo donde las fuerzas económicas han sido distorsionadas por la acción del imperialismo. Pero no todos los continentes presentan las mismas características; las formas de explotación económica imperialista, colonialista o neocolonialista usadas par las fuerzas burguesas de Europa han tenido que afrontar, no solamente la lucha por la liberación de los pueblos oprimidos de Asia, África u Oceanía, sino también la penetración del capital imperialista norteamericano. Esto ha creado distintas correlaciones de fuerzas en puntos determinados y ha permitido el tránsito pacífico hacia sistemas de burguesías nacionales independientes o neocolonialistas.

En América Latina, no. América Latina es la plaza de armas del imperialismo norteamericano, no hay fuerzas económicas en el mundo capaces de tutelar las luchas que las burguesías nacionales entablaron con el imperialismo norteamericano, y por lo tanto, estas fuerzas, relativamente mucho más débiles que en otras regiones, claudican y pactan con el imperialismo.

Frente al drama terrible para los burgueses timoratos: sumisión al capital extranjero o destrucción frente a las fuerzas populares internas, dilema que la Revolución cubana ha profundizado con la polarización que significó su ejemplo, no queda otra solución que la entrega. Al realizarse ésta, al santificarse el pacto, se alían las fuerzas de la reacción interna con la reacción internacional más poderosa y se impide el desarrollo pacífico de las revoluciones sociales.

Caracterizando la situación actual, la Segunda Declaración de La Habana dice:

> En muchos países de América Latina la revolución es hoy inevitable. Ese hecho no lo determina la voluntad de nadie. Está determinada por las espantosas condiciones de explotación en que vive el hombre americano, el desarrollo de la conciencia revolucionaria de las masas, la crisis mundial del imperialismo y el movimiento universal de lucha de los pueblos subyugados.
>
> La inquietud que hoy se registra es síntoma inequívoco de rebelión. Se agitan las entrañas de un continente que ha sido testigo de cuatro siglos de explotación esclava, semiesclava y feudal del hombre, desde sus moradores aborígenes y los esclavos traídos de África hasta los núcleos nacionales que surgieron después: blancos, negros, mulatos, mestizos e indios, que hoy hermanan el desprecio, la humillación y el yugo yanqui, como hermana la esperanza de un mañana mejor.

Podemos concluir, pues, que, frente a la decisión de alcanzar sistemas sociales más justos en América Latina, debe pensarse fundamentalmente en la lucha armada. Existe, sin embargo, alguna posibilidad de tránsito pacífico; está apuntada en los estudios de los clásicos del marxismo y sancionada en la Declaración de los 81 Partidos, pero en las condiciones actuales de América Latina, cada minuto que pasa se hace más difícil para el empeño pacifista y los últimos acontecimientos vistos en Cuba muestran un ejemplo de cohesión de los gobiernos burgueses con el agresor imperialista, en los aspectos fundamentales del conflicto.

Recuérdese nuestra insistencia: tránsito pacífico no es logro de un poder formal en elecciones o mediante movimientos de opinión pública sin combate directo, sino la instauración del poder socialista, con todos sus atributos, sin el uso de la lucha armada. Es lógico que todas las fuerzas progresistas no tengan que iniciar el camino de la revolución armada, sino utilizar hasta el último minuto la posibilidad de la lucha legal dentro de las condiciones burguesas. Lo importante, como lo señala la Declaración de los 81 Partidos[7].

En relación con la forma que han de adoptar los movimientos revolucionarios luego de tomar el poder, surgen cuestiones de interpretación muy interesantes. Caracterizando la época, la Declaración de los 81 Partidos dice:

> Nuestra época, cuyo contenido fundamental lo constituye el paso del capitalismo al socialismo, iniciado por la Gran Revolución Socialista de Octubre, es la época de la lucha de dos sistemas sociales diametralmente opuestos; la época de las revoluciones socialistas y de las revoluciones de liberación nacional; la época del hundimiento del imperialismo, de la liquidación del sistema colonial, la época del paso de más y más pueblos al camino socialista; la época del triunfo del socialismo y del comunismo en escala universal.
>
> El principal rasgo de nuestra época consiste en que el sistema socialista mundial se va convirtiendo en el factor decisivo del desarrollo de la sociedad humana.

Se establece que, aun cuando es muy importante la lucha por la liberación de los pueblos, lo que caracteriza el momento actual es el tránsito del capitalismo al socialismo.

En todos los continentes explotados existen países en los cuales los regímenes sociales han alcanzado distinto grado de desarrollo, pero casi todos ellos presentan la característica de tener fuertes estratos sociales de carácter feudal y gran dependencia de capitales foráneos.

Lógico sería pensar que en la lucha por la liberación, siguiendo la escala natural del desarrollo, se llegara a gobiernos de democracia nacional con predominio más o menos acentuado de las burguesías y, de hecho, esto ha ocurrido en muchos casos. Sin embargo, aquellos pueblos que han debido recurrir a la fuerza para lograr su independencia han avanzado más en el camino de las reformas sociales y muchos de ellos han entrado al socialismo. Cuba y Argelia son los últimos ejemplos palpables de los efectos de la lucha armada en el desarrollo de las transformaciones sociales. Si llegamos a la conclusión de que en América Latina la vía pacífica está casi liquidada como posibilidad, podemos apuntar que es muy probable que el resultado de las revoluciones triunfantes en esta región del mundo dará por resultado regímenes de estructura socialista.

Para llegar a esto correrán ríos de sangre. Argelia, que aún no ha restañado sus heridas, el Vietnam que sigue sangrando, Angola, luchando brava y solitariamente por su independencia, Venezuela, cuyos patriotas hermanados con la causa cubana han demostrado en estos días la más alta y expresiva forma de solidaridad con nuestra Revolución, Guatemala, en lucha difícil, subterránea casi, son ejemplos palpables.

La sangre del pueblo es nuestro tesoro más sagrado, pero hay que derramarla para ahorrar más sangre en el futuro.

En otros continentes se ha logrado la liberación frente al colonialismo y el establecimiento de regímenes burgueses más o menos sólidos. Esto se ha hecho sin violencia o casi sin ella, pero debe suponerse, siguiendo la lógica de los acontecimientos hasta el momento actual, que esta burguesía nacional en desarrollo constante, en un momento dado entra en contradicciones con otras capas de la población; al cesar el yugo del país opresor, cesará como fuerza revolucionaria y se transformará a su vez en clase explotadora, reanudándose el ciclo de las luchas sociales. Podrá o no avanzarse en este camino por vía pacífica, lo cierto es que indefectiblemente estarán frente a frente los dos grandes factores en pugna: los explotados y los explotadores.

El dilema de nuestra época, en cuanto a la forma de tomar el poder, no ha escapado a la penetración de los imperialistas yanquis. Ellos también quieren "tránsito pacífico". Están de acuerdo en liquidar las viejas estructuras feudales que todavía subsisten en América Latina, y en aliarse a la parte más avanzada de las burguesías nacionales, realizando algunas reformas fiscales, algún tipo de reforma en el régimen de tenencia de la tierra, una moderada industrialización, referida preferentemente a artículos de consumo, con tecnología y materias primas importadas de los Estados Unidos.

La fórmula perfeccionada consiste en que la burguesía nacional se alía con intereses extranjeros, crean juntos, en el país dado, industrias nuevas, obtienen para estas industrias ventajas arancelarias de tal tipo que permiten excluir totalmente la competencia de otros países imperialistas y las ganancias así obtenidas pueden sacarse del país al amparo de negligentes regulaciones de cambio.

Mediante este sistema de explotación, novísimo y más inteligente, el propio país "nacionalista" se encarga de proteger los intereses de los Estados Unidos promulgando tarifas arancelarias que permitan una ganancia extra (la que los mismos norteamericanos reexportarán a su país). Naturalmente, los precios de venta del artículo, sin competencia alguna, son fijados por los monopolios.

Todo esto está reflejado en los proyectos de la Alianza para el Progreso, que no es otra cosa que el intento imperialista de detener el desarrollo de las condiciones revolucionarias de los pueblos mediante el sistema de repartir una pequeña cantidad de sus ganancias con las clases explotadoras criollas y convertirlas en aliados firmes contra las clases más explotadas. Es decir, suprimir las contradicciones internas del régimen capitalista hasta el máximo posible.

Como ya dijimos, no hay en América Latina fuerzas capaces de intervenir en esta lucha económica, y por lo tanto, el juego del imperialismo es bastante simple. Queda como única posibilidad el desarrollo cada vez más impetuoso del mercado común europeo, bajo la dirección germana, que pudiera alcanzar la fuerza económica suficiente como para competir en estas latitudes con los capitales yanquis, pero el desarrollo de las contradicciones y su solución violenta en estos tiempos es tan rápida, tan eruptiva, que da la impresión de que América Latina será mucho antes campo de batalla entre explotados y explotadores, que escenario de la lucha económica entre dos imperialismos. Vale decir: las intenciones de la Alianza para el Progreso no cristalizarán porque la conciencia de las masas y las condiciones objetivas han madurado demasiado para permitir tan ingenua trampa.

Lo determinante en este momento es que el frente imperialismo-burguesía criolla es consistente. En las últimas votaciones de la OEA [Organización de Estados Americanos], no ha habido voces discordantes en los problemas fundamentales y solo algunos gobiernos han tapado púdicamente sus desnudeces con el taparrabos de fórmulas legalistas sin denunciar nunca la esencia agresora, contraria a todo derecho, de estas resoluciones.

El hecho de que Cuba tuviera cohetes atómicos, sirvió de pretexto para que todos se pusieran de parte de los Estados Unidos: Playa Girón no ha hecho el efecto contrario. Ellos saben bien que éstas son armas defensivas, saben también quién es el agresor. Sucede que, aunque no lo digan, todos también conocen el verdadero peligro de la Revolución cubana. Los países más entregados y, por ende, más cínicos, hablan del peligro de la subversión cubana, y tienen razón. El peligro mayor que entraña la Revolución cubana está en su ejemplo, en su divulgación revolucionaria, en que el Gobierno ha podido elevar el temple de este pueblo, dirigido por un líder de alcance mundial, a alturas pocas veces vistas en la historia.

Es el ejemplo escalofriante de un pueblo que está dispuesto a inmolarse atómicamente para que sus cenizas sirvan de cimiento a las sociedades nuevas y que, cuando se hace, sin consultarlo, un pacto por el cual se retiran los cohetes atómicos, no suspira de alivio, no da gracias por la tregua; salta a la palestra para dar su voz propia y única; su posición combatiente, propia y única, y más lejos, su decisión de lucha, aun cuando fuera solo, contra todos los peligros y contra la mismísima amenaza atómica del imperialismo yanqui.

Esto hace vibrar a los pueblos. Ellos sienten el llamado de la nueva voz que surge de Cuba, más fuerte que todos los miedos, que todas las mentiras, que los prejuicios, que el hambre secular, que todos los garfios con que se quiere anudarlos. Es más fuerte que el temor a toda represalia, al castigo más bárbaro, a la muerte más cruel, a la opresión más bestial de los explotadores. Una voz nueva de timbres claros y precisos ha sonado por todos los ámbitos de nuestra América Latina. Esa ha sido nuestra misión y la hemos cumplido y la seguiremos cumpliendo con toda la decisión de nuestra convicción revolucionaria.

Podría preguntarse: ¿Y éste es el único camino? ¿Y no se pueden aprovechar las contradicciones del campo imperialista, buscar el apoyo de sectores burgueses que han sido aherrojados, golpeados y humillados a veces por el imperialismo? ¿No se podría buscar una fórmula menos severa, menos autodestructiva que esta posición cubana? ¿ No se podría lograr, mediante la fuerza y la maniobra diplomática conjuntas, la supervivencia de Cuba? Nosotros decimos: frente a la fuerza bruta, la fuerza y la decisión; frente a quienes quieren destruirnos, no otra cosa que la voluntad de luchar hasta el último hombre por defendernos.

Y esta fórmula es válida para la América Latina entera; frente a quienes quieren de todas maneras detentar el poder contra la voluntad del pueblo, fuego y sangre hasta que el último explotador sea destruido.

¿Cómo realizar esta revolución en América Latina? Demos la palabra a la Segunda Declaración de La Habana:

> En nuestros países se juntan las circunstancias de una industria subdesarrollada con un régimen agrario de carácter feudal. Es por eso que con todo lo duras que son las condiciones de vida de los obreros urbanos, la población rural vive aún en más horribles condiciones de opresión y explotación; pero es también, salvo excepciones, el sector absolutamente mayoritario en proporción que a veces sobrepasa el 70% de las poblaciones latinoamericanas.
>
> Descontando los terratenientes que muchas veces residen en las ciudades, el resto de esa gran masa libra su sustento trabajando como peones en las haciendas por salarios misérrimos, o labran la tierra en condiciones de explotación que nada tienen que envidiar a la Edad Media. Estas circunstancias son las que determinan que en

América Latina la población pobre del campo constituya una tremenda fuerza revolucionaria potencial.

Los ejércitos, estructurados y equipados para la guerra convencional, que son las fuerzas en que se sustenta el poder de las clases explotadoras, cuando tienen que enfrentarse a la lucha irregular de los campesinos en el escenario natural de estos, resultan absolutamente impotentes; pierden 10 hombres por cada combatiente revolucionario que cae, y la desmoralización cunde rápidamente en ellos al tener que enfrentarse a un enemigo invisible que no les ofrece ocasión de lucir sus tácticas de academia y sus fanfarrias de guerra, de las que tanto alarde hacen para reprimir a los obreros y a los estudiantes en ciudades.

La lucha inicial de reducidos núcleos combatientes se nutre incesantemente de nuevas fuerzas; el movimiento de masas comienza a desatarse, el viejo orden se resquebraja poco a poco en mil pedazos y es entonces el momento en que la clase obrera y las masas urbanas deciden la batalla.

¿Qué es lo que desde el comienzo mismo de la lucha de esos primeros núcleos los hace invencibles, independientemente del número, el poder y los recursos de sus enemigos? El apoyo del pueblo; y con ese apoyo de las masas contarán en grado cada vez mayor.

Pero el campesinado es una clase que, por el estado de incultura en que lo mantienen y el aislamiento en que vive, necesita la dirección revolucionaria y política de la clase obrera y de los intelectuales revolucionarios, sin lo cual no podría por sí sola lanzarse a la lucha y conquistar la victoria.

En las actuales condiciones históricas de América Latina, la burguesía nacional no puede encabezar la lucha antifeudal y antimperialista. La experiencia demuestra que en nuestras naciones esa clase, aun cuando sus intereses son contradictorios con los del imperialismo yanqui, ha sido incapaz de enfrentarse a éste, paralizada por el miedo a la revolución social y asustada por el clamor de las masas explotadas.

Esto es lo que dice la Segunda Declaración de La Habana y es una especie de dictado de lo que ha de ser la revolución en América Latina. No pensar en alianzas que no estén dirigidas absolutamente por la clase obrera; no pensar en colaboraciones con burgueses timoratos y traidores que destruyen las fuerzas en que se apoyaron para llegar al poder; las armas en manos del pueblo, las vastas comarcas de nuestra América Latina como campo de acción, el campesinado luchando por su tierra, la emboscada, la muerte inmisericorde al opresor y, al darla, recibirla también y recibirla con honor de revolucionario, esto es lo que cuenta.

Tal es el panorama de América Latina, de un continente que se apresta a luchar, y que, cuanto más pronto empuñe las armas y cuanto más pronto esgrima los machetes sobre las cabezas de los terratenientes, de los industriales, de los banqueros, de los explotadores de todo tipo y de su cabeza visible, el ejército opresor, mejor será.

Sobre si la táctica debe ser siempre la acción guerrillera o es dable realizar otras acciones como eje central de la lucha, se puede discutir largamente. Nosotros basamos nuestra oposición a usar otra táctica en América Latina en dos argumentos:

> Primero: Aceptando como verdad que el enemigo luchará por mantenerse en el poder, hay que pensar en la destrucción del ejército opresor; para destruirlo hay que oponerle un ejército popular enfrente. Ese ejército no nace espontáneamente, tiene que armarse en el arsenal que brinda su enemigo, y esto condiciona una lucha dura y muy larga en la que las fuerzas populares y sus dirigentes estarían expuestos siempre al ataque de fuerzas superiores sin adecuadas condiciones de defensa y maniobrabilidad. En cambio, el núcleo guerrillero asentado en terreno favorable a la lucha, garantiza la seguridad y permanencia del mando revolucionario y las fuerzas urbanas, dirigidas desde el Estado Mayor del Ejército del Pueblo, pueden realizar acciones de incalculable importancia.
>
> La eventual destrucción de los grupos urbanos no haría morir el alma de la Revolución, su jefatura, que desde la fortaleza rural seguiría catalizando el espíritu revolucionario de las masas y organizando nuevas fuerzas para otras batallas.
>
> Segundo: El carácter continental de la lucha. ¿Podría concebirse esta nueva etapa de la emancipación de América Latina como el cotejo de dos fuerzas locales luchando por el poder en un territorio dado? Evidentemente no, la lucha será a muerte entre todas las fuerzas populares y todas las fuerzas represivas.
>
> Los yanquis intervendrán, por solidaridad de intereses y porque la lucha en América Latina es decisiva. Lo harán con todas sus fuerzas, además; castigarán a las fuerzas populares con todas las armas de destrucción a su alcance; no dejaran consolidarse al poder revolucionario y, si alguno llegara a hacerlo, volverán a atacar, no lo reconocerán, tratarán de dividir las fuerzas revolucionarias, introducirán saboteadores de todo tipo, intentarán ahogar económicamente al nuevo Estado, aniquilarlo, en una palabra.

Dado este panorama americano, consideramos difícil que la victoria se logre en un país aislado. A la unión de las fuerzas represivas debe contestarse con la unión de las fuerzas populares. En todos los países en que la opresión llega a niveles insostenibles, debe alzarse la bandera de la rebelión y esta bandera tendrá, por necesidad histórica, caracteres continentales. La Cordillera de los Andes está llamada a ser la Sierra Maestra de América Latina, como dijera Fidel, y todos los inmensos territorios que abarca este continente están llamados a ser escenarios de la lucha a muerte contra el poder imperialista.

No podemos decir cuándo alcanzará estas características continentales, ni cuánto tiempo durará la lucha, pero podemos predecir su advenimiento porque es hija de circunstancias históricas, económicas, políticas, y su rumbo no se puede torcer.

Frente a esta táctica y estrategia continentales, se lanzan algunas fórmulas limitadas: luchas electorales de menor cuantía, algún avance electoral, por aquí; dos diputados, un senador, cuatro alcaldías; una gran manifestación popular que es disuelta a tiros; una elección que se pierde por menos votos que la anterior; una huelga que se gana, diez que se pierden; un paso que se avanza, diez que se retroceden; una victoria sectorial por aquí, diez derrotas por allá. Y, en el momento preciso, se cambian las reglas del juego y hay que volver a empezar.

¿Por qué estos planteamientos? ¿Por qué esta dilapidación de las energías populares? Por una sola razón. En las fuerzas progresistas de algunos países de América Latina existe una confusión terrible entre objetivos tácticos y estratégicos; en pequeñas posiciones tácticas se ha querido ver grandes objetivos estratégicos. Hay que atribuir a la inteligencia de la reacción el que haya logrado hacer de estas mínimas posiciones defensivas el objetivo fundamental de su enemigo de clase.

En los lugares donde ocurren estas equivocaciones tan graves, el pueblo apronta sus legiones año tras año para conquistas que le cuestan inmensos sacrificios y que no tienen el más mínimo valor. Son pequeñas colinas dominadas por el fuego de la artillería enemiga. La colina parlamento, la colina legalidad, la colina huelga económica legal, la colina aumento de salarios, la colina constitución burguesa, la colina liberación de un héroe popular... Y lo peor de todo es que para ganar estas posiciones hay que intervenir en el juego político del estado burgués y para lograr el permiso de actuar en este peligroso juego, hay que demostrar que se puede estar dentro de la legalidad burguesa. Hay que demostrar que se es bueno, que no se es peligroso, que no se le ocurrirá a nadie asaltar cuarteles, ni trenes, ni destruir puentes, ni ajusticiar esbirros, ni torturadores, ni alzarse en las montañas, ni levantar con puño fuerte y definitivo la única y violenta afirmación de América Latina: la lucha final por su redención.

Contradictorio cuadro el de América Latina; dirigencias de fuerzas progresistas que no están a la altura de los dirigidos; pueblos que alcanzan alturas desconocidas; pueblos que hierven en deseos de hacer y dirigencias que frenan sus deseos. La hecatombe asomada a estos territorios de América Latina y el pueblo sin miedo, tratando de avanzar hacia la hecatombe, que significará, sin embargo, la redención definitiva. Los inteligentes, los sensatos, aplicando los frenos a su alcance al ímpetu de las masas, desviando su incontenible afán de lograr las grandes conquistas estratégicas: la toma del poder político, el aniquilamiento del ejército, del sistema de explotación del hombre por el hombre. Contradictorio, pero esperanzador, las masas saben que "el papel de Job no cuadra con el de un revolucionario" y se aprestan a la batalla.

¿Seguirá el imperialismo perdiendo una a una sus posiciones o lanzará, bestial, como lo amenazó hace poco, un ataque nuclear que incendie al mundo en una hoguera atómica? No lo podemos decir. Lo que afirmamos es que tenemos que caminar por el sendero de la liberación, aun cuando éste cueste millones de víctimas atómicas, porque en la lucha a muerte entre dos sistemas, no puede pensarse en otra cosa que la victoria definitiva del socialismo, o su retroceso bajo la victoria nuclear de la agresión imperialista.

Cuba está al borde de la invasión; está amenazada por las fuerzas más potentes del imperialismo mundial y por ende, por la muerte atómica. Desde su trinchera que no admite retroceso lanza a América Latina su definitivo llamado al combate; combate que no se decidirá en una hora o en unos minutos de batalla terrible, que podrá definirse en años de agotadores encuentros en todos los rincones del continente, en medio de atroces sufrimientos. El ataque de las fuerzas imperialistas y de las burguesías aliadas, pondrá una y otra vez a los movimientos populares al borde de la destrucción, pero surgirán siempre renovados por la fuerza del pueblo hasta el instante de la total liberación.

Desde aquí, desde su trinchera solitaria de vanguardia, nuestro pueblo hace oír su voz. No es el canto del cisne de una revolución en derrota, es un himno revolucionario destinado a eternizarse en los labios de los combatientes de América Latina. Tiene resonancias de historia.

La filosofía del saqueo debe cesar

(25 de marzo de 1964)

Discurso pronunciado en la Conferencia de Naciones Unidas sobre Comercio y Desarrollo, en Ginebra, Suiza.

Señor Presidente, señores delegados:

Les habla la delegación de Cuba, país insular situado en la boca del Golfo de México, en el Mar Caribe. Les habla amparado en los múltiples derechos que tiene para llegar a este foro a proclamar su verdad. Les habla en primer lugar como país que está realizando la gigantesca experiencia de la construcción del socialismo; también lo hace como país perteneciente al conjunto de las naciones latinoamericanas, aunque fallos antijurídicos la hayan separado transitoriamente de la organización regional, merced a la presión y a la acción de los Estados Unidos de América.[8] La relación geográfica indica que les habla un país subdesarrollado que ha sufrido en su carne las lacras de la explotación colonialista e imperial y que conoce de la amarga experiencia de la supeditación de sus mercados y de su economía o, lo que es lo mismo, de la supeditación de todo su aparato gubernamental, a un poder extranjero.

Habla Cuba, además, en su condición de país agredido.

Todas estas características son las que han colocado a nuestra nación en los primeros planos de las noticias del mundo entero, a pesar de su pequeñez, de su escasa importancia económica y de su poca población.

En esta Conferencia, Cuba expresará su opinión a través de los distintos prismas que configuran su peculiar situación en el mundo, pero basará su análisis en su condición más importante y positiva: la de un país que construye el socialismo.

En su condición de latinoamericanos y subdesarrollados, se unirá a las demandas principales de los países hermanos y en su condición de agredido denunciará desde el primer momento todas las maquinaciones programadas por el aparato de coerción del poder imperial de los Estados Unidos de América.

Anteponemos como introducción estas palabras explicatorias, porque nuestro país considera imprescindible definir exactamente los alcances de la conferencia, su significado y su posible trascendencia. Llegamos a esta reunión 17 años después de realizada la Conferencia de La Habana, en la cual se pretendía efectuar un ordenamiento del mundo de acuerdo con los intereses competitivos de las potencias imperialistas.[9] A pesar de que Cuba fue país sede de aquella conferencia, nuestro Gobierno Revolucionario no se siente comprometido en lo más mínimo por el papel que jugara un gobierno dependiente de los intereses imperialistas, ni tampoco por el contenido ni alcance de aquella llamada Carta de La Habana.

En esa conferencia y en la anterior de Bretton Woods, se originaron una serie de organismos internacionales cuya acción ha sido nefasta para los intereses de los países dependientes del mundo contemporáneo. Y aunque los Estados Unidos de América no ratificaron la Carta de La Habana en virtud de considerarla demasiado "atrevida", los diversos organismos crediticios y financieros internacionales y el acuerdo general sobre aranceles aduaneros de comercio, resultados concretos de aquellas dos reuniones, han demostrado ser armas eficientes de la defensa de sus intereses, y más aún, armas de ataque contra nuestro país.

Estos son los temas que debemos tratar con amplitud más adelante. Hoy el temario de la conferencia es más amplio y más realista, porque aborda, entre otros, tres de los problemas cruciales del mundo contemporáneo: las relaciones entre el campo de los países socialistas y el de los países capitalistas desarrollados, las relaciones entre los países subdesarrollados y las potencias capitalistas desarrolladas, y el gran problema del desarrollo para el mundo dependiente.

El número de participantes en esta nueva reunión supera con creces el de la efectuada en 1947, en La Habana. No podemos decir sin embargo, con entera justicia, que éste sea el foro de los pueblos del mundo. Las extrañas interpretaciones jurídicas que todavía manejan con impunidad ciertas potencias, hacen que falten a esta reunión países de gran significación en el mundo, como la República Popular China, única y legítima representante del pueblo más numeroso de la humanidad y que, en su lugar, ocupe estos escaños una falsa representación de aquel pueblo que, para mayor contradicción, posee incluso el derecho al veto dentro de las Naciones Unidas.[10]

Es de hacer notar también que faltan aquí las representaciones de la República Democrática de Corea y la República Democrática de Vietnam, auténticos gobiernos de sus pueblos, mientras están presentes los representantes de los gobiernos de la parte sur de ambos estados divididos y, aumentando las contradicciones, que, mientras la República Democrática Alemana es injustamente preterida, la República Federal Alemana, por vía colateral, asiste a esta Conferencia y obtiene una vicepresidencia. Y mientras las repúblicas socialistas citadas no estén representadas aquí, el gobierno de la Unión Sudafricana, que viola la Carta de las Naciones Unidas con su política inhumana y fascista de *apartheid*, sancionada en sus propias leyes, y que desafía a la ONU, negándose a informar sobre los territorios que mantiene en fideicomiso, ostenta un asiento en esta sala.[11]

Todas estas anomalías hacen que la reunión no pueda ser definida como el foro de los pueblos del mundo. Es nuestro deber señalarlo, llamar la atención de los presentes, pues mientras se mantenga este estado de cosas la justicia esté manejada por unos cuantos intereses poderosos, las interpretaciones jurídicas seguirán haciéndose de acuerdo con la conveniencia de los poderes opresores y será difícil eliminar la tensión imperante, lo que entraña peligros ciertos para la humanidad. Destacamos también estos hechos para alertar sobre la responsabilidad que pesa en nuestros hombros y sobre las consecuencias que se puedan derivar de las decisiones que aquí se adopten. Un solo momento de debilidad, de vacilación o de compromiso, puede manchar nuestras acciones a la faz de la historia futura, así como nosotros, los países miembros de las Naciones Unidas, somos en cierta manera cómplices y en cierta manera tenemos las manos manchadas con la sangre de Patricio Lumumba, primer ministro de los congoleños, asesinado miserablemente en momentos en que las tropas de las Naciones Unidas presuntamente garantizaban la estabilidad de su régimen.[12] Hay que anotar el agravante de que habían sido llamadas expresamente por el mártir Patricio Lumumba.

Hechos de tal gravedad o de algún parecido a éste, o de significación negativa para las relaciones entre los pueblos, que comprometen nuestro prestigio como naciones soberanas, no deben permitirse en esta Conferencia.

Vivimos en un mundo que está profunda y antagónicamente dividido en agrupaciones de naciones que representan tendencias económicas, sociales y políticas muy disímiles. En este mundo de contradicciones, se expresa como la fundamental de nuestra época la que existe entre los países socialistas y los países capitalistas desarrollados. El hecho de que la guerra fría, concebida por el occidente, haya demostrado su ineficacia práctica y su falta de realismo político, es uno de los factores que presuponen esta

Conferencia. Pero con ser la más importante contradicción, no es, sin embargo, la única. Existe también la contradicción entre los países capitalistas desarrollados y los pueblos subdesarrollados del mundo y en esta Conferencia para el Comercio y el Desarrollo, las contradicciones existentes entre estos grupos de naciones, tienen también una importancia fundamental. Además, existe la contradicción propia entre los distintos países capitalistas desarrollados, que luchan incesantemente entre sí por el reparto del mundo y la posesión estable de sus mercados, que les permita un desarrollo amplio, basado desgraciadamente, en el hambre y la explotación del mundo dependiente. Estas contradicciones son importantes, reflejan la realidad actual del planeta y de ellas se desprende el peligro de nuevas conflagraciones que pueden adquirir carácter mundial en la era atómica.

En esta Conferencia igualitaria donde todas las naciones podrán expresar, mediante su voto, la esperanza de sus pueblos, si se puede llegar a una solución satisfactoria para la mayoría, se habría logrado dar un paso único en la historia del mundo. No obstante, hay muchas fuerzas que se mueven para evitar que esto suceda. La responsabilidad de las decisiones a tomar recae en los representantes de los pueblos subdesarrollados. Si todos los pueblos que viven en condiciones económicas precarias, dependientes de potencias extranjeras en algunas fases vitales de su economía y de su estructura política y social, son capaces de resistir las tentaciones y ofrecimientos hechos fríamente, pero al calor de las circunstancias, e imponen aquí un nuevo tipo de relaciones, la humanidad habrá dado un paso adelante.

Si por el contrario, los grupos de naciones subdesarrolladas, respondiendo al canto de sirena de los intereses de las potencias desarrolladas que usufructúan su retraso, entran en luchas estériles entre sí por disputar las migajas en el festín de los poderosos del mundo y rompen la unidad de fuerzas numéricamente superiores o no son capaces de imponer compromisos claros, desprovistos de cláusulas de escape sujetas a interpretaciones caprichosas o, simplemente violables a voluntad de los poderosos, nuestro esfuerzo habrá sido baldío y las largas deliberaciones de esta Conferencia se traducirán solamente en documentos inocuos y en archivos en que la burocracia internacional guardará celosamente las toneladas de papel escrito y los kilómetros de cintas magnetofónicas en que se recojan las opiniones verbales de los miembros. Y el mundo seguirá tal como está.

Tal es la caracterización de esta Conferencia y en ella deberán dirimirse, no solo los problemas que traen aparejados los dominios de los mercados y el deterioro de los términos del intercambio, sino también la causa más importante de que este estado de cosas exista en el mundo, la supeditación de las economías nacionales de los países dependientes a otros más desarrollados que mediante inversiones dominan los aspectos principales de su economía.

Entendemos claramente, y lo decimos con toda franqueza, que la única solución correcta a los problemas de la humanidad en el momento actual, es la supresión absoluta de la explotación de los países dependientes por los países capitalistas desarrollados, con todas las consecuencias implícitas en este hecho. Hemos venido aquí con clara conciencia de que se trata de una discusión entre los representantes de aquellos pueblos que han suprimido la explotación del hombre por el hombre, de aquellos países que la mantienen como filosofía de su acción y del grupo mayoritario de los que la sufren, y debemos establecer el diálogo partiendo de la realidad de estas afirmaciones.

Aun cuando nuestra convicción sea tan firme que no existan argumentos para hacerla variar, estamos dispuestos al diálogo constructivo en el contexto de la coexistencia pacífica entre países de distintos sistemas políticos, económicos y sociales. La dificultad estriba en que todos sepamos a lo que podemos aspirar sin tener que tomarlo por la fuerza y dónde hay que ceder un privilegio antes de que inevitablemente se lo vaya a perder por la fuerza. Por este angosto y escabroso desfiladero deberá transitar la Conferencia. Las desviaciones nos conducirán a terreno estéril.

Anunciamos, al iniciar estas palabras, que Cuba hablaría aquí también como país agredido. De todos son conocidos los últimos hechos que hicieron a nuestro país blanco de las iras imperialistas y que desde antes de Playa Girón hasta hoy, lo convierten en objeto de todas las represiones y todas las violaciones imaginables del Derecho Internacional. No es por casualidad que Cuba haya sido escenario principalísimo de uno de los hechos que pusieron en más grave peligro la paz del mundo, como consecuencia de actos legítimos que realizó, amparada en el derecho de adoptar las normas que a sí misma se trazara para el desarrollo de su propio pueblo.

Las agresiones de los Estados Unidos a Cuba se iniciaron prácticamente apenas triunfara la Revolución. En su primera etapa se caracterizaron por ataques directos a los centros productores cubanos.

Posteriormente, estas agresiones se caracterizaron por medidas dirigidas a paralizar la economía cubana. Se trató de privar a Cuba, a mediados de 1960, del combustible necesario para el funcionamiento de sus industrias, sus transportes y sus centrales eléctricas. Por presión del Departamento de Estado, las compañías petroleras norteamericanas independientes se negaron a vender petróleo a Cuba o a facilitarles buques-tanques para el traslado de aquel. Poco después se trató de privarla de las divisas necesarias para su comercio exterior. El 6 de julio de 1960, el entonces presidente Eisenhower redujo 700,000 toneladas cortas de la cuota azucarera de Cuba en Estados Unidos, suprimiéndose totalmente dicha cuota el 31 de marzo de 1961, pocos días después de la anunciada Alianza para el Progreso y días antes de Playa Girón. Se intentó paralizar la industria de Cuba privándola de materias primas y piezas de repuesto para sus maquinarias, dictándose con ese fin el 19 de octubre de 1960 por el Departamento de Comercio de los Estados Unidos, una resolución prohibiendo el embarque hacia nuestra isla de numerosos productos. Esta prohibición de comercio con Cuba se fue intensificando hasta que el 3 de febrero de 1962 el entonces presidente Kennedy decretó un embargo total al comercio de Estados Unidos con Cuba.

Fracasadas todas las agresiones, Estados Unidos pasó a aplicar el bloqueo económico contra nuestra patria dirigido a impedir el intercambio comercial de otros países con el nuestro. Primeramente, el 24 de enero de 1962, el Departamento del Tesoro norteamericano anunció que se prohibía la entrada en Estados Unidos de cualquier producto elaborado en todo o en parte con productos de origen cubano, aunque fuesen fabricados en cualquier otro país. En un nuevo paso que significaba la implantación de un bloqueo económico virtual, el 6 de febrero de 1963, la Casa Blanca emitió un comunicado anunciando que las mercancías compradas con dinero del gobierno norteamericano no serían embarcadas en naves de bandera extranjera que hubieran mantenido tráfico comercial con Cuba después del primero de enero de ese año. Se inició así la lista negra que ha llegado a abarcar más de 150 barcos de países que no se plegaron al ilegal bloqueo yanqui. Y en otro caso para dificultar el intercambio comercial a Cuba, el 8 de julio de 1963 el Departamento del Tesoro de Estados Unidos estableció la congelación de todos los billetes cubanos en territorio norteamericano y la prohibición de toda transferencia de dólares hacia o desde Cuba, así como cualquier otro tipo de transacción de dólares efectuada a través de terceros países.

Señor Presidente: ¿No se podría pedir que se eliminaran unos golpes que están molestando un poco la audición?... En su obsesión por agredirnos, en la *Trade Expansion Act* (Ley de Expansión Comercial) se excluye específicamente a nuestro país de las supuestas ventajas que se atribuyen a esa ley. Este año continúan las agresiones: el 18 de febrero de 1964, Estados Unidos anunció haber suspendido la ayuda a Gran Bretaña, Francia y Yugoslavia por seguir comerciando con Cuba. Y el secretario de Estado

Dean Rusk declaró textualmente: "Al mismo tiempo, no puede haber mejoría en las relaciones con China comunista, mientras incite y apoye agresiones en el sureste asiático, ni con Cuba, mientras represente una amenaza al hemisferio occidental. Esta amenaza puede terminar para la satisfacción de Washington, solamente con el derrocamiento del régimen de Castro por el pueblo cubano. Consideramos este régimen temporal."

Cuba emplaza aquí a la delegación del gobierno de los Estados Unidos para que diga si las acciones que presuponen ésta u otras declaraciones similares y los hechos anteriormente relatados, están o no reñidos con la convivencia en el mundo actual, y si la serie de agresiones económicas cometidas contra nuestra isla y contra otros países que con ella comercian, son legítimas según el sentir de la delegación norteamericana. Si esta actitud está reñida o no contra el principio del organismo que nos convoca, de practicar la tolerancia entre los estados y con la obligación que le impone a los países que han ratificado su carta de solucionar pacíficamente sus controversias; si esta actitud está reñida o no con el espíritu de esta reunión en favor del cese de las discriminaciones de todos los tipos y de la desaparición de las barreras entre países con distintos sistemas sociales y grados de desarrollo. Y pedimos a esta Conferencia que se pronuncie sobre la explicación pertinente si es que la delegación de los Estados Unidos se atreve a hacerlo. Por nuestra parte, mantenemos nuestra única posición al respecto. Estamos dispuestos al diálogo, siempre que sea sin condiciones previas.

Desde que se firmara la Carta de La Habana, hasta estos días, en el terreno del comercio y el desarrollo económico han sucedido hechos de indudable trascendencia: en primer lugar, debemos anotar la expansión del campo socialista y el desmoronamiento del sistema colonial. Hoy numerosos países, con una superficie que supera los 30 millones de kilómetros cuadrados y una población que alcanza un tercio del total del mundo, han elegido como sistema de desarrollo el de la construcción de la sociedad comunista y como filosofía de su acción el marxismo-leninismo. Otros han expresado ya su voluntad de establecer las bases de la construcción del socialismo, aun cuando no abrazan directamente la filosofía marxista-leninista. Europa, Asia y ahora África y América Latina son continentes sacudidos por las nuevas ideas del mundo.

El campo socialista se ha desarrollado ininterrumpidamente a tasas de crecimiento mucho más altas que las de los países capitalistas, a pesar de haber partido, en general, de grados de desarrollo bastante pobres y de haber soportado guerras de exterminio y bloqueos estrictos.

Contrastando con el impetuoso crecimiento de los países del campo socialista, y el desarrollo, aunque a mucho menor ritmo, de la mayoría de los países capitalistas, existe el hecho indudable del estancamiento total de una gran parte de los países llamados subdesarrollados, que presentan, a veces, incluso tasas de crecimiento económico inferiores a las del crecimiento demográfico.

Estas características no son casuales. Responden estrictamente a la naturaleza del sistema capitalista desarrollado en plena expansión que traslada hacia los países dependientes las formas más abusivas y menos enmascarables de la explotación.

Desde fines del siglo pasado, esta tendencia expansionista y agresiva se ha traducido en innumerables agresiones a distintos países de los continentes más atrasados, pero, fundamentalmente, se está traduciendo en la actualidad en el control por parte de las potencias desarrolladas de la producción y el comercio de materias primas en los países dependientes. En general, se manifiesta por la dependencia que un país dado tiene de un solo producto básico que, a su vez, va hacia un mercado determinado en las cantidades limitadas a las necesidades del mismo.

Es la penetración de los capitales de los países desarrollados, la condición esencial para establecer la dependencia económica. Esta penetración adquiere formas diversas. Se presenta como préstamos en condiciones onerosas, inversiones que sujetan a un país dado a los inversionistas, dependencia tecnológica casi absoluta del país dependiente hacia el país desarrollado, control del comercio exterior por los grandes monopolios internacionales y, en último extremo, utilización de la fuerza como potencia económica para reforzar las otras formas de explotación.

A veces esta penetración adquiere formas más sutiles como la utilización de los organismos internacionales, financieros, crediticios y de otro tipo. El Fondo Monetario Internacional, el Banco Internacional de Reconstrucción y Fomento, el GATT y, en nuestra América, el Banco Interamericano de Desarrollo son ejemplos de organismos internacionales puestos al servicio de las grandes potencias capitalistas, fundamentalmente del imperialismo norteamericano. Ellos se introducen en la política económica interna, en la política de comercio exterior y en todas las formas financieras de relaciones internas entre los pueblos.

El Fondo Monetario Internacional es el cancerbero del dólar en el campo capitalista. El Banco Internacional de Reconstrucción y Fomento es el instrumento de penetración de los capitales norteamericanos en el mundo subdesarrollado, y el Banco Interamericano de Desarrollo cumple esa triste función en el ámbito del continente americano. Todos estos organismos se rigen por reglas y principios a los que se pretende presentar como salvaguardas de la equidad y la reciprocidad en las relaciones económicas internacionales cuando, en realidad, no son sino fetiches tras los cuales se encubren los instrumentos más sutiles para la perpetuación del atraso y la explotación. El Fondo Monetario Internacional, velando supuestamente por la estabilidad de los tipos de cambio y la liberalización de los pagos internacionales, no hace sino impedir las medidas mínimas de defensa de los países subdesarrollados frente a la competencia y la penetración de los monopolios extranjeros.

Mientras que impone los llamados programas de austeridad y combate las formas de pago necesarias para la expansión del comercio entre países que sufren una crítica situación en su balanza de pagos y de severas discriminaciones en el comercio internacional, trata desesperadamente de salvar al dólar de su precaria situación, sin entrar al fondo de los problemas de estructura que aquejan al sistema monetario internacional y que obstaculizan una más rápida expansión del comercio mundial.

El GATT, por su parte, al establecer el trato igual y las concesiones recíprocas entre países desarrollados y subdesarrollados, contribuye al sostenimiento del *status quo* y sirve a los primeros y su mecanismo no provee los medios necesarios para la eliminación del proteccionismo agrícola, las subvenciones, los aranceles y otros obstáculos que impiden el incremento de las exportaciones de los países dependientes. Por más que ahora tenga su llamado "programa de acción" o en estos días, por sospechosa coincidencia, comience el "round Kennedy".

Para reforzar la dominación imperialista se ha recurrido al establecimiento de áreas preferenciales como forma de explotación y control neocolonial. Podemos hablar de ello con profundo conocimiento de causa, por haber sufrido en nuestra carne los resultados de los acuerdos preferenciales cubano-norteamericanos, que maniataron nuestro comercio, poniéndolo a la disposición de los monopolios norteamericanos.

Nada mejor para exponer lo que esos preferenciales significaron para Cuba que citar el juicio que mereció al embajador de los Estados Unidos, Sumner Welles, el tratado de reciprocidad comercial, gestionado en 1933 y firmado en 1934.

> ...El Gobierno cubano a su vez nos garantizaría prácticamente el monopolio del mercado cubano para las importaciones norteamericanas con la única reserva de que en vista del hecho de que Gran Bretaña era el principal cliente de Cuba para aquella porción de las exportaciones azucareras que no va a los Estados Unidos, el Gobierno cubano desearía conceder ciertas ventajas a una limitada categoría de importaciones procedentes de Gran Bretaña.

...Finalmente, la negociación en este momento del acuerdo comercial recíproco con Cuba sobre las líneas antes indicadas, no solamente reviviría a Cuba, sino que nos daría el control práctico del mercado que hemos estado perdiendo continuadamente durante los pasados diez años, no solo para nuestros productos manufacturados, sino para nuestras exportaciones agrícolas, y de modo notable en categorías tales como el trigo, las grasas animales, productos de carne, arroz y papas. (Telegrama del embajador Welles al Secretario de Estado norteamericano, enviado el 13 de mayo de 1933, y publicado en las páginas 289–90, del volumen V de la publicación *Foreign Relations of the United States*, correspondiente a 1933).

Los resultados del titulado tratado de reciprocidad comercial confirmaron el juicio del embajador Welles.

Nuestro país debía salir con su producto fundamental, el azúcar, a recoger divisas por el mundo entero para establecer el equilibrio de la balanza con los Estados Unidos y las tarifas especiales impuestas impedían que los productores de otros países europeos o los propios productores nacionales pudieran competir con los norteamericanos.

Basta citar unas cifras para probar este papel que Cuba jugaba de buscar divisas por todo el mundo para Estados Unidos. En el período de 1948–57, Cuba tuvo un persistente saldo comercial negativo con Estados Unidos ascendente en total a 328.7 millones de pesos, en tanto que en el resto del mundo su balance comercial fue persistentemente favorable llegando a un total de 1,274.6 millones. Y el balance de pagos en el período de 1948–58, fue todavía más elocuente. Cuba tuvo un balance positivo con el mundo, fuera de los Estados Unidos, de 543.9 millones de pesos que perdió a manos de su rico vecino con el que tuvo un saldo negativo de 952.1 millones de pesos, lo que determinó una reducción de su fondo de divisas en 408.2 millones de pesos, equivalentes a dólares.

La así llamada Alianza para el Progreso es otra demostración palpable de los métodos fraudulentos usados por los Estados Unidos para mantener falsas esperanzas en los pueblos, mientras la explotación se agudiza.

Cuando nuestro Primer Ministro Fidel Castro en Buenos Aires en 1959, señaló una necesidad mínima adicional de 3,000 millones de dólares anuales de ingresos externos para financiar un ritmo de desarrollo que en verdad redujera la abismante diferencia que separa a América Latina de los países desarrollados, muchos pensaron que la cifra era desorbitada. En Punta del Este, sin embargo, ya se prometieron 2,000 millones anuales. Hoy se reconoce que la sola pérdida por el deterioro de los términos del intercambio en 1961 (último año disponible para nosotros) requeriría para su compensación un 30 por ciento anual más que los hipotéticos fondos prometidos. Y se da la situación paradójica de que mientras los préstamos no llegan o llegan destinados a proyectos que poco o nada contribuyen al desarrollo industrial de la región, se transfieren cantidades crecidas de divisas hacia los países industrializados, lo que significa que las riquezas logradas con el trabajo de pueblos que en su mayoría viven en el atraso, el hambre y la miseria, son disfrutadas por los círculos capitalistas. Así, en 1961, de acuerdo con las cifras de la CEPAL [Comisión Económica para América Latina], salieron desde América Latina por concepto de utilidades de las inversiones extranjeras y remesas parecidas 1,735 millones de dólares y por concepto de pagos de deudas externas a corto y largo plazo 1,456 millones de dólares. Si a esto se agrega la pérdida indirecta en el poder de compra de las exportaciones (o deterioro de los términos del intercambio) ascendente a 2,660 millones de dólares en 1961 y 400 millones por la fuga de capitales, se tiene un volumen global de más de 6,200 millones de dólares, es decir, más de tres Alianzas para el Progreso anuales. De tal manera que, si la situación para 1964 no ha empeorado más aún durante los tres meses de sesiones de esta conferencia, los países de América Latina incorporados a la Alianza para el Progreso perderán directa o indirectamente casi 1,600 millones de dólares de las riquezas creadas mediante el trabajo de sus pueblos. Como contrapartida, los anunciados fondos, durante el año pudieron llegar, con optimismo, apenas a la mitad de los 2,000 millones prometidos.

La experiencia de América Latina en cuanto a los resultados reales de este tipo de "ayuda", que se plantea como la más acertada y como el mejor remedio para mejorar los ingresos externos, en vez de hacerlo directamente elevando el volumen del valor de las exportaciones y modificando su estructura, es triste. Por eso debe ser instructivo para otras regiones y para el mundo subdesarrollado en general. Hoy esa región no solo está prácticamente estancada en su crecimiento, sino que además se ve asolada por la inflación y el desempleo y gira en el círculo vicioso del endeudamiento externo, soportando tensiones que se resuelven, a veces, por la lucha armada. Cuba denunció en su momento estos hechos y predijo los resultados, anunciando que rechazaba cualquier otra implicación que la emanada de su ejemplo y su apoyo moral. El desarrollo de los acontecimientos nos da la razón. La Segunda Declaración de La Habana demuestra su vigencia histórica.

Este complejo de fenómenos analizados para América Latina, pero válidos para todo el mundo dependiente, tiene como resultado el garantizar a las potencias desarrolladas el mantenimiento de condiciones de comercio que provocan el deterioro de los términos de intercambio entre los países dependientes y los países desarrollados.

Este aspecto, uno de los más evidentes y que no ha podido ser cubierto por la maquinaria de la propaganda capitalista, es otro de los factores que provocan la reunión a que asistimos. Nosotros habíamos preparado una pequeña tabla gráfica, pero las palabras recientes del señor secretario general de la conferencia, con cifras abrumadoras, nos relevan de presentar aquí este modestísimo trabajo que no significa ningún aporte, sino solamente mostrar algunas cifras.

Muchos países subdesarrollados, analizando sus males, llegan a una conclusión de bases aparentemente lógicas: expresan que si el deterioro de los términos del intercambio es una realidad objetiva y base de la mayoría de los problemas, debido a la deflación de los precios de las materias primas que exportan y al alza de los precios de los productos manufacturados que importan, todo esto en el ámbito del mercado mundial, al realizarse las relaciones comerciales con los países socialistas en base a los precios vigentes en estos mercados, éstos se benefician con el estado de cosas existentes, ya que son, en general, exportadores de manufacturas e importadores de materias primas.

Nosotros debemos contestar honesta y valientemente que esto es así; pero con la misma honestidad se debe reconocer que aquellos países no han provocado esta situación (apenas absorben el 10% de las exportaciones de productos primarios de los países subdesarrollados al resto del mundo), y que, por circunstancias históricas, se han visto obligados a comerciar en las condiciones existentes en el mercado mundial, producto del dominio imperialista sobre la economía interna y los mercados externos de los países dependientes. No son éstas las bases sobre las cuales los países socialistas establecen su comercio a largo plazo con los países subdesarrollados. Existen de ello numerosos ejemplos, entre los cuales especialmente, se encuentra Cuba. Cuando nuestro status social cambió y nuestras relaciones con el campo socialista adquirieron otro grado de confianza mutua, sin dejar de ser subdesarrollados, establecimos relaciones de un nuevo tipo con los países de ese campo. La más alta expresión de estas relaciones son los acuerdos sobre el precio del azúcar con la Unión Soviética, mediante los cuales aquella potencia hermana se compromete a adquirir cantidades crecientes de nuestro producto básico a precios estables y justos ya convenidos hasta el año 1970.

No hay que olvidar tampoco que hay países subdesarrollados de diferentes condiciones y que mantienen diferentes políticas hacia el campo socialista. Hay algunos, como Cuba, que han elegido el camino del socialismo.

Los hay que tienen un relativo desarrollo capitalista y están iniciando la producción exportable de productos manufacturados. Los hay que tienen relaciones neocoloniales, y los hay con una estructura casi absolutamente feudal y hay otros que, desafortunadamente, no participan en conferencias de este tipo, porque los países desarrollados no les han concedido la independencia a que sus pueblos aspiran, como el caso de la Guayana Inglesa, Puerto Rico y otros, en nuestro continente, en África y Asia. Salvo en el primero de estos grupos, la penetración de los capitales extranjeros se ha hecho sentir de una manera o de otra y las demandas que hoy se hacen a los países socialistas deben establecerse sobre la base real de que se dialoga, en algunos casos, de país subdesarrollado a país desarrollado, pero, casi siempre se establece el dialogo de país discriminado a país discriminado. En muchas oportunidades, los mismos países que reclaman un trato preferencial unilateral a los desarrollados, sin exclusión, considerando, por tanto, en este campo a los países socialistas, ponen trabas de todo tipo al comercio directo con aquellos estados, existiendo el peligro de que pretendan comerciar a través de subsidiarias nacionales de las potencias imperialistas que pudieran obtener así ganancias extraordinarias, por la vía de la presentación de un país dado como subdesarrollado con derecho a la obtención de preferencias unilaterales.

Si no queremos hacer naufragar esta Conferencia, debemos mantenernos rígidamente dentro de los principios.

Como país subdesarrollado, debemos hablar de la razón que nos acompaña. En nuestro caso particular como país socialista, podemos hablar también de la discriminación que se realiza contra nosotros, no solo por parte de algunos países capitalistas desarrollados, sino también por los países subdesarrollados que responden consciente o inconscientemente a los intereses del capital monopolista que ha asumido el control fundamental de su economía.

No creemos que la actual relación de precios en el mundo sea la justa, pero no es lo único injusto que existe. Existe la explotación directa de unos países por otros, existe la discriminación entre países atendiendo a sus diferentes estructuras económicas, existe, como ya lo indicamos, la penetración de capitales extranjeros que llegan a controlar la economía de un país en su propio beneficio. Si somos consecuentes al hacer peticiones a los países socialistas desarrollados, debemos también anunciar las medidas que vamos a tomar para que cesen la discriminación y, al menos, las formas más ostensibles y peligrosas de la penetración imperialista.

Conocida es la discriminación que se ha realizado en el comercio por las metrópolis imperialistas a los países socialistas con el fin de impedir su desarrollo. A veces ha adquirido formas de verdadero bloqueo, el que se mantiene en grado casi absoluto contra la República Democrática Alemana, la República Popular China, la República Popular Democrática de Corea, la República Democrática de Vietnam y la República de Cuba por parte del imperialismo norteamericano.

Es conocido de todos cómo esta política ha fallado y cómo otros poderes que, al principio siguieron a los Estados Unidos, se fueron poco a poco separando de esta potencia con la intención del logro de sus propios beneficios. A estas alturas, el fracaso de esta política es más que evidente.

También se han efectuado discriminaciones en el comercio de los países dependientes y los países socialistas, con el fin fundamental de que los monopolios no perdieran su campo de explotación y al mismo tiempo reforzaran el bloqueo del campo socialista. Esta política también está fracasando y cabe reflexionar si es lógico seguir atado a intereses foráneos condenados históricamente o si es hora de romper todas las trabas al comercio y ampliar los mercados en el área socialista.

Aún se mantienen las distintas formas de discriminación que obstaculizan el comercio y permiten el manejo más cómodo por parte de los imperialistas de una serie de productos básicos y una serie de países que los producen. Es sencillamente ridículo, en la era atómica, dar el carácter de material estratégico e impedir el comercio de algunos productos como el cobre y otros minerales.

Sin embargo, esa política se ha mantenido y se mantiene todavía. Se habla también de supuestas incompatibilidades entre el monopolio estatal de comercio exterior y las formas de comercio adoptadas por los países capitalistas, y por ello se establecen relaciones discriminatorias, cuotas, etc., maniobras en las cuales el GATT ha jugado un papel preponderante bajo la apariencia formal de luchar contra las relaciones injustas.

La discriminación al comercio estatal sirve no solo de arma contra los países socialistas, sino también va encaminada a impedir que los países subdesarrollados adopten una de las medidas más urgentes para realizar su poder de negociación en el mercado internacional o contrarrestar la acción de las monopolios.

La suspensión de la ayuda económica por parte de los organismos internacionales a aquellos países que adoptan el sistema socialista de gobierno es otra variación del mismo tema. El ataque del Fondo Monetario Internacional a los convenios bilaterales de pago con los países socialistas y la imposición a sus miembros más débiles de una política en contra de esa forma de relación entre los pueblos, ha sido el pan nuestro de cada día en los últimos años.

Como ya señalamos, todas estas medidas discriminatorias impuestas tienen la doble intención de bloquear el campo socialista y de reforzar la explotación de los países subdesarrollados.

Así como es cierto que los precios actuales son injustos, también lo es que éstos están condicionados por la limitación monopolista de los mercados y el establecimiento de relaciones políticas que hacen de la libre competencia una palabra de significado unilateral, libre competencia para los monopolios, zorro libre entre gallinas libres. Si se abrieran los amplios y crecientes mercados del campo socialista, aun sin considerar los acuerdos que pueden emanar de esta Conferencia, éstos contribuirán al aumento de los precios de las materias primas. El mundo tiene hambre, pero no tiene dinero para comprar comida y paradójicamente, en el mundo subdesarrollado, en el mundo del hambre, se desalientan posibles expansiones de la producción de alimentos para mantener precios, es decir, para poder comer. Es la ley inexorable de la filosofía del despojo que debe cesar como norma de relaciones entre los pueblos.

Existe, además, la posibilidad de que algunos países subdesarrollados exporten manufacturas a los países capitalistas e, incluso, de que se hagan acuerdos a largo plazo para lograr el mejor aprovechamiento de las riquezas naturales de algunos pueblos y la especialización en determinadas ramas industriales que les permitan participar en el comercio del mundo como países productores de manufacturas.

Todo ello se pudiera complementar mediante el otorgamiento de créditos a largo plazo para el desarrollo de las industrias o ramas industriales de que hablamos, pero debe considerarse siempre que hay ciertas medidas en las relaciones entre los países socialistas y los países subdesarrollados que no pueden ser tomadas unilateralmente.

Se da la extraña paradoja de que, mientras las Naciones Unidas prevén en sus informes tendencias deficitarias en el comercio exterior de los países subdesarrollados y el secretario general de la Conferencia, doctor Prebish, enfatiza sobre los peligros que entraña el mantenimiento de este estado de cosas, todavía se habla de la posibilidad y, en algunos casos, como el de los materiales llamados estratégicos, de la necesidad de la discriminación a ciertos estados por pertenecer al campo de los países socialistas.

Todas estas anomalías pueden producirse por el hecho cierto de que los países subdesarrollados, en la etapa actual de la humanidad, son el campo de batalla de tendencias económicas que abarcan varios períodos de la historia. En algunos existe el feudalismo; en otros, las burguesías nacientes, débiles todavía, deben afrontar la doble presión de los intereses imperialistas y de su proletariado, que lucha por una más justa distribución de los ingresos. En esta disyuntiva, algunas burguesías nacionales han mantenido su independencia o han encontrado cierta forma de acción común con el proletariado; pero otra parte de ellas ha hecho causa común con el imperialismo, se han convertido en sus apéndices, sus agentes, y han transmitido esta cualidad a los gobiernos que la representan.

Es preciso advertir que este tipo de dependencia, usada con habilidad, puede poner en peligro el logro de avances serios en la Conferencia, pero también que las ventajas que estos gobiernos obtengan en el día de hoy como precio a la desunión, serán pagadas con creces el día de mañana, cuando deban afrontar solitarios, soportando además la hostilidad de sus propios pueblos, el embate monopolista que no tiene otra ley que la ganancia máxima.

Hemos hecho el análisis somero de las causas y consecuencias de las contradicciones entre el campo socialista y el campo imperialista y entre el campo de los países explotados y los países explotadores.

Aquí hay dos peligros claros para la paz del mundo. Pero también hay que señalar que el auge creciente de algunos países capitalistas y su expansión fatal en la búsqueda de nuevos mercados, ha condicionado cambios en la correlación de fuerzas entre ellos y tensiones muy dignas de tenerse en cuenta para la preservación de la paz mundial.

Recuérdese que las dos últimas conflagraciones totales se iniciaron por los choques entre potencias desarrolladas que no encontraron otro camino de solución que la fuerza. A todas luces se están observando una serie de fenómenos que demuestran la agudización creciente de esa lucha. Esto puede traer peligros reales para la paz en el mundo en un futuro, pero resulta harto peligroso para el desarrollo armónico de esta Conferencia en el día de hoy: hay una clara distribución de esfera de influencia entre los Estados Unidos y otras potencias capitalistas desarrolladas que abarcan los continentes atrasados y en algunos casos a Europa. Si esas influencias tienen tal fuerza que puedan convertir el campo de los países explotados en escenario de batallas cuyos contendientes luchen en aras del beneficio de las potencias imperialistas, la Conferencia habrá naufragado.

Cuba considera, al igual que se expresa en la declaración conjunta de los países subdesarrollados, que los problemas del comercio de nuestros países son bien conocidos y que lo que se requiere es la adopción de principios claros y una actuación concreta que lleven al establecimiento de una nueva era en el mundo. Considera también que la declaración de principios presentada por la URSS y otros países socialistas, constituye una base correcta para iniciar el diálogo y la apoya plenamente. Igualmente, nuestro país apoya aquellas medidas planteadas en la reunión de expertos de Brasilia que se traduce en la aplicación consecuente de los principios que propugnamos y que a continuación exponemos.

Cuba hace una definición previa: no debemos venir a implorar ayuda, debemos exigir justicia, pero no la justicia sujeta a las falaces interpretaciones que a menudo hemos visto triunfar en las reuniones de organismos internacionales; justicia que quizás los pueblos no sepan definir en términos jurídicos, pero cuyo anhelo brota desde el fondo de espíritus oprimidos por generaciones de explotación.

Cuba afirma que debe surgir de esta conferencia una definición del comercio internacional como instrumento idóneo para el más rápido desarrollo económico de los pueblos subdesarrollados y discriminados y que esta definición debe conllevar la eliminación de todas las discriminaciones y diferencias, aun las que emanan del supuesto trato igualitario. El trato debe ser equitativo, y equidad no es, en este caso, igualdad. Equidad es la desigualdad necesaria para que los pueblos explotados alcancen un nivel de vida aceptable. Debemos dejar establecidas aquí las bases para la implantación de una nueva división internacional del trabajo, mediante el aprovechamiento pleno de todos los recursos naturales de un país, elevando progresivamente su grado de elaboración hasta las más complicadas formas de la manufactura.

Igualmente, la nueva división del trabajo deberá lograrse a través de la restitución de los mercados para los productos tradicionales de exportación de los países subdesarrollados que les han sido arrebatados por las medidas artificiales de protección y estímulo a la producción de los países desarrollados y una participación justa en los futuros aumentos del consumo.

Esta Conferencia deberá recomendar formas concretas de reglamentación sobre el uso de los excedentes de productos básicos, impidiendo que se transformen en forma de subsidios a exportación de países desarrollados en detrimento de las exportaciones tradicionales de los países subdesarrollados o en instrumento de penetración de capitales extranjeros en un país subdesarrollado. Resulta inconcebible que los países subdesarrollados que sufren las enormes pérdidas del deterioro de los términos del intercambio, que a través de la sangría permanente de las remesas de utilidades han amortizado con creces el valor de las inversiones de las potencias imperialistas, tengan que afrontar la carga creciente del endeudamiento y de su amortización, mientras se desconocen sus más justas demandas. La delegación de Cuba propone que, hasta tanto los precios de los productos que exportan los países subdesarrollados no hayan alcanzado un nivel que les restituya de las pérdidas sufridas en la última década, se suspendan todos los pagos por concepto de dividendos, intereses y amortizaciones.

Debe establecerse bien claro el peligro que entrañan para el comercio y la paz del mundo las inversiones de capital extranjero que dominen la economía de un país cualquiera, el deterioro de los términos del intercambio, el control de los mercados de un país por otro, las relaciones discriminatorias, o el uso de la fuerza como instrumento de convicción.

Esta Conferencia debe asimismo dejar claramente establecido el derecho de todos los pueblos a una irrestricta libertad de comercio y a la prohibición a todos los países signatarios del acuerdo que de ella emane, de restringirlo en cualquier forma, directa o indirectamente.

Quedará claramente establecido el derecho de todos los países a la libre contratación de su carga marítima o aérea y al libre tránsito por el mundo sin obstáculos de ninguna especie.

Se debe condenar la aplicación del estímulo de medidas de carácter económico utilizadas por un estado para forzar la libertad soberana de otro y obtener de éste ventajas de cualquier naturaleza del colapso de su economía.

Para todo lo que antecede es necesario el total ejercicio del principio de autodeterminación que consagra la carta de las Naciones Unidas y la reafirmación del derecho de los estados a disponer de sus recursos, a darse la forma de organización económica y política que más le conviniere y a escoger sus propias vías de desarrollo y especialización de la actividad económica, sin ser por ello objeto de represalias de ningún tipo.

La Conferencia debe adoptar medidas para implementar la creación de organismos financieros, crediticios y arancelarios, cuyas normas se basen en la igualdad irrestricta, en la justicia y la equidad y que reemplacen los actuales organismos obsoletos desde el punto de vista funcional, y condenables desde el punto de vista de su objetivo concreto.

Para garantizar la total disposición de los recursos de un pueblo por parte de éste, es necesario condenar la existencia de bases extranjeras, la permanencia, transitoria o no, de tropas extranjeras en un país dado, sin su consentimiento, y el mantenimiento del régimen colonial por parte de algunas potencias capitalistas desarrolladas.

Para todos estos efectos, es necesario que la Conferencia llegue al acuerdo, y asiente las bases firmes de la constitución de una organización internacional de comercio, regida por el principio de la igualdad y universalidad de sus miembros, y que tenga la suficiente autoridad como para tomar decisiones que deban ser respetadas por todos los países signatarios, borrando la práctica de mantener alejados de estos foros, a países que han obtenido la liberación después del establecimiento de las Naciones Unidas, y cuyos sistemas sociales no gustaren a determinados poderosos del mundo. Solo la constitución de un organismo del tipo apuntado que suplante a los actuales organismos que sirven de sostén al *status quo* y de la discriminación y no fórmulas mediatizadas que solo sirven para que periódicamente hablemos de lo que ya conocemos hasta el cansancio, es lo que puede garantizar el cumplimiento de nuevas normas en las relaciones internacionales y el logro de la seguridad económica que se persigue.

Para todos estos efectos en todos los puntos pertinentes deben fijarse exactamente los plazos para el logro de las medidas establecidas. Estos son, señores delegados, los puntos más importantes que la delegación cubana quería hacer llegar a ustedes. Debe señalarse que muchas de las ideas que hoy se consagran al ser expresadas por organismos internacionales, por el preciso análisis de la situación actual de los países en desarrollo, presentado por el secretario general de la Conferencia señor Prebish, e iniciativas aprobadas por otros estados (comercio con los países socialistas, obtención de créditos de los mismos, la necesidad de reformas sociales básicas para el desarrollo económico, etc.), fueron planteadas y puestas en práctica por Cuba durante los cinco años de Gobierno revolucionario y le significaron ser víctima de condenas injustas y de agresiones económicas y militares aprobadas por algunos de los países que hoy la sustentan.

Baste recordar las críticas y condenas recibidas por nuestro país por establecer relaciones de intercambio y colaboración con países fuera de nuestro hemisferio y aún en estas precisas horas, la exclusión de facto del grupo regional latinoamericano que se reúne bajo los auspicios de la Carta de Alta Gracia, es decir, de la OEA, de la que Cuba está excluida.[13]

Hemos tratado los puntos fundamentales en cuanto al comercio exterior, la necesidad de los cambios en la política exterior de los países desarrollados frente a los subdesarrollados y la necesidad de reestructuración de todos los organismos internacionales de crédito, financiamiento y otros, pero es necesario recalcar que no son condiciones suficientes para garantizar un desarrollo económico, sino que requieren además otras medidas que Cuba, país subdesarrollado, ha puesto en práctica.

Como mínimo es necesario establecer el control de cambio, impidiendo las remesas de fondos al extranjero o limitándolas en grado apreciable; el control del comercio exterior por parte del estado, la reforma agraria; la recuperación por la nación de todos sus recursos naturales; el impulso a la enseñanza de la técnica y otras medidas de reordenamiento interno imprescindibles para iniciar el camino de un desarrollo acelerado.

Cuba no señala entre las medidas mínimas imprescindibles el que el estado tome en su poder todos los medios de producción, por respeto a la voluntad de los gobiernos aquí representados; pero estima que esa medida contribuiría a solucionar los graves problemas que se debaten, con mayor eficiencia y más rapidez.

¿Y los imperialistas se quedarán cruzados de brazos? No. El sistema que practican es el causante de los males que padecemos, pero tratarán de oscurecer las causas con alegatos fraudulentos, en lo que son maestros. Tratarán de mediatizar la Conferencia y desunir el campo de los países explotados ofreciendo migajas. Por todos los medios, tratarán de mantener la vigencia de los viejos organismos internacionales que también sirven a sus fines, ofreciendo reformas carentes de profundidad. Buscarán la forma de que la Conferencia llegue a un callejón sin salida y se suspenda o aplace. Tratarán de que pierda importancia frente a otros eventos por ellos convocados, o que lleguen a un final sin definiciones concretas. No aceptarán un nuevo organismo internacional de comercio, amenazarán con boicotearlo y probablemente lo practiquen, tratarán de demostrar que la actual división internacional del trabajo es beneficiosa para todos, calificando la industrialización de una ambición desmedida y peligrosa. Y, por último, alegarán que la culpa del subdesarrollo la tienen los subdesarrollados.

A esto último podemos contestar que, en cierta medida, han tenido razón, y que la tendrán mucho más si no somos capaces de unirnos leal y decididamente para presentar el frente único de los discriminados y explotados.

Las preguntas que deseamos hacer a esta asamblea son: ¿Seremos capaces de realizar la tarea que la historia nos demanda? ¿Tendrán los países capitalistas desarrollados la perspicacia política para acceder a las demandas mínimas?

Si las medidas aquí indicadas no pueden ser adoptadas por esta Conferencia y solo se registra una vez más un documento híbrido plagado de pronunciamientos vagos, repletos de fórmulas escapatorias; si no se eliminan las barreras económicas y políticas que impiden, tanto el comercio entre todas las regiones del mundo como la colaboración internacional, los países subdesarrollados seguirán confrontando situaciones económicas cada vez más difíciles y la tensión del mundo puede aumentar peligrosamente.

En cualquier momento podría surgir la chispa de una conflagración mundial provocada por la ambición de algún país imperialista de destruir el campo de los países socialistas, o por contradicciones insalvables entre los propios países capitalistas en un futuro no muy lejano. Pero, además, crecerá cada día con mayor fuerza el sentimiento de rebeldía de los pueblos sujetos a distintos estados de explotación y se alzarán en armas para conquistar por la fuerza los derechos que el solo ejercicio de la razón no les ha permitido obtener.

Así sucede hoy con los pueblos de la llamada Guinea Portuguesa y de Angola, que luchan por liberarse del yugo colonial, y con el pueblo de Vietnam del Sur que, con las armas en la mano, está pronto a sacudir el yugo del imperialismo y sus títeres. Sépase que Cuba apoya y aplaude a estos pueblos que han dicho ¡basta! a la explotación después de agotar todas las posibilidades de una solución pacífica y que a su magnífica demostración de rebeldía va su solidaridad militante.

Expresados los puntos fundamentales en que se basa nuestro análisis de la situación actual, expresadas las recomendaciones que consideramos pertinentes a esta Conferencia y también, nuestras apreciaciones sobre el futuro, de no lograrse ningún avance en las relaciones comerciales entre los países —vehículo idóneo para aliviar la tensión y contribuir al desarrollo—, queremos dejar constancia de que nuestra esperanza es que se logre el diálogo constructivo de que habláramos. A obtener ese diálogo con beneficios para todos está encaminado nuestro esfuerzo. A impulsar la unidad del campo de los países subdesarrollados del mundo para ofrecer un frente cohesionado, van encaminados nuestros esfuerzos. En el éxito de esta Conferencia están puestas también nuestras esperanzas, y las uniremos cordialmente a las de los pobres del mundo, y a los países del campo socialista, poniendo todas nuestras escasas fuerzas al servicio de su triunfo.

En las Naciones Unidas

(11 de diciembre de 1964)

Discurso pronunciado en la XIX Asamblea General de las Naciones Unidas en Nueva York.

S eñor Presidente; señores delegados:
La representación de Cuba ante esta Asamblea se complace en cumplir, en primer término, el agradable deber de saludar la incorporación de tres nuevas naciones al importante número de las que aquí discuten problemas del mundo. Saludamos, pues, en las personas de su Presidente y Primeros Ministros, a los pueblos de Zambia, Malawi y Malta y hacemos votos porque estos países se incorporen desde el primer momento al grupo de naciones No Alineadas que luchan contra el imperialismo, el colonialismo y el neocolonialismo.

Hacemos llegar también nuestra felicitación al Presidente de esta Asamblea, [Alex Quaison-Sackey, de Ghana] cuya exaltación a tan alto cargo tiene singular significación pues ella refleja esta nueva etapa histórica de resonantes triunfos para los pueblos de África hasta ayer sometidos al sistema colonial del imperialismo y que hoy, en su inmensa mayoría, en el ejercicio legítimo de su libre determinación, se han constituido en estados soberanos. Ya ha sonado la hora postrera del colonialismo y millones de habitantes de África, Asia y América Latina se levantan al encuentro de una nueva vida e imponen su irrestricto derecho a la autodeterminación y el desarrollo independiente de sus naciones. Le deseamos, señor Presidente, el mayor de los éxitos en la tarea que le fuera encomendada por los países miembros.

Cuba viene a fijar su posición sobre los puntos más importantes de controversia y lo hará cson todo el sentido de la responsabilidad que entraña el hacer uso de esta tribuna; pero al mismo tiempo, respondiendo al deber insoslayable de hablar con toda claridad y franqueza.

Quisiéramos ver desperezarse a esta Asamblea y marchar hacia adelante, que las comisiones comenzaran su trabajo y que éste no se detuviera en la primera confrontación. El imperialismo quiere convertir esta reunión en un vano torneo oratorio en vez de resolver los graves problemas del mundo; debemos impedírselo. Esta Asamblea no debiera recordarse en el futuro solo por el número XIX que la identifica. A lograr ese fin van encaminados nuestros esfuerzos.

Nos sentimos con el derecho y la obligación de hacerlo debido a que nuestro país es uno de los puntos constantes de fricción, uno de los lugares donde los principios que sustentan los derechos de los países pequeños a su soberanía están sometidos a prueba día a día y minuto a minuto y al mismo tiempo, una de las trincheras de la libertad del mundo situada a pocos pasos del imperialismo norteamericano para mostrar con su acción, con su ejemplo diario, que los pueblos sí pueden liberarse y sí pueden mantenerse libres en las actuales condiciones de la humanidad. Desde luego, ahora existe un campo socialista cada día más fuerte y con armas de contención más poderosas. Pero se requieren condiciones adicionales para la supervivencia: mantener la cohesión interna, tener fe en los propios destinos y decisión irrenunciable de luchar hasta la muerte en defensa del país y de la revolución. En Cuba se dan esas condiciones, señores delegados.

De todos los problemas candentes que deben tratarse en esta Asamblea uno de los que para nosotros tiene particular significación y cuya definición creemos debe hacerse en forma que no deje dudas a nadie, es el de la coexistencia pacífica entre estados de diferentes regímenes económico-sociales. Mucho se ha avanzado en el mundo en este campo; pero el imperialismo —norteamericano sobre todo— ha pretendido hacer creer que la coexistencia pacífica es de uso exclusivo de las grandes potencias de la tierra. Nosotros expresamos aquí lo mismo que nuestro Presidente expresara en El Cairo y lo que después quedara plasmado en la declaración de la Segunda Conferencia de Jefes de Estado o de Gobierno de Países No Alineados: que no puede haber coexistencia pacífica entre poderosos solamente, si se pretende asegurar la paz del mundo.[14] La coexistencia pacífica debe ejercitarse entre todos los estados, independientemente de su tamaño, de las anteriores relaciones históricas que los ligara y de los problemas que se suscitaren entre algunos de ellos, en un momento dado.

Actualmente, el tipo de coexistencia pacífica a que nosotros aspiramos no se cumple en multitud de casos. El reino de Cambodia, simplemente por mantener una actitud neutral y no plegarse a las maquinaciones del imperialismo norteamericano, se ha visto sujeto a toda clase de ataques alevosos y brutales, partiendo de las bases que los yanquis tienen en Vietnam del Sur. Laos, país dividido, ha sido objeto también de agresiones imperialistas de todo tipo, su pueblo masacrado desde el aire, las convenciones que se firmaran en Ginebra han sido violadas y parte del territorio está en constante peligro de ser atacado a mansalva por las fuerzas imperialistas. La República Democrática de Vietnam, que sabe de todas estas historias de agresiones como pocos pueblos de la tierra, ha visto una vez más violadas sus fronteras, ha visto cómo aviones de bombardeo y cazas enemigos disparaban contra sus instalaciones; cómo los barcos de guerra norteamericanos, violando aguas territoriales, atacaban sus puestos navales. En estos instantes, sobre la Republica Democrática de Vietnam pesa la amenaza de que los guerreristas norteamericanos extiendan abiertamente sobre su territorio y su pueblo la guerra que, desde hace varios años, están llevando a cabo contra el pueblo de Vietnam del Sur. La Unión Soviética y la Republica Popular China han hecho advertencias serias a los Estados Unidos. Estamos frente a un caso en el cual la paz del mundo está en peligro; pero, además, la vida de millones de seres de toda esta zona del Asia está constantemente amenazada, dependiendo de los caprichos del invasor norteamericano.

La coexistencia pacífica también se ha puesto a prueba en una forma brutal en Chipre debido a presiones del Gobierno turco y de la OTAN, obligando a una heroica y enérgica defensa de su soberanía hecha por el pueblo de Chipre y su Gobierno.

En todos estos lugares del mundo, el imperialismo trata de imponer su versión de lo que debe ser la coexistencia; son los pueblos oprimidos, en alianza con el campo socialista, los que le deben enseñar cuál es la verdadera, y es obligación de las Naciones Unidas apoyarlos.

También hay que esclarecer que no solamente en relaciones en las cuales están imputados estados soberanos, los conceptos sobre la coexistencia pacífica deben ser bien definidos. Como marxistas, hemos mantenido que la coexistencia pacífica entre naciones no engloba la coexistencia entre explotadores y explotados, entre opresores y oprimidos. Es, además, un principio proclamado en el seno de esta organización, el derecho a la plena independencia contra todas las formas de opresión colonial. Por eso, expresamos nuestra solidaridad hacia los pueblos, hoy coloniales, de la Guinea llamada portuguesa, de Angola o Mozambique, masacrados por el delito de demandar su libertad y estamos dispuestos a ayudarlos en la medida de nuestras fuerzas, de acuerdo con la declaración de El Cairo.

Expresamos nuestra solidaridad al pueblo de Puerto Rico y su gran líder, Pedro Albizu Campos, el que, en un acto más de hipocresía, ha sido dejado en libertad, a la edad de 72 años, sin habla casi, paralítico, después de haber pasado en la cárcel toda una vida. Albizu Campos es un símbolo de la América Latina todavía irredenta, pero indómita. Años y años de prisiones, presiones casi insoportables en la cárcel, torturas mentales, la soledad, el aislamiento total de su pueblo y de su familia, la insolencia del conquistador y de sus lacayos en la tierra que le vio nacer; nada dobló su voluntad. La delegación de Cuba rinde, en nombre de su pueblo, homenaje de admiración y gratitud a un patriota que dignifica a nuestra América Latina.

Los norteamericanos han pretendido durante años convertir a Puerto Rico en un espejo de cultura híbrida; habla española con inflexiones en inglés, habla española con bisagras en el lomo para inclinarlo ante el soldado yanqui. Soldados portorriqueños han sido empleados como carne de cañón en guerras del imperio, como en Corea, y hasta para disparar contra sus propios hermanos, como en la masacre perpetrada por el ejército norteamericano, hace algunos meses, contra el pueblo inerme de Panamá — una de las más recientes fechorías del imperialismo yanqui.[15]

Sin embargo, a pesar de esa tremenda violentación de su voluntad y su destino histórico, el pueblo de Puerto Rico ha conservado su cultura, su carácter latino, sus sentimientos nacionales, que muestran por sí mismos la implacable vocación de independencia yaciente en las masas de la isla latinoamericana.

También debemos advertir que el principio de la coexistencia pacífica no entraña el derecho a burlar la voluntad de los pueblos, como ocurre en el caso de la Guayana llamada británica, en que el Gobierno del Primer Ministro Cheddy Jagan ha sido víctima de toda clase de presiones y maniobras y se ha ido dilatando el instante de otorgarle la independencia en la búsqueda de métodos que permitan burlar los deseos populares y asegurar la docilidad de un gobierno distinto al actual colocado allí por turbios manejos, para entonces otorgar una libertad castrada a este pedazo de tierra americana.

Cualesquiera que sean los caminos que la Guayana se vea obligada a seguir para obtenerla, hacia su pueblo va el apoyo moral y militante de Cuba.[16]

Debemos señalar, asimismo, que las islas de Guadalupe y Martinica están luchando por su autonomía desde hace tiempo, sin lograrla, y ese estado de cosas no debe seguir.

Una vez más elevamos nuestra voz para alertar al mundo sobre lo que esta ocurriendo en Sudáfrica; la brutal política del *apartheid* se aplica ante los ojos de las naciones del mundo. Los pueblos de África se ven obligados a soportar que en ese continente todavía se oficialice la superioridad de una raza sobre la otra, que se asesine impunemente en nombre de esa superioridad racial. ¿Las Naciones Unidas no harán nada para impedirlo?

Querría referirme específicamente al doloroso caso del Congo, único en la historia del mundo moderno, que muestra cómo se puede burlar con la más absoluta impunidad, con el cinismo más insolente, el derecho de los pueblos. Las ingentes riquezas que tiene el Congo y que las naciones imperialistas quieren mantener bajo su control son los motivos directos de todo esto. En la intervención que hubiera de hacer, a raíz de su primera visita a las Naciones Unidas, el compañero Fidel Castro advertía que todo el problema de la coexistencia entre las naciones se reducía al problema de la apropiación indebida de riquezas ajenas, y hacia la advocación siguiente: "cese la filosofía del despojo y cesará la filosofía de la guerra"; pero la filosofía del despojo no solo no ha cesado, sino que se mantiene más fuerte que nunca y, por eso, los mismos que utilizaron el nombre de las Naciones Unidas para perpetrar el asesinato de Lumumba, hoy, en nombre de la defensa de la raza blanca, asesinan a millares de congoleños.

¿Cómo es posible que olvidemos la forma en que fue traicionada la esperanza que Patricio Lumumba puso en las Naciones Unidas? ¿Cómo es posible que olvidemos los rejuegos y maniobras que sucedieron a la ocupación de ese país por las tropas de las Naciones Unidas, bajo cuyos auspicios actuaron impunemente los asesinos del gran patriota africano?

¿Cómo podremos olvidar, señores delegados, que quien desacató la autoridad de las Naciones Unidas en El Congo, y no precisamente por razones patrióticas, sino en virtud de pugnas entre imperialistas, fue Moisés Tshombe, que inició la secesión en Katanga con el apoyo belga?

¿Y cómo justificar, cómo explicar que, al final de toda la acción de las Naciones Unidas, Tshombe, desalojado de Katanga, regrese dueño y señor del Congo? ¿Quién podría negar el triste papel que los imperialistas obligaron a jugar a la Organización de Naciones Unidas?[17]

En resumen: se hicieron aparatosas movilizaciones para evitar la escisión de Katanga y hoy Tshombe está en el poder, las riquezas del Congo en manos imperialistas... ¡Y los gastos deben pagarlos las naciones dignas! ¡Qué buen negocio hacen los mercaderes de la guerra! Por eso el Gobierno de Cuba apoya la justa actitud de la Unión Soviética, al negarse a pagar los gastos del crimen.

Para colmo de escarnio, nos arrojan ahora al rostro estas últimas acciones que han llenado de indignación al mundo.

¿Quiénes son los autores? Paracaidistas belgas, transportados por aviones norteamericanos, que partieron de bases inglesas. Nos acordamos que ayer, casi, veíamos a un pequeño país de Europa, trabajador y civilizado, el reino de Bélgica, invadido por las hordas hitlerianas; amargaba nuestra conciencia el saber de ese pequeño pueblo masacrado por el imperialismo germano y lo veíamos con cariño. Pero esta otra cara de la moneda imperialista era la que muchos no percibíamos.

Quizás hijos de patriotas belgas que murieron por defender la libertad de su país, son los que asesinaran a mansalva a millares de congoleños en nombre de la raza blanca, así como ellos sufrieron la bota germana porque su contenido de sangre aria no era suficientemente elevado.

Vengar el crimen del Congo.

Nuestros ojos libres se abren hoy a nuevos horizontes y son capaces de ver lo que ayer nuestra condición de esclavos coloniales nos impedía observar; que la "civilización occidental" esconde bajo su vistosa fachada un cuadro de hienas y chacales.

Porque nada más que ese nombre merecen los que han ido a cumplir tan "humanitarias" tareas al Congo. Animal carnicero que se ceba en los pueblos inermes; eso es lo que hace el imperialismo con el hombre, eso es lo que distingue al "blanco" imperial.

Todos los hombres libres del mundo deben aprestarse a vengar el crimen del Congo.

Quizás muchos de aquellos soldados, convertidos en subhombres por la maquinaria imperialista, piensen de buena fe que están defendiendo los derechos de una raza superior; pero en esta Asamblea son mayoritarios los pueblos que tienen sus pieles tostadas por distintos soles, coloreadas por distintos pigmentos, y han llegado a comprender plenamente que la diferencia entre los hombres no está dada por el color de la piel, sino por las formas de propiedad de los medios de producción, por las relaciones de producción.

La delegación cubana hace llegar su saludo a los pueblos de Rhodesia del Sur y África Sudoccidental, oprimidos por minorías de colonos blancos. A Basutolandia, Bechuania y Swazilandia, a la Somalia francesa, al pueblo árabe de Palestina, a Adén y los protectorados, a Omán y a todos los pueblos en conflicto con el imperialismo o el colonialismo y les reitera su apoyo. Formula, además, voto por una justa solución al conflicto que la hermana República de Indonesia encara con Malasia.

Señor Presidente: uno de los temas fundamentales de esta Conferencia es el del desarme general y completo. Expresamos nuestro acuerdo con el desarme general y completo; propugnamos, además, la destrucción total de los artefactos termonucleares y apoyamos la celebración de una conferencia de todos los países del mundo para llevar a cabo estas aspiraciones de los pueblos. Nuestro Primer Ministro advertía, en su intervención ante esta Asamblea, que siempre las carreras armamentistas han llevado a la guerra. Hay nuevas potencias atómicas en el mundo; las posibilidades de una confrontación crecen.

Nosotros consideramos que es necesaria esa conferencia con el objetivo de lograr la destrucción total de las armas termonucleares y, como primera medida, la prohibición total de pruebas. Al mismo tiempo, debe establecerse claramente la obligación de todos los países de respetar las actuales fronteras de otros estados; de no ejercer acción agresiva alguna, aun cuando sea con armas convencionales. Al unirnos a la voz de todos los países del mundo que piden el desarme general y completo, la destrucción de todo el arsenal atómico, el cese absoluto de la fabricación de nuevos artefactos termonucleares y las pruebas atómicas de cualquier tipo, creemos necesario puntualizar que, además, debe también respetarse la integridad territorial de las naciones y debe detenerse el brazo armado del imperialismo, no menos peligroso porque solamente empuñe armas convencionales. Quienes asesinaron miles de indefensos ciudadanos del Congo, no se sirvieron del arma atómica; han sido armas convencionales, empuñadas por el imperialismo, las causantes de tanta muerte.

Aun cuando las medidas aquí preconizadas, de hacerse efectivas, harían inútil la mención, es conveniente recalcar que no podemos adherirnos a ningún pacto regional de desnuclearización mientras EE.UU. mantengan bases agresivas en nuestro propio territorio, en Puerto Rico, Panamá y otros estados americanos, donde se considera con derecho a emplazar, sin restricción alguna, tanto armas convencionales como nucleares. Descontando que las últimas resoluciones de la OEA, contra nuestro país, al que se podría agredir invocando el Tratado de Río[18], hace necesaria la posesión de todos los medios defensivos a nuestro alcance.

Creemos que si la conferencia de que hablábamos lograra todos esos objetivos, cosa difícil desgraciadamente, sería la más trascendental en la historia de la humanidad. Para asegurar esto sería preciso contar con la presencia de la República Popular China, y de ahí el hecho obligado de la realización de una reunión de ese tipo. Pero sería mucho más sencillo para los pueblos del mundo reconocer la verdad innegable de que existe la República Popular China, cuyos gobernantes son representantes únicos de su pueblo y darle el asiento a ella destinado, actualmente usurpado por la camarilla que con apoyo norteamericano mantiene en su poder la provincia de Taiwán.

El problema de la representación de China en las Naciones Unidas no puede considerarse en modo alguno como el caso de un nuevo ingreso en la Organización sino de restaurar los legítimos derechos de la República Popular China.

Debemos repudiar enérgicamente el complot de las "dos Chinas". La camarilla chiangkaichekista de Taiwán no puede permanecer en la Organización de las Naciones Unidas. Se trata, repetimos, de expulsar al usurpador e instalar al legítimo representante del pueblo chino.

Advertimos además contra la insistencia del Gobierno de los Estados Unidos en presentar el problema de la legítima representación de China en la ONU como una "cuestión importante" al objeto de imponer el quórum extraordinario de votación de las dos terceras partes de los miembros presentes y votantes.

El ingreso de la República Popular China al seno de las Naciones Unidas es realmente una cuestión importante para el mundo en su totalidad, pero no para el mecanismo de las Naciones Unidas donde debe constituir una mera cuestión de procedimiento. De esta forma se haría justicia, pero casi tan importante como hacer justicia quedaría, además, demostrado de una vez que esta augusta Asamblea tiene ojos para ver, oídos para oír, lengua propia para hablar, criterio certero para elaborar decisiones.

La difusión de armas atómicas entre los países de la OTAN y, particularmente, la posesión de estos artefactos de destrucción en masa por la República Federal Alemana, alejaría aún más la posibilidad de un acuerdo sobre el desarme, y unido a estos acuerdos va el problema de la reunificación pacífica de Alemania. Mientras no se logre un entendimiento claro, debe reconocerse la existencia de dos Alemanias, la República Democrática Alemana y la República Federal. El problema alemán no puede arreglarse si no es con la participación directa en las negociaciones de la República Democrática Alemana, con plenos derechos.

Tocaremos solamente los temas sobre desarrollo económico y comercio internacional que tienen amplia representación en la agenda. En este mismo año del 64 se celebró la Conferencia de Ginebra donde se trataron multitud de puntos relacionados con estos aspectos de las relaciones internacionales. Las advertencias y predicciones de nuestra delegación se han visto confirmadas plenamente, para desgracia de los países económicamente dependientes.

Solo queremos dejar señalado que, en lo que a Cuba respecta, los Estados Unidos de América no han cumplido recomendaciones explícitas de esa Conferencia y, recientemente, el Gobierno norteamericano prohibió también la venta de medicinas a Cuba, quitándose definitivamente la máscara de humanitarismo con que pretendió ocultar el carácter agresivo que tiene el bloqueo contra el pueblo de Cuba.

Por otra parte, expresamos una vez más que las lacras coloniales que detienen el desarrollo de los pueblos no se expresan solamente en relaciones de índole política: el llamado deterioro de los términos de intercambio no es otra cosa que el resultado del intercambio desigual entre países productores de materia prima y países industriales que dominan los mercados e imponen la aparente justicia de intercambio igual de valores.

Mientras los pueblos económicamente dependientes no se liberen de los mercados capitalistas y, en firme bloque con los países socialistas, impongan nuestras relaciones entre explotadores y explotados, no habrá desarrollo económico sólido, y se retrocederá, en ciertas ocasiones volviendo a caer los países débiles bajo el dominio político de los imperialistas y colonialistas.

Por último, señores delegados, hay que establecer claramente que se están realizando en el área del Caribe maniobras y preparativos para agredir a Cuba. En las costas de Nicaragua, sobre todo, en Costa Rica también, en la zona del Canal de Panamá, en las islas Vieques de Puerto Rico, en la Florida; probablemente, en otros puntos del territorio de los Estados Unidos y, quizás, también en Honduras, se están entrenando mercenarios cubanos y de otras nacionalidades con algún fin que no debe ser el más pacífico.

Después de un sonado escándalo, el Gobierno de Costa Rica, se afirma, ha ordenado la liquidación de todos los campos de adiestramiento de cubanos exilados en ese país. Nadie sabe si esa actitud es sincera o si constituye una simple coartada, debido a que los mercenarios entrenados allí estén a punto de cometer alguna fechoría. Esperemos que se tome clara conciencia de la existencia real de bases de agresión, lo que hemos denunciado desde hace tiempo, y se medite sobre la responsabilidad internacional que tiene el Gobierno de un país que autoriza y facilita el entrenamiento de mercenarios para atacar a Cuba.

Es de hacer notar que las noticias sobre el entrenamiento de mercenarios en distintos puntos del Caribe y la participación que tiene en tales actos el Gobierno norteamericano se dan con toda naturalidad en los periódicos de los Estados Unidos. No sabemos de ninguna voz latinoamericana que haya protestado oficialmente por ello. Esto nos muestra el cinismo con que manejan los Estados Unidos a sus peones. Los sutiles cancilleres de la OEA que tuvieron ojos para ver escudos cubanos y encontrar "pruebas irrefutables" en las armas yanquis exhibidas por Venezuela, no ven los preparativos de agresión que se muestran en los Estados Unidos, como no oyeron la voz del presidente Kennedy que se declaraba explícitamente agresor de Cuba en Playa Girón [Invasión de Bahía de Cochinos en abril de 1961].

En algunos casos es una ceguera provocada por el odio de las clases dominantes de países latinoamericanos sobre nuestra Revolución; en otros, más tristes aún, es producto de los deslumbrantes resplandores de Mammon.

Como es de todos conocido, después de la tremenda conmoción llamada Crisis del Caribe, los Estados Unidos contrajeron con la Unión Soviética determinados compromisos que culminaron en la retirada de cierto tipo de armas que las continuas agresiones de aquel país —como el ataque mercenario de Playa Girón y las amenazas de invadir nuestra patria— nos obligaron a emplazar en Cuba en acto de legítima e irrenunciable defensa.

Pretendieron los norteamericanos, además, que las Naciones Unidas inspeccionarán nuestro territorio, a lo que nos negamos enfáticamente, ya que Cuba no reconoce el derecho de los Estados Unidos, ni de nadie en el mundo, a determinar el tipo de armas que pueda tener dentro de sus fronteras.

En este sentido, solo acataríamos acuerdos multilaterales, con iguales obligaciones para todas las partes.

Como ha dicho Fidel Castro:

> Mientras el concepto de soberanía exista como prerrogativa de las naciones y de los pueblos independientes; como derecho de todos los pueblos, nosotros no aceptamos la exclusión de nuestro pueblo de ese derecho. Mientras el mundo se rija por esos principios, mientras el mundo se rija por esos conceptos que tengan validez universal, porque son universalmente aceptados y consagrados por los pueblos, nosotros no aceptaremos que se nos prive de ninguno de esos derechos, nosotros no renunciaremos a ninguno de esos derechos.

El señor secretario general de las Naciones Unidas, U Thant, entendió nuestras razones. Sin embargo, los Estados Unidos pretendieron establecer una nueva prerrogativa arbitraria e ilegal, la de violar el espacio aéreo de cualquier país pequeño. Así han estado surcando el aire de nuestra patria aviones U-2 y otros tipos de aparatos espías que, con toda impunidad, navegan en nuestro espacio aéreo. Hemos hecho todas las advertencias necesarias para que cesen las violaciones aéreas, así como las provocaciones que los marinos yanquis hacen contra nuestras postas de vigilancia en la zona de Guantánamo, los vuelos rasantes de aviones sobre buques nuestros o de otras nacionalidades en aguas internacionales, los ataques piratas a barcos de distintas banderas y las infiltraciones de espías, saboteadores y armas en nuestra Isla.

Nosotros queremos construir el socialismo; nos hemos declarado partidarios de los que luchan por la paz, nos hemos declarado dentro del grupo de Países No Alineados, a pesar de ser marxistas-leninistas, porque los No Alineados, como nosotros, luchan contra el imperialismo. Queremos paz, queremos construir una vida mejor para nuestro pueblo, y por eso, eludimos al máximo caer en las provocaciones maquinadas por los yanquis, pero conocemos la mentalidad de sus gobernantes; quieren hacernos pagar muy caro el precio de esa paz. Nosotros contestamos que ese precio no puede llegar más allá de las fronteras de la dignidad.

Y Cuba reafirma, una vez más, el derecho a tener en su territorio las armas que le conviniere y su negativa a reconocer el derecho de ninguna potencia de la tierra, por potente que sea, a violar nuestro suelo, aguas jurisdiccionales o espacio aéreo.

Si en alguna asamblea Cuba adquiere obligaciones de carácter colectivo, las cumplirá fielmente; mientras esto no suceda, mantiene plenamente todos sus derechos, igual que cualquier otra nación.

Ante las exigencias del imperialismo, nuestro Primer Ministro planteó los cinco puntos necesarios para que existiera una sólida paz en el Caribe. Estos son:

> Primero: Cese del bloqueo económico y de todas las medidas de presión comerciales y económicas que ejercen los Estados Unidos en todas partes del mundo contra nuestro país.
> Segundo: Cese de todas las actividades subversivas, lanzamiento y desembarco de armas y explosivos por aire y mar, organización de invasiones mercenarias, filtración de espías y saboteadores, acciones todas que se llevan a cabo desde el territorio de los Estados Unidos y de algunos países cómplices.
> Tercero: Cese de los ataques piratas que se llevan a cabo desde bases existentes en los Estados Unidos y en Puerto Rico.
> Cuarto: Cese de todas las violaciones de nuestro espacio aéreo y naval por aviones y navíos de guerra norteamericanos.
> Quinto: Retirada de la base naval de Guantánamo y devolución del territorio cubano ocupado por los Estados Unidos.

No se ha cumplido ninguna de estas exigencias elementales, y desde la base naval de Guantánamo, continúa el hostigamiento de nuestras fuerzas. Dicha base se ha convertido en guarida de malhechores y catapulta de introducción de éstos en nuestro territorio.

Cansaríamos a esta Asamblea si hiciéramos un relato medianamente detallado de la multitud de provocaciones de todo tipo. Baste decir que el número de ellas, incluidos los primeros días de este mes de diciembre, alcanza la cifra de 1,323, solamente en 1964.

La lista abarca provocaciones menores, como violación de la línea divisoria, lanzamiento de objetos desde el territorio controlado por los norteamericanos, realización de actos de exhibicionismo sexual por norteamericanos de ambos sexos, ofensas de palabra; hay otros de carácter más grave como disparos de armas de pequeño calibre, manipulación de armas apuntando a nuestro territorio y ofensas a nuestra enseña nacional; provocaciones gravísimas son: el cruce de la línea divisoria provocando incendios en instalaciones del lado cubano y disparos con fusiles, hecho repetido 78 veces durante el año, con el saldo doloroso de la muerte del soldado Ramón López Peña, de resultas de dos disparos efectuados por las postas norteamericanas situadas a 3.5 kilómetros de la costa por el límite noroeste. Esta gravísima provocación fue hecha a las 19.07 del día 19 de julio de 1964, y el Primer Ministro de nuestro Gobierno manifestó públicamente, el 26 de julio, que de repetirse el hecho se daría orden a nuestras tropas de repeler la agresión. Simultáneamente se ordenó el retiro de las líneas de avanzada de las fuerzas cubanas hacia posiciones más alejadas de la línea divisoria y la construcción de casamatas adecuadas.

1,323 provocaciones en 340 días significan aproximadamente 4 diarias. Solo un ejército perfectamente disciplinado y con la moral del nuestro, puede resistir tal cúmulo de actos hostiles sin perder la ecuanimidad.

Cuarenta y siete países reunidos en la Segunda Conferencia de Jefes de Estados o de Gobierno de Países No Alineados, en El Cairo, acordaron, por unanimidad:

> La Conferencia, advirtiendo con preocupación que las bases militares extranjeras constituyen, en la práctica un medio para ejercer presión sobre las naciones, y entorpecen su emancipación y su desarrollo, según sus concepciones ideológicas, políticas, económicas y culturales, declara que apoya sin reservas a los países que tratan de lograr la supresión de las bases extranjeras establecidas en su territorio y pide a todos los estados la inmediata evacuación de las tropas y bases que tienen en otros países.
>
> La Conferencia considera que el mantenimiento por los Estados Unidos de América de una base militar en Guantánamo (Cuba), contra la voluntad del Gobierno y el pueblo de Cuba, y contra las disposiciones de la Declaración de la Conferencia de Belgrado,

constituye una violación de la soberanía y la integridad territorial de Cuba.

La Conferencia, considerando que el Gobierno de Cuba se declara dispuesto a resolver su litigio con el Gobierno de los Estados Unidos de América acerca de la base de Guantánamo en condiciones de igualdad, pide encarecidamente al Gobierno de los Estados Unidos que entable negociaciones con el Gobierno de Cuba para evacuar esa base.

El Gobierno de los Estados Unidos no ha respondido a esa instancia de la Conferencia de El Cairo y pretende mantener indefinidamente ocupado por la fuerza un pedazo de nuestro territorio, desde el cual lleva a cabo agresiones como las detalladas anteriormente.

La Organización de Estados Americanos, también llamada por los pueblos Ministerio de Colonias norteamericano nos condenó "enérgicamente", aun cuando ya antes nos había excluido de su seno, ordenando a los países miembros que rompieran relaciones diplomáticas y comerciales con Cuba. La OEA autorizó la agresión a nuestro país, en cualquier momento, con cualquier pretexto, violando las más elementales leyes internacionales e ignorando por completo a la Organización de Naciones Unidas.

A aquella medida se opusieron con sus votos los países de Uruguay, Bolivia, Chile y México; y se opuso a cumplir la sanción, una vez aprobada, el Gobierno de los Estados Unidos Mexicanos; desde entonces no tenemos relaciones con países latinoamericanos salvo con aquel Estado, cumpliéndose así una de las etapas previas a la agresión directa del imperialismo.

Queremos aclarar, una vez más, que nuestra preocupación por Latinoamérica está basada en los lazos que nos unen: la lengua que hablamos, la cultura que sustentamos, el amo común que tuvimos. Que no nos anima ninguna otra causa para desear la liberación de Latinoamérica del yugo colonial norteamericano. Si algunos de los países latinoamericanos aquí presentes decidieran restablecer relaciones con Cuba, estaríamos dispuestos a hacerlo sobre bases de igualdad y no con el criterio de que es una dádiva a nuestro Gobierno el reconocimiento como país libre del mundo, porque ese reconocimiento lo obtuvimos con nuestra sangre en los días de la lucha de liberación, lo adquirimos con sangre en la defensa de nuestras playas frente a la invasión yanqui.

Aun cuando nosotros rechazamos que se nos pretenda atribuir injerencias en los asuntos internos de otros países, no podemos negar nuestra simpatía hacia los pueblos que luchan por su liberación y debemos cumplir con la obligación de nuestro Gobierno y nuestro pueblo de expresar contundentemente al mundo que apoyamos moralmente y nos solidarizamos con los pueblos que luchan en cualquier parte del mundo para hacer realidad los derechos de soberanía plena proclamados en la Carta de las Naciones Unidas.

Los Estados Unidos sí intervienen; lo han hecho históricamente en América Latina. Cuba conoce desde fines del siglo pasado esta verdad, pero la conocen también Colombia, Venezuela, Nicaragua y la América Central en general, México, Haití, Santo Domingo.

En años recientes, además de nuestro pueblo, conocen de la agresión directa Panamá, donde los *marines* del Canal tiraron a mansalva sobre el pueblo inerme; Santo Domingo, cuyas costas fueron violadas por la flota yanqui para evitar el estallido de la justa ira popular, luego del asesinato de Trujillo; y Colombia, cuya capital fue tomada por asalto a raíz de la rebelión provocada por el asesinato de Gaitán.[19]

Se producen intervenciones solapadas por intermedio de las misiones militares que participan en la represión interna, organizando las fuerzas destinadas a ese fin en buen número de países, y también en todos los golpes de estado, llamados "gorilazos", que tantas veces se repitieron en el continente americano durante los últimos tiempos.

Concretamente intervienen fuerzas de los Estados Unidos en la represión de los pueblos de Venezuela, Colombia y Guatemala que luchan con las armas por su libertad. En el primero de los países nombrados, no sólo asesoran al ejército y a la policía, sino que también dirigen los genocidios, efectuados desde el aire contra la población campesina de amplias regiones insurgentes y, las compañías yanquis instaladas allí, hacen presiones de todo tipo para aumentar la injerencia directa.

Los imperialistas se preparan a reprimir a los pueblos americanos y están formando la internacional del crimen. Los Estados Unidos intervienen en América Latina invocando la defensa de las instituciones libres. Llegará el día en que esta Asamblea adquiera aún más madurez y le demande al Gobierno norteamericano garantías para la vida de la población negra y latinoamericana que vive en este país, norteamericanos de origen o adopción, la mayoría de ellos. ¿Cómo puede constituirse en gendarme de la libertad quien asesina a sus propios hijos y los discrimina diariamente por el color de la piel, quien deja en libertad a los asesinos de los negros, los protege además, y castiga a la población negra por exigir respeto a sus legítimos derechos de hombres libres?

Comprendemos que hoy la Asamblea no está en condiciones de demandar explicaciones sobre estos hechos, pero debe quedar claramente sentado que el Gobierno de los Estados Unidos no es gendarme de la libertad, sino perpetuador de la explotación y la opresión contra los pueblos del mundo y contra buena parte de su propio pueblo.

Al lenguaje anfibológico con que algunos delegados han dibujado el caso de Cuba y la OEA nosotros contestamos con palabras contundentes y proclamamos que los pueblos de América Latina cobrarán a los gobiernos entreguistas su traición.

Cuba, señores delegados, libre y soberana, sin cadenas que la aten a nadie, sin inversiones extranjeras en su territorio, sin procónsules que orienten su política, puede hablar con la frente alta en esta Asamblea y demostrar la justeza de la frase con que la bautizaran: "Territorio libre de América".

Nuestro ejemplo fructificará en el Continente como lo hace ya, en cierta medida, en Guatemala, Colombia y Venezuela.

No hay enemigo pequeño ni fuerza desdeñable, porque ya no hay pueblos aislados. Como establece la Segunda Declaración de La Habana:

> Ningún pueblo de América Latina es débil, porque forma parte de una familia de doscientos millones de hermanos que padecen las mismas miserias, albergan los mismos sentimientos, tienen el mismo enemigo, sueñan todas un mismo mejor destino y cuentan con la solidaridad de todos los hombres y mujeres honrados del mundo.
>
> Esta epopeya que tenemos delante la van a escribir las masas hambrientas de indios, de campesinos sin tierra, de obreros explotados; la van a escribir las masas progresistas, los intelectuales honestos y brillantes que tanto abundan en nuestras sufridas tierras de América Latina. Lucha de masas y de ideas, epopeya que llevarán adelante nuestros pueblos maltratados y despreciados por el imperialismo, nuestros pueblos desconocidos hasta hoy, que ya empiezan a quitarle el sueño. Nos consideraban rebaño impotente y sumiso y ya se empiezan a asustar de ese rebaño, rebaño gigante de doscientos millones de latinoamericanos en los que advierte ya sus sepultureros el capital monopolista yanqui.
>
> La hora de su reivindicación, la hora que ella misma se ha elegido, la vienen señalando con precisión también de un extremo a otro del Continente. Ahora esta masa anónima, esta América de color, sombría, taciturna, que canta en todo el Continente con una misma tristeza y desengaño, ahora esta masa es la que empieza a entrar definitivamente en su propia historia, la empieza a escribir con su sangre, la empieza a sufrir y a morir, porque ahora por los campos y las montañas de América, por las faldas de sus sierras, por sus

llanuras y sus selvas, entre la soledad o el tráfico de las ciudades, en las costas de los grandes océanos y ríos se empieza a estremecer este mundo lleno de corazones con los puños calientes de deseos de morir por lo suyo, de conquistar sus derechos casi quinientos años burlados por unos y por otros. Ahora, sí, la historia tendrá que contar con los pobres de América, con los explotados y vilipendiados, que han decidido empezar a escribir ellos mismos, para siempre, su historia. Ya se les ve por los caminos un día y otro a pie, en marchas sin término de cientos de kilómetros, para llegar hasta los "olimpos" gobernantes a recabar sus derechos. Ya se les ve, armados de piedras, de palos, de machetes, en un lado y otro, cada día, ocupando las tierras, afincando sus garfios en las tierras que les pertenecen y defendiéndolas con sus vidas, se les ve llevando sus cartelones, sus banderas, sus consignas, haciéndolas correr en el viento por entre las montañas o a lo largo de los llanos. Y esa ola de estremecido rencor, de justicia reclamada, de derecho pisoteado, que se empieza a levantar por entre las tierras de Latinoamérica, esa ola ya no parará más. Esa ola irá creciendo cada día que pase. Porque esa ola la forman los más, los mayoritarios en todos los aspectos, los que acumulan con trabajo las riquezas, crean los valores, hacen andar las ruedas de la historia y que ahora despiertan del largo sueño embrutecedor a que los sometieron.

Porque esta gran humanidad ha dicho "¡Basta!" y ha echado a andar. Y su marcha de gigante, ya no se detendrá hasta conquistar la verdadera independencia, por la que ya han muerto más de una vez inútilmente. Ahora, en todo caso, los que mueran, morirán como los de Cuba, los de Playa Girón, morirán por su única, verdadera e irrenunciable independencia.

Todo esto, señores delegados, esta disposición nueva de un continente, de América Latina, está plasmada y resumida en el grito que día a día, nuestras masas proclaman como expresión irrefutable de su decisión de lucha, paralizando la mano armada del invasor. Proclama que cuenta con la comprensión y el apoyo de todos los pueblos del mundo y especialmente, del campo socialista, encabezado por la Unión Soviética.

Esa proclama es: ¡Patria o Muerte!

En la Conferencia Afroasiática en Argelia

(24 de febrero de 1965)

Discurso pronunciado en el Segundo Seminario Económico de Solidaridad Afroasiática.

Queridos hermanos:

Cuba llega a esta Conferencia a elevar por sí sola la voz de los pueblos de América Latina[20] y, como en otras oportunidades lo recalcáramos, también lo hace en su condición de país subdesarrollado que, al mismo tiempo, construye el socialismo. No es por casualidad que a nuestra representación se le permite emitir su opinión en el círculo de los pueblos de Asia y de África.[21] Una aspiración común, la derrota del imperialismo, nos une en nuestra marcha hacia el futuro; un pasado común de lucha contra el mismo enemigo nos ha unido a lo largo del camino.

Esta es una asamblea de los pueblos en lucha; ella se desarrolla en dos frentes de igual importancia y exige el total de nuestros esfuerzos. La lucha contra el imperialismo por librarse de las trabas coloniales o neocoloniales, que se lleva a efecto a través de las armas políticas, de las armas de fuego o por combinaciones de ambas, no está desligada de la lucha contra el atraso y la pobreza; ambas son etapas de un mismo camino que conduce a la creación de una sociedad nueva, rica y justa a la vez. Es imperioso obtener el poder político y liquidar a las clases opresoras, pero, después hay que afrontar la segunda etapa de la lucha que adquiere características, si cabe, más difíciles que la anterior.

Desde que los capitales monopolistas se apoderaron del mundo, han mantenido en la pobreza a la mayoría de la humanidad repartiéndose las ganancias entre el grupo de países más fuertes. El nivel de vida de esos países está basado en la miseria de los nuestros; para elevar el nivel de vida de los pueblos subdesarrollados, hay que luchar, pues, contra el imperialismo. Y cada vez que un país se desgaja del árbol imperialista, se está ganando no solamente una batalla parcial contra el enemigo fundamental, sino también contribuyendo a su real debilitamiento y dando un paso hacia la victoria definitiva.

No hay fronteras en esta lucha a muerte, no podemos permanecer indiferentes frente a lo que ocurre en cualquier parte del mundo, una victoria de cualquier país sobre el imperialismo es una victoria nuestra, así como la derrota de una nación cualquiera es una derrota para todos. El ejercicio del internacionalismo proletario es no solo un deber de los pueblos que luchan por asegurar un futuro mejor; además, es una necesidad insoslayable. Si el enemigo imperialista, norteamericano o cualquier otro, desarrolla su acción contra los pueblos subdesarrollados y los países socialistas, una lógica elemental determina la necesidad de la alianza de los pueblos subdesarrollados y de los países socialistas; si no hubiera ningún otro factor de unión, el enemigo común debiera constituirlo.[22]

Claro que estas uniones no se pueden hacer espontáneamente, sin discusiones, sin que anteceda un pacto, doloroso a veces.

Cada vez que se libera un país, dijimos, es una derrota del sistema imperialista mundial, pero debemos convenir en que el desgajamiento no sucede por el mero hecho de proclamarse una independencia o lograrse una victoria por las armas en una revolución; sucede cuando el dominio económico imperialista cesa de ejercerse sobre un pueblo. Por lo tanto, a los países socialistas les interesa como cosa vital que se produzcan efectivamente estos desgajamientos y es nuestro deber internacional, el deber fijado por la ideología que nos dirige, el contribuir con nuestros esfuerzos a que la liberación se haga lo más rápida y profundamente que sea posible.

De todo esto debe extraerse una conclusión: el desarrollo de los países que empiezan ahora el camino de la liberación, debe costar a los países socialistas. Lo decimos así, sin el menor ánimo de chantaje o de espectacularidad, ni para la búsqueda fácil de una aproximación mayor al conjunto de los pueblos afroasiáticos; es una convicción profunda.

No puede existir socialismo si en las conciencias no se opera un cambio que provoque una nueva actitud fraternal frente a la humanidad, tanto de índole individual, en la sociedad en la que se construye o está construido el socialismo, como de índole mundial en relación a todos los pueblos que sufren la opresión imperialista.

Creemos que con este espíritu debe afrontarse la responsabilidad de ayuda a los países dependientes y que no debe hablarse más de desarrollar un comercio de beneficio mutuo basado en los precios que la ley del valor y las relaciones internacionales del intercambio desigual, producto de la ley del valor, oponen a los países atrasados.[23]

¿Cómo puede significar "beneficio mutuo" vender a precios del mercado mundial las materias primas que cuestan sudor y sufrimientos sin límites a los países atrasados y comprar a precios de mercado mundial las máquinas producidas en las grandes fábricas automatizadas del presente?

Si establecemos ese tipo de relación entre los dos grupos de naciones, debemos convenir en que los países socialistas son, en cierta manera, cómplices de la explotación imperial. Se puede argüir que el monto del intercambio con los países subdesarrollados, constituye una parte insignificante del comercio exterior de estos países. Es una gran verdad, pero no elimina el carácter inmoral del cambio.

Los países socialistas tienen el deber moral de liquidar su complicidad tácita con los países explotadores del Occidente. El hecho de que sea hoy pequeño el comercio no quiere decir nada: Cuba en el año 50 vendía ocasionalmente azúcar a algún país del bloque socialista, sobre todo a través de corredores ingleses o de otra nacionalidad. Y hoy el 80% de su comercio se desarrolla en esa área; todos sus abastecimientos vitales vienen del campo socialista y de hecho ha ingresado en ese campo. No podemos decir que este ingreso se haya producido por el mero aumento del comercio, ni que haya aumentado el comercio por el hecho de romper la viejas estructuras y encarar la forma socialista de desarrollo; ambos extremos se tocan y unos y otros se interrelacionan.

Nosotros no empezamos la carrera que terminará en el comunismo con todos los pasos previstos, como producto lógico de un desarrollo ideológico que marchara con un fin determinado; las verdades del socialismo, más las crudas verdades del imperialismo, fueron forjando a nuestro pueblo y enseñándole el camino que luego hemos adoptado conscientemente. Los pueblos de África y de Asia que vayan a su liberación definitiva deberán emprender esa misma ruta; la emprenderán más tarde o más temprano, aunque su socialismo tome hoy cualquier adjetivo definitorio. No hay otra definición de socialismo, válida para nosotros, que la abolición de la explotación del hombre por el hombre. Mientras esto no se produzca, se está en el período de construcción de la sociedad socialista y si en vez de producirse este fenómeno, la tarea de la supresión de la explotación se estanca o, aun, se retrocede en ella, no es válido hablar siquiera de construcción del socialismo.[24]

Tenemos que preparar las condiciones para que nuestros hermanos entren directa y conscientemente en la ruta de la abolición definitiva de la explotación, pero no podemos invitarlos a entrar, si nosotros somos un cómplice en esa explotación. Si nos preguntaran cuáles son los métodos para fijar precios equitativos, no podríamos contestar, no conocemos la magnitud práctica de esta cuestión, solo sabemos que, después de discusiones políticas, la Unión Soviética y Cuba han firmado acuerdos ventajosos para nosotros mediante los cuales llegaremos a vender hasta cinco millones de toneladas a precios fijos superiores a los normales en el llamado mercado libre mundial azucarero. La República Popular China también mantiene esos precios de compra.

Esto es solo un antecedente, la tarea real consiste en fijar los precios que permitan el desarrollo. Un gran cambio de concepción consistirá en cambiar el orden de las relaciones internacionales; no debe ser el comercio exterior el que fije la política sino, por el contrario, aquel debe estar subordinado a una política fraternal hacia los pueblos.

Analizaremos brevemente el problema de los créditos a largo plazo para desarrollar industrias básicas. Frecuentemente nos encontramos con que los países beneficiarios se aprestan a fundar bases industriales desproporcionadas a su capacidad actual, cuyos productos no se consumirán en el territorio y cuyas reservas se comprometerán en el esfuerzo.

Nuestro razonamiento es que las inversiones de los estados socialistas en su propio territorio pesan directamente sobre el presupuesto estatal y no se recuperan sino a través de la utilización de los productos en el proceso completo de su elaboración, hasta llegar a los últimos extremos de la manufactura. Nuestra proposición es que se piense en la posibilidad de realizar inversiones de ese tipo en los países subdesarrollados.

De esta manera se podría poner en movimiento una fuerza inmensa, subyacente en nuestros continentes que han sido miserablemente explotados, pero nunca ayudados en su desarrollo, y empezar una nueva etapa de auténtica división internacional del trabajo basada, no en la historia de lo que hasta hoy se ha hecho, sino en la historia futura de lo que se puede hacer.

Los estados en cuyos territorios se emplazarán las nuevas inversiones tendrían todos los derechos inherentes a una propiedad soberana sobre los mismos sin que mediare pago o crédito alguno, quedando obligados los poseedores a suministrar determinadas cantidades de productos a los países inversionistas, durante determinada cantidad de años y a un precio determinado.

Es digna de estudiar también la forma de financiar la parte local de los gastos en que debe incurrir un país que realice inversiones de este tipo. Una forma de ayuda, que no signifique erogaciones en divisas libremente convertibles, podría ser el suministro de productos de fácil venta a los gobiernos de los países subdesarrollados, mediante créditos a largo plazo.

Otro de los difíciles problemas a resolver es el de la conquista de la técnica.[25] Es bien conocido de todos la carencia de técnicos que sufrimos los países en desarrollo. Faltan instituciones y cuadros de enseñanza. Faltan a veces, la real conciencia de nuestras necesidades y la decisión de llevar a cabo una política de desarrollo técnico cultural e ideológico a la que se asigne una primera prioridad.

Los países socialistas deben suministrar la ayuda para formar los organismos de educación técnica, insistir en la importancia capital de este hecho y suministrar los cuadros que suplan la carencia actual. Es preciso insistir más sobre este último punto: los técnicos que vienen a nuestros países deben ser ejemplares. Son compañeros que deberán enfrentarse a un medio desconocido, muchas veces hostil a la técnica, que habla una lengua distinta y tiene hábitos totalmente diferentes. Los técnicos que se enfrenten a la difícil tarea deben ser, ante todo, comunistas, en el sentido más profundo y noble de la palabra: con esa sola cualidad, más un mínimo de organización y de flexibilidad, se harán maravillas.

Sabemos que se puede lograr porque los países hermanos nos han enviado cierto número de técnicos que han hecho más por el desarrollo de nuestro país que diez institutos y han contribuido a nuestra amistad más que diez embajadores o cien recepciones diplomáticas.

Si se pudiera llegar a una efectiva realización de los puntos que hemos anotado y, además, se pusiera al alcance de los países subdesarrollados toda la tecnología de los países adelantados, sin utilizar los métodos actuales de patentes que cubren descubrimientos de unos u otros, habríamos progresado mucho en nuestra tarea común.

El imperialismo ha sido derrotado en muchas batallas parciales. Pero es una fuerza considerable en el mundo y no se puede aspirar a su derrota definitiva sino con el esfuerzo y el sacrificio de todos.

Sin embargo, el conjunto de medidas propuestas no se puede realizar unilateralmente. El desarrollo de los subdesarrollados debe costar a los países socialistas; de acuerdo, pero también deben ponerse en tensión las fuerzas de los países subdesarrollados y tomar firmemente la ruta de la construcción de una sociedad nueva —póngasele el nombre que se le ponga— donde la máquina, instrumento de trabajo, no sea instrumento de explotación del hombre por el hombre. Tampoco se puede pretender la confianza de los países socialistas cuando se juega al balance entre capitalismo y socialismo y se trata de utilizar ambas fuerzas como elementos contrapuestos, para sacar de esa competencia determinadas ventajas. Una nueva política de absoluta seriedad debe regir las relaciones entre los dos grupos de sociedades. Es conveniente recalcar una vez más, que los medios de producción deben estar preferentemente en manos del Estado, para que vayan desapareciendo gradualmente los signos de la explotación.

Por otra parte, no se puede abandonar el desarrollo a la improvisación más absoluta; hay que planificar la construcción de la nueva sociedad. La planificación es una de las leyes del socialismo y sin ella no existiría aquel. Sin una planificación correcta no puede existir una suficiente garantía de que todos los sectores económicos de cualquier país se liguen armoniosamente para dar los saltos hacia delante que demanda esta época que estamos viviendo. La planificación no es un problema aislado de cada uno de nuestros países, pequeños, distorsionados en su desarrollo, poseedores de algunas materias primas, o productores de algunos productos manufacturados o semimanufacturados, carentes de la mayoría de los otros.[26] Ésta deberá tender desde el primer momento, a cierta regionalidad para poder compenetrar las economías de los países y llegar así a una integración sobre la base de un auténtico beneficio mutuo.

Creemos que el camino actual está lleno de peligros, peligros que no son inventados ni previstos para un lejano futuro por alguna mente superior, son el resultado palpable de realidades que nos azotan. La lucha contra el colonialismo ha alcanzado sus etapas finales pero en la era actual, el estatus colonial no es sino una consecuencia de la dominación imperialista. Mientras el imperialismo exista, por definición, ejercerá su dominación sobre otros países; esa dominación se llama hoy neocolonialismo.

El neocolonialismo se desarrolló primero en Suramérica, en todo un continente, y hoy empieza a hacerse notar con intensidad creciente en África y Asia. Su forma de penetración y desarrollo tiene características distintas; una, es la brutal que conocimos en el Congo. La fuerza bruta, sin consideraciones ni tapujos de ninguna especie, es su arma extrema. Hay otra más sutil: la penetración en los países que se liberan políticamente, la ligazón con las nacientes burguesías autóctonas, el desarrollo de una clase burguesa parasitaria y en estrecha alianza con los intereses metropolitanos apoyados en un cierto bienestar o desarrollo transitorio del nivel de vida de los pueblos, debido a que, en países muy atrasados, el paso simple de las relaciones feudales a las relaciones capitalistas significa un avance grande, independientemente de las consecuencias nefastas que acarreen a la larga para los trabajadores.

El neocolonialismo ha mostrado sus garras en el Congo; ese no es un signo de poder sino de debilidad; ha debido recurrir a su arma extrema, la fuerza como argumento económico, lo que engendra reacciones opuestas de gran intensidad. Pero también se ejerce en otra serie de países de África y del Asia en forma mucho más sutil y se está rápidamente creando lo que algunos han llamado la suramericanización de estos continentes, es decir, el desarrollo de una burguesía parasitaria que no agrega nada a la riqueza nacional que, incluso, deposita fuera del país en los bancos capitalistas sus ingentes ganancias mal habidas y que pacta con el extranjero para obtener más beneficios, con un desprecio absoluto por el bienestar de su pueblo.

Hay otros peligros también, como el de la concurrencia entre países hermanos, amigos políticamente y, a veces vecinos que están tratando de desarrollar las mismas inversiones en el mismo tiempo y para mercados que muchas veces no lo admiten.

Esta concurrencia tiene el defecto de gastar energías que podrían utilizarse de forma de una complementación económica mucho más vasta, además de permitir el juego de los monopolios imperialistas.

En ocasiones, frente a la imposibilidad real de realizar determinada inversión con la ayuda del campo socialista, se realiza ésta mediante acuerdos con los capitalistas. Y esas inversiones capitalistas tienen no solo el defecto de la forma en que se realizan los préstamos, sino también otros complementarios de mucha importancia, como es el establecimiento de sociedades mixtas con un peligroso vecino. Como, en general, las inversiones son paralelas a las de otros estados, esto propende a las divisiones entre países amigos por diferencias económicas e instaura el peligro de la corrupción emanada de la presencia constante del capitalismo, hábil en la presentación de imágenes de desarrollo y bienestar que nublan el entendimiento de mucha gente.

Tiempo después, la caída de los precios en los mercados es la consecuencia de una saturación de producción similar. Los países afectados se ven en la obligación de pedir nuevos préstamos o permitir inversiones complementarias para la concurrencia. La caída de la economía en manos de los monopolios y un retorno lento pero seguro al pasado es la consecuencia final de una tal política. A nuestro entender, la única forma segura de realizar inversiones con la participación de las potencias imperialistas es la participación directa del estado como comprador íntegro de los bienes, limitando la acción imperialista a los contratos de suministros y no dejándolos entrar más allá de la puerta de calle de nuestra casa. Y aquí sí es lícito aprovechar las contradicciones interimperialistas para conseguir condiciones menos onerosas.

Hay que prestar atención a las "desinteresadas" ayudas económicas, culturales, etc., que el imperialismo otorga de por sí o a través de estados títeres mejor recibidos en ciertas partes del mundo.

Si todos los peligros apuntados no se ven a tiempo, el camino neocolonial puede inaugurarse en países que han empezado con fe y entusiasmo su tarea de liberación nacional, estableciéndose la dominación de los monopolios con sutileza, en una graduación tal que es muy difícil percibir sus efectos hasta que éstos se hacen sentir brutalmente.

Hay toda una tarea por realizar, problemas inmensos se plantean a nuestros dos mundos, el de los países socialistas y este llamado el Tercer Mundo; problemas que están directamente relacionados con el hombre y su bienestar y con la lucha contra el principal culpable de nuestro atraso.

Frente a ellos, todos los países y los pueblos, conscientes de sus deberes, de los peligros que entraña la situación, de los sacrificios que entraña el desarrollo, debemos tomar medidas concretas para que nuestra amistad se ligue en los dos planos, el económico y el político, que nunca pueden marchar separados, y formar un gran bloque compacto que a su vez ayude a nuevos países a liberarse no solo del poder político sino también del poder económico imperialista.

El aspecto de la liberación por las armas de un poder político opresor debe tratarse según las reglas del internacionalismo proletario: si constituye un absurdo al pensar que un director de empresa de un país socialista en guerra vaya a dudar en enviar los tanques que produce a un frente donde no haya garantía de pago, no menos absurdo debe parecer el que se averigüe la posibilidad de pago de un pueblo que lucha por la liberación o ya necesite esas armas para defender su libertad. Las armas no pueden ser mercancía en nuestros mundos, deben entregarse sin costo alguno y en las cantidades necesarias y posibles a los pueblos que las demandan, para disparar contra el enemigo común. Ese es el espíritu con que la URSS y la República Popular China nos han brindado su ayuda militar. Somos socialistas, constituimos una garantía de utilización de esas armas, pero no somos los únicos y todos debemos tener el mismo tratamiento.

El ominoso ataque del imperialismo norteamericano contra Vietnam o el Congo debe responderse suministrando a esos países hermanos todos los instrumentos de defensa que necesiten y dándoles toda nuestra solidaridad sin condición alguna.

En el aspecto económico, necesitamos vencer el camino del desarrollo con la técnica más avanzada posible. No podemos ponernos a seguir la larga escala ascendente de la humanidad desde el feudalismo hasta la era atómica y automática, porque sería un camino de ingentes sacrificios y parcialmente inútil. La técnica hay que tomarla donde esté; hay que dar el gran salto técnico para ir disminuyendo la diferencia que hoy existe entre los países más desarrollados y nosotros. Ésta debe estar en las grandes fábricas y también en una agricultura convenientemente desarrollada y, sobre todo, debe tener sus pilares en una cultura técnica e ideológica con la suficiente fuerza y base de masas como para permitir la nutrición continua de los institutos y los aparatos de investigación que hay que crear en cada país y de los hombres que vayan ejerciendo la técnica actual y que sean capaces de adaptarse a las nuevas técnicas adquiridas.

Estos cuadros deben tener una clara conciencia de su deber para con la sociedad en la cual viven; no podrá haber una cultura técnica adecuada si no está complementada con una cultura ideológica. Y, en la mayoría de nuestros países, no podrá haber una base suficiente de desarrollo industrial, que es el que determina el desarrollo de la sociedad moderna, si no se empieza por asegurar al pueblo la comida necesaria, los bienes de consumo más imprescindibles y una educación adecuada.

Hay que gastar una buena parte del ingreso nacional en las inversiones llamadas improductivas de la educación y hay que dar una atención preferente al desarrollo de la productividad agrícola. Ésta ha alcanzado niveles realmente increíbles en muchos países capitalistas, provocando el contrasentido de crisis de superproducción de invasión de granos y otros productos alimenticios o de materias primas industriales provenientes de países desarrollados, cuando hay todo un mundo que padece hambre y que tiene tierra y hombres suficientes para producir varias veces lo que el mundo entero necesita para nutrirse.

La agricultura debe ser considerada como un pilar fundamental en el desarrollo y, para ello, los cambios de la estructura agrícola y la adaptación a las nuevas posibilidades de la técnica y a las nuevas obligaciones de la eliminación de la explotación del hombre, deben constituir aspectos fundamentales del trabajo.

Antes de tomar determinaciones costosas que pudieran ocasionar daños irreparables, es preciso hacer una prospección cuidadosa del territorio nacional, constituyendo este aspecto uno de los pasos preliminares de la investigación económica y exigencia elemental en una correcta planificación.

Apoyamos calurosamente la proposición de Argelia en el sentido de institucionalizar nuestras relaciones. Queremos solamente presentar algunas consideraciones complementarias.

Primero: Para que la unión sea instrumento de la lucha contra el imperialismo, es preciso el concurso de los pueblos latinoamericanos y la alianza de los países socialistas.

Segundo: Debe velarse por el carácter revolucionario de la unión, impidiendo el acceso a ella de gobiernos o movimientos que no estén identificados con las aspiraciones generales de los pueblos y creando mecanismos que permitan la separación de alguno que se separe de la ruta justa, sea gobierno o movimiento popular.

Tercero: Debe propugnarse el establecimiento de nuevas relaciones en pie de igualdad entre nuestros países y los capitalistas, estableciendo una jurisprudencia revolucionaria que nos ampare en caso de conflicto y dé nuevo contenido a las relaciones entre nosotros y el resto del mundo.

Hablamos un lenguaje revolucionario y luchamos honestamente por el triunfo de esa causa, pero muchas veces nos enredamos nosotros mismos en las mallas de un derecho internacional creado como resultado de las confrontaciones de las potencias imperialistas y no por la lucha de los pueblos libres, y de los pueblos justos.

Nuestros pueblos, por ejemplo, sufren la presión angustiosa de bases extranjeras emplazadas en su territorio o deben llevar el pesado fardo de deudas externas de increíble magnitud. La historia de estas taras es bien conocida de todos; gobiernos títeres, gobiernos debilitados por una larga lucha de liberación o el desarrollo de las leyes capitalistas del mercado, han permitido la firma de acuerdos que amenazan nuestra estabilidad interna y comprometen nuestro porvenir.

Es la hora de sacudirnos el yugo, imponer la renegociación de las deudas externas opresivas y obligar a los imperialistas a abandonar sus bases de agresión.

No quisiera acabar estas palabras, esta repetición de conceptos de todos ustedes conocidos, sin hacer un llamado de atención a este seminario en el sentido de que Cuba no es el único país americano; simplemente, es el que tiene la oportunidad de hablar hoy ante ustedes; que otros pueblos están derramando su sangre, para lograr el derecho que nosotros tenemos y, desde aquí, y de todas las conferencias y en todos los lugares, donde se produzcan, simultáneamente con el saludo a los pueblos heroicos de Vietnam, de Laos, de la Guinea llamada Portuguesa, de Suráfrica o Palestina, a todos los países explotados que luchan por su emancipación debemos extender nuestra voz amiga, nuestra mano y nuestro aliento, a los pueblos hermanos de Venezuela, de Guatemala y de Colombia, que hoy, con las manos armadas, están diciendo definitivamente, ¡No!, al enemigo imperialista.

Y hay pocos escenarios para afirmarlo tan simbólicos como Argel, una de las más heroicas capitales de la libertad. Que el magnífico pueblo argelino, entrenado como pocos en los sufrimientos de la independencia, bajo la decidida dirección de su partido, con nuestro querido compañero Ahmed Ben Bella a la cabeza, nos sirva de inspiración en esta lucha sin cuartel contra el imperialismo mundial.

CREAR DOS, TRES... MUCHOS VIETNAM

(Mensaje a la Tricontinental)[27]

(Abril de 1967)

> "Es la hora de los hornos y no se ha de ver más que la luz".
> —José Martí

Y a se han cumplido veintiún años desde el fin de la última conflagración mundial y diversas publicaciones, en infinidad de lenguas, celebran el acontecimiento simbolizado en la derrota del Japón. Hay un clima de aparente optimismo en muchos sectores de los dispares campos en que el mundo se divide.

Veintiún años sin guerra mundial, en estos tiempos de confrontaciones máximas, de choques violentos y cambios repentinos, parecen una cifra muy alta. Pero, sin analizar los resultados prácticos de esa paz por la que todos nos manifestamos dispuestos a luchar (la miseria, la degradación, la explotación cada vez mayor de diversos sectores del mundo) cabe preguntarse si ella es real.

No es la intención de estas notas historiar los diversos conflictos de carácter local que se han sucedido desde la rendición de Japón, no es tampoco nuestra tarea hacer el recuento, numeroso y creciente, de luchas civiles ocurridas durante estos años de pretendida paz. Bástenos poner como ejemplos contra el desmedido optimismo las guerras de Corea y Vietnam.[28]

En la primera, tras años de lucha feroz, la parte norte del país quedó sumida en la más terrible devastación que figure en los anales de la guerra moderna; acribillada a bombas; sin fábricas, escuelas u hospitales; sin ningún tipo de habitación para albergar a diez millones de habitantes.

En esta guerra intervinieron, bajo la fementida bandera de las Naciones Unidas, decenas de países conducidos militarmente por los Estados Unidos, con la participación masiva de soldados de esa nacionalidad y el uso, como de carne de cañón, de la población sudcoreana enrolada.

En el otro bando, el ejército y el pueblo de Corea y los voluntarios de la República Popular China contaron con abastecimiento y asesoría del aparato militar soviético. Por parte de los norteamericanos se hicieron toda clase de pruebas de armas de destrucción, excluyendo las termonucleares pero incluyendo las bacteriológicas y químicas, en escala limitada. En Vietnam, se han sucedido acciones bélicas, sostenidas por las fuerzas patrióticas de ese país casi ininterrumpidamente contra tres potencias imperialistas: Japón, cuyo poderío sufriera una caída vertical a partir de las bombas de Hiroshima y Nagasaki; Francia, que recupera de aquel país vencido sus colonias indochinas e ignoraba las promesas hechas en momentos difíciles; y los Estados Unidos, en esta última fase de la contienda.

Hubo confrontaciones limitadas en todos los continentes, aun cuando en el Americano, durante mucho tiempo, solo se produjeron conatos de lucha de liberación y cuartelazos, hasta que la Revolución cubana diera su clarinada de alerta sobre la importancia de esta región y atrajera las iras imperialistas, obligándola a la defensa de sus costas en Playa Girón, primero, y durante la Crisis [de los Misiles, 1962] de Octubre, después.

Este último incidente pudo haber provocado una guerra de incalculables proporciones, al producirse, en torno a Cuba, el choque de norteamericanos y soviéticos.

Pero, evidentemente, el foco de las contradicciones, en este momento, está radicado en los territorios de la península indochina y los países aledaños. Laos y Vietnam son sacudidos por guerras civiles, que dejan de ser tales al hacerse presente, con todo su poderío, el imperialismo norteamericano, y toda la zona se convierte en una peligrosa espoleta presta a detonar.

En Vietnam la confrontación ha adquirido características de una agudeza extrema. Tampoco es nuestra intención historiar esta guerra. Simplemente, señalaremos algunos hitos de recuerdo.

En 1954, tras la derrota aniquilante de Dien-Bien-Phu, se firmaron los acuerdos de Ginebra, que dividía al país en dos zonas y estipulaba la realización de elecciones en un plazo de 18 meses para determinar quiénes debían gobernar a Vietnam y cómo se reunificaría el país. Los norteamericanos no firmaron dicho documento, comenzando las maniobras para sustituir al emperador Bao-Dai, títere francés, por un hombre adecuado a sus intenciones. Éste resultó ser Ngo-Din-Diem, cuyo trágico fin —el de la naranja exprimida por el imperialismo— es conocido por todos.[29]

En los meses posteriores a la firma del acuerdo, reinó el optimismo en el campo de las fuerzas populares. Se desmantelaron reductos de lucha antifrancesa en el sur del país y se esperó el cumplimiento de lo pactado. Pero pronto comprendieron los patriotas que no habría elecciones a menos que los Estados Unidos se sintieran capaces de imponer su voluntad en las urnas, cosa que no podía ocurrir, aun utilizando todos los métodos de fraude de ellos conocidos.

Nuevamente se iniciaron las luchas en el sur del país y fueron adquiriendo mayor intensidad hasta llegar al momento actual, en que el ejército norteamericano se compone de casi medio millón de invasores, mientras las fuerzas títeres disminuyen su número, y sobre todo, han perdido totalmente la combatividad.

Hace cerca de dos años que los norteamericanos comenzaron el bombardeo sistemático de la República Democrática de Vietnam en un intento más de frenar la combatividad del sur y obligar a una conferencia desde posiciones de fuerza. Al principio, los bombardeos fueron más o menos aislados y se revestían de la máscara de represalias por supuestas provocaciones del Norte. Después aumentaron en intensidad y método, hasta convertirse en una gigantesca batida llevada a cabo por las unidades aéreas de los Estados Unidos, día a día, con el propósito de destruir todo vestigio de civilización en la parte norte del país. Es un episodio de la tristemente célebre escalada.

Las aspiraciones materiales del mundo yanqui se han cumplido en buena parte a pesar de la denodada defensa de las unidades antiaéreas vietnamitas, de los más de 1 700 aviones derribados y de la ayuda del campo socialista en material de guerra.

Hay una penosa realidad: Vietnam, esa nación que representa las aspiraciones, las esperanzas de victoria de todo un mundo preterido, está trágicamente solo. Ese pueblo debe soportar los embates de la técnica norteamericana, casi a mansalva en el Sur, con algunas posibilidades de defensa en el Norte, pero siempre solo.

La solidaridad del mundo progresista para con el pueblo de Vietnam semeja a la amarga ironía que significa para los gladiadores del circo romano el estímulo de la plebe. No se trata de desear éxitos al agredido, sino de correr su misma suerte; acompañarlo a la muerte o la victoria.

Cuando analizamos la soledad vietnamita nos asalta la angustia de este momento ilógico de la humanidad.[30]

El imperialismo norteamericano es culpable de agresión; sus crímenes son inmensos y repartidos por todo el orbe.

¡Ya lo sabemos, señores¡ Pero también son culpables los que en el momento de definición vacilaron en hacer de Vietnam parte inviolable del territorio socialista, corriendo, sí, los riesgos de una guerra de alcance mundial, pero también obligando a una decisión a los imperialistas norteamericanos. Y son culpables los que mantienen una guerra de denuestos y zancadillas comenzada hace ya buen tiempo por los representantes de las dos más grandes potencias del campo socialista.[31]

Preguntemos, para lograr una respuesta honrada: ¿Está o no aislado el Vietnam, haciendo equilibrios peligrosos entre las dos potencias en pugna?

Y: ¡qué grandeza la de ese pueblo! ¡Qué estoicismo y valor, el de ese pueblo! Y qué lección para el mundo entraña esa lucha.

Hasta dentro de mucho tiempo no sabremos si el presidente Johnson pensaba en serio iniciar algunas de las reformas necesarias a un pueblo — para limar aristas de las contradicciones de clase que asoman con fuerza explosiva y cada vez más frecuentemente.[32] Lo cierto es que las mejoras anunciadas bajo el pomposo título de lucha por la gran sociedad han caído en el sumidero de Vietnam.

El más grande de los poderes imperialistas siente en sus entrañas el desangramiento provocado por un país pobre y atrasado y su fabulosa economía se resiente del esfuerzo de guerra. Matar deja de ser el más cómodo negocio de los monopolios. Armas de contención, y no en número suficiente, es todo lo que tienen estos soldados maravillosos, además del amor a su patria, a su sociedad y un valor a toda prueba. Pero el imperialismo se empantana en Vietnam, no halla camino de salida y busca desesperadamente alguno que le permita sortear con dignidad este peligroso trance en que se ve. Mas los "cuatro puntos" del Norte y "los cinco" del Sur lo atenazan, haciendo aún más decidida la confrontación.

Todo parece indicar que la paz, esa paz precaria a la que se ha dado tal nombre, solo porque no se ha producido ninguna conflagración de carácter mundial, está otra vez en peligro de romperse ante cualquier paso irreversible, e inaceptable, dado por los norteamericanos.

Y, a nosotros, explotados del mundo, ¿cuál es el papel que nos corresponde? Los pueblos de tres continentes observan y aprenden su lección en Vietnam. Ya que, con la amenaza de guerra, los imperialistas ejercen su chantaje sobre la humanidad, no temer la guerra, es la respuesta justa. Atacar dura e ininterrumpidamente en cada punto de confrontación, debe ser la táctica general de los pueblos.[33]

Pero, en los lugares en que esta mísera paz que sufrimos nos ha sido rota, ¿cuál será nuestra tarea? Liberarnos a cualquier precio.

El panorama del mundo muestra una gran complejidad. La tarea de la liberación espera a países de la vieja Europa, suficientemente desarrollados para sentir todas las contradicciones del capitalismo, pero tan débiles que no pueden ya seguir el rumbo del imperialismo o iniciar esa ruta. Allí las contradicciones alcanzarán en los próximos años carácter explosivo, pero sus problemas y, por ende, la solución de los mismos son diferentes a la de nuestros pueblos dependientes y atrasados económicamente.

El campo fundamental de la explotación del imperialismo abarca los tres continentes atrasados, América Latina, Asia y África. Cada país tiene características propias, pero los continentes, en su conjunto, también las presentan.

América Latina constituye un conjunto más o menos homogéneo y en la casi totalidad de su territorio los capitales monopolistas norteamericanos mantienen una primacía absoluta.[34] Los gobiernos títeres o, en el mejor de los casos, débiles y medrosos, no pueden oponerse a las órdenes del amo yanqui. Los norteamericanos han llegado casi al máximo de su dominación política y económica, poco más podrían avanzar ya; cualquier cambio de la situación podría convertirse en un retroceso en su primacía. Su política es mantener lo conquistado. La línea de acción se reduce en el momento actual, al uso brutal de la fuerza para impedir movimientos de liberación, de cualquier tipo que sean.

Bajo el slogan, "no permitiremos otra Cuba", se encubre la posibilidad de agresiones a mansalva, como la perpetrada contra República Dominicana[35] o, anteriormente, la masacre de Panamá, y la clara advertencia de que las tropas yanquis están dispuestas a intervenir en cualquier lugar de América Latina donde el orden establecido sea alterado, poniendo en peligro sus intereses. Esa política cuenta con una impunidad casi absoluta; la OEA es una máscara cómoda, por desprestigiada que esté; la ONU es de una ineficiencia rayana en el ridículo o en lo trágico; los ejércitos de todos los países de América Latina están listos a intervenir para aplastar a sus pueblos. Se ha formado, de hecho, la internacional del crimen y la traición.

Por otra parte las burguesías autóctonas han perdido toda su capacidad de oposición al imperialismo —si alguna vez la tuvieron— y solo forman su furgón de cola.[36] No hay más cambios que hacer; o revolución socialista o caricatura de revolución.

Asia es un continente de características diferentes. Las luchas de liberación contra una serie de poderes coloniales europeos, dieron por resultado el establecimiento de gobiernos más o menos progresistas, cuya evolución posterior ha sido, en algunos casos, de profundización de los objetivos primarios de la liberación nacional y en otros de reversión hacia posiciones pro-imperialistas.

Desde el punto de vista económico, Estados Unidos tenía poco que perder y mucho que ganar en Asia. Los cambios le favorecen; se lucha por desplazar a otros poderes neocoloniales, penetrar nuevas esferas de acción en el campo económico, a veces directamente, otras utilizando al Japón.

Pero existen condiciones políticas especiales, sobre todo en la península Indochina, que le dan características de capital importancia al Asia y juegan un papel importante en la estrategia militar global del imperialismo norteamericano. Éste ejerce un cerco a China a través de Corea del Sur, Japón, Taiwán, Vietnam del Sur y Tailandia, por lo menos.[37]

Esa doble situación: un interés estratégico tan importante como el cerco militar a la República Popular China y la ambición de sus capitales por penetrar esos grandes mercados que todavía no dominan, hacen que el Asia sea uno de los lugares más explosivos del mundo actual, a pesar de la aparente tranquilidad fuera del área vietnamita.

Perteneciendo geográficamente a este continente, pero con sus propias contradicciones, el Oriente Medio está en plena ebullición, sin que se pueda prever hasta dónde llegará esa guerra fría entre Israel, respaldada por los imperialistas, y los países progresistas de la zona. Es otro de los volcanes amenazadores del mundo.

El África, ofrece las características de ser un campo casi virgen para la invasión neocolonial. Se han producido cambios que, en alguna medida, obligaron a los poderes neocoloniales a ceder sus antiguas prerrogativas de carácter absoluto. Pero, cuando los procesos se llevan a cabo ininterrumpidamente, al colonialismo sucede, sin violencia, un neocolonialismo de iguales efectos en cuanto a la dominación económica se refiere.

Estados Unidos no tenía colonias en esta región y ahora lucha por penetrar en los antiguos cotos cerrados de sus socios. Se puede asegurar que África constituye, en los planes estratégicos del imperialismo norteamericano, su reservorio a largo plazo; sus inversiones actuales solo tienen importancia en la Unión Sudafricana y comienza su penetración en el Congo, Nigeria y otros países, donde se inicia una violenta competencia (con carácter pacífico hasta ahora) con otros poderes imperialistas.

No tiene todavía grandes intereses que defender salvo su pretendido derecho a intervenir en cada lugar del globo en que sus monopolios olfateen buenas ganancias o la existencia de grandes reservas de materias primas.

Todos estos antecedentes hacen lícito el planteamiento interrogante sobre las posibilidades de liberación de los pueblos a corto o mediano plazo.

Si analizamos el África veremos que se lucha con alguna intensidad en las colonias portuguesas de Guinea, Mozambique y Angola, con particular éxito en la primera y con éxito variable en las dos restantes. Que todavía se asiste a la lucha entre los sucesores de Lumumba y los viejos cómplices de Tshombe en el Congo, lucha que, en el momento actual, parece inclinarse a favor de los últimos, los que han "pacificado" en su propio provecho una gran parte del país, aunque la guerra se mantenga latente.

En Rhodesia el problema es diferente: el imperialismo británico utilizó todos los mecanismos a su alcance para entregar el poder a la minoría blanca que lo detenta actualmente. El conflicto, desde el punto de vista de Inglaterra, es absolutamente antioficial, solo que esta potencia, con su habitual habilidad diplomática —también llamada hipocresía en buen romance— presenta una fachada de disgustos ante las medidas tomadas por el gobierno de Ian Smith, y es apoyada en su taimada actitud por algunos de los países del Commonwealth que la siguen, y atacada por una buena parte de los países del África Negra, sean o no dóciles vasallos económicos del imperialismo inglés.

En Rhodesia la situación puede tornarse sumamente explosiva si cristalizaran los esfuerzos de los patriotas negros para alzarse en armas y este movimiento fuera apoyado efectivamente por las naciones africanas vecinas. Pero por ahora todos los problemas se ventilan en organismos tan inocuos como la ONU, el Commonwealth o la OUA.

Sin embargo, la evolución política y social del África no hace prever una situación revolucionaria continental. Las luchas de liberación contra los portugueses deben terminar victoriosamente, pero Portugal no significa nada en la nómina imperialista. Las confrontaciones de importancia revolucionaria son las que ponen en jaque a todo el aparato imperialista, aunque no por eso dejemos de luchar por la liberación de las tres colonias portuguesas y por la profundización de sus revoluciones.

Cuando las masas negras de Sudáfrica o Rhodesia inicien su auténtica lucha revolucionaria, se habrá iniciado una nueva época en el África. O, cuando las masas empobrecidas de un país se lancen a rescatar su derecho a una vida digna, de las manos de las oligarquías gobernantes.

Hasta ahora se suceden los golpes cuartelarios en que un grupo de oficiales reemplaza a otro o a un gobernante que ya no sirva sus intereses de casta y a los de las potencias que los manejan solapadamente pero no hay convulsiones populares. En el Congo se dieron fugazmente estas características impulsadas por el recuerdo de Lumumba, pero han ido perdiendo fuerzas en los últimos meses.

En Asia, como vimos, la situación es explosiva, y no son solo Vietnam y Laos, donde se lucha, los puntos de fricción. También lo es Cambodia, donde en cualquier momento puede iniciarse la agresión directa norteamericana[38], Tailandia, Malasia y, por supuesto, Indonesia, donde no podemos pensar que se haya dicho la última palabra pese al aniquilamiento del Partido Comunista de ese país, al ocupar el poder los reaccionarios.[39] Y, por supuesto, el Oriente Medio.

En América Latina se lucha con las armas en la mano en Guatemala, Colombia, Venezuela y Bolivia y despuntan ya los primeros brotes en Brasil. Hay otros focos de resistencia que aparecen y se extinguen. Pero casi todos los países de este continente están maduros para una lucha de tipo tal, que para resultar triunfante, no puede conformarse con menos que la instauración de un gobierno de corte socialista.

En este continente se habla prácticamente una lengua, salvo el caso excepcional del Brasil, con cuyo pueblo los de habla hispana pueden entenderse, dada la similitud entre ambos idiomas. Hay una identidad tan grande entre las clases de estos países que logran una identificación de tipo "internacional americano", mucho más completa que en otros continentes. Lengua, costumbre, religión, amo común, los unen. El grado y las formas de explotación son similares en sus efectos para explotadores y explotados de una buena parte de los países de nuestra América Latina. Y la rebelión está madurando aceleradamente en ella.

Podemos preguntarnos: esta rebelión, ¿cómo fructificará?; ¿de qué tipo será? Hemos sostenido desde hace tiempo que, dadas sus características similares, la lucha en América Latina adquirirá, en su momento, dimensiones continentales. Será escenario de muchas grandes batallas dadas por la humanidad para su liberación.

En el marco de esa lucha de alcance continental, las que actualmente se sostienen en forma activa son solo episodios, pero ya han dado los mártires que figurarán en la historia americana como entregando su cuota de sangre necesaria en esta última etapa de la lucha por la libertad plena del hombre. Allí figurarán lo nombres del comandante Turcios Lima, del cura Camilo Torres, del comandante Fabricio Ojeda, de los comandantes Lobatón y Luis de la Puente Uceda, figuras principalísimas en los movimientos revolucionarios de Guatemala, Colombia, Venezuela y Perú.

Pero la movilización activa del pueblo crea sus nuevos dirigentes: César Montes y Yon Sosa levantan la bandera en Guatemala, Fabio Vázquez y Marulanda lo hacen en Colombia, Douglas Bravo en el occidente del país y Américo Martín en El Bachiller, dirigen sus respectivos frentes en Venezuela.

Nuevos brotes de guerra surgirán en estos y otros países americanos, como ya ha ocurrido en Bolivia, e irán creciendo, con todas las vicisitudes que entraña este peligroso oficio de revolucionario moderno. Muchos morirán víctimas de sus errores, otros caerán en el duro combate que se avecina; nuevos luchadores y nuevos dirigentes surgirán al calor de la lucha revolucionaria. El pueblo irá formando sus combatientes y sus conductores en el marco selectivo de la guerra misma, y los agentes yanquis de represión aumentarán. Hoy hay asesores en todos los países donde la lucha armada se mantiene y el ejército peruano realizó, al parecer, una exitosa batida contra los revolucionarios de ese país, también asesorado y entrenado por los yanquis. Pero si los focos de guerra se llevan con suficiente destreza política y militar, se harán prácticamente imbatibles y exigirán nuevos envíos de los yanquis. En el propio Perú, con tenacidad y firmeza, nuevas figuras aún no completamente conocidas, reorganizan la lucha guerrillera. Poco a poco, las armas obsoletas que bastan para la represión de las pequeñas bandas armadas, irán convirtiéndose en armas modernas y los grupos de asesores en combatientes norteamericanos, hasta que, en un momento dado, se vean obligados a enviar cantidades crecientes de tropas regulares para asegurar la relativa estabilidad de un poder cuyo ejército nacional títere se desintegra ante los combates de las guerrillas. Es el camino de Vietnam; es el camino que deben seguir los pueblos; es el camino que seguirá América Latina, con la característica especial de que los grupos en armas pudieran formar algo así como Juntas de Coordinación para hacer más difícil la tarea represiva del imperialismo yanqui y facilitar la propia causa.

América Latina, continente olvidado por la últimas luchas políticas de liberación, que empieza a hacerse sentir a través de la Tricontinental en la voz de la vanguardia de sus pueblos, que es la Revolución cubana, tendrá una tarea de mucho mayor relieve: la de la creación del segundo o tercer Vietnam o del segundo o tercer Vietnam del mundo.

En definitiva, hay que tener en cuenta que el imperialismo es un sistema mundial, última etapa del capitalismo, y que hay que batirlo en una confrontación mundial. La finalidad estratégica de esa lucha debe ser la destrucción del imperialismo. La participación que nos toca a nosotros, los explotados y atrasados del mundo, es la de eliminar las bases de sustentación del imperialismo: nuestros pueblos oprimidos, de donde extraen capitales, materias primas, técnicos y obreros baratos y a donde exportan nuevos capitales —instrumentos de dominación—, armas y toda clase de artículos, sumiéndonos en una dependencia absoluta.

El elemento fundamental de esa finalidad estratégica será, entonces, la liberación real de los pueblos; liberación que se producirá a través de lucha armada, en la mayoría de los casos, y que tendrá, en América Latina, casi indefectiblemente, la propiedad de convertirse en una Revolución Socialista.

Al enfocar la destrucción del imperialismo, hay que identificar a su cabeza, la que no es otra que los Estados Unidos de Norteamérica.

Debemos realizar una tarea de tipo general que tenga como finalidad táctica sacar al enemigo de su ambiente obligándolo a luchar en lugares donde sus hábitos de vida choquen con la realidad imperante. No se debe despreciar al adversario; el soldado norteamericano tiene capacidad técnica y está respaldado por medios de tal magnitud que lo hacen temible. Le falta esencialmente la motivación ideológica que tienen en grado sumo sus más enconados rivales de hoy: los soldados vietnamitas. Solamente podremos triunfar sobre ese ejército en la medida en que logremos minar su moral. Y ésta se mina infligiéndole derrotas y ocasionándole sufrimientos repetidos.

Pero este pequeño esquema de victorias encierra dentro de sí sacrificios inmensos de los pueblos, sacrificios que deben exigirse desde hoy, a la luz del día y que quizás sean menos dolorosos que los que debieran soportar si rehuyéramos constantemente el combate, para tratar de que otros sean los que nos saquen las castañas del fuego.

Claro que, el último país en liberarse, muy probablemente lo hará sin lucha armada, y los sufrimientos de una guerra larga y tan cruel como la que hacen los imperialistas, se le ahorrará a ese pueblo. Pero tal vez sea imposible eludir esa lucha o sus efectos, en una contienda de carácter mundial y se sufra igual o más aún. No podemos predecir el futuro, pero jamás debemos ceder a la tentación claudicante de ser los abanderados de un pueblo que anhela su libertad, pero reniega de la lucha que ésta conlleva y la espera como un mendrugo de victoria.

Es absolutamente justo evitar todo sacrificio inútil. Por eso es tan importante el esclarecimiento de las posibilidades efectivas que tiene la América Latina dependiente de liberarse en forma pacífica. Para nosotros está clara la solución de esta interrogante; podrá ser o no el momento actual el indicado para iniciar la lucha, pero no podemos hacernos ninguna ilusión, ni tenemos derecho a ello, de lograr la libertad sin combatir. Y los combates no serán meras luchas callejeras de piedras contra gases lacrimógenos, ni de huelgas generales pacíficas; ni será la lucha de un pueblo enfurecido que destruya en dos o tres días el andamiaje represivo de las oligarquías gobernantes; será una lucha larga, cruenta, donde su frente estará en los refugios guerrilleros, en las ciudades, en las casas de los combatientes —donde la represión irá buscando víctimas fáciles entre sus familiares— en la población campesina masacrada, en las aldeas o ciudades destruidas por el bombardeo enemigo.

Nos empujan a esa lucha; no hay más remedio que prepararla y decidirse a emprenderla.

Los comienzos no serán fáciles; serán sumamente difíciles. Toda la capacidad de represión, toda la capacidad de brutalidad y demagogia de las oligarquías se pondrá al servicio de su causa. Nuestra misión, en la primera hora, es sobrevivir, después actuará el ejemplo perenne de la guerrilla realizando la propaganda armada en la acepción vietnamita de la frase, vale decir, la propaganda de los tiros, de los combates que se ganan o se pierden, pero se dan, contra los enemigos. La gran enseñanza de la invencibilidad de la guerrilla prendiendo en las masas de los desposeídos. La galvanización del espíritu nacional, la preparación para tareas más duras, para resistir represiones más violentas. El odio como factor de lucha; el odio intransigente al enemigo, que impulsa más allá de las limitaciones naturales del ser humano y lo convierte en una efectiva, violenta, selectiva y fría máquina de matar. Nuestros soldados tienen que ser así; un pueblo sin odio no puede triunfar sobre un enemigo brutal.

Hay que llevar la guerra hasta donde el enemigo la lleve: a su casa, a sus lugares de diversión; hacerla total. Hay que impedirle tener un minuto de tranquilidad, un minuto de sosiego fuera de sus cuarteles, y aun dentro de los mismos: atacarlo dondequiera que se encuentre; hacerlo sentir una fiera acosada por cada lugar que transite. Entonces su moral irá decayendo. Se hará más bestial todavía, pero se notarán los signos del decaimiento que asoma.

Y que se desarrolle un verdadero internacionalismo proletario; con ejércitos proletarios internacionales[40], donde la bandera bajo la que se luche sea la causa sagrada de la redención de la humanidad, de tal modo que morir bajo las enseñas de Vietnam, de Venezuela, de Guatemala, de Laos, de Guinea, de Colombia, de Bolivia, de Brasil, para citar solo los escenarios actuales de la lucha armada, sea igualmente gloriosa y apetecible para un americano, un asiático, un africano y, aun, un europeo.

Cada gota de sangre derramada en un territorio bajo cuya bandera no se ha nacido, es experiencia que recoge quien sobrevive para aplicarla luego en la lucha por la liberación de su lugar de origen. Y cada pueblo que se libere, es una fase de la batalla por la liberación del propio pueblo que se ha ganado.

Es la hora de atemperar nuestras discrepancias y ponerlo todo al servicio de la lucha.

Que agitan grandes controversias al mundo que lucha por la libertad, lo sabemos todos y no lo podemos esconder. Que han adquirido un carácter y una agudeza tales que luce sumamente difícil, si no imposible, el diálogo y la conciliación, también lo sabemos. Buscar métodos para iniciar un diálogo que los contendientes rehuyen es una tarea inútil. Pero el enemigo está allí, golpea todos los días y amenaza con nuevos golpes y esos golpes nos unirán, hoy, mañana o pasado. Quienes antes lo capten y se preparen a esa unión necesaria tendrán el reconocimiento de los pueblos.

Dadas las virulencias e intransigencias con que se defiende cada causa, nosotros, los desposeídos, no podemos tomar partido por una u otra forma de manifestar las discrepancias, aun cuando coincidamos a veces con algunos planteamientos de una u otra parte, o en mayor medida con los de una parte que con los de la otra. En el momento de la lucha, la forma en que se hacen visibles las actuales diferencias constituyen una debilidad; pero en el estado en que se encuentran, querer arreglarlas mediante palabras es una ilusión. La historia las irá borrando o dándoles su verdadera explicación.

En nuestro mundo en lucha, todo lo que sea discrepancia en torno a la táctica, método de acción para la consecución de objetivos limitados, debe analizarse con el respeto que merecen las apreciaciones ajenas. En cuanto al gran objetivo estratégico, la destrucción total del imperialismo por medio de la lucha, debemos ser intransigentes.

Sinteticemos así nuestras aspiraciones de victoria: destrucción del imperialismo mediante la eliminación de su baluarte más fuerte: el dominio imperialista de los Estados Unidos de Norteamérica. Tomar como función táctica la liberación gradual de los pueblos, uno a uno o por grupos, llevando al enemigo a una lucha difícil fuera de su terreno; liquidándole sus bases de sustentación, que son sus territorios dependientes.

Eso significa una guerra larga. Y, lo repetimos una vez más, una guerra cruel. Que nadie se engañe cuando la vaya a iniciar y que nadie vacile en iniciarla por temor a los resultados que pueda traer para su pueblo. Es casi la única esperanza de victoria.

No podemos eludir el llamado de la hora. Nos lo enseña Vietnam con su permanente lección de heroísmo, su trágica y cotidiana lección de lucha y de muerte para lograr la victoria final.

Allí, los soldados del imperialismo encuentran la incomodidad de quien, acostumbrado al nivel de vida que ostenta la nación norteamericana, tiene que enfrentarse con la tierra hostil; la inseguridad de quien no puede moverse sin sentir que pisa territorio enemigo; la muerte a los que avanzan más allá de sus reductos fortificados; la hostilidad permanente de toda la población. Todo eso va provocando la repercusión interior en los Estados Unidos; va haciendo surgir un factor atenuado por el imperialismo en pleno vigor, la lucha de clases aun en su propio territorio.

¡Cómo podríamos mirar el futuro de luminoso y cercano, si dos, tres, muchos Vietnam florecieran en la superficie del globo, con su cuota de muerte y sus tragedias inmensas, con su heroísmo cotidiano, con sus golpes repetidos al imperialismo, con la obligación que entraña para éste de dispersar sus fuerzas, bajo el embate del odio creciente de los pueblos del mundo!

Y si todos fuéramos capaces de unirnos, para que nuestros golpes fueran más sólidos y certeros, para que la ayuda de todo tipo a los pueblos en lucha fuera aún más efectiva, ¡qué grande sería el futuro, y qué cercano!

Si a nosotros, los que en un pequeño punto del mapa del mundo cumplimos el deber que preconizamos y ponemos a disposición de la lucha este poco que nos es permitido dar: nuestras vidas, nuestro sacrificio, nos toca alguno de estos días lanzar el último suspiro sobre cualquier tierra, ya nuestra, regada con nuestra sangre, sépase que hemos medido el alcance de nuestros actos y que no nos consideramos nada más que elementos en el gran ejército del proletariado, pero nos sentimos orgullosos de haber aprendido de la Revolución cubana y de su gran dirigente máximo la gran lección que emana de su actitud en esta parte del mundo: "qué importan los peligros o sacrificios de un hombre o de un pueblo, cuando está en juego el destino de la humanidad".

Toda nuestra acción es un grito de guerra contra el imperialismo y un clamor por la unidad de los pueblos contra el gran enemigo del género humano: los Estados Unidos de Norteamérica. En cualquier lugar que nos sorprenda la muerte, bienvenida sea, siempre que ése, nuestro grito de guerra, haya llegado hasta un oído receptivo, y otra mano se tienda para empuñar nuestras armas, y otros hombres se apresten a entonar los cantos luctuosos con tableteo de ametralladoras y nuevos gritos de guerra y de victoria.

PARTE 4

CARTAS

" Si el imperialismo se acaba, tú, Camilo y yo podemos irnos de vacaciones a la Luna..."

A José E. Martí Leyva

La Habana, febrero 5, 1959

Sr. José E. Martí Leyva
Mártires No. 180
Holguín
Oriente

Estimado amigo:

Con verdadero gusto he leído sus generosas líneas ofreciéndose para luchar por la libertad del vecino pueblo de Santo Domingo.

Aquilatando en todo su valor esta desinteresada y noble oferta, le incito a que conserve vivo su entusiasmo para el futuro, cuando la oportunidad llegue y, mientras tanto, aproveche sus años escolares, haciéndose un hombre de provecho, que los necesitamos mucho en Cuba y sé que usted será uno de ellos. Dedíquese al dibujo. Promete.

Mi cordial saludo,

Dr. Ernesto (Che) Guevara,
Comandante en Jefe Departamento Militar.
La Cabaña

A José Tiquet

La Habana, mayo 17 de 1960

"Año de la Reforma Agraria"

Sr. José Tiquet
Publicaciones Continente S.A.
Paseo de la Reforma No. 95
México, D.F.

Estimado amigo:

Te ruego me perdones por la demora en contestarte. Esta no fue por negligencia de mi parte, sino por falta de tiempo.

Mucho me agradaría poder costearte tu viaje a Cuba, pero no cuento con recursos para ello. Mis ingresos se limitan a mi sueldo como Comandante del Ejército Rebelde, el que de acuerdo con la política de austeridad de nuestro Gobierno Revolucionario, es solamente el necesario para proporcionarnos un nivel de vida decoroso.

No ha sido ninguna molestia tu carta sino al contrario me ha sido muy agradable.

Tuyo afectísimo,

Comandante Ernesto Che Guevara

A Dr. Fernando Barral

La Habana, febrero 15 de 1961

"Año de la Educación"

Dr. Fernando Barral
Papp. J.18 Budapest IV
Ujpest, Hungría

Querido Fernando:

Es verdaderamente una lástima no habernos podido ver aunque fuera unos minutos. Te escribo con la precipitación y la concisión que demandan en mí muchas ocupaciones diversas; espero lo comprendas. Concretamente, aunque no lo dices específicamente en tu última carta y sí en la anterior, como que tienen deseos de venir a trabajar por estas tierras. Desde ya te puedo decir que aquí tienes trabajo para ti y tu mujer. Que el sueldo será decoroso sin permitir mayores lujos y que la experiencia de la Revolución Cubana es algo que me parece muy interesante para personas, que como tú, tienen algún día que empezar de nuevo en la patria de origen. Por supuesto, podrías traer a tu madre y aquí se te conseguirían las comodidades de tipo personal necesarias para tu trabajo. La Universidad se está restructurando y hay campo para trabajar aquí si les interesa.

Naturalmente, aquí encontrarás más cosas irracionales que en ese país, pues una revolución lo conmueve todo, lo trastoca todo y poco a poco hay que poner a cada uno en el puesto que mejor pueda desempeñar. Lo único importante es que no se obstaculiza el trabajo de nadie.

Para resumir, aquí está tu casa, si quieres venir lo avisas en la forma que mejor creas y me explican los trámites que habría que hacer, si fuera necesario alguno, para traer a tu mujer.

Como hemos seguido rumbos tan distintos desde hace muchos años, te comunico a manera de información personal que estoy casado, tengo dos hijas y que tuve algunas noticias de los viejos amigos por mamá, que estuvo a visitarnos hace algunos meses.

Recibe el fraterno abrazo de tu amigo,

Comandante Ernesto Che Guevara

A Carlos Franqui

Esta carta fue escrita como respuesta a la publicación en *Revolución* de un suplemento especial con fotos titulado "Che en el Escambray: Diario de una Invasión" el 24 de diciembre de 1962. Esta carta fue publicada el 29 de diciembre de 1962 en *Revolución*.

Compañero Carlos Franqui
Director Periódico *Revolución*
Ciudad.

Compañero Franqui:

No me gustó el rotograbado del otro día; permíteme que te lo diga con toda franqueza y te diga el porqué, aspirando a que estas líneas se publiquen como una "descarga mía".

Dejando de lado pequeñeces que no hablan bien de la seriedad del periódico, como esas fotos con grupos de soldados apuntando a un supuesto enemigo y el ojo virado a la cámara, hay errores fundamentales:

1) Ese extracto de diario no es enteramente auténtico. La cosa fue así: me preguntaron (aún durante la guerra) si había llevado un diario de la invasión. Yo lo hice pero en forma de notas muy escuetas, para mi uso personal, y no tenía tiempo en aquellos momentos de desarrollarlo. De eso se encargó (no recuerdo ahora en qué circunstancias) un señor de Santa Clara que resultó ser bastante "picúo" y quiso agregar hazañas mediante adjetivos.

El poco valor que pudieran tener esas cuatro notas, acaba cuando pierden autenticidad.

2) Es falso que la guerra constituyera para mí una cosa de segundo orden por atender al campesinado. En aquel momento ganar la guerra era lo importante y creo haberme dedicado a esa tarea con todo el empeño de que era capaz. Después de entrar al Escambray, di dos días de descanso a una tropa que llevaba cuarenta y cinco días de marcha en condiciones extremadamente difíciles y reinicié operaciones tomando Güinía de Miranda. Si se pecó de algo, fue al contrario; poca atención a la difícil tarea de bregar con tanto "come vaca" como estaba alzado en esas dichosas lomas y muchos buches de bilis que costaron Gutiérrez Menoyo y su

cuadrilla que tuve que tragar para poder dedicarme a la tarea central: La Guerra.

3) Es falso que Ramiro Valdés fuera "cercano colaborador del 'Che' en asuntos organizativos" y no sé cómo pudo pasarte eso, como director, conociéndolo tan bien.

Ramirito estuvo en el Moncada, preso en Isla de Pinos, vino en el *Granma* como teniente, ascendió a capitán cuando yo fuera nombrado comandante, dirigió una columna como comandante, fue segundo jefe de la invasión y luego dirigió las operaciones del sector Este, mientras yo marchaba hacia Santa Clara.

Considero que la verdad histórica debe respetarse; fabricarla a capricho no conduce a ningún resultado bueno. Por eso —y ser actor de esa parte del drama— me animó a hacerte estas líneas críticas que quieren ser constructivas. Me parece que si hubieras revisado el texto podrían haberse obviado los errores.

Felices pascuas y un próximo año sin muchos titulares de impacto (por lo que ellos traen) te desea,

Che

A Guillermo Lorentzen

La Habana, mayo 4 de 1963
"Año de la Organización"

Co. Guillermo Lorentzen
La Habana

Compañero:

Recibí sus envíos. Se lo agradezco.

Nací en Argentina, peleé en Cuba y empecé a hacerme revolucionario en Guatemala.

Esta síntesis autobiográfica quizás sirva de atenuante para meterme en sus asuntos.

En Guatemala pelean las guerrillas. El pueblo ha tomado las armas de alguna manera. Solo hay una posibilidad de frenar el desarrollo de una lucha que presenta todas las características de ir profundizándose hasta desembocar en una revolución tipo Cuba o Argelia.

El imperialismo la tiene, aunque no sé si se animará a usarla: "elecciones libres", con Arévalo.

Ese es nuestro concepto. ¿Ud. duda que sea certero?

Revolucionariamente,

PATRIA O MUERTE
VENCEREMOS

Comandante Ernesto Che Guevara

A Peter Marucci

La Habana, mayo 4 de 1963

"Año de la Organización"

Sr. Peter Marucci
Editor del Telegraph
The Daily Mercury
Guelph, Canada

Compañero:

Antes que nada permítame hacerle la confesión que en nuestro país la burocracia es sólida y bien asentada, en su inmenso seno absorbe papeles, los incuba y a su tiempo los hace llegar al destinatario.

Esa es la razón por la que en la fecha contesto su amable carta.

Cuba es un país socialista, tropical, bravío, ingenuo y alegre. Es socialista sin perder ni una sola de sus características propias, pero agregando madurez a su pueblo. Vale la pena conocerlo. Lo esperamos cuando usted quiera.

Atentamente,

PATRIA O MUERTE
VENCEREMOS

Comandante Ernesto Che Guevara

A Dra. Aleida Coto Martínez

23 de mayo de 1963

"Año de la Organización"

Dra. Aleida Coto Martínez
Subdirectora de Educación Primaria
Regional Puerto Regla Guanabacoa del Ministerio de Educación
Ciudad.

Estimada compañera:

Le agradezco su envío.

A veces los revolucionarios estamos solos, incluso nuestros hijos nos miran como a un extraño. Nos ven menos que al soldado de la posta, al que llaman tío.

Las composiciones que me envió me hicieron retornar por un instante a una composición que hiciéramos por la visita de un Presidente a nuestro pueblo cuando estaba en 2do. o 3er. grado y la diferencia entre lo que expresaban aquellos niños y éstos de la Revolución de hoy, nos hacen sentir seguros en el porvenir.

Revolucionariamente,

PATRIA O MUERTE
VENCEREMOS

Comandante Ernesto Che Guevara

A los compañeros de la Planta de Ensamblaje de Motocicletas

La Habana, 31 de mayo de 1963

"Año de la Organización"

Compañeros de la Planta Ensambladora de Motocicletas
Santiago de Cuba

Compañeros:

Hay un error en sus planteamientos. Los obreros responsables de la producción de cualquier artículo no tienen derecho sobre ellos. Ni los panaderos tienen derecho a más pan, ni los obreros del cemento a más sacos de cemento; ustedes tampoco a motocicletas.

El día de mi visita, observé que se usaba uno de los triciclos como especie de guaguita, cosa que critiqué y en esos mismos instantes, un miembro de la Juventud Comunista salía a hacer tareas de la Organización en una moto, cosa que critiqué doblemente, dado el uso indebido del vehículo y la incorrecta actitud de usar el tiempo retribuido por la sociedad para tareas que se supone sea una entrega adicional de tiempo a la sociedad, de carácter absolutamente voluntario. En el transcurso de la conversación manifesté que iba a ocuparme de ver las condiciones de pago; y si fuera posible entregar máquinas a algunos obreros y técnicos.

Al pasar al Ministerio de Transporte toda la tarea de distribución y comercialización de las máquinas, no se ven las posibilidades de que esto suceda.

Con saludos revolucionarios de,

PATRIA O MUERTE
VENCEREMOS

Comandante Ernesto Che Guevara

A Pablo Díaz González

La Habana, 28 de octubre de 1963

"Año de la Organización"

Co. Pablo Díaz González, Administrador
Campo de Perf. Extr. de la Cuenca Central
Apartado 9. Majagua
Camagüey

Pablo:

Leí tu artículo. Debo agradecerte lo bien que me tratas; demasiado bien creo. Me parece, además, que tú también te tratas bastante bien.

La primera cosa que debe hacer un revolucionario que escribe historia es ceñirse a la verdad como un dedo en un guante. Tú lo hiciste, pero el guante era de boxeo y así no se vale.

Mi consejo, relee el artículo, quítale todo lo que tú sepas que no es verdad y ten cuidado con todo lo que no te conste que sea verdad.

Saludos revolucionarios de,

PATRIA O MUERTE
VENCEREMOS

Comandante Ernesto Che Guevara

A Lydia Ares Rodríguez

La Habana, 30 de octubre de 1963

"Año de la Organización"

Sra. Lydia Ares Rodríguez
Calle Cárdenas, n° 69
Calabazar,
La Habana

Compañera:

Su carta ha sido transferida al Ministerio del Interior, ya que es el organismo encargado de resolver estos casos.

De todas maneras, agradezco su actitud hacia el trabajo y hacia la Revolución, pero debo decirle que, en mi opinión personal, su hijo debe cumplir la condena porque cometer un atentado contra la propiedad socialista es el más grave delito, independientemente de las atenuantes que pudieran existir.

Siento tener que decirle esto, y lamento la pena que le causará, pero no cumpliría un deber revolucionario si no se lo expresara con toda lealtad.

Revolucionariamente,

PATRIA O MUERTE
VENCEREMOS

Comandante Ernesto Che Guevara

A María Rosario Guevara

La Habana, 20 de febrero de 1964

"Año de la Economía"

Sra. María Rosario Guevara
36, rue d'Annam
(Maarif) Casablanca
Maroc

Compañera:

De verdad que no sé bien de qué parte de España es mi familia. Naturalmente, hace mucho que salieron de allí mis antepasados con una mano atrás y otra delante[1]; y si yo no las conservo así, es por lo incómodo de la posición.

No creo que seamos parientes muy cercanos, pero si Ud. es capaz de temblar de indignación cada vez que se comete una injusticia en el mundo, somos compañeros, que es más importante.

Un saludo revolucionario de,

PATRIA O MUERTE
VENCEREMOS

Comandante Ernesto Che Guevara

A José Medero Mestre

La Habana, febrero 26 de 1964

"Año de la Economía"

Sr. José Medero Mestre
Juan Bruno Zayas, No. 560
e/ Ave. de Acosta y O'Farrill
Víbora
Habana

Compañero:

Le agradezco su interés y sus notas. Para convencerme puso el dedo en la llaga; cita a quienes impugno. Lamentablemente no puedo extender una polémica epistolar por las implicaciones que tiene sobre mi tiempo.

En números sucesivos de *Nuestra Industria Económica* irán saliendo artículos que demuestran la preocupación de una selecta cantidad de técnicos soviéticos sobre problemas similares.

Solo una afirmación para que piense: Anteponer la ineficiencia capitalista con la eficiencia socialista en el manejo de las fábricas es confundir deseo con realidad. Es en la distribución donde el socialismo alcanza ventajas indudables y en la planificación centralizada donde ha podido eliminar las desventajas de orden tecnológico y organizativo con el capitalismo. Tras la ruptura de la sociedad anterior se ha pretendido establecer una sociedad nueva con un híbrido; al hombre lobo, la sociedad de lobos, se le reemplaza con otro género que no tiene su impulso desesperado de robar a los semejantes, ya que la explotación del hombre por el hombre ha desaparecido, pero sí impulsos de las mismas cualidades (aunque cuantitativamente inferiores), debido a que la palanca del interés material se constituye en el árbitro del bienestar individual y de la pequeña colectividad (fábricas por ejemplo), y en esta relación veo la raíz del mal. Vencer al capitalismo con sus propios fetiches a los que se les quitó su cualidad mágica más eficaz, el lucro, me luce una empresa difícil.

Si esto es muy oscuro (ya pasa la media noche en mi reloj), tal vez le aclare mi idea este otro símil: La palanca del interés material en el socialismo es como la lotería de Pastorita[2]; no alcanza a iluminar a los ojos de los más ambiciosos ni a movilizar la indiferencia de los más.

No pretendo haber terminado el tema ni mucho menos establecido el "amén" papal sobre éstas y otras contradicciones. Desgraciadamente, a los ojos de la mayoría de nuestro pueblo, y a los míos propios, llega más la apología de un sistema que el análisis científico de él. Esto no nos ayuda en el trabajo de esclarecimiento y todo nuestro esfuerzo está destinado a invitar a pensar, a abordar el marxismo con la seriedad que esta gigantesca doctrina merece.

Por ello, porque piensa, le agradezco su carta; lo de menos es que no estemos de acuerdo.

Si alguna vez tiene que decirme alguna otra cosa, recuerde que no soy maestro; uno más entre los hombres que hoy luchan por hacer una Cuba nueva, pero que tuvo la suerte de vivir al lado de Fidel en los momentos más difíciles de la Revolución cubana y algunos de los momentos más trágicos y gloriosos de la historia del mundo que lucha por su libertad. De ahí que usted me conozca y yo no recuerde su nombre; podría haber sido al revés, solo que entonces yo tendría que escribirle de alguna remota región del mundo donde mis huesos andarines me llevaran, ya que no nací aquí.

Eso es todo.

Revolucionariamente,

PATRIA O MUERTE
VENCEREMOS

Comandante Ernesto Che Guevara

A Dr. Eduardo Ordaz Ducungé

26 de mayo de 1964

"Año de la Economía"

Dr. Eduardo B. Ordaz Ducungé
Director Hospital Psiquiátrico
La Habana

Estimado Ordaz:

Acuso recibo de la Revista. Aunque tengo muy poco tiempo, me parecen muy interesantes los temas y trataré de darle una leída.

Tengo otra curiosidad: ¿Cómo pueden imprimirse 6.300 ejemplares de una revista especializada, cuando ni siquiera hay esa cantidad de médicos en Cuba?

Me salta una duda que lleva a mi ánimo a los umbrales de una psicosis neuro-económica: ¿Estarán las ratas usando la revista para profundizar sus conocimientos psiquiátricos o templar sus estómagos; o tal vez cada enfermo tenga en su cabecera un tomo de la publicación?

En todo caso hay 3.000 ejemplares de más en el número de la tirada; te ruego que pienses sobre esto.

En serio, la revista está buena, la tirada es intolerable. Créemelo, porque los locos dicen siempre la verdad,

Revolucionariamente,

PATRIA O MUERTE
VENCEREMOS

Comandante Ernesto Che Guevara

A Haydée Santamaría

12 de junio de 1964

"Año de la Economía"

Compañera Haydée Santamaría
Directora, Casa de las Américas
Habana

Querida Haydée:

Le di instrucciones a la Unión de Escritores que pusieran ese dinero a disposición de ustedes, como una medida de transacción para no entrar en una lucha de principios que tienen alcances más vastos, por una bobería.

Lo único importante, es que no puedo aceptar un centavo de un libro que no hace más que narrar las peripecias de la guerra. Dispón del dinero como te parezca.[3]

Un saludo revolucionario,

PATRIA O MUERTE
VENCEREMOS

Comandante Ernesto Che Guevara

A Dr. Regino G. Boti

Junio 12 de 1964

"Año de la Economía"

Dr. Regino G. Boti
Ministro y Secretario Técnico
Junta Central de Planificación
Ciudad.

Ref. Solicitud de aumento del número de ejemplares de la Revista "Confederación Médica Panamericana".

Estimado Ministro:

Disciplinadamente cumpliremos las órdenes de la Junta.

Amparado en mi pequeña y poco edificante historia de médico, debo advertirle que la revista es una porquería y mi opinión general es que las porquerías no cumplen funciones políticas que, probablemente es lo que se pretenda.

Quede éste para la otra historia: la grande.

Me reitero su atento y S.S.

PATRIA O MUERTE
VENCEREMOS

Comandante Ernesto Che Guevara

A Elías Entralgo

Agosto 31 de 1964

"Año de la Economía"

Elías Entralgo
Presidente
Comisión de Extensión Universitaria
Universidad de La Habana
Ciudad

Estimado compañero:

Recibí su amable invitación, la que me demuestra indirectamente y, estoy seguro, que sin proponérselo usted, las radicales diferencias de opinión que nos separan sobre lo que es un dirigente.

No me es posible comprometerme a la charla a que usted me invita; si lo hiciera, sería sobre la base de dar todo mi tiempo disponible a la obra de la Revolución. Para mí es inconcebible que se ofrezca una retribución monetaria a un dirigente del Gobierno y del Partido por cualquier trabajo, de cualquier tipo que sea.

Entre las muchas retribuciones que he recibido, la más importante es la de ser considerado parte del pueblo cubano; no sabría valorarlo en pesos y centavos.

Lamento tener que escribirle estas letras, pero le ruego no le dé otra importancia que la de una queja sentida por lo que considero un agravio gratuito, no menos doloroso por no ser intencionado.

Revolucionariamente,

PATRIA O MUERTE
VENCEREMOS

Comandante Ernesto Che Guevara

A mis hijos [1965]

Queridos Hildita, Aleidita, Camilo, Celia y Ernesto:

Si alguna vez tienen que leer esta carta, será porque yo no esté entre ustedes. Casi no se acordarán de mí y los más chiquitos no recordarán nada.

Su padre ha sido un hombre que actúa como piensa y, seguro, ha sido leal a sus convicciones.

Crezcan como buenos revolucionarios. Estudien mucho para poder dominar la técnica que permite dominar la naturaleza. Acuérdense que la Revolución es lo importante y que cada uno de nosotros, solo, no vale nada.

Sobre todo, sean siempre capaces de sentir en lo más hondo cualquier injusticia cometida contra cualquiera en cualquier parte del mundo. Es la cualidad más linda de un revolucionario.

Hasta siempre hijitos, espero verlos todavía. Un beso grandote y un gran abrazo de

                Papá.

A mis padres [1965]

Queridos viejos:

Otra vez siento bajo mis talones el costillar de Rocinante, vuelvo al camino con mi adarga al brazo.

Hace de esto casi diez años, les escribí otra carta de despedida. Según recuerdo, me lamentaba de no ser mejor soldado y mejor médico; lo segundo ya no me interesa, soldado no soy tan malo.

Nada ha cambiado en esencia, salvo que soy mucho más consciente, mi marxismo está enraizado y depurado. Creo en la lucha armada como única solución para los pueblos que luchan por liberarse y soy consecuente con mis creencias. Muchos me dirán aventurero, y lo soy, solo que de un tipo diferente y de los que ponen el pellejo para demostrar sus verdades.

Puede ser que ésta sea la definitiva. No lo busco pero está dentro del cálculo lógico de probabilidades. Si es así, va un último abrazo.

Los he querido mucho, solo que no he sabido expresar mi cariño, soy extremadamente rígido en mis acciones y creo que a veces no me entendieron. No era fácil entenderme, por otra parte, créanme, solamente, hoy.

Ahora, una voluntad que he pulido con delectación de artista, sostendrá unas piernas flácidas y unos pulmones cansados. Lo haré.

Acuérdense de vez en cuando de este pequeño condotieri del siglo XX. Un beso a Celia, a Roberto, Juan Martín y Patotín, a Beatriz, a todos. Un gran abrazo de hijo pródigo y recalcitrante para ustedes.

Ernesto.

A Hildita

La siguiente carta fue enviada a la mayor de los hijos de Guevara, Hildita en su décimo cumpleaños.

febrero 15 de 1966

Hildita querida:

Hoy te escribo, aunque la carta te llegará bastante después; pero quiero que sepas que me acuerdo de ti y espero que estés pasando tu cumpleaños muy feliz. Ya eres casi una mujer, y no se te puede escribir como a los niños, contándoles boberías o mentiritas.

    Has de saber que sigo lejos y estaré mucho tiempo alejado de ti, haciendo lo que pueda para luchar contra nuestros enemigos. No es que sea gran cosa pero algo hago, y creo que podrás estar siempre orgullosa de tu padre, como yo lo estoy de ti.

    Acuérdate que todavía faltan muchos años de lucha, y aun cuando seas mujer tendrás que hacer tu parte en la lucha. Mientras, hay que prepararse, ser muy revolucionaria, que a tu edad quiere decir aprender mucho, lo más posible, y estar siempre lista a apoyar las causas justas. Además, obedece a tu mamá y no creerte de todo antes de tiempo. Ya llegará eso.

    Debes luchar por ser de las mejores en la escuela. Mejor en todo sentido, ya sabes lo que quiere decir: estudio y actitud revolucionaria, vale decir: buena conducta, seriedad, amor a la Revolución, compañerismo, etc. Yo no era así cuando tenía tu edad, pero estaba en una sociedad distinta, donde el hombre era el enemigo del hombre. Ahora tú tienes el privilegio de vivir otra época y hay que ser digno de ella.

    No te olvides de dar una vuelta por la casa para vigilar a los otros críos y aconsejarles que estudien y se porten bien. Sobre todo Aleidita, que te hace mucho caso como hermana mayor.

    Bueno, vieja, otra vez, que lo pases muy feliz en tu cumpleaños. Dale un abrazo a tu mamá y a Gina, y recibe tú uno grandote y fortísimo que valga por todo el tiempo que no nos veremos, de tu

Papá

A Fidel Castro [1965]

Esta carta fue leída por Fidel Castro el 3 de octubre de 1965, ante una ceremonia pública para presentar el Comité Central del nuevo Partido Comunista de Cuba. En presencia de la esposa y los hijos de Guevara, Castro declaró: "voy a leer una carta, manuscrita y más tarde impresa por Ernesto Guevara, la cual se explica por si misma... Leo a continuación: Habana---Esta sin fecha, porque la carta iba a ser leída en el momento más oportuno, pero fue actualizada y enviada el 1 de abril de este año". La lectura de esta carta fue la primera explicación pública de la ausencia de Guevara de Cuba.

Habana

Fidel:

Me recuerdo en esta hora de muchas cosas, de cuando te conocí en casa de María Antonia, de cuando me propusiste venir, de toda la tensión de los preparativos.

Un día pasaron preguntando a quién se debía avisar en caso de muerte y la posibilidad real del hecho nos golpeó a todos. Después supimos que era cierto, que en una revolución se triunfa o se muere (si es verdadera). Muchos compañeros quedaron a lo largo del camino hacia la victoria.

Hoy todo tiene un tono menos dramático porque somos más maduros, pero el hecho se repite. Siento que he cumplido la parte de mi deber que me ataba a la Revolución cubana en su territorio y me despido de ti, de los compañeros, de tu pueblo que ya es mío.

Hago formal renuncia de mis cargos en la Dirección del Partido, de mi puesto de Ministro, de mi grado de Comandante, de mi condición de cubano. Nada legal me ata a Cuba, solo lazos de otra clase que no se pueden romper como los nombramientos.

Haciendo un recuento de mi vida pasada creo haber trabajado con suficiente honradez y dedicación para consolidar el triunfo revolucionario. Mi única falta de alguna gravedad es no haber confiado más en ti desde los primeros momentos de la Sierra Maestra y no haber comprendido con suficiente claridad tus cualidades de conductor y de revolucionario. He vivido días magníficos y sentí a tu lado el orgullo de pertenecer a nuestro pueblo en los días luminosos y tristes de la Crisis del Caribe.

Pocas veces brilló más alto un estadista que en esos días, me enorgullezco también de haberte seguido sin vacilaciones, identificado con tu manera de pensar y de ver y apreciar los peligros y los principios.

Otras tierras del mundo reclaman el concurso de mis modestos esfuerzos. Yo puedo hacer lo que te está negado por tu responsabilidad al frente de Cuba y llegó la hora de separarnos.

Sépase que lo hago con una mezcla de alegría y de dolor, aquí dejo lo más puro de mis esperanzas de constructor y lo más querido entre mis seres queridos... y dejo un pueblo que me admitió como un hijo; eso lacera una parte de mi espíritu. En los nuevos campos de batalla llevaré la fe que me inculcaste, el espíritu revolucionario de mi pueblo, la sensación de cumplir con el más sagrado de los deberes: luchar contra el imperialismo donde quiera que esté; esto reconforta y cura con creces cualquier desgarradura.

Digo una vez más que libero a Cuba de cualquier responsabilidad, salvo la que emane de su ejemplo. Que si me llega la hora definitiva bajo otros cielos, mi último pensamiento será para este pueblo y especialmente para ti. Que te doy las gracias por tus enseñanzas y tu ejemplo al que trataré de ser fiel hasta las últimas consecuencias de mis actos. Que he estado identificado siempre con la política exterior de nuestra Revolución y lo sigo estando. Que en dondequiera que me pare sentiré la responsabilidad de ser revolucionario cubano, y como tal actuaré. Que no dejo a mis hijos y mi mujer nada material y no me apena: me alegra que así sea. Que no pido nada para ellos pues el Estado les dará lo suficiente para vivir y educarse.

Tendría muchas cosas que decirte a ti y a nuestro pueblo, pero siento que son innecesarias, las palabras no pueden expresar lo que yo quisiera, y no vale la pena emborronar cuartillas.

Hasta la victoria siempre. ¡Patria o Muerte!

Te abraza con todo fervor revolucionario

Che

Carta a mis hijos

(Desde algún lugar de Bolivia, 1966)

Mis queridos Aliusha, Camilo, Celita y Tatico:

Les escribo desde muy lejos y muy aprisa, de modo que no les voy a poder contar mis nuevas aventuras. Es una lástima porque están interesantes y Pepe el Caimán[4] me ha presentado muchos amigos. Otra vez lo haré.

Ahora quería decirles que los quiero mucho y los recuerdo siempre, junto con mamá, aunque a los más chiquitos casi los conozco por fotografías porque eran muy pequeñines cuando me fui. Pronto yo me voy a sacar una foto para que me conozcan como estoy ahora, un poco más viejo y feo.

Esta carta va a llegar cuando Aliusha cumpla seis años, así que servirá para felicitarla y desearle que los cumpla muy feliz.

Aliusha, debes ser bastante estudiosa y ayudar a tu mamá en todo lo que puedas. Acuérdate que eres la mayor.

Tú, Camilo, debes decir menos malas palabras, en la escuela no se puede decirlas y hay que acostumbrarse a usarlas donde se pueda.

Celita, ayuda siempre a tu abuelita en las tareas de la casa y sigue siendo tan simpática como cuando nos despedimos ¿te acuerdas? A que no.

Tatico, tú crece y hazte hombre que después veremos qué se hace. Si hay imperialismo todavía salimos a pelearlo, si eso se acaba, tú, Camilo y yo podemos irnos de vacaciones a la Luna.

Denle un beso de parte mía a los abuelos, a Myriam y su cría, a Estela y Carmita y reciban un beso del tamaño de un elefante, de

Papá.

Nota al margen:

A Hildita, [la hija mayor del Che] otro beso del tamaño de un elefante y díganle que le escribiré pronto, ahora no me queda tiempo.

Notas parte 1

1. A mediados de 1933 y en medio de un levantamiento revolucionario contra el dictador Gerardo Machado, Summer Wells fue enviado como embajador de Washington para ayudar a instalar un régimen pro Estados Unidos que reemplazara a Machado y se anticipara a un triunfo revolucionario.
   La enmienda Platt de 1901 fue impuesta por el Congreso de Estados Unidos a la Constitución cubana, durante la ocupación militar norteamericana. Esta concedía a Washington el derecho a intervenir en los asuntos de Cuba en cualquier momento y otorgaba el derecho a establecer bases militares sobre suelo cubano. Esta enmienda fue abolida en 1934.
   Narciso López, un antiguo oficial español organizó una expedición que desembarcó en Cuba en 1850 con el respaldo de Estados Unidos. López fue apresado por los españoles y ejecutado.
2. El 26 de Julio de 1953, Fidel Castro encabezó un ataque contra el cuartel Moncada en Santiago de Cuba que marcó el inicio de la lucha armada contra el régimen de Batista. Tras el fallido ataque, las fuerzas batistianas masacraron a más de 50 revolucionarios capturados. Castro y otros fueron capturados, juzgados y sentenciados a prisión. Ellos fueron liberados en mayo de 1955 después que una campaña de defensa pública obligó al régimen de Batista a otorgar una amnistía.
3. Guevara había estado separado de la columna principal por cerca de un mes. Tras la victoria del Ejército Rebelde en El Uvero, los días 27-28 de mayo de 1957, Guevara fue enviado a permanecer en la retaguardia, junto con una pequeña tropa, para hacerse cargo de los heridos. La victoria de El Uvero marcó un punto de viraje decisivo en la guerra contra la dictadura de Batista. En este capítulo, él justamente ha sido reincorporado a la tropa principal.
4. El Pacto de Miami fue endosado el 30 de noviembre de 1957 por un numeroso grupo de fuerzas opositoras, incluyendo Felipe Pazos, quien firmó el acuerdo a nombre del Movimiento 26 de Julio sin su autorización. El documento fue diseñado para garantizar que un régimen pro Estados Unidos podría emerger tras la caída del régimen de Batista. Castro denunció el acuerdo en una carta abierta y públicamente separó al Movimiento 26 de Julio de ese compromiso. El Pacto de Caracas, transmitido por Radio Rebelde el 20 de julio de 1958, fue firmado por muchas de las fuerzas que respaldaron el Pacto de Miami y contó con el apoyo de Fidel Castro a nombre del Movimiento 26 de Julio y del Ejército Rebelde. Este documento se oponía a un golpe militar y llamaba a finalizar el apoyo de Estados Unidos a Batista, reflexionando a cambiar las relaciones de fuerza dentro de la oposición desde el Pacto de Miami.

5. El Movimiento 26 de Julio tenía dos vertientes en ese tiempo. Estas se conocían como la Sierra (montaña) y el Llano. Aunque Llano significa "planicie", estaba referida al área urbana donde el Movimiento 26 de Julio mantenía una organización clandestina. A lo largo de este período existía un debate acerca de cuál de los dos grupos era fundamental en la estrategia de lucha.
6. El "M-26" fue un improvisado invento mortal del Ejército Rebelde. Consistía en una lata (frecuentemente de leche condensada vacía) llena de explosivos y encendida, lanzada con una pistola o rifle especialmente diseñado para ese propósito. El nombre "M-26" es una derivación del nombre Movimiento 26 de Julio, que frecuentemente era abreviado como "M-26-7"
7. La Ley No. 3 de la Sierra Maestra fue proclamada por el Ejército Rebelde el 10 de octubre de 1958. Garantizaba a aparceros, campesinos, arrendatarios y colonos la propiedad de la tierra que trabajaban y los proveía de un área de alrededor de 2 caballerías (67 acres). La ley fue precursora de otra más radical reforma agraria proclamada por el gobierno revolucionario el 17 de mayo de 1959.

Notas parte 2

1. México nacionalizó en 1938 las propiedades de compañías petroleras británicas y estadounidenses.
2. Esto es una referencia al Estado Libre Asociado de Puerto Rico, una posesión estadounidense.
3. Egipto fue atacado en octubre-noviembre de 1956 por tropas británicas, francesas e israelíes, después de la nacionalización del Canal de Suez. En julio de 1958, Washington desembarcó 15 000 marines en Líbano para respaldar al pro norteamericano régimen que se enfrentaba a la oposición popular.
4. El 12 de agosto de 1933, el dictador Gerardo Machado fue depuesto por una revuelta popular masiva. El 24 de febrero de 1895 comenzó la última guerra de independencia cubana contra España. El 10 de octubre de 1968 fue el principio de la primera Guerra de Independencia
5. En 1809 el levantamiento en el Alto Perú (ahora Bolivia) encabezado por Pedro Domingo Murillo, fue una de las primeras revueltas contra el dominio español. El alzamiento fue derrotado y Murillo ahorcado. En 1810 fue establecido un gobierno autónomo en Buenos Aires por el Cabildo Abierto.
6. Valeriano Weyler y Nicolau era comandante en jefe de las fuerzas españolas en Cuba durante la guerra de independencia de 1895-98. Ganó notoriedad por la política represiva desatada contra la población civil indefensa.
7. El término mambí se refiere a los cubanos que luchaban en la guerra de independencia contra los españoles.
8. El alzamiento revolucionario de 1933–35 pese al éxito por derrocar al dictador Gerardo Machado, no fue capaz de terminar con el estatus semi colonial de

Estados Unidos sobre Cuba. La persona que emergió como hombre fuerte en Cuba, como consecuencia de esos hechos, fue Fulgencio Batista.
9. El X Congreso de la Central de Trabajadores de Cuba (CTC) en noviembre de 1959 aprobó un acuerdo por medio del cual los trabajadores donarían el 4% de sus sueldos para la creación y promoción de la industrialización.
10. La Ley de Reforma Agraria de mayo 17 de 1959, estableció el límite de 30 caballerías (aproximadamente 1000 acres) sobre la propiedad individual. La implementación de la ley dio como resultado la confiscación de vastas extensiones en Cuba, muchas de éstas, propiedad de compañías estadounidenses. Estas tierras pasaron a manos del nuevo gobierno. La ley también otorgó la propiedad de la tierra a aparceros, campesinos arrendatarios y colonos, sobre la tierra que ellos laboraban. Otra disposición de la ley era la creación del Instituto Nacional de la Reforma Agraria (INRA).
11. Nicolás Guillén era uno de los dirigentes del Partido Comunista; entonces conocido como Partido Socialista Popular.
12. V. I. Lenin, "Qué hacer", en Obras Escogidas de Lenin. (Editorial Progreso Moscú 1973), vol. 5, 369.
13. La Historia me Absolverá fue el alegato pronunciado por Fidel Castro en 1953 en la sala del tribunal después del ataque al Moncada. Posteriormente se convirtió en el programa del Movimiento 26 de Julio
14. En noviembre de 1959 el gobierno revolucionario aprobó una ley que autorizaba al Ministerio del Trabajo a "intervenir" en una empresa, asumiendo el control administrativo, sin cambio de sus propietarios. En la práctica, la mayoría de estos propietarios salieron del país. Este proceso fue utilizado por el gobierno revolucionario hasta finales de 1960, cuando se nacionalizaron las mayores ramas de la economía.
15. En el tiempo que fue escrito este artículo, se encontraba en proceso de formación el Partido Unido de la Revolución Socialista (PURS). En marzo de 1962, su predecesor, las Organizaciones Revolucionarias Integradas (ORI) —formadas por la fusión del Movimiento 26 de Julio, el Partido Socialista Popular y el Directorio Revolucionario— había comenzado a sufrir un proceso de reorganización ante manifestaciones de tendencias sectarias que dio paso después de la mitad de 1963 a la consolidación del nuevo Partido. El corazón de esta reorganización, fueron las miles de asambleas que se realizaron en los centros de trabajo por toda Cuba con el objetivo de garantizar la participación de las masas. Cada asamblea discutía y seleccionaba quiénes del centro de trabajo podrían considerarse obreros ejemplares. Esos seleccionados eran considerados como posibles miembros del Partido.
16. Localizado en la Sierra Maestra, el Turquino es la elevación más alta de Cuba.
17. El 17 de abril de 1961, 1500 mercenarios nacidos en Cuba, invadieron a Cuba por Bahía de Cochinos en la costa sudeste de la entonces provincia de Las Villas. La acción, organizada directamente por Washington, intentaba establecer un "gobierno provisional" que pidiera una intervención directa de Estados Unidos. Los invasores fueron derrotados por las milicias y las

Fuerzas Armadas Revolucionarias en solo 72 horas. El 19 de abril, los últimos invasores se rindieron en Playa Girón, por lo cual, éste se convirtió en el nombre que los cubanos designan esa batalla.
18. Desde fines de 1960 y durante 1961, el gobierno revolucionario llevó adelante una campaña de alfabetización para enseñar a leer y a escribir a un millón de cubanos. Como centro de este esfuerzo fue la movilización de 100 000 jóvenes que fueron a los campos del país donde convivieron con los campesinos a quienes fueron a enseñar. Como resultado de esta campaña, Cuba eliminó virtualmente el analfabetismo.
19. Karl Marx, "Manuscritos económicos y filosóficos de 1844", en Karl Marx y Federico Engels, Obras Escogidas, vol. 3, 296–97. En la última frase de la edición en inglés de Obras Completas se lee "sabe que existes." La palabra "consciente" ha sido sustituida de acuerdo con la versión citada por Guevara en español y que él elaboró con posterioridad.
20. Marx, "Crítica al Programa de Gotha", en Marx y Engels, Obras Escogidas (Moscú: Ediciones Progreso, 1977), 17.
21. V.I.Lenin, "Sobre la consigna para un Estados Unidos de Europa", en Lenin, Obras Completas, vol. 21, 342-43
22. Joseph Stalin, "Los Principios del Leninismo", en Stalin, Obras Escogidas (Moscú, Editorial de Lenguas Extranjeras, 1953), vol. 6, 75–76.
23. Lenin, "Cinco Años de la Revolución Rusa y Proyecciones de la Revolución Mundial", Obras Escogidas, vol. 33, 419–22.
24. Oscar Lange (1904–1965) fue un economista polaco y oficial del gobierno de la República Popular de Polonia. Para profundizar en el tema ver "El Gran Debate sobre la economía en Cuba," Ocean Press, 2003.
25. Lenin, "Nuestra Revolución", en Lenin, Obras Escogidas, vol. 33, 477–79.
26. Marx, "Critica al Programa de Gotha", in Marx y Engels, Obras Escogidas, vol. 3, 16-17.
27. *El Manual de Economía Política* fue publicado por el Instituto de Economistas de la Academia de Ciencias de la URSS.
28. Karl Marx, Capital, (New York: Vintage Books, 1977), vol. 1, 899.
29. Esta carta fue enviada a Carlos Quijano, director de la publicación semanal uruguaya, Marcha. Fue publicada el 12 de marzo de 1965, bajo el título "Desde Argelia, para Marcha, La Revolución Cubana Hoy". En la edición original el editor le adicionó la siguiente nota: "Che Guevara envió esta carta a Marcha desde Argelia. Este documento es de la más significativa importancia, especialmente en aras de entender el objetivo y la meta de la Revolución cubana, visto por uno de los principales actores en el proceso. Las tesis presentadas son un intento por provocar debate y, al mismo tiempo, ofrecer una nueva perspectiva sobre una de las presentes fundamentaciones del pensamiento socialista". El 5 de noviembre de 1965, la carta fue otra vez publicada y presentada como "exclusiva: una nota especial del Che Guevara". Un memo explicaba que los lectores de Marcha en Argentina no habían podido leer la publicación original, porque la semana en que ésta fue publicada por primera vez, la revista fue prohibida en Buenos Aires. Los

subtítulos están basados sobre los usados en la edición original cubana. Estos habían sido adicionados por el editor.

30. Cuando Che envió la carta a Quijano, él había estado de viaje por África desde diciembre de 1964. Durante este viaje a África, Che mantuvo muchos encuentros con líderes revolucionarios africanos.

31. El concepto del Che sobre el hombre o la mujer del futuro, como primera evidencia en la concientización de los combatientes de la guerra revolucionaria cubana, fueron expuestos por su artículo, "Las ideas sociales del Ejército Rebelde" (1959). Estas ideas fueron más tarde desarrolladas en su discurso, "El doctor revolucionario" (1960) donde describe cómo Cuba fue creando "un nuevo tipo de individuo" como resultado de la revolución, porque "no hay nada que pueda educar a las personas... como vivir a través de la revolución". Estas primeras ideas fueron profundizando como parte del concepto del Che del individuo como un directo y consciente actor en el proceso de construcción del socialismo. Este artículo presenta una síntesis de sus ideas sobre esta cuestión.

32. Estos dos eventos en los primeros años de la revolución, son una prueba fehacientemente el valor del pueblo cubano en el enfrentamiento a los desastres: primero, el de la Crisis de Octubre (mísiles)de 1962, durante la cual las acciones de Estados Unidos apuntaban al derrocamiento de la Revolución cubana, llevando al mundo al borde de la crisis; y segundo, el huracán Flora, el cual azotó la región Este de Cuba, el 4 de octubre de 1963, que dejó un saldo de más de mil muertos. Sin embargo, Che creía que si, de hecho, una nueva sociedad iba a ser creada, las masas necesitaban aplicar la misma clase de conciencia en las actividades diarias como la habían demostrado en tan especiales circunstancias.

33. La victoria revolucionaria del primero de enero de 1959, significaba que por primera vez en su historia, el pueblo cubano alcanzaba un genuino nivel de participación popular en el poder. Al principio, el gobierno fue conformado con figuras de partidos de la política tradicional que de una u otra forma habían ayudado a la revolución. Como fueron adoptadas medidas que afectaban la disposición de las clases dominantes, algunos las rechazaron y se convirtieron en germen de la futura contrarrevolución, la que fue subsecuentemente fundada y abastecida por el gobierno de Estados Unidos. En esta temprana confrontación, el presidente Manuel Urrutia fue forzado a renunciar por la presión popular, cuando se comprobó claramente que él estaba poniendo obstáculos a medidas que beneficiarían a la población en su totalidad. Fue en este período, con el respaldo del pueblo cubano, que Fidel asume el liderazgo del gobierno y se convierte en Primer Ministro.

34. La ley de Reforma Agraria del 17 de mayo de 1959, después de solo 4 meses de tomar el poder, fue vista como un decisivo paso para llevar adelante la propuesta del programa revolucionario del Moncada en 1953. Che participó en la confección de esta ley junto con otros camaradas propuestos por la dirección revolucionaria.

35. El 17 de abril de 1961, tropas mercenarias que fueron entrenadas y financiadas por el gobierno de Estados Unidos, integradas por grupos del exilio contrarrevolucionario, invadieron a Cuba por Bahía de Cochinos. Esto fue parte de un plan para desestabilizar y finalmente tratar de derrocar a la revolución. En estas circunstancias las masas cubanas que sentían que participaban en un genuino proceso de transformación social, demostraron que ellos estaban listos para defender las conquistas de la revolución y fueron capaces de derrotarlas.
36. Las manifestaciones de sectarismo, las cuales emergieron en Cuba en los años 60, forzaron a la dirección revolucionaria a tomar medidas que impedirían algunas tendencias hacia la separación del gobierno de las masas. Como parte de estas medidas, Che participó en este proceso y analizó en muchas ocasiones las graves consecuencias de esa separación. Él expresó estos puntos de vista, por ejemplo, en el prólogo del libro, *El Partido marxista-leninista*, publicado en 1963, donde explicaba: "Errores fueron hechos por la dirigencia; el partido perdió esas esenciales cualidades que lo vinculaban con las masas, el ejercicio del centralismo democrático y el espíritu de sacrificio...afortunadamente las antiguas bases de este tipo de sectarismo han sido destruidas".
37. El debate sobre el rol de la ley del valor dentro de la construcción del socialismo, formaba parte del esquema del Che de la armadura económica y sus ideas iniciales para el Sistema Financiero Presupuestario. Debido a su perspectiva humanista, Che rechazaba cualquier noción que incluyera el uso de herramientas capitalistas o fetiches. Estas ideas fueron vastamente analizadas en su artículo "Sobre el concepto del valor", publicado en la revista Nuestra Industria en octubre de 1963. Aquí podemos ver el comienzo del debate que Che inició en aquellos años y que tuvieron una significación internacional. Esta polémica fue conducida en su estilo típicamente riguroso. Esbozando las líneas directrices para ser seguido, El Che escribió: "Nosotros debemos tener claro que el debate que hemos iniciado puede ser invalorable para nuestro desarrollo solo si somos capaces de conducirlo con un estricto enfoque científico y la más grande ecuanimidad".
38. Nelson Rockefeller, quien se convirtió en una de las personas más ricas de Estados Unidas, adquirió su capital por un "golpe de suerte", según dice la fábula, cuando su familia descubrió petróleo. El poder económico de Rockefeller lo llevó a tener una gran influencia política por muchos años — especialmente con respecto a la política hacia América Latina— a pesar de quien estuviera en la Casa Blanca.
39. Para el Che, el socialismo no podría existir si la economía no estaba ligada a la concientización social y política. Sin una conciencia de derechos y deberes, sería imposible construir una nueva sociedad. Esta actitud sería el mecanismo de transición del socialismo y la forma esencial de expresión de éste sería a través de la concientización. En este trabajo, Che analiza el decisivo papel de la concientización como opositora a la distorsión producida por "el socialismo existente", basado en la separación de la base material de la sociedad desde la superestructura. Desafortunadamente, la historia probó

la razón que tenía el Che, cuando una crisis política y moral llevó a colapsar al sistema socialista. Entre los escritos del Che sobre estos asuntos están: "Discusión colectiva: Decisiones y únicas responsabilidades" (1961), "Sobre la Construcción del Partido" (1963), "Certificados conferidos para el trabajo comunista" (1964) y "Una nueva actitud ante el trabajo" (1964).

40. Desde el principio el Che estudió los conceptos del subdesarrollo mientras trataba de definir las realidades del Tercer Mundo. En su artículo, "¿Cuba; excepción histórica o vanguardia en la lucha anticolonial?" (1961), el Che preguntaba: "¿Qué es subdesarrollo? Un enano de cabeza enorme y tórax henchido es 'subdesarrollado' en cuanto a sus débiles piernas o sus cortos brazos no articulan con el resto de su anatomía; es el producto de un fenómeno teratológico que ha distorsionado su desarrollo. Eso es lo que en realidad somos nosotros los suavemente llamados 'subdesarrollados', en verdad países coloniales, semicoloniales o dependientes. Somos países de economía distorsionada por la acción imperial, que ha desarrollado anormalmente las ramas industriales o agrícolas necesarias para completar su compleja economía."

41. El Che argumentaba que la liberación plena de la clase humana se alcanza cuando el trabajo se convierte en un deber social realizado con completa satisfacción y sostenido por un sistema de valores que contribuya a la realización de acciones conscientes de las tareas encomendadas. Esto podría solo ser alcanzado por una educación sistemática, adquirida por pasos a través de varios estamentos en los cuales se incrementen las acciones colectivas. Che reconocía que esto podría tener dificultades y tomaría tiempo. En su deseo por adelantar este proceso, sin embargo, el desarrolló métodos de movilización del pueblo, atrayendo a la vez el espíritu colectivo e individual. Entre los más significativos de estos instrumentos estaban los incentivos morales y materiales, mientras se profundizaba la concientización como un camino hacia el desarrollo socialista. Ver discursos del Che; "Homenaje es el premio a los ganadores de la emulación" (1962) y "Una nueva actitud ante el trabajo" (1964).

42. En el proceso de crear el hombre y la mujer nueva, el Che consideraba que la educación debería estar directamente relacionada a la producción y que esto debería ser hecho diariamente como una manera de los individuos por mejorarse a sí mismos. Esto también debería ser hecho con un espíritu colectivo para que contribuyera al desarrollo de la conciencia y tuviera un mayor impacto. En el nivel práctico, él desarrolló un sistema de educación dentro del Ministerio de Industrias que garantizaba un nivel mínimo de entrenamiento para los trabajadores, para que pudieran conocer los nuevos desafíos científicos y tecnológicos que Cuba enfrentaba.

43. El Che exponía el papel de la vanguardia como un punto clave. Primero, él definió la vanguardia como un elemento necesario para encabezar la lucha y dentro de la primera línea de defensa. Después de la revolución, el Che vio a la vanguardia como la incitadora del impulso real de las masas para participar en la construcción de la nueva sociedad; a la cabeza de la

vanguardia estaba el Partido. Por esta razón, el Che insistía ocasionalmente en que la revolución era un proceso acelerado en el cual aquellos que jugaran un activo papel tenían derecho a cansarse, pero no estar cansados de ser la vanguardia.

44. En este período, cuando el Che era un dirigente, la Revolución cubana no había alcanzado todavía un nivel de institucionalización, ya que las viejas estructuras de poder habían sido eliminadas. No obstante, el Che argumentaba que la institucionalización era un importante medio para formalizar la integración de las masas con la vanguardia. Años más tarde, en 1976, después del Primer Congreso del Partido Comunista de Cuba, la tarea de institucionalización fue codificada, como una expresión de las estructuras de poder creadas por la revolución.

45. El Che había visto que el trabajo jugaba un importante papel en la construcción de la nueva sociedad. Él analizó las diferencias entre el trabajo emprendido dentro de la sociedad capitalista y que esto estaba libre de alienación en la sociedad socialista. Él conocía que esto requería que el trabajador llegara al extremo y pusiera el deber y el sacrificio por encima de la ganancia individual. En un discurso en 1961, el Che se refirió al trabajo diario como "la tarea constante más difícil que demandan ni un instante de sacrificio violento ni un simple momento en la vida de un camarada en aras de defender la revolución, pero demanda largas horas todos los días".

46. En aras de entender la construcción del socialismo como un proceso que eliminaría las persistentes raíces de la anterior sociedad, el Che examinó las relaciones inherentes de la producción. Él insistió que dos cambios fundamentales debían ocurrir para el camino de poner fin a la explotación de un hombre por el otro y lograr la sociedad socialista; un incremento en la productividad y una profundización de la concientización.

47. Un artículo como El hombre y el socialismo en Cuba, no podía eludir una discusión sobre cultura, dado los enormes cambios que estaban realizándose en la sociedad cubana y en las estructuras de poder en ese tiempo. No fue fácil la tarea de reflejar los conceptos de la cultura socialista en un país que estaba justamente emergiendo del subdesarrollo y todavía estaba caracterizado por la cultura neocolonial, impuesta por la clase dominante. Había una constante lucha entre los valores del pasado y la de intentar la construcción de una cultura totalmente abarcadora basada en la solidaridad entre el pueblo y la verdadera justicia social. La lucha se hacía más difícil, no solo por la persistencia de una cultura pasada sino también por el dogmatismo y las tendencias autoritarias del llamado "socialismo real" en los países socialistas. El antídoto era el de defender lo mejor y los aspectos más singulares de la cultura cubana, evitando excesos, y tratando de construir una cultura que expresaría el sentimiento de la mayoría fuera de vulgaridades y esquemas. Ésta es la perspectiva que había sido mantenida en el desarrollo de la cultura revolucionaria en Cuba, y ni el neoliberalismo ni la globalización han sido capaces de impedir el genuino proceso de la cultura popular. Esta es la expresión de una verdadera sociedad socialista.

48. El papel del partido y de los jóvenes revolucionarios en la construcción de una nueva sociedad había sido analizado ampliamente por el Che: "Sobre la construcción del Partido", "El Partido marxista-leninista", "Ser un joven comunista" y "Juventud y Revolución".
49. La armonía establecida entre Fidel y el Che desde sus primeros encuentros en México, en 1955 representaron el comienzo junto de ideas comunes y un común acercamiento sobre la liberación de América Latina y de la construcción de una nueva sociedad. El Che se refiere a Fidel en muchas ocasiones en sus escritos y discursos, con sincera admiración y respeto evaluando sus cualidades como líder y estadista. Fidel reciproca estos sentimientos en muchas ocasiones. Sus relaciones deberían ser investigadas más profundamente en aras de ganar más claridad sobre esa trascendental era histórica. Para más referencia ver: "Che, Episodios de la guerra revolucionaria, guerra de guerrillas", "Cuba: excepción histórica o vanguardia en la lucha anticolonial", "Soberanía política e independencia económica" y "El Partido marxista-leninista".
50. El estudio de los diferentes estadíos de la revolución cubana —desde la guerra de guerrilla hasta la obtención del poder revolucionario— son sistemáticamente reflejados en todos los escritos y discursos del Che. El siempre resaltó el significado del ejemplo de Cuba para el resto del Tercer Mundo como un símbolo de libertad y mostrando los frutos del estadío inicial de la construcción del socialismo en un país subdesarrollado. Además de los trabajos citados, ver: "Despedida a las brigadas internacionales de trabajo voluntario" (1961) y "La influencia de la Revolución cubana en América Latina".
51. El Che concluye aquí sumariamente algunos de los conceptos más importantes planteados en sus trabajos, los cuales son bellamente sintetizados en este volumen. Esas ideas proporcionan un completo espectro que abarca la filosofía, ética y política, dando lugar a un gran complejo de preguntas.

Notas parte 3

1. José Enrique Rodó fue un escritor uruguayo. Su trabajo *Ariel* fue publicado en 1900.
2. Guevara se refería al discurso de C. Douglas Dillon.
3. En su intervención en la conferencia de Punta del Este, el presidente del Banco Interamericano de Desarrollo, hizo referencia al encuentro de la Comisión Monetaria Internacional celebrada en 1891 en Washington D.C. Esa reunión incluyó a representantes del gobierno de Estados Unidos y de Latinoamérica.
4. El Libro Blanco del Departamento de Estado de Estados Unidos fue escrito por Arthur Schlesinger, Jr., asesor del presidente Kennedy. Schlesinger formó parte de la delegación estadounidense a la conferencia de Punta del Este. El

Libro Blanco fue publicado el 3 de abril de 1961, dos semanas antes de la invasión de Bahía de Cochinos.

5. El 17 de mayo de 1961, Fidel Castro propuso un cambio de 500 tractores de Estados Unidos por 1 179 mercenarios capturados en Bahía de Cochinos como indemnización por los daños sufridos por Cuba por la invasión. Posteriormente, Washington acordó enviar 53 millones de dólares en alimentos, medicinas y equipos médicos, a cambio de los prisioneros.

6. Isla del Cisne (Isla Swan) había sido territorio de Honduras desde 1861. En 1893, un marinero estadounidense "descubrió" la isla y tomó posesión de ésta, a favor de Estados Unidos. Usando esto como una legalidad básica, el gobierno de Estados Unidos estableció una estación de radio en la isla, la que fue usada después de 1961 por la Agencia Central de Inteligencia para transmitir hacia Cuba. En 1974, Washington acordó reconocer la soberanía de Honduras sobre la isla, sin embargo, Estados Unidos mantiene la estación de radio.

7. El Comandante Che Guevara señaló en este punto incluir una cita de la Declaración de los 81 Partidos [pág. 20], inclusión que llegó a hacerse.

8. Cuba fue expulsada de la Organización de Estados Americanos (OEA) en enero de 1962.

9. Una Conferencia de Naciones Unidas sobre Trabajo y Comercio fue celebrada en La Habana desde noviembre de 1947 hasta marzo de 1948. Se adoptó la Carta de La Habana, la cual iba a ser el fundamento de la constitución para el nuevo cuerpo internacional que se conocería como la Organización Internacional del Comercio. Esta organización nunca llegó a crearse, pues fue largamente rechazada por el gobierno de Estados Unidos que se negaba a participar en él. En su lugar, muchas de sus anticipadas funciones fueron asumidas por el Acuerdo General de Tarifas y Comercio (GATT por sus siglas en inglés) que fue establecido en octubre de 1947 en la Conferencia de Ginebra.

10. En esta fecha, el asiento de China en Naciones Unidas estaba ocupado por el gobierno de Taiwán. En 1971, el régimen de Taiwán fue sacado y la República Popular China ocupó el asiento.

11. Esto es una referencia a Namibia (África del Sudoeste) que había sido una colonia de Sudáfrica desde 1920, bajo la autorización de la Liga de las Naciones. En 1946 las Naciones Unidas le solicitó a Sudáfrica presentar un nuevo acuerdo de administración. Este pedido fue rechazado por Sudáfrica que mantenía que las Naciones Unidas no tenían derecho a vetar la ocupación de Namibia. En 1966, la Asamblea General de Naciones Unidas votó por suprimir el mandato de Sudáfrica.

12. Poco tiempo después de obtener el Congo la independencia en junio de 1960, un levantamiento estalló en la provincia de Katanga (hoy Shaba), encabezado por Moisés Tshombe. El gobierno del primer ministro congolés Patricio Lumumba apeló a la ayuda de Naciones Unidas y tropas de la ONU fueron enviadas como fuerzas para el mantenimiento de la paz. Sin embargo las fuerzas de Naciones Unidas se mantuvieron al margen mientras el

gobierno de Lumumba fue derrocado en diciembre de 1960 con la participación de la CIA. Lumumba fue hecho prisionero por los derechistas congoleses y asesinado.

13. El Consejo Social y Económico Latinoamericano, una comisión de la Organización de Estados Americanos, apadrinó un encuentro en febrero de 1964 en Alta Gracia, Argentina. En esta reunión firmó un acuerdo de constitución del Comité Especial para la Coordinación de América Latina, una organización diseñada para facilitar las negociaciones comerciales.

14. El entonces presidente cubano Osvaldo Dorticós participó en octubre de 1964 en la Conferencia Cumbre del Movimiento de Países No Alineados, en El Cairo.

15. En enero de 1964, fuerzas de Estados Unidos abrieron fuego sobre una manifestación de estudiantes panameños en la ocupada Zona del Canal, que provocaron varios días de luchas callejeras. Más de 20 panameños resultaron muertos y 300 fueron heridos.

16. Cheddi Jagan se convirtió en Primer Ministro de la Guyana británica después que el Partido Progresista del Pueblo ganara las elecciones en 1953; poco tiempo después, Gran Bretaña suspende la constitución. Jagan fue reelecto en 1957 y 1961. En 1964 él fue derrotado en unas elecciones por Forbes Burnham. En 1966, Guyana obtuvo su independencia.

17. A mediados de 1964, una revuelta tuvo lugar en el Congo, encabezada por seguidores del asesinado primer ministro Patricio Lumumba. En un esfuerzo planeado por Estados Unidos para cortar el levantamiento, fueron transportadas tropas belgas y mercenarios para detener el avance de los rebeldes. Esas fuerzas masacraron a miles de congoleses.

18. La Conferencia de la OEA, en julio de 1964, llamó a todos sus miembros a romper relaciones diplomáticas con Cuba y a suspender el comercio con la Isla. En el encuentro se acusó a Cuba de seguir una "política de agresión" por sostener supuestamente, un contrabando de armas hacia la guerrilla venezolana. El Acuerdo de Río, invocado como justificación a esa acción, era el Tratado de Asistencia Recíproca Inter-Americano de la OEA, firmado el 2 de septiembre de 1947, en Río de Janeiro. Se declaraba que una agresión contra algún miembro del Tratado podría ser considerada como un ataque contra todos sus integrantes.

19. Rafael Trujillo, dictador dominicano fue asesinado el 30 de mayo de 1961. En noviembre de 1961, en el contexto de una creciente rebelión del pueblo dominicano motivada por el regreso a Santo Domingo de dos de los hermanos de Trujillo, Estados Unidos envió barcos de guerra hacia las costas dominicanas. En abril de 1948, el asesinato del líder del Partido Liberal Colombiano, Jorge E. Gaitán desató una rebelión que se ha conocido como el Bogotazo.

20. Che Guevara pronunció un discurso en el Segundo Seminario Económico Afro-Asiático de Solidaridad, el 24 de febrero de 1965. Él estaba realizando un visita a África desde diciembre, después de dirigirse a la Asamblea General de Naciones Unidas el 11 de diciembre de 1964. En este crucial tiempo, el

Che estaba preparando su participación en el movimiento de liberación en el Congo, el que comenzó en abril de 1965. En esta edición se incorporó un discurso con las primeras correcciones hechas por el Che Guevara en el original publicado de la versión del discurso en Argelia. Las correcciones fueron posibles por el documento original que se conserva en los archivos personales de el Che Guevara, guardados en el Centro de Estudios Che Guevara, en La Habana.

21. Durante la participación en la Conferencia de Argelia, el Che reflejó las relaciones de Cuba con el Tercer Mundo. Después del triunfo de la revolución, de junio a septiembre, el Che hizo un recorrido por varios países relacionados con el Pacto de Bandung. El Pacto de Bandung fue el precursor de lo que más tarde se convirtió en Movimiento de Países No Alineados. En el primer Seminario sobre Planificación en Argelia, el 16 de julio de 1963, el Che había delineado la experiencia de la Revolución cubana, explicando que él había aceptado la invitación para "ofrecer solo una pequeña historia de nuestro desarrollo económico, de nuestros errores y triunfos, los cuales podrían serles útiles a ustedes en un futuro cercano..."

22. En este discurso el Che definió de forma muy precisa sus tesis revolucionarias para el Tercer Mundo y la integración de la lucha por la liberación nacional con ideas socialistas. El Che llamó en Argelia a los países socialistas a un incondicional y radical apoyo al Tercer Mundo, provocando mucho debate. No obstante, la historia probaría que tenía razón.

23. Esta definición de intercambio desigual había partido de un profundo análisis hecho en Ginebra el 25 de marzo de 1964, en la Conferencia de Naciones Unidas sobre Economía y Desarrollo en el Tercer Mundo: "Estamos en nuestro deber... de atraer la atención de los presentes de que mientras el estatus quo sae mantenido y la justicia esté determinada por poderosos intereses... será difícil eliminar las tensiones prevalecientes que ponen en peligro a la humanidad."

24. Para el Che, el significado inherente al socialismo era vencer la explotación como un paso esencial hacia la justa y humana sociedad. El Che hizo una exposición en este tema del debate que fue frecuentemente mal interpretada, como fue su énfasis en la necesidad por la unidad internacional en la lucha por el socialismo. La idea del Che era que las fuerzas socialistas internacionales podrían contribuir al desarrollo social y económico de los pueblos que se liberaran.

25. La participación directa del Che desde 1959 a 1965 en la construcción de una base material y tecnológica para el desarrollo de la sociedad cubana esta estrechamente ligada a su idea de la creación de un hombre y una mujer nueva. Esta es una cuestión que él retoma constantemente, considerando esto uno de los dos principales pilares sobre los cuales una nueva sociedad podría ser construida. Esta estrategia no solo fue para resolver problemas inmediatos sino para crear ciertas estructuras que podrían asegurar a Cuba un desarrollo científico y tecnológico futuro. Él fue capaz de desarrollar esta estrategia durante el tiempo que encabezó el Ministerio de Industrias. Para

leer más sobre este tópico, ver su discurso: "Pueden las universidades estar llenas de negros, mulatos, trabajadores y campesinos" (1960) y "Jóvenes y revolucionarios" (1964).

26. En este esfuerzo por entender las tareas en la transición a una economía socialista, el Che vio el papel vital de la planificación económica, especialmente en la construcción de la economía socialista en una nación subdesarrollada que mantenía elementos del capitalismo. Esta planificación es necesaria porque representa el primer intento humano para controlar las fuerzas económicas y caracteriza este período de transición. El llamó la atención también a la inclinación dentro del socialismo a reformar el sistema económico por alienación del mercado, intereses materiales y la ley del valor. Para contrarrestar esta tendencia, el Che planteaba la centralización y la planificación antiburocrática que enriquecen la conciencia. Su idea era usar la conciencia y la acción organizada como la fuerza fundamental de dirigir la planificación. Para más información sobre el tema, ver su artículo "La significación del planteamientos socialista" (1964).

27. En enero de 1966, la Conferencia de Solidaridad con los Pueblos de Asia, África y América Latina tuvo lugar en Cuba; se acordó que una organización con un Secretariado Ejecutivo permanente podría ser creada. En el tiempo de la conferencia, Che Guevara estaba en Tanzania, después de haber dejado el Congo. El líder cubano Manuel Piñeiro, encargado en ese momento de las relaciones cubanas con los revolucionarios del Tercer Mundo, explicó en 1977 que el "Mensaje" fue escrito por el Che en un campo de entrenamiento de Pinar del Río, en Cuba, antes de alistarse para Bolivia en 1966. El "Mensaje" del Che fue publicado por primera vez el 16 de abril de 1967, en un suplemento especial que se convirtió más tarde en la revista Tricontinental. Fue publicado bajo el título de "Crear dos, tres, muchos Vietnam, esa es la consigna".

28. Los primeros análisis del Che sobre las guerras en Corea y Vietnam fueron escritos en 1954 durante su estancia en Guatemala, que también fue invadida por fuerzas imperialistas. En muy diferentes circunstancias , después del triunfo de la Revolución cubana, él analizó otra vez esos hechos en Asia. Ver, por ejemplo, "Solidaridad con Vietnam del Sur" (1963), el prólogo del libro "Guerra del Pueblo, Ejército del Pueblo" (1964) y discurso del Che en Naciones Unidas (1964).

29. El dictador de Vietnam del Sur, Ngo Dinh Diem fue asesinado en 1 de noviembre de 1963, por instigación de Washington, que estaba insatisfecho por la inhabilidad de su régimen en contrarrestar los sucesos militares y políticos del Frente de Liberación Nacional Vietnamita.

30. Para más detalles en el entendimiento de estas ideas, ver en este volumen los discursos del Che en las Naciones Unidas y en Argelia, donde el proclamó: "el ominoso ataque del imperialismo norteamericano contra Vietnam o en el Congo debe responderse suministrando a esos países hermanos todos los instrumentos de defensa que necesiten y dándoles toda nuestra solidaridad sin condición alguna".

31. En muchas ocasiones, el Che se refirió a las diferencias que acosaban al movimiento revolucionario internacional —particularmente el conflicto entre China y la Unión Soviética— y la necesidad de resolver esas diferencias dentro del propio movimiento, en aras de evitar daños en una escala mayor. Siguiendo esta línea de pensamiento, el Che explicó éstos al Tercer Mundo tratando de evitar dogmas y esquemas. Los trabajos en este volumen son una expresión de la posición del Che sobre este asunto.
32. El Presidente Lindon B. Johnson era vicepresidente cuando John F. Kennedy fue asesinado el 22 de noviembre de 1963. Johnson envolvió a Estados Unidos en una escalada en la guerra de Vietnam e incrementó el nivel de la agresión abierta contra Cuba, proveyendo apoyo incondicional a organizaciones contrarrevolucionarias.
33. Las ideas del Che sobre tácticas y estrategias reflejan un desarrollo dialéctico en términos de contenido y objetivos trazando sus experiencias en el desarrollo de la lucha revolucionaria en Cuba al punto donde se unían las luchas en África y América Latina. Los siguientes trabajos son referencias claves: "Guerra de guerrillas", "Guerra de guerrilla: un método", "Episodios de la guerra revolucionaria", "Tácticas y estrategias de la revolución de América Latina" y "Episodios de la guerra revolucionaria en el Congo".
34. El involucramiento del capital norteamericano en América Latina fue uno de los mayores intereses del Che a través de su vida y fueron reflejados en sus escritos. En muchos de sus escritos y reflexiones, el Che hace la conexión entre economía y política y la manera en que ellos funcionan en cada uno de los países de América Latina. Un análisis detallado de esto se encuentra en su artículo "Tácticas y estrategias..."
35. En abril de 1965, 10 000 soldados norteamericanos invadieron a la República Dominicana para aplastar un levantamiento popular.
36. Siguiendo sus experiencias en el Congo, el Che escribió "Episodios de la guerra revolucionaria en el Congo", donde él detallaba las más importantes lecciones de esa lucha. En el epílogo el esbozaba aspectos económicos, sociales y políticos de las realidades de la región, así como las posibilidades para la lucha. El describió a la burguesía nacional y su dependiente posición dentro de la estructura de poder; y concluía que éstos eran, hablando políticamente, una fuerza gastada.
37. Los análisis del Che sobre las realidades esenciales del Tercer Mundo, son fundamentales para entender su participación en las luchas de liberación de los diferentes pueblos. El "Mensaje" del Che, escrito antes de salir para Bolivia, establecía firmemente su acercamiento político y el criterio sobre las cuales estaban basadas sus decisiones, repercutiendo sus visiones expresadas públicamente en Naciones Unidas. El contenido del discurso del Che en Naciones Unidas, especialmente sus advertencias sobre la crisis en el Medio Oriente e Israel, son sorprendentemente relevantes en la actualidad.
38. Bajo la administración del presidente Richard Nixon, Estados Unidos comenzó los bombardeos de ablandamiento en Cambodia en 1970.

39. El 30 de septiembre de 1965, el general indonesio Suharto tomó el poder y llevó adelante una masacre contra los miembros y simpatizantes del una vez poderoso Partido Comunista de Indonesia. En las siguientes semanas, cerca de un millón de personas fueron asesinadas.
40. La idea del internacionalismo a escala global delineada por el Che en su "Mensaje", representa una síntesis de su pensamiento y práctica política. Esta apretada síntesis nos acerca al revolucionario esencial que apoyó la construcción de un nuevo orden comenzando con la toma del poder por medio de la lucha armada. El Che reconoció que el mundo se encuentra en una encrucijada y que la burguesía nacional era incapaz de levantarse contra el imperialismo. Bajo esas circunstancias, el camino de la liberación solo podría obtenerse a través de una prolongada guerra del pueblo.

Notas parte 4

1. Un dicho en español que indica severa pobreza.
2. La lotería de Pastorita era una lotería nacional llevada por una agencia gubernamental encabezada por Pastora Núñez.
3. Esta carta se refiere a la publicación del libro de Guevara, *Pasajes de la guerra revolucionaria*.
4. Pepe el Caimán es un rejuego referido a la isla de Cuba.

Glosario

Agramonte, Ignacio (1841-1873) — Uno de los próceres de la Guerra de Independencia; Mayor General en el Ejército de Liberación, muerto en combate.

Albentosa, Emilio — Participante en la preparación del ataque al cuartel Moncada; expedicionario del *Granma*.

Albizu Campos, Pedro (1891-1965) — Líder del Partido Nacionalista Puertorriqueño; encarcelado por el gobierno de Estados Unidos por sus actividades pro-independencia, 1937-43, 1950-53, 1954-64; paralítico por golpizas en 1956; liberado de la prisión justamente antes de morir.

Alegría de Pío — Sitio donde el ejército de Batista atacó a los expedicionarios del *Granma* en la Provincia de Oriente, el 5 de diciembre de 1956; mayoritariamente los rebeldes resultaron muertos o capturados.

Almeida, Juan (1927-) — Participante en el ataque al Moncada y encarcelado posteriormente; expedicionario del *Granma*; ascendido a Comandante rebelde en febrero de 1958, fue jefe del Tercer Frente Oriental; actualmente miembro del Comité Central y del Buró Político del Partido Comunista de Cuba.

Arbenz, Jacobo (1914-1971) — Presidente de Guatemala 1951-54. Derrocado por un golpe es Estado dirigido por la CIA en 1954.

Barquín, Ramón — Oficial del ejército durante el régimen de Batista; participó en el grupo de Montecristi, tomó el mando del ejército e intentó un golpe tras la salida de Batista por avión el primero de enero de 1959.

Barrón, Arnaldo — Encabezó el Club Patriótico, a favor del Movimiento 26 de Julio, de cubanos exiliados en Nueva York.

Batista, Fulgencio (1901-1973) — Sargento del ejército quien tomó el control del gobierno cubano en 1934; Presidente de la República desde 1940-1944; el 10 de marzo de 1952 dio un golpe de estado que derrocó al gobierno de Carlos Prío iniciando un periodo dictatorial con el apoyo de los Estados Unidos; huyó de Cuba el primero de enero de 1959.

Bayo, Alberto (1892-1967) — Luchó contra el fascismo en la Guerra Civil de España (1936-1939); ofreció entrenamiento militar en México a los futuros expedicionarios del *Granma*. Se traslada para Cuba después de 1959 y trabajó en las Fuerzas Armadas Revolucionarias.

Bahía de Cochinos — Lugar por donde desembarcó la invasión apoyada por Estados Unidos el 17 de abril de 1961. Los últimos invasores se rindieron en Playa Girón el 19 de abril.

Ben Bella, Ahmed (1918-) — Líder de las Fuerzas de Liberación de Argelia; tras la independencia fue Primer Ministro (1962-1963), y como Presidente (1963-1965); depuesto por un golpe en 1965.

Benitez, Reynaldo — Participante en el ataque al Moncada y detenido posteriormente; expedicionario del *Granma*.

Bolívar, Simón (1783-1830) — Libertador de las Américas. Su ideariode la Unidad latinoamericana mantiene total urgencia.

Borrego, Orlando — Combatiente del Ejército Rebelde; cercano colaborador del Che el Ministerio de Industrias.

Buch, Luis (m. 2002) — Miembro del Movimiento 26 de Julio ocupó diferentes responsabilidades después del triunfo de la revolución.

Cantillo, Eulogio — General cubano durante Batista; detenido por el gobierno revolucionario; más tarde salió hacia Estados Unidos.

Cárdenas, Lázaro (1895-1970) — Presidente de México, 1934-40; llevó a cabo la nacionalización de la industria petrolera.

Carrillo, Justo — Fundador del Grupo de Montecristi en 1956; huyó a Estados Unidos después del triunfo de la revolución y ayudó a organizar actividades contrarrevolucionarias.

Casillas, Joaquín (m. 1959) — Notorio oficial del ejército por su brutalidad; juzgado y ejecutado después de la revolución.

Castillo Armas, Carlos (1914-1957) — Coronel guatemalteco; instalado como dictador tras el golpe de Estados Unidos en 1954.

Castro, Fidel (1926-) — Encabezó el ataque al cuartel Moncada; detenido posteriormente; liberado en 1955 como resultado de una campaña de defensa pública; organizó el Movimiento 26 de Julio; fue a México a organizar a las fuerzas rebeldes, expedicionario del *Granma*; Comandante en Jefe del Ejército Rebelde; Primer Ministro cubano desde febrero de 1959 hasta diciembre de 1976, desde entonces Presidente de los Consejo de Estado y de Ministros; Primer Secretario del Partido Comunista de Cuba.

Castro, Raúl (1931-) — Participante en el ataque al Moncada y detenido posteriormente; expedicionario del *Granma*; Jefe del Segundo Frente Oriental del Ejército Rebelde; Ministro de las Fuerzas Armadas Revolucionarias, desde 1959 hasta el presente; Vice-Primer Ministro, 1959-1976; en 1976 nombrado Vice-Presidente de los Consejo de Estado y de Ministros; segundo secretario del Partido Comunista desde 1965; hermano de Fidel Castro.

Céspedes, Carlos Manuel de (1819-1874) — Padrede la Patria, primer Presidente de la República en XXXX; el 10 de octubre de 1868 proclamó la independencia de Cuba; muerto por las tropas españolas en una emboscada.

Chao, Rafael (1916-) — Veterano de la Guerra Civil Española (1936-39); expedicionario del *Granma* y combatiente del Ejército Rebelde.

Chibás, Eduardo (1907-1951) — Fundador del Partido Ortodoxo en 1947; electo senador en 1950; se suicido en 1951 al concluir una intervención por radio como protesta contra la corrupción del gobierno.

Chibás, Raúl (1914-) — Líder del Partido Ortodoxo; hermano de Eduardo Chibás; firmante del Manifiesto de la Sierra en 1957; posteriormente tesorero del Comité del Movimiento 26 de Julio en el exilio, huyó a Estados Unidos después de la revolución.

Chomón, Faure (1929-) — Miembro fundador del Directorio Revolucionario; participante del ataque al Palacio Presidencial el 13 de marzo de 1957; encabezó la columna guerrillera del directorio en las montañas del Escambray; miembro del Comité Central del Partido Comunista.

Cienfuegos, Camilo (1932-1959) — Expedicionario del *Granma*; Comandante Rebelde jefe de la Columna invasora No. 2 Antonio Maceo, nombrado jefe del Ejército Rebelde en enero de 1959; su avión se pierde en el mar el 28 de octubre de ese año.

Comités de Defensa de la Revolución (CDR) — Creados en septiembre de 1960 como una red de vecinos de la comunidad, organizados para vigilar contra las actividades contrarrevolucionarias; han asumido también amplia variedad de funciones incluyendo campañas de salud pública, reparaciones de vecindarios, actividades de educación y movilizaciones de trabajo voluntario.

Crespo, Luis (1923—2002) — participante en el ataque al Moncada; expedicionario del *Granma*; Comandante del Ejército Rebelde.

CTC — Fundada en 1939 como Confederación de Trabajadores de Cuba con Lázaro Peña como secretario general; en 1947 fuerzas de derecha, encabezadas por Eusebio Mujal lograron la dominación; respaldó la dictadura de Batista después de 1952; reorganizada después de la revolución y conocida como CTC Revolucionaria por algunos años; en 1961 cambió el nombre por Central de Trabajadores de Cuba.

Cuba Socialista — revista mensual aparecida en octubre de 1961; la junta editorial compuesta por Fidel Castro, Osvaldo Dorticós, Blas Roca, Carlos Rafael Rodríguez y Fabio Grobart; cesó su publicación en 1967; reapareció en 1981 como revista trimestral del Comité Central del Partido Comunista.

Cubela, Rolando (1933-) — Uno de los jefes de la columna guerrillera del Directorio Revolucionario en las montañas del Escambray; detenido en 1966 por estar envuelto en una conspiración de la CIA para asesinar a Fidel Castro. Sentenciado a prisión.

Del Valle, Sergio (1927-) — Se unió a las guerrillas de la Sierra Maestra en 1957 como combatiente y médico, convirtiéndose en capitán en la columna de Camilo; miembro del Comité Central del Partido Comunista hasta su jubilación.

Diario de la Marina — Diario de la extrema derecha en Cuba; cerrado por el gobierno revolucionario el 13 de mayo de 1960.

Díaz, Julio (1929-1957) — participante en el ataque al Moncada y expedicionario del *Granma*; muerto el 28 de mayo de 1957.

Díaz González, Pablo — Expedicionario del *Granma*; escapó de ser capturado después de la batalla de Alegría de Pío y fue hacia Estados Unidos; encabezó el Comité Democrático de los Trabajadores en Nueva York de los cubanos en el exilio; regresó a Cuba después de 1959.

Directorio Revolucionario — Formado en 1955 por José Antonio Echeverría y otros líderes de la Federación de Estudiantes Universitarios; encabezó el ataque al Palacio Presidencial el 13 de marzo de 1957, que más tarde acogió como nombre esa fecha; organizó la columna guerrillera en las montañas del Escambray en febrero de 1958; se fusionó con el Movimiento 26 de Julio y el PSP para formar las ORI.

Directorio Revolucionario 13 de Marzo — Ver Directorio Revolucionario.

Dorticós, Osvaldo (1919-1983) — Coordinador regional del Movimiento 26 de Julio en Cienfuegos; asilado en 1958; designado presidente de Cuba en julio de 1959, manteniendo el cargo hasta 1976; miembro del Comité Central del Partido Comunista y del Buró Político hasta su muerte.

Dubois, Jules (1910-1966) — Antiguo coronel del ejército de Estados Unidos y agregado del Departamento de Estado; corresponsal en La Habana del Chicago Tribune durante la guerra revolucionaria.

Dulles, John Foster (1888-1959) — socio de la firma de abogados que representaba la United Fruit Co.; secretario de Estado de Estados Unidos, 1953-59.

Echeverría, José Antonio (1932-1957) — Electo presidente de la Federación de Estudiantes Universitarios en 1954; líder principal del Directorio Revolucionario; muerto por fuerzas gubernamentales en un eventual enfrentamiento el 13 de marzo de 1957, tras el ataque al Palacio Presidencial, cuando se dirigía hacia la Universidad de La Habana.

Ejército Rebelde — Fuerza armada del Movimiento 26 de Julio en la guerra revolucionaria contra Batista; se convirtió en Fuerzas Armadas Revolucionarias en 1959.

El Uvero — Sitio de la batalla en la provincia de Oriente en mayo 27-28 de 1957 durante la guerra revolucionaria; el Ejército Rebelde atacó y tomó la bien fortificada guarnición armada.

Escalante, Aníbal (1909-1977) — Durante largo tiempo uno de los dirigentes del PSP y editor del diario Hoy; secretario organizador de las ORI hasta 1962. Separado por sus tendencias sectarias ese año.

Espín, Vilma (1930-) — Ayudó a organizar en noviembre de 1956 la huelga en Santiago de Cuba; líder del Movimiento 26 de Julio en la provincia de Oriente y miembro de su Directorio Nacional; combatiente del Ejército Rebelde; presidenta de la Federación de Mujeres Cubanas desde su fundación en 1960; actualmente es miembro del Comité Central del Partido Comunista de Cuba.

Fajardo, Manuel — uno de los primeros campesinos que se unieron al Ejército Rebelde; murió en combate en la Sierra Maestra.

Fajardo, Piti (1930-1960) — Se unió al Ejército Rebelde en 1958 como médico y combatiente, alcanzó el grado de comandante; muerto en combate contra fuerzas contrarrevolucionarias en las montañas del Escambray.

Fernández, Marcelo (1932-) — Coordinador nacional del Movimiento 26 de Julio desde 1958 hasta principios de 1960; más tarde dirigió el Banco Nacional y el Ministerio de Comercio Exterior.

FONU — Ver Frente Obrero Nacional Unido.

Franqui, Carlos (1921-) — Miembro del Movimiento 26 de Julio; trabajó en Radio Rebelde en la Sierra Maestra en 1958; director del diario Revolución hasta 1963; salió de Cuba en 1968 como opositor de la revolución.

Frente Obrero Nacional Unido (FONU) — Fundado el 10 de noviembre de 1958 por el Frente Nacional de Trabajadores del Movimiento 26 de Julio, y por fuerzas del PSP, el Directorio Revolucionario y el Partido Ortodoxo; jugó un papel central en la organización de la huelga general de enero de 1959.

García, Calixto (1839-1898) — Uno de los próceres de la guerra de independencia de Cuba contra España; Lugarteniente General del Ejército de Liberación.

García, Calixto (1931-) — Participó el 26 de julio de 1953 en el ataque al cuartel de Bayamo; expedicionario del *Granma*; Comandante del Ejército Rebelde; General de Brigada (r) de las FAR.

Gómez, Juan Gualberto (1854-1930) — Patriota cubano durante la guerra de Independencia contra España; Representante del Partido Revolucionario Cubano fundado por José Martí, en la isla de Cuba.

Gómez, Máximo (1836-1905) — Natural de República Dominicana; Generalísimo del Ejercito Libertador en la Guerra de Independencia contra España desde 1868 hasta la liberación.

Gómez Ochoa, Delio — Comandante del Ejército Rebelde; se convirtió en jefe del Movimiento 26 de Julio en La Habana después del intento de huelga general en abril de 1958.

Granma — Yate usado por los revolucionarios para viajar desde México a Cuba, noviembre-diciembre 1956; el periódico del Comité Central del Partido Comunista tomó su nombre en 1965.

Grupo de Montecristi — Grupo que incluía a oficiales del ejército de Batista, formado en 1956 por Justo Carrillo con el objetivo de alentar un golpe militar contra Batista.

Guillén, Nicolás — Notable poeta cubano; miembro del Comité Nacional del PSP; vivió en el exilio durante la guerra revolucionaria; retornó a principios de 1959; presidente de la Unión de Escritores y Artistas en 1961; ganador de numerosos premios nacionales e internacionales por su trabajo artístico; miembro del Comité Central del Partido Comunista hasta su muerte.

Guiteras, Antonio (1906-1935) — Líder estudiantil en las décadas de 1920 y 1930; revolucionario cubano; ministro de Gobernación en el gobierno que un levantamiento revolucionario de masas llevó al poder en 1933; destituido por Batista en 1934; más tarde asesinado.

Gutiérrez Menoyo, Eloy — Jefe del grupo guerrillero "Segundo Frente Nacional del Escambray" rehusó colaborar con el Ejército Rebelde; después de la revolución salió de Cuba; retornó con fuerzas contrarrevolucionarias; capturado y arrestado en enero de 1965; liberado en 1987, se fue a España.

Hernández, Melba (1922-) — Abogada; participante en el ataque al Moncada y arrestada; miembro de la Dirección Nacional del Movimiento 26 de Julio se unió al Ejército Rebelde en la Sierra Maestra; fundadora y presidenta del Comité de Solidaridad con Vietnam y de los Pueblos de Indochina; miembro del Comité Central del Partido Comunista de Cuba.

Hoy — Periódico del PSP fundado en 1938.

Iglesias, Joel (1941-) — Miembro de la columna guerrillera de Guevara; alcanzó el grado de Comandante; primer presidente de la Asociación de Jóvenes Rebeldes en 1960.

INRA — Ver Instituto Nacional de Reforma Agraria.

Instituto Nacional de Reforma Agraria (INRA) — Creado el 17 de mayo de 1959, disuelto en 1976.

Junta Central de Planificación (JUCEPLAN) — Fundada en marzo de 1960; institución estatal responsable de la coordinación de la economía cubana.

Lamothe, Humberto (1919-1956) — Expedicionario del *Granma*; muerto en Alegría de Pío.

La Plata — Lugar de la primera victoria del Ejército Rebelde en la provincia de Oriente, el 17 de enero de 1957.

Larrazábal, Wolfgang (1911-) — Encabezó el gobierno de Venezuela de enero a noviembre de 1958.

Las Coloradas — Playa del sureste de la provincia de Oriente donde desembarco el *Granma*, el 2 de diciembre de 1956.

Llano — Ver Movimiento 26 de Julio.

Llerena, Mario (1913-) — Presidente y director de relaciones públicas del Movimiento 26 de Julio en el exilio; abandonó el Movimiento en agosto de 1958; se opuso a las medidas de la revolución y salió para Estados Unidos en junio de 1960.

López, Narciso (1798-1851) — Encabezó una expedición armada a Cuba en 1851 para luchar contra la dominación española; capturado y ejecutado.

Lumumba, Patricio (1925-1961) — Fundador y presidente del Movimiento Nacional Congolés; primer ministro del Congo después de alcanzar la independencia de Bélgica en junio de 1960; derrocado y detenido tres meses más tarde por un golpe de estado auspiciado por Estados Unidos; asesinado por sus captores en febrero de 1961.

Maceo, Antonio (1845-1896) — Mayor general en la tres guerras de independencia cubanas; en 1878 protagonizó la histórica "Protesta de Baraguá"; encabezó la invasión desde el este al oeste de la isla en 1895-96; muerto en campaña.

Machado, Gerardo (1871-1939) — Dictador cubano, 1925-33; depuesto por un movimiento revolucionario de masas.

Martí, José (1853-1895) — Héroe Nacional de Cuba; notable poeta, escritor, orador y periodista; fundador del Partido Revolucionario Cubano en 1892 para luchar contra el dominio de España y opuesto a los planes de Estados Unidos; lanzó en 1895 la guerra de independencia; muerto en combate.

Masetti, Jorge Ricardo (1929-1964) — periodista argentino, viajó a la Sierra Maestra en enero de 1958 y se unió al movimiento rebelde; fundador director de Prensa Latina, agencia de prensa cubana; muerto mientras organizaba un movimiento guerrillero en Argentina.

Matos, Huber (1919-) — Comandante del Ejército Rebelde; en octubre de 1959 intentó organizar una rebelión contrarrevolucionaria en la provincia de Camagüey; arrestado y encarcelado hasta 1979.

Mella, Julio Antonio (1903-1929) — Líder del movimiento de la reforma universitaria en 1923; uno de los fundadores del primer Partido Comunista de Cuba en 1925; asesinado en México por agentes de la dictadura de Machado.

Miró Cardona, José (1902-1974) — Uno de los líderes de la oposición burguesa a Batista; primer ministro de Cuba, enero-febrero 1959; salió para Estados Unidos en 1960; sirvió como presidente del grupo contrarrevolucionario del Concilio Cubano Revolucionario en el exilio.

Mobutu Sese Seko (1930-2001) — Organizó un golpe contra el gobierno de Lumumba en 1960; presidente del Congo (renombrado Zaire) desde 1965 hasta 1997, cuando fue depuesto.

Moncada, Guillermo (1841-1895) — General en las guerras de independencia cubanas contra España.

Montané, Jesús (1923-1999) — Participante en el ataque al Moncada; miembro de la Dirección Nacional del Movimiento 26 de Julio; expedicionario del *Granma*; capturado después de Alegría de Pío; permaneció prisionero durante todo el curso de la guerra; fue miembro del Comité Central hasta su muerte.

Morales, Calixto — Expedicionario del *Granma* y combatiente del Ejército Rebelde.

Movimiento 26 de Julio (M-26-7) — Fundado en 1955 por veteranos del ataque al Moncada e integrado además por jóvenes activistas del ala izquierda del Partido Ortodoxo y otros.

Mujal, Eusebio (1915-1985) — Encabezó el ala derechista de la CTC, 1947-59; respaldó a Batista; salió para Estados Unidos después del triunfo de la revolución.

Murillo, Pedro Domingo (1757-1810) — Encabezó en 1809 un levantamiento contra la dominación de España en el Alto Perú (hoy Bolivia); capturado y colgado por las autoridades españolas.

Núñez Jiménez, Antonio (1923-1998) — Geógrafo cubano; combatiente del Ejército Rebelde a las órdenes de Guevara, ascendido a capitán; fue como director ejecutivo del INRA.

Organización auténtica — Parte de la oposición burguesa al régimen de Batista, integrada por miembros del Partido Auténtico. Después de 1959 sus líderes se opusieron a la Revolución y se fueron de Cuba.

Organización de Estados Americanos (OEA) — Fundada a iniciativas de Washington en 1948 como organización regional de los gobiernos del Hemisferio Occidental; expulsó a Cuba en 1962.

ORI — Ver Organizaciones Revolucionarias Integradas.

Organizaciones Revolucionarias Integradas (ORI) — Creada en 1961 con la fusión del Movimiento 26 de Julio, PSP y el Directorio Revolucionario; se convirtió en el Partido Unido de la Revolución Socialista (PURS) en 1963 y el Partido Comunista de Cuba en 1965.

País, Frank (1934-1957) — Dirigente del Movimiento 26 de Julio en la antigua provincia de Oriente; encabezó el levantamiento del 30 de noviembre de 1956; miembro de la Dirección Nacional del Movimiento 26 de Julio; organizó abastecimientos al Ejército Rebelde; asesinado por fuerzas de Batista el 30 de julio de 1957.

Partido Auténtico (Partido Revolucionario Cubano) — Fundado en 1934, llevó el nombre usado por el Partido de José Martí; formó gobierno en 1944-52; opuesto a Batista; opuesto al gobierno revolucionario.

Partido Comunista de Cuba—Fundado en 1965; sus predecesoras fueron las Organizaciones Revolucionarias Integradas y el Partido Unido de la Revolución Socialista.

Partido Ortodoxo (Partido del Pueblo Cubano) — Formado en 1947 por Eduardo Chibás; su principal planteamiento era la honestidad en el gobierno; después de la muerte de Chibás en 1951, miembros del ala juvenil bajo la dirección de Fidel Castro proveyeron los cuadros iniciales del Movimiento 26 de Julio; otros líderes se movieron hacia la derecha y se fragmentó.

Partido Socialista Popular (PSP) — Fundado en 1925 como el primer Partido Comunista de Cuba; cambió de nombre por el PSP en 1944; después de la victoria revolucionaria se fusionó con el Movimiento 26 de Julio y el Directorio Revolucionario para formar las ORI, y más tarde el Partido Comunista de Cuba en 1965.

Partido Unido de la Revolución Socialista (PURS) — Formado en 1962-63 como parte de la reestructuración de las ORI; convertido en Partido Comunista de Cuba en 1965.

PSP — Ver Partido Socialista Popular.

Pazos, Felipe (1912-) — Firmante del Manifiesto de la Sierra en 1957; presidente del Banco Nacional, enero-octubre 1959, reemplazado por Guevara; opuesto a las medidas revolucionarias se fue para Estados Unidos.

Peña, Lázaro (1911-1974) — Se unió primero al Partido Comunista en 1929; miembro del PSP; secretario general de la CTC, 1939-49, 1961-66. 1973-74; miembro del Comité Central del Partido Comunista hasta su muerte.

Pérez, Cresencio — Uno de los primeros campesinos que se unieron al Ejército Rebelde; ascendido a Comandante.

Pérez, Faustino — Dirigente del Movimiento 26 de Julio; expedicionario del *Granma*; encabezó la lucha clandestina en el llano tras la muerte de Frank País; miembro del Comité Central del Partido Comunista hasta su muerte.

Pérez Vidal, Ángel — Encabezó el Comité de Acción Cívica, una organización pro-Movimiento 26 de Julio de cubanos exiliados en Nueva York.

Playa Girón — Playa cercana a Bahía de Cochinos donde las últimas tropas mercenarias se rindieron el 19 de abril de 1961; los cubanos usan ese nombre para referirse a toda la batalla.

Ponce, José (1926-2001) — Participante en el ataque al Moncada y posteriormente apresado; expedicionario del *Granma*; capturado y encarcelado después de Alegría de Pío.

Prío Socarrás, Carlos (1903-1977) — Líder del Partido Auténtico; ministro cubano del Trabajo, 1944-48; electo presidente en 1948; derrocado por Batista en 1952; opuesto a la revolución; salió para Estados Unidos en 1961.

PURS — Ver Partido Unido de la Revolución Socialista.

Ramos Latour, René (1932-1958) — Estrecho colaborador de Frank País; se convirtió en el coordinador de acción nacional del Movimiento 26 de Julio tras la muerte de País; Comandante del Ejército Rebelde después de mayo de 1958; muerto en combate.

Ray, Manuel — Miembro del Movimiento 26 de Julio; ministro de Trabajo en 1959; emigró a Estados Unidos; más tarde participó en actividades contrarrevolucionarias clandestinas en Cuba.

Redondo, Ciro (1931-1957) — Participante en el ataque al Moncada y encarcelado posteriormente; expedicionario del *Granma*; capitán del Ejército Rebelde; muerto en combate.

Revolución — Fundado como órgano clandestino del Movimiento 26 de Julio; después de la fusión fue publicado por las ORI; publicado hasta la fundación de *Granma* en octubre de 1965.

Rodríguez, Roberto (1935-1958) — Capitán del Ejército Rebelde; encabezó el Pelotón Suicida en la columna del Che; muerto en combate.

Salvador, David (1923-) — Encabezó la sección de los trabajadores del Movimiento 26 de Julio 1957-58; secretario general de la CTC, 1959-60; detenido en 1960 por organizar actividades contrarrevolucionarias.

Sánchez, Celia (1920-1980) — Una de las fundadoras del Movimiento 26 de Julio en el sureste de la provincia de Oriente; organizó las redes clandestinas urbanas en las ciudades para abastecer al Ejército Rebelde; primera mujer que se unió a la lucha en el Ejército Rebelde; miembro del Comité Central del Partido Comunista hasta su muerte.

Sánchez, Universo — Expedicionario del *Granma*; alcanzó los grados de Comandante del Ejército Rebelde.

Sánchez Mosquera, Ángel — Coronel del ejército de Batista; notorio por su brutalidad contra los campesinos.

Santamaría, Haydée (1925-1980) — Participante en el ataque al Moncada y posteriormente encarcelada; participó en el alzamiento de Santiago de Cuba en noviembre de 1956; miembro fundadora de la Dirección Nacional del Movimiento 26 de Julio; combatiente del Ejército Rebelde; fundó y dirigió Casa de las Américas; miembro del Comité Central del Partido hasta su muerte.

Santos Ríos, Eduardo — Economista; trabajó con Guevara en el Banco Nacional.

Sardiñas, Lalo — Campesino rescatado por el Ejército Rebelde; alcanzó los grados de capitán.

Sierra — Ver Movimiento 26 de Julio.

Somoza — Familias del dictador que dominaron Nicaragua, 1933-1979; derrocado por la revolución Sandinista en 1979.

Suárez, Raúl (m. 1956) — Ayudó en la organización del Movimiento 26 de Julio en la provincia de Las Villas; expedicionario del *Granma*; capturado después de Alegría de Pió y asesinado.

Tabernilla, Francisco (n. 1888) — Militar que participó en el golpe de estado de Batista en 1952, posteriormente se convirtió en general en jefe de su Estado Mayor; huyó de Cuba el 1 de enero de 1959.

Torres, Ñico — Trabajador de los ferrocarriles; líder del Frente Nacional de Trabajadores y del FONU del Movimiento 26 de Julio.

Torres, Félix — Encabezó la columna guerrillera del PSP en el nordeste de Las Villas; las cuales se pusieron bajo las órdenes del Comandante Camilo Cienfuegos.

Trujillo, Rafael (1891-1961) — Dictador en la República Dominicana desde 1930 hasta su asesinato.

Tshombe, Moise (1919-1969) — Encabezó un levantamiento golpista en la provincia de Katanga (hoy Shaba) después del Congo obtener la independencia en 1960; ayudó a llevar adelante el asesinato de Lumumba en 1961; primer ministro congolés, 1964-65.

Unión de Jóvenes Comunistas (UJC) — Fundada en 1960 como la Asociación de Jóvenes Rebeldes; cambió su nombre por UJC el 4 de abril de 1962.

Urrutia, Manuel (1902?-1981) — Juez en el Tribunal que juzgó a los asaltantes al cuartel Moncada, designado Presidente de Cuba en enero de 1959; renunció en julio y se fue a Estados Unidos.

Valdés, Ramiro — Participante en el ataque al Moncada y expedicionario del *Granma*; Comandante del Ejército Rebelde; segundo jefe de la columna invasora #8 "Ciro Redondo" al mando del cual al triunfo de la revolución fue Ministro del Interior. Actualmente miembro del Comité Central del Partido Comunista y comandante de la Revolución.

Verde Olivo — Revista semanal de las Fuerzas Armadas Revolucionarias fundada por el Che.

Welles, Summer (1892-1961) — Enviado a Cuba en 1934 como embajador de Estados Unidos; sirvió como subsecretario de Estado de Estados Unidos, 1937-42.

Yabur, Alfredo — Combatiente revolucionario; ministro de Justicia después del triunfo de la revolución; sirvió en el Comité Central del Partido Comunista.

Bibliografía de Escritos y Discursos de Ernesto Che Guevara

El siguiente listado de artículos, discursos, entrevistas y cartas de Guevara fue compilado por la Editorial de Lenguas Extranjeras José Martí, en La Habana. Una importante fuente para la preparación de esta lista fue la "Bibliografía del Comandante Ernesto Che Guevara", publicada en la Revista de la Biblioteca José Martí, Julio–Diciembre de 1967.

Una selección de nueve volúmenes con trabajos del Che, bajo el título Escritos y discursos, fue publicada en 1977 por la Editorial de Ciencias Sociales, en La Habana. Dos volúmenes, Obras escogidas, fueron publicados por Casa de las Américas in 1970.

Por tal motivo, todas las publicaciones relacionadas en el listado, son cubanas.

1. ARTÍCULOS Y LIBROS

"Machu-Picchu, enigma de piedra en América" (Semanario *Siete* [Panamá], 12 de Diciembre de 1953)

"Lo que Aprendimos y lo que Enseñamos", Diciembre de 1958 (*Patria*, 1° de Enero de 1959)

"¿Qué es un guerrillero?" (*Revolución*, 19 de Febrero de 1959)

"Guerra y población campesina" (*Lunes de Revolución*, 26 de Julio de 1959)

"América desde el balcón afroasiático" (*Humanismo* [México], Septiembre–Octubre de 1959)

"La República Árabe Unida: un ejemplo" (*Verde Olivo*, 5 de Octubre de 1959)

"La India: país con grandes contrastes" (*Verde Olivo*, 12 de Octubre de 1959)

"Recupérase Japón de la tragedia atómica" (*Verde Olivo*, 19 de Octubre de 1959)

"Indonesia y la sólida unidad de su pueblo" (*Verde Olivo*, 26 de Octubre de 1959)

"Intercambio comercial y de amistad con Ceylan y Pakistán" (*Verde Olivo*, 16 de Noviembre de 1959)

"Yugoslavia, un pueblo que lucha por sus ideales" (*Verde Olivo*, 23 de Noviembre de 1959)

"Opiniones sobre *Lunes de Revolución* en su primer aniversario" (*Lunes de Revolución*, 28 de Marzo de 1960)

"Notas para el estudio de la ideología de la Revolución cubana" (*Verde Olivo*, 8 de Octubre de 1960)

"Comentarios sobre la Revolución Cubana" (Kuba Istoriko-etnograficheskye Ocherki, Moscú, 1961)

"Cuba: ¿Excepción histórica o vanguardia de la lucha anticolonialista?" (*Verde Olivo*, 9 de Abril de 1961)

"Discusión colectiva: decisión y responsabilidad únicas" (*Trabajo*, Julio de 1961)

"Guerra de guerrillas" (*Humanismo* [México], Marzo–Junio de 1960, Julio–Octubre de 1960, Noviembre de 1960–Febrero de 1961)

"La influencia de la Revolución Cubana en América Latina" (La Habana: *En torno al Partido Unido de la Revolución Socialista*, 1962)

"Tareas industriales de la Revolución en los años venideros" (*Cuba Socialista*, Marzo de 1962)

"Editorial" (*Nuestra Industria*, Revista Económica, Mayo de 1962)

"Industria de guerra" (*Revolución*, 29 de Agosto de 1962)

"El cuadro, columna vertebral de la Revolución" (*Cuba Socialista*, Septiembre de 1962)

"Táctica y estrategia de la revolución latinoamericana", Octubre–Noviembre de 1962 (*Verde Olivo*, 6 de Octubre de 1968)

"Contra el burocratismo" (*Cuba Socialista*, Febrero de 1963)

"Primeras impresiones sobre el encuentro con Fidel Castro" (*Revolución*, 8 de Mayo de 1963)

"Consideraciones sobre los costos de producción como base del análisis económico de las empresas sujetas a sistema presupuestario" (Nuestra Industria, Revista Económica, Junio de 1963)

"Guerra de guerrillas: un método" (*Cuba Socialista*, Septiembre de 1963)

"Sobre la concepción del valor" (*Nuestra Industria*, Revista Económica, Octubre de 1963)

"Sobre el sistema presupuestario de financiamiento" (*Nuestra Industria*, Revista Económica, Febrero de 1964)

"La banca, el crédito, y el socialismo" (*Cuba Socialista*, Marzo de 1964)

"Conferencia para el Comercio y Desarrollo en Ginebra" (*Nuestra Industria*, Revista Económica, Junio de 1964)

"La planificación socialista, su significado" (*Cuba Socialista*, Junio de 1964)

"Cuba, su economía, su comercio exterior, su significado en el mundo actual" (*Nuestra Industria*, Revista Económica, Diciembre de 1964)

"El socialismo y el hombre en Cuba" (*Marcha* [Uruguay], 12 de Marzo de 1965)

"Mensaje a los pueblos del mundo a través de la Tricontinental" (*Tricontinental*, suplemento especial, 16 de Abril de 1967)

El Diario del Che en Bolivia (La Habana: Instituto del Libro, 1968)

Prólogos

A: Alberto Bayo, *Mi aporte a la Revolución Cubana* (La Habana: Publicaciones Ejército Rebelde, 1960)

A: Gaspar Jorge García Galló, *Biografía del tabaco habano* (La Habana: Comisión Nacional del Tabaco, 1961)

A: *El Partido Marxista-Leninista* (La Habana: Dirección Nacional del Partido Unido de la Revolución Socialista, vol. 1, 1963)

A: *Geología de Cuba* (La Habana: Departamento Científico de Geología del ICRM, 1964)

A Vo Nguyen Giap, *Guerra del Pueblo, Ejército del Pueblo* (La Habana: Editora Política, 1964)

Episodios de la Guerra Revolucionaria

Muchos de los siguientes artículos, ordenados aquí cronológicamente según su fecha de publicación, fueron incluidos en Pasajes de la guerra revolucionaria, *en 1963. Antes, habían aparecido por separado en la revista* Verde Olivo.

"Lidia y Clodomira" (*Humanismo* [México], Enero–Abril de 1959)

"Una Revolución que comienza" (*0 Cruzeiro* [Brasil], Junio 16, Julio 1 y Julio 16 de 1959)

"El cachorro asesinado" (*Humanismo* [México], Noviembre de 1959–Febrero de 1960)

"Un pecado de la Revolución" (*Verde Olivo*, 12 de Febrero de 1961)

"Alegría de Pío" (*Verde Olivo*, 26 de Febrero de 1961)

"Combate de La Plata" (*Revolución*, 9 de Marzo de 1961)

"Combate de Arroyo del Infierno" (*Verde Olivo*, 18 de Noviembre de 1961)

"Ataque aéreo" (*Verde Olivo*, 16 de Abril de 1961)

"Sorpresa en Altos de Espinosa" (*Verde Olivo*, 25 de Junio de 1961)

"Fin de un traidor" (*Verde Olivo*, 9 de Julio de 1961)

"Días amargos" (*Verde Olivo*, 23 de Julio de 1961)

"El refuerzo" (*Verde Olivo*, 13 de Agosto de 1961)

"Adquiriendo el temple" (*Verde Olivo,* 1º de Octubre de 1961)

"Una entrevista famosa" (*Verde Olivo*, 15 de Octubre de 1961)

"Jornadas de marcha" (*Verde Olivo*, 24 de Diciembre de 1961)

"Llegan las armas" (*Verde Olivo*, 7 de Enero de 1962)

"El combate de El Uvero" (*Verde Olivo*, 4 de Febrero de 1962)

"Cuidando heridos" (*Verde Olivo*, 29 de Abril de 1962)

"De regreso" (*Verde Olivo*, 10 de Junio de 1962)

"Se gesta una traición" (*Verde Olivo*, 5 de Agosto de 1962)

"El Patojo" (*Verde Olivo*, 19 Agosto de 1962)

"El ataque a Bueycito" (*Revolución*, 24 de Agosto de 1962)

"El combate de El Hombrito" (*Verde Olivo*, 18 de Noviembre de 1962)

"Pino del Agua" (*Verde Olivo*, 17 de Marzo de 1963)

"Un episodio desagradable" (*Verde Olivo*, 28 de Abril de 1963)

"Lucha contra el bandidaje" (*Verde Olivo*, 9 de Junio de 1963)

"El combate de Mar Verde" (*Verde Olivo*, 8 de Septiembre de 1963)

"Altos de Conrado" (*Verde Olivo*, 6 de Octubre de 1963)

"A la deriva" (*Hoy*, 1° de Diciembre de 1963)

"Un año de lucha armada" (*Verde Olivo*, 5 de Enero de 1964)

"Pino del Agua II" (*Verde Olivo*, 19 de Enero de 1964)

"Interludio" (*Verde Olivo*, 23 de Agosto de 1964)

"Una reunión decisiva" (*Verde Olivo*, 22 de Noviembre de 1964)

Artículos publicados bajo pseudónimos

Los siguientes artículos aparecieron en la sección "Sin balas en el directo", escrita por el Che Guevara bajo el pseudónimo de "El Francotirador", en el semanario Verde Olivo.

"El payaso macabro y otras alevosías" (10 de Abril de 1960)

"El más peligroso enemigo y otras boberías" (17 de Abril de 1960)

"El desarme continental y otras claudicaciones" (24 de Abril de 1960)

"No seas bobo, compadre, y otras advertencias" (2 de Mayo de 1960)

"La democracia representativa surcoreana y otras mentiras" (8 de Mayo de 1960)

"Cacareo, los votos argentinos y otros rinocerontes" (15 de Mayo de 1960)

"Los dos grandes peligros: los aviones piratas y otras violaciones" (22 de Mayo de 1960)

"El salto de rana, los organismos internacionales y otras genuflexiones" (29 de Mayo de 1960)

"Estambul, Puerto Rico, Caimanera y otras «bases de discusión»" (5 de Junio de 1960)

"Ydígoras, Somoza y otras pruebas de amistad" (12 de Junio de 1960)

"El Plan Marshall, el Plan Eisenhower y otros planes" (19 de Junio de 1960)

"Nixon, Eisenhower, Hagerty y otros toques de atención" (26 de Junio de 1960)

"La acusación ante la OEA, las Naciones Unidas y otras fintas" (10 de Julio de 1960)

"Las bases de submarinos, las de cohetes y otros engendros" (17 de Julio de 1960)

"Beltrán, Frondizi y otras razones de peso" (24 de Julio de 1960)

"La «Corte de los milagros» y otros motes de la OEA" (31 de Julio de 1960)

"Para muestra basta un botón y otras historias breves" (7 de Agosto de 1960)

"Había una vez un central azucarero y otras leyendas populares" (14 de Agosto de 1960)

Los siguientes artículos escritos por Guevara, aparecieron en Verde Olivo *bajo el encabezamiento de "Consejos al Combatiente".*

"Moral y disciplina de los combatientes revolucionarios" (17 de Marzo de 1960)

"La disciplina de fuego en el combate" (8 de Mayo de 1960)

"Solidaridad en el combate" (15 de Mayo de 1960)

"El aprovechamiento del terreno" (22 y 29 de Mayo, 5 de Junio de 1960)

"El contraataque" (Junio 26, Julio 17, 1960)

"Las Ametralladoras en el Combate Defensivo" (24 y 31 de Julio, 7 de Agosto de 1960)

"La artillería de bolsillo" (24 de Septiembre, 8 y 22 de Octubre de 1960)

2. DISCURSOS Y ENTREVISTAS

1958

Entrevista realizada por el periodista argentino Jorge Ricardo Masetti, en la Sierra Maestra, Abril de 1958 (*Granma*, 16 de Octubre de 1967)

Sobre el Boletín de Guerra de Radio Rebelde, 16 de Diciembre de 1958 (*Revolución*, 16 de Diciembre de 1961)

1959

Declaraciones a los periodistas al asumir la Comandancia de la Fortaleza de La Cabaña, 2 de Enero de 1959 (*Granma*, 17 de Octubre de 1975)

Entrevista de prensa (*El Mundo*, 5 de Enero de 1959)

Entrevista telefónica con Argentina al *Correo de la Tarde* (*Revolución*, 5 de Enero de 1959)

Declaraciones a la prensa, 5 de enero de 1959 (*Hoy*, 6 de Enero de 1959)

Declaración que no aceptaría la posta (*El Mundo*, 8 de Enero de 1959)

Discurso pronunciado en el acto organizado en su honor por el Colegio Médico Nacional, 13 de Enero de 1959 (*Revolución*, 16 de Enero de 1959)

Discurso en el homenaje que le rindieron, en el Palacio de los Trabajadores, los obreros cubanos, 19 de Enero de 1959 (*El Mundo*, 20 de Enero de 1959)

Discurso en la Sociedad Nuestro Tiempo, sobre las proyecciones sociales del Ejército Rebelde, 27 de Enero de 1959 (*Revolución*, 29 de Enero de 1959)

Discurso en El Pedrero, 8 de Febrero de 1959 (*Islas*, Julio–Septiembre de 1968)

Comparecencia en el programa de televisión "Comentarios Económicos", 11 de Febrero de 1959 (*Revolución*, 12 de Febrero de 1959)

Palabras de apertura al recital de poesía de Nicolás Guillén en La Cabaña, 20 de Febrero de 1959 (*Hoy*, 21 de Febrero de 1959)

Palabras de apoyo al Movimiento de Unidad Nacional, 4 de Abril de 1959 (*Hoy*, 7 de Abril de 1959)

Palabras en el Forum del Tabaco (*Hoy*, 11 de Abril de 1959)

Discurso en la conferencia organizada por la Unidad Femenina Revolucionaria, 11 de Abril de 1959 (*Hoy*, 12 de Abril de 1959)

Discurso en el acto de clausura de la Exposición de Industrias Cubanas, 17 de Abril de 1959 (*Hoy*, 19 de Abril de 1959)

Entrevista con periodistas chinos, 18 de Abril de 1959 (*Shih-chieh Chih-shih* [China], 5 de Junio de 1959)

Discurso en el acto de entrega, por los trabajadores tabacaleros, de 30 mil pesos para la Reforma Agraria (*Revolución*, 27 de Abril de 1959)

Discurso en la graduación del primer grupo de soldados que completaron su entrenamiento en la Escuela de Reclutas de La Cabaña, 28 de Abril de 1959 (*Hoy*, 29 de Abril de 1959)

Comparecencia en el programa de televisión "Telemundo Pregunta", 28 de Abril de 1959 (*Revolución*, 29 de Abril de 1959)

Discurso en la manifestación por el Primero de Mayo, en Santiago de Cuba, 1º de Mayo de 1959 (*Hoy*, 3 de Mayo de 1959)

Discurso en el acto organizado por las Milicias Obreras y Populares de Bejucal, 3 de Mayo de 1959 (*Hoy*, 7 de Mayo de 1959)

Palabras en el acto de apertura de curso en la Universidad de La Habana, 11 de Mayo de 1959 (*Hoy*, 12 de Mayo de 1959)

Conferencia a los estudiantes de Arquitectura en la Universidad de La Habana, 25 de Mayo de 1959 (*Revolución*, 26 de Mayo de 1959)

Declaraciones a los periodistas sobre su viaje a la República Árabe Unida (*Revolución*, 6 de Junio de 1959)

Declaraciones a la prensa en Egipto, 19 de Junio de 1959 (*Hoy*, 20 de Junio de 1959)

Conferencia de prensa en Egipto, 30 de Junio de 1959 (*Hoy*, 1º de Julio de 1959)

Entrevista con Jawarhal Nehru en Nueva Delhi, India, 1º de Julio de 1959 (*Revolución*, 2 de Julio de 1959)

Conferencia de prensa en Jakarta, Indonesia, 30 de Julio de 1959 (*Revolución*, 31 de Julio de 1959)

Conferencia de prensa en Ceylán (*El Mundo*, 9 de Agosto de 1959)

Conferencia de prensa en Belgrado, Yugoslavia, 15 de Agosto de 1959 (*El Mundo*, 16 de Agosto de 1959)

Conferencia de prensa al retornar a Cuba, 8 de Septiembre de 1959 (*Hoy*, 9 de Septiembre de 1959)

Entrevista con el periodista mexicano Gerardo Anzueta, Septiembre de 1959 (*Alma Mater*, 28–30 de Junio de 1973)

Comparecencia en el programa de televisión "Comentarios Económicos", 14 de Septiembre de 1959 (*Revolución*, 15 de Septiembre de 1959)

Entrevista con estudiantes extranjeros de visita en La Habana, 17 de Septiembre de 1959 (*Revolución*, 18 de Septiembre de 1959)

Palabras en la despedida de duelo del comandante Juan Abrantes y el teniente Jorge Villa, 25 de Septiembre de 1959 (*Revolución*, 26 de Septiembre de 1959)

Discurso en la Escuela "José Antonio Echeverría", de la Policía Nacional Revolucionaria, 30 de Septiembre de 1959 (*Revolución*, 1° de Octubre de 1959)

Entrevista concedida a la revista mexicana *Siempre*, Octubre de 1959 (*Moncada*, 15–19 de Octubre de 1969)

Discurso sobre educación y cultura popular, en el Parque Central de La Habana, 8 de Octubre de 1959 (*Hoy*, 9 de Octubre de 1959)

Discurso en la conmemoración del inicio de la Guerra de Independencia Cubana, 10 de Octubre de 1959 (*Hoy*, 18 de Octubre de 1959)

Discurso en el acto de inicio de una campaña de honradez y honestidad, 14 de Octubre de 1959 (*Hoy*, 15 de Octubre de 1959)

Discurso en la Universidad de Oriente sobre reforma universitaria y Revolución, 17 de Octubre de 1959 (*Sierra Maestra*, 18 de Octubre de 1959)

Discurso en el acto con motivo del restablecimiento de los Tribunales Revolucionarios, 26 de Octubre de 1959 (*Revolución*, 27 de Octubre de 1959)

Entrevista con un periodista de *Revolución*, 28 de Octubre de 1959 (*Revolución*, 29 de Octubre de 1959)

Entrevista grabada en La Habana y transmitida por *Radio Rivadavia*, de Buenos Aires (*Revolución*, 3 de Noviembre de 1959)

Entrevista con Carlos Franqui, al tomar posesión como Presidente del Banco Nacional de Cuba, 26 de Noviembre de 1959 (*Revolución*, 27 de Noviembre de 1959)

Entrevista con el diario *Prensa Libre*, de Guatemala, 26 de Noviembre de 1959 (*Revolución*, 1° de Diciembre de 1959)

Discurso en el acto realizado en conmemoración de los estudiantes de medicina fusilados en 1871, 27 de Noviembre de 1959 (*Hoy*, 28 de Noviembre de 1959)

Discurso en el encuentro con la Juventud Cívica Unida (*Hoy*, 2 de Diciembre de 1959)

Discurso en la inauguración de la planta de abono de murciélagos en la cueva El Círculo, Sierra de Cubitas (*Revolución*, 17 de Diciembre de 1959)

Discurso en Santa Clara en ocasión del Día del Ejército Rebelde, 28 de Diciembre de 1959 (*Revolución*, 29 de Diciembre de 1959)

Discurso en la Universidad de Las Villas, en el acto de investidura como Doctor Honoris Causa de la Facultad de Pedagogía de esa institución, 28 de Diciembre de 1959 (*Revolución*, 31 de Diciembre de 1959)

1960

Discurso en acto de homenaje a José Martí, 28 de Enero de 1960 (*Revolución*, 1° de Febrero de 1960)

Conferencia en el Banco Nacional con motivo del aporte voluntario para la industrialización, Enero 29, 1960 (*Revolución*, 30 de Enero de 1960)

Comparecencia en el programa de televisión "Ante la Prensa", 4 de Febrero de 1960 (*Revolución*, 5 de Febrero de 1960)

Discurso en el acto celebrado en la Federación Nacional Textil, en ocasión de la entrega de un donativo para la compra de armas y aviones, 7 de Febrero de 1960 (*Hoy*, 9 de Febrero de 1960)

Palabras en un encuentro en honor a los obreros destacados, 22 de Febrero de 1960 (*Revolución*, 23 de Febrero de 1960)

Discurso en el acto de entrega de la fortaleza militar de Holguín al Ministerio de Educación, como Centro Escolar, 24 de Febrero de 1960 (*Hoy*, 26 de Febrero de 1960)

Palabras en la Asamblea Nacional de Colonos, 26 de Febrero de 1960 (*El Mundo*, 27 de Febrero de 1960)

Discurso sobre el papel de los universitarios en el desarrollo económico, 2 de Marzo de 1960 (*Revolución*, 3 de Marzo de 1960)

Comparecencia inaugural del programa de televisión "Universidad Popular", sobre "Soberanía política e independencia económica", 20 de Marzo de 1960 (*Revolución*, 21 de Marzo de 1960)

Discurso en el acto conmemorativo por el Primero de Mayo, en Santiago de Cuba, 1° de Mayo de 1960 (*El Mundo*, 3 de Mayo de 1960)

Discurso en la inauguración de la Exposición Industrial de Ferrocarriles, 20 de Mayo de 1960 (*Revolución*, 21 de Mayo de 1960)

Conferencia en televisión, del ciclo "Cuba Avanza", sobre el papel de la clase obrera en la industrialización del país, 18 de Junio de 1960 (*Revolución*, 19 de Junio de 1960)

Discurso en una escuela técnica industrial, 1° de Julio de 1960 (*Revolución*, 2 de Julio de 1960)

Discurso en una manifestación de apoyo al Gobierno Revolucionario, 10 de Julio de 1960 (*Revolución*, 11 de Julio de 1960)

Discurso en la inauguración del Primer Congreso Latinoamericano de Juventudes, 28 de Julio de 1960 (*Revolución*, 29 de Julio de 1960)

Discurso en la inauguración del Curso de Adoctrinamiento organizado por el Ministerio de Salud Pública, 20 de Agosto de 1960 (*Hoy*, 21 de Agosto de 1960)

Discurso en la Sierra Maestra, en conmemoración del segundo aniversario de la Columna Invasora "Ciro Redondo", 28 de Agosto de 1960 (*Revolución*, 29 de Agosto de 1960)

Discurso en la Plenaria Nacional Tabacalera, 17 de Septiembre de 1960 (*El Mundo*, 18 de Septiembre de 1960)

Discurso en la Asamblea General Popular, celebrada en Camagüey, en respaldo a la Primera Declaración de La Habana, 18 de Septiembre de 1960 (*Hoy*, 20 de Septiembre de 1960)

Declaraciones con motivo de la nacionalización de tres bancos estadounidenses, 19 de Septiembre de 1960 (*Hoy*, 20 de Septiembre de 1960)

Discurso de despedida a las Brigadas Internacionales de Trabajo Voluntario, 30 de Septiembre de 1960 (*Revolución*, 1° de Octubre de 1960)

Palabras en la graduación en la escuela de entrenamiento de las Fuerzas Armadas (*Verde Olivo*, 15 de Octubre de 1960)

Comparecencia en televisión, en el programa "Ante la Prensa", 20 de Octubre de 1960 (*Revolución*, 21 de Octubre de 1960)

Declaraciones a su llegada a Checoslovaquia, 23 de Octubre de 1960 (*Revolución*, 24 de Octubre de 1960)

Comparecencia de televisión en Praga, 26 de Octubre de 1960 (*Revolución*, 27 de Octubre de 1960)

Entrevista en Moscú con periodistas del *Sovietskaya Rossia*, 1° de Noviembre de 1960 (*Revolución*, 2 de Noviembre de 1960)

Entrevista en Moscú con Denis Orden, del *Daily Worker*, de Londres, Noviembre de 1960 (*Revolución*, 3 de Noviembre de 1960)

Entrevista con Laura Berquist (*Look* [Estados Unidos], 8 de Noviembre de 1960)

Declaraciones a su arribo a Pekín, 17 de Noviembre de 1960 (*Revolución*, 18 de Noviembre de 1960)

Palabras en una reunión en su honor en Pekín, 22 de Noviembre de 1960 (*Hoy*, 23 de Noviembre de 1960)

Palabras con motivo de su visita a Ediciones de Lenguas Extranjeras de Moscú (*Revolución*, 23 de Noviembre de 1960)

Palabras en la ceremonia de bienvenida en Shanghai, 28 de Noviembre de 1960 (*El Mundo*, 29 de Noviembre de 1960)

Palabras en Pyongyang, Corea, 3 de Diciembre de 1960 (*Hoy*, 4 de Diciembre de 1960)

Discurso al pueblo chino a través de Radio Pekín, 8 de Diciembre de 1960 (*Revolución*, 9 de Diciembre de 1960)

Discurso en la reunión de Amistad Cubano-Soviética, en Moscú, 10 de Diciembre de 1960 (*Hoy*, 11 de Diciembre de 1960)

1961

Comparecencia televisada para informar al pueblo de Cuba sobre las gestiones realizadas en los países socialistas de Europa y Asia, 6 de Enero de 1961 (*Revolución*, 7 de Enero de 1961)

Palabras para despedir el duelo de Osvaldo Sánchez y otros combatientes de las Fuerzas Armadas Revolucionarias, 10 de Enero de 1961 (*Revolución*, 11 de Enero de 1961)

Discurso en la planta de níquel de Nicaro, 20 de Enero de 1961 (*Revolución*, 21 de Enero de 1961)

Discurso en el acto de recibimiento a las Milicias Nacionales Revolucionarias, en Cabañas, Pinar del Río, 22 de Enero de 1961 (*Revolución*, 23 de Enero de 1961)

Discurso en la clausura de la Convención Nacional de Consejos Técnicos Asesores, 11 de Febrero de 1961 (*Hoy*, 14 de Febrero de 1961)

Discurso en homenaje a obreros destacados, 22 de Febrero de 1961 (*Revolución*, 23 de Febrero de 1961)

Entrevista concedida a *Revolución* al ser designado Ministro de Industrias, 26 de Febrero de 1961 (*Revolución*, 27 de Febrero de 1961)

Charla sobre "El papel de la ayuda exterior en el desarrollo de Cuba", 9 de Marzo de 1961 (*Verde Olivo*, 19 de Marzo de 1961)

Palabras de respuesta a una invitación del diario argentino *Noticias Gráficas*, sobre las relaciones cubano-americanas (*El Mundo*, 18 de Marzo de 1961)

Discurso en el Primer Encuentro Nacional Azucarero, en Santa Clara, 28 de Marzo de 1961 (*Revolución*, 29 de Marzo de 1961)

Discurso en el acto de inauguración de la fábrica de lápices en Batabanó, 30 de Marzo de 1961 (*El Mundo*, 31 de Marzo de 1961)

Declaraciones a dirigentes del Ministerio de Industrias sobre problemas de abastecimiento, 9 de Abril de 1961 (*Revolución*, 10 de Abril de 1961)

Palabras en la clausura de la Exposición China, 11 de Abril de 1961 (*Hoy*, 12 de Abril de 1961)

Exhortación con motivo del bombardeo a Ciudad Libertad, San Antonio de los Baños y Santiago de Cuba, 15 de Abril de 1961 (*Granma*, 31 de Marzo de 1968)

Conferencia en la inauguración del VII Ciclo "Economía y Planificación", sobre "La economía en Cuba", 30 de Abril de 1961 (*Hoy*, 3 de Mayo de 1961)

Discurso en el aniversario de la muerte de Antonio Guiteras, 8 de Mayo de 1961 (*Revolución*, 9 de Mayo de 1961)

Discurso en ocasión de la visita del Comandante Enrique Lister, 2 de Junio de 1961 (*Revolución*, 3 de Junio de 1961)

Discurso en la clausura del Campo Internacional de Trabajo de la UIE, 4 de Junio de 1961 (*Revolución*, 5 de Junio de 1961)

Palabras en honor a obreros destacados del Ministerio de Industrias, 22 de Junio de 1961 (*Revolución*, 23 de Junio de 1961)

Palabras a funcionarios del Ministerio de Industrias, 23 de Junio de 1961 (*Revolución*, 24 de Junio de 1961)

Discurso en el Consejo Interamericano Económico y Social de la OEA, celebrado en Punta del Este, Uruguay, 8 de Agosto de 1961 (*Hoy*, 9 de Agosto de 1961)

Conferencia de prensa en Punta del Este, 8 de Agosto de 1961 (*Revolución*, 21 de Agosto de 1961)

Discurso en la Conferencia de Punta del Este, fundamentando la oposición de Cuba a firmar el documento de la Conferencia (Carta de Punta del Este), 16 de Agosto de 1961 (*Revolución*, 18 de Agosto de 1961)

Discurso en la Universidad de Montevideo, Uruguay, 17 de Agosto de 1961 (*Revolución*, 19 de Agosto de 1961)

Entrevista con el periódico *El Popular* de Montevideo, sobre la Conferencia de Punta del Este, 17 de Agosto de 1961 (*Hoy*, 19 de Agosto de 1961)

Comparecencia en televisión para informar al pueblo sobre los resultados de la Conferencia de Punta del Este, 23 de Agosto de 1961 (*Revolución*, 24 de Agosto de 1961)

Discurso en la Primera Reunión Nacional de Producción, 27 de Agosto de 1961 (*Hoy*, 29 de Agosto de 1961)

Entrevista con Maurice Zeitlin, 14 de Septiembre de 1961 de *Root and Branch*, de Estados Unidos (*Root and Branch*, Enero de 1962)

Discurso en la Primera Asamblea de Producción de la Gran Habana, 24 de Septiembre de 1961 (*Revolución*, 25 de Septiembre de 1961)

Charla con los trabajadores del Ministerio de Industrias, 6 de Octubre de 1961 (*El Mundo*, 7 de Octubre de 1961)

Palabras en el Ministerio de Industrias sobre el Plan Económico de 1962, 25 de Octubre de 1961 (*Revolución*, 26 de Octubre de 1961)

Discurso en la inauguración de la Planta de Sulfo-metales "Patricio Lumumba", en Pinar del Río, 29 de Octubre de 1961 (*Hoy*, 31 de Octubre de 1961)

Palabras en el encuentro sobre el Plan de Desarrollo de la Economía Nacional (*El Mundo*, 5 de Noviembre de 1961)

Palabras en el acto de despedida a los becarios que salieron a estudiar en los países socialistas, 6 de Noviembre de 1961 (*Revolución*, 7 de Noviembre de 1961)

Discurso en honor a fábricas ganadoras de la emulación de alfabetización, 15 de Noviembre de 1961 (*El Mundo*, 16 de Noviembre de 1961)

Discurso a los participantes del Ministerio de Industrias en el XI Congreso de la Central de Trabajadores de Cuba (CTC), 25 de Noviembre de 1961 (*Hoy*, 26 de Noviembre de 1961)

Discurso en el aniversario del fusilamiento de los estudiantes de medicina en 1871, 27 de Noviembre de 1961 (*Hoy*, 28 de Noviembre de 1961)

Discurso en el XI Congreso de la CTC, 28 de Noviembre de 1961 (*Revolución*, 29 de Noviembre de 1961)

1962

Discurso en la inauguración de la Fábrica de Galletas "Albert Kunz", en Guanabacoa, 3 de Enero de 1962 (*Revolución*, 4 de Enero de 1962)

Discurso en la Asamblea General de los trabajadores portuarios en La Habana, 6 de Enero de 1962 (*Hoy*, 7 de Enero de 1962)

Declaraciones con respecto al estudio del Mínimo Técnico, 10 de Enero de 1962 (*Hoy*, 11 de Enero de 1962)

Comparecencia en el programa de televisión "Ante la Prensa", en relación a la Segunda Zafra Azucarera del Pueblo, 27 de Enero de 1962 (*Hoy*, 28 de Enero de 1962)

Palabras a los ganadores en la Emulación de los Círculos de Estudios del Ministerio de Industrias, 31 de Enero de 1962 (*Revolución*, 1° de Febrero de 1962)

Palabras en la inauguración de la Escuela de Capacitación Técnica para Obreros, en Santa Clara, 1° de Febrero de 1962 (*Revolución*, 2 de Febrero de 1962)

Discurso en la Universidad Central de Las Villas, 2 de Febrero de 1962 (*Hoy*, 3 de Febrero de 1962)

Declaración al semanario *Principios*, de Buenos Aires, 3 de Marzo de 1962 (*El Mundo*, 4 de Marzo de 1962)

Discurso en un encuentro con administradores y dirigentes sindicales, 16 de Marzo de 1962 (*Hoy*, 20 de Marzo de 1962)

Discurso en la Plenaria Nacional Azucarera, en Santa Clara, 13 de Abril de 1962 (*Revolución*, 14 de Abril de 1962)

Discurso en el Primer Consejo Nacional de la CTC, 15 de Abril de 1962 (*Revolución*, 16 de Abril de 1962)

Palabras después de concluir las labores de los Batallones de Trabajo Voluntario en una Cooperativa en Quivicán, 16 de Abril de 1962 (*Diario de la Tarde*, 17 de Abril de 1962)

Discurso en honor a obreros destacados del Ministerio de Industrias, 30 de Abril de 1962 (*Revolución*, 4 de Mayo de 1962)

Charla a los delegados extranjeros asistentes a la celebración del Primero de Mayo, 4 de Mayo de 1962 (*Revolución*, 5 de Mayo de 1962)

Conferencia en la Universidad de La Habana sobre "El papel de los estudiantes de Tecnología y el desarrollo industrial del país", 11 de Mayo de 1962 (*Revolución*, 12 de Mayo de 1962)

Palabras en el aniversario de la independencia de Argentina, 25 de Mayo de 1962 (*Revolución*, 26 de Mayo de 1962)

Discurso en el acto de homenaje a los técnicos y obreros más destacados del Ministerio de Industrias, 8 de Junio de 1962 (*Revolución*, 9 de Junio de 1962)

Palabras a los trabajadores de la Refinería "Ñico López", en Regla, 11 de Junio de 1962 (*Revolución*, 12 de Junio de 1962)

Palabras en honor de los trabajadores más destacados del Ministerio de Industrias, 20 de Junio de 1962 (*Revolución*, 29 de Junio de 1962)

Entrevista con Vadim Listov de la revista soviética *Tiempos Nuevos*, 4 de Julio de 1962 (*Revolución*, 10 de Julio de 1962)

Palabras en el acto efectuado en los molinos de harina "José Antonio Echeverría", en Regla, 30 de Julio de 1962 (*El Mundo*, 1° de Agosto de 1962)

Palabras en la inauguración del astillero Chullima, 15 de Agosto de 1962 (*Revolución*, 16 de Agosto de 1962)

Discurso en un acto de homenaje a obreros destacados de varios sectores productivos, 21 de Agosto de 1962 (*Revolución*, 22 de Agosto de 1962)

Palabras después de concluir un trabajo voluntario en la textilera "Camilo Cienfuegos", en Güines, 9 de Septiembre de 1962 (*Hoy*, 11 de Septiembre de 1962)

Discurso en acto de entrega de premios a los técnicos y obreros destacados del Ministerio de Industrias, 14 de Septiembre de 1962 (*El Mundo*, 15 de Septiembre de 1962)

Discurso en el acto de conmemoración del segundo aniversario de la integración de las Organizaciones Juveniles, 20 de Octubre de 1962 (*El Mundo*, 21 de Octubre de 1962)

Entrevista con Sam Russell, del *Daily Worker* de Londres, con motivo de la Crisis de Octubre [de los Mísiles] (*Daily Worker*, 4 de Diciembre de 1962)

Discurso en el acto de conmemoración de la muerte del General Antonio Maceo, 7 de Diciembre de 1962 (*Diario de la Tarde*, 8 de Diciembre de 1962)

Discurso en el acto de graduación de alumnos de la Escuela de Superación Obrera "Lenin", 14 de Diciembre de 1962 (*Revolución*, 15 de Diciembre de 1962)

Palabras en honor a los obreros y técnicos destacados del Ministerio de Industrias, 15 de Diciembre de 1962 (*El Mundo*, 16 de Diciembre de 1962)

Discurso en la clausura de la Plenaria Nacional Azucarera, 19 de Diciembre de 1962 (*El Mundo*, 20 de Diciembre de 1962)

Discurso en la ceremonia de graduación de alumnos de la Escuela para Administradores "Patricio Lumumba", 21 de Diciembre de 1962 (*El Mundo*, 22 de Diciembre de 1962)

1963

Discurso en el acto de clausura de la primera de las Escuelas Populares, en el Sindicato de Trabajadores del Comercio, 26 de Enero de 1963 (*Hoy*, 27 de Enero de 1963)

Discurso en el homenaje a los técnicos y obreros más destacados de 1962, 27 de Enero de 1963 (*Revolución*, 28 de Enero de 1963)

Discurso en el homenaje a los técnicos y obreros más destacados del Ministerio de Industrias, 1° de Febrero de 1963 (*Revolución*, 2 de Febrero de 1963)

Discurso en la Plenaria Nacional Azucarera, en Camagüey, 9 de Febrero de 1963 (*Hoy*, 10 de Febrero de 1963)

Entrevista concedida a Cyril Nash, de la televisión canadiense, en los campos de cañas de Camagüey, 9 de Febrero de 1963 (*Revolución*, 12 de Febrero de 1963)

Discurso en la inauguración de la primera etapa de la Fábrica de Alambre de Púas en Nuevitas, 10 de Febrero de 1963 (*Revolución*, 11 deFebrero de 1963)

Discurso en la asamblea de presentación de los trabajadores con condiciones para ser miembros del PURS, en la textilera de Ariguanabo, 24 de Marzo de 1963 (*Revolución*, 25 de Marzo de 1963)

Palabras en la inauguración de la planta procesadora de cacao en Baracoa, 1° de Abril de 1963 (*Revolución*, 2 de Abril de 1963)

Discurso a los profesores y alumnos de Minas del Frío, en la Sierra Maestra, Abril de 1963 (*Escritos y discursos*, vol. 7)

Discurso en el tercer Chequeo Nacional de III Zafra del Pueblo, en Santa Clara, 6 de Abril de 1963 (*Hoy*, 7 de Abril de 1963)

Entrevista con Laura Berquist (*Look* [Estados Unidos], 9 de Abril de 1963)

Discurso en el acto de homenaje a los técnicos y obreros de las fábricas consolidadas más destacadas, 30 de Abril de 1963 (*Hoy*, 2 de Mayo de 1963)

Discurso en el almuerzo por la celebración del 25 aniversario del periódico *Hoy*, 16 de Mayo de 1963 (*Hoy*, 21 de Mayo de 1963)

Palabras de despedida a la delegación del Ejército Nacional Popular de Argelia, 20 de Mayo de 1963 (*Hoy*, 21 de Mayo de 1963)

Entrevista con Víctor Rico Galán, para la revista mexicana *Siempre* (*Hoy*, 19 de Junio de 1963)

Declaraciones durante su visita a Argelia (*Hoy*, 11 y 12 de Julio de 1963)

Entrevista en Argelia con *Revolution Africaine* (*Revolución*, 13 de Julio de 1963)

Discurso en el Seminario sobre Planificación en Argelia, 13 de Julio de 1963 (*Revolución*, 15 de Julio de 1963)

Entrevista con periodistas en Argelia, 23 de Julio de 1963 (*Revolución*, 24 de Julio de 1963)

Entrevista con Jean Daniel (*L'Express* [Francia], 25 de Julio de 1963)

Entrevista con estudiantes estadounidenses de visita en Cuba, 1° de Agosto de 1963 (*Revolución*, 2 de Agosto de 1963)

Entrevista con visitantes de América Latina (*Revolución*, 21 de Agosto de 1963)

Palabras en el acto de entrega de premios de un Torneo de Ajedrez, 24 de Agosto de 1963 (*Revolución*, 26 de Agosto de 1963)

Palabras al terminar una jornada de trabajo en una fábrica de madera, 25 de Agosto de 1963 (*Revolución*, 26 de Agosto de 1963)

Discurso en el Primer Encuentro Internacional de Profesores y Estudiantes de Arquitectura, 29 de Septiembre de 1963 (*Revolución*, 30 de Septiembre de 1963)

Palabras en el acto de homenaje a obreros vanguardias durante el primer trimestre del año, 16 de Octubre de 1963 (*El Mundo*, 27 de Octubre de 1963)

Entrevista para la sección "Siquitrilla", del periódico *Revolución* (*Diario de la Tarde*, 11 de Noviembre de 1963)

Discurso de clausura en un seminario sobre documentación de obras para las inversiones, del Ministerio de Industrias, 17 de Noviembre de 1963 (*Revolución*, 18 de Noviembre de 1963)

Discurso en el acto de clausura del Forum de Energía Eléctrica, 24 de Noviembre de 1963 (*Revolución*, 25 de Noviembre de 1963)

Discurso en la graduación de alumnos de las Escuelas Populares de Estadísticas y de Dibujantes Mecánicos, 16 de Diciembre de 1963 (*Diario de la Tarde*, 17 de Diciembre de 1963)

Discurso en la clausura de la Semana de Solidaridad con el pueblo de Vietnam del Sur, 20 de Diciembre de 1963 (*Revolución*, 21 de Diciembre de 1963)

Comparecencia televisada para informar al pueblo sobre la implantación de las normas de trabajo y la escala salarial, 26 de Diciembre de 1963 (*Revolución*, 27 de Diciembre de 1963)

Discurso en la inauguración de la Fábrica de Plásticos Habana, 29 de Diciembre de 1963 (*Revolución*, 30 de Diciembre de 1963)

1964

Palabras en la Central Termoeléctrica del Mariel, 3 de Enero de 1964 (*Hoy*, 4 de Enero de 1964)

Discurso en la ceremonia de entrega de certificados de trabajo comunista, 11 de Enero de 1964 (*Hoy*, 12 de Enero de 1964)

Entrevista con motivo de un viaje a Guanahacabibes, para la sección "Siquitrilla", del periódico *Revolución* (*Revolución*, 4 de Febrero de 1964)

Comparecencia en el programa de televisión "Información Pública", titulada "Necesidad para el desarrollo de nuestra industria. Cómo juega esa política en el empleo pleno, automatización y mecanización", 25 de Febrero de 1964 (*Revolución*, 26 de Febrero de 1964)

Palabras en homenaje a obreros vanguardias del Ministerio de Industrias, 4 de Marzo de 1964 (*Revolución*, 5 de Marzo de 1964)

Conversación con trabajadores de la fábrica de cemento "Mártires de Artemisa", 11 de Marzo de 1964 (*Revolución*, 12 de Marzo de 1964)

Discurso en homenaje a los trabajadores ganadores de la Emulación Nacional de 1963, 14 de Marzo de 1964 (*Hoy*, 15 de Marzo de 1964)

Discurso en la Conferencia Mundial de Comercio y Desarrollo de la ONU, celebrada en Ginebra, Suiza, 25 de Marzo de 1964 (*Hoy*, 26 de Marzo de 1964)

Conferencia de prensa en Ginebra, 31 de Marzo de 1964 (*Hoy*, 1° de Abril de 1964)

Entrevista con la televisión suiza, 11 de Abril de 1964 (*Hoy*, 12 de Abril de 1964)

Declaraciones en Argelia a la prensa argelina y a *Prensa Latina*, 15 de Abril de 1964 (*Revolución*, 16 de Abril de 1964)

Discurso en el encuentro de la Academia de Ciencias de Cuba, 24 de Abril de 1964 (*Granma*, 25 de Noviembre de 1967)

Discurso en la Planta Mecánica "Fabric Aguilar Noriega", del Ministerio de Industrias, en Santa Clara, 3 de Mayo de 1964 (*Revolución*, 4 de Mayo de 1964)

Discurso en la clausura del seminario "La Juventud y la Revolución", 9 de Mayo de 1964 (*Hoy*, 10 de Mayo de 1964)

Discurso en la inauguración de la Planta Beneficiadora de Caolín, en Isla de Pinos, 10 de Mayo de 1964 (*Revolución*, 11 de Mayo de 1964)

Discurso en la inauguración de la Fábrica de Bujías "Neftalí Martínez", en Sagua la Grande, 17 de Mayo de 1964 (*Revolución*, 18 de Mayo de 1964)

Palabras, en Camagüey, a los integrantes de varias unidades militares que participaron en la Zafra del Pueblo, 26 de Mayo de 1964 (*Hoy*, 27 de Mayo de 1964)

Discurso en un encuentro de la CTC, en Camagüey, 12 de Junio de 1964 (*Revolución*, 12 de Junio de 1964)

Discurso en el acto efectuado en el Ministerio de Industrias, en homenaje a los macheteros de ese organismo y a los jóvenes comunistas ganadores de la emulación, 26 de Junio de 1964 (*Revolución*, 27 de Junio de 1964)

Discurso en la inauguración de la segunda etapa de la Fábrica de Alambre de Púas, en Camagüey, 12 de Julio de 1964 (*Hoy*, 14 de Julio de 1964)

Discurso en la inauguración de la segunda etapa del Combinado del Lápiz, en Batabanó, 18 de Julio de 1964 (*Hoy*, 19 de Julio de 1964)

Discurso en la inauguración de la Fábrica de Bicicletas "Heriberto Mederos", en Caibarién, 19 de Julio de 1964 (*Revolución*, 20 de Julio de 1964)

Discurso en la inauguración de la Industria Nacional Productora de Utensilios Domésticos (INPUD), en Santa Clara, 24 de Julio de 1964 (*Revolución*, 25 de Julio de 1964)

Discurso en la graduación de la Escuela de Administración "Patricio Lumumba", 2 de Agosto de 1964 (*Escritos y discursos*, vol. 8)

Discurso en la ceremonia de entrega de certificados de trabajo comunista a obreros del Ministerio de Industrias, 15 de Agosto de 1964 (*Hoy*, 16 de Agosto de 1964)

Palabras en la celebración del sexto aniversario de la invasión por las columnas N° 2 "Antonio Maceo" y N° 8 "Ciro Redondo", del Ejército Rebelde, 20 de Agosto de 1964 (*Verde Olivo*, 13 de Septiembre de 1964)

Discurso en homenaje a los ganadores de la Emulación Socialista en el Ministerio de Industrias, 22 de Octubre de 1964 (*Revolución*, 23 de Octubre de 1964)

Discurso en el acto de presentación de los militantes del PURS en la Refinería "Ñico López", 23 de Octubre de 1964 (*Hoy*, 24 de Octubre de 1964)

Discurso en la inauguración de la Fábrica de Brocas "Alfredo Gamonal", 28 de Octubre de 1964 (*Revolución*, 29 de Octubre de 1964)

Discurso en tributo a Camilo Cienfuegos, 28 de Octubre de 1964 (*Hoy*, 29 de Octubre de 1964)

Palabras con motivo de la creación de la Sociedad de Amistad Soviético-Cubana, en Moscú, 11 de Noviembre de 1964 (*Hoy*, 12 de Noviembre de 1964)

Entrevista en Moscú con el periódico *El Popular* de Montevideo, Uruguay, 12 de Noviembre de 1964 (*Revolución*, 13 de Noviembre de 1964)

Entrevista en Moscú con periodistas soviéticos de la *Agencia Novosti*, la revista *Tiempos Nuevos* y Radio Moscú (*Hoy*, 18 de Noviembre de 1964)

Discurso en la Gran Plenaria de Administradores de Empresas y Fábricas del Ministerio de Industrias en Oriente (*Hoy*, 1° de Diciembre de 1964)

Discurso para resumir la conmemoración del VIII aniversario del levantamiento de Santiago de Cuba, 30 de Noviembre de 1964 (*Revolución*, 1° de Diciembre de 1964)

Palabras en la Universidad de Oriente, en un encuentro con estudiantes y profesores de la Facultad de Tecnología y Economía, 2 de Diciembre de 1964 (*Revolución*, 3 de Diciembre de 1964)

Discurso en la XIX Asamblea General de Naciones Unidas, 11 de Diciembre de 1964 (*Revolución*, 12 de Diciembre de 1964)

Contrarréplica en las sesiones de la XIX Asamblea General de Naciones Unidas, 11 de Diciembre de 1964 (*Revolución*, 12 de Diciembre de 1964)

Comparecencia en el programa "De cara de la nación" [Face the Nation], de la CBS en New York, 14 de Diciembre de 1964 (*Revolución*, 15 de Diciembre de 1964)

Entrevista, en Argelia, con Josie Fanon, para *Révolution Africaine*, 22 de Diciembre de 1964 (*Revolución*, 23 de Diciembre de 1964)

Palabras en a jóvenes argenlinos y al semanario *Jeunesse*, órgano oficial de la juventud del Frente de Liberación Nacional de Argelia, 23 de Diciembre de 1964 (*Revolución*, 26 de Diciembre de 1964)

Entrevista en Argelia con Serge Michel, del diario *Alger Ce Soir* (*Revolución*, 28 de Diciembre de 1964)

1965

Declaración e su visita a la República de Mali, 1° de Enero de 1965 (*Revolución*, 2 de Enero de 1965)

Conferencia a la Asociación de Periodistas y Escritores de Ghana, sobre las acciones neocolonialistas en América Latina y algunas consideraciones sobre la necesaria unidad de acción entre África, Asia y América Latina, 16 de Enero de 1965 (*Hoy*, 19 de Enero de 1965)

Entrevista con *L'Etincelle de Accra*, de Ghana, y con *Prensa Latina*, 18 de Enero de 1965 (*Revolución*, 19 de Enero de 1965)

Declaraciones en una reunión con dirigentes sindicales de Ghana, 19 de Enero de 1965 (*Revolución*, 20 de Enero de 1965)

Conferencia en el Instituto Ideológico Kwame Nkrumah, en Ghana, 21 de Enero de 1965 (*Revolución*, 22 de Enero de 1965)

Declaraciones exclusivas para el Departamento de Programas Internacionales de la Radio y la Televisión argelina. Comenta la crisis de la ONU, 27 de Enero de 1965 (*Revolución*, 28 de Enero de 1965)

Entrevista en Argelia con el diario *Alger Ce Soir*, 30 de Enero de 1965 (*Hoy*, 31 de Enero de 1965)

Declaración a *Prensa Latina* en Dar-es-Salaam, Tanzania, 18 de Febrero de 1965 (*Revolución*, 19 de Febrero de 1965)

Discurso en el Segundo Seminario Económico de Solidaridad Afroasiática, en Argelia, 24 de Febrero de 1965 (*Revolución*, 25 de Febrero de 1965)

Declaración en un mitin en la República Árabe Unida, 10 de Marzo de 1965 (*Revolución*, 11 de Marzo de 1965)

Entrevista concedida al semanario africano *Libération* (*Revolución*, 25 de Marzo de 1965)

Entrevista con el periódico *El Taliah* (La Vanguardia), de la Unión Socialista Árabe, editado en El Cairo [Egipto] (No. 4, Abril de 1965)

3. CARTAS

A sus padres desde la prisión Miguel Schulz, en México, 6 de Julio de 1956 (*OCLAE*, Noviembre de 1977)

A Fidel Castro, 1° de Diciembre de 1957 (*Granma*, 29 de Noviembre de 1967)

A Fidel Castro, 9 de Diciembre de 1957 (*Granma*, 6 de Octubre de 1967)

A Fidel Castro, 6 de Enero de 1958 (*Granma*, 16 de Octubre de 1967)

A Fidel Castro, 19 de Febrero de 1958 (*Verde Olivo*, 19 de Enero de 1964)

A Camilo Cienfuegos, 2 de Abril de 1958 (Juventud Rebelde, Octubre 20, 1967)

A Camilo Cienfuegos, 3 de Abril de 1958 (*Juventud Rebelde*, 20 de Octubre de 1967)

A Camilo Cienfuegos, 5 de Abril de 1958 (*Juventud Rebelde*, 20 de Octubre de 1967)

A Camilo Cienfuegos, 12 de Abril de 1958 (*Juventud Rebelde*, 20 de Octubre de 1967)

A Camilo Cienfuegos, 7 de Septiembre de 1958 (*Juventud Rebelde*, 20 de Octubre de 1967)

A Camilo Cienfuegos, 19 de Octubre de 1958 (*Juventud Rebelde*, 20 de Octubre de 1967)

A Fidel Castro, 23 de Octubre de 1958 (*Escritos y discursos*, vol. 2)

A Faure Chomón, 25 de Octubre de 1958 (*Escritos y discursos*, vol. 2)

A Enrique Oltuski, 3 de Noviembre de 1958 (*Escritos y discursos*, vol. 2)

A Faure Chomón, 7 de Noviembre de 1958 (*Escritos y discursos*, vol. 2)

A Faure Chomón, Diciembre de 1958 (*Escritos y discursos*, vol. 2)

A la Cruz Roja, donde denuncia los ametrallamientos a la población civil de Fomento y poblaciones circundantes por fuerzas del Ejército de la tiranía batistiana, 18 de Diciembre de 1958 (*Granma*, 21 de Diciembre de 1968)

Al pueblo de Las Villas, 2 de Enero de 1959 (*El Mundo del Domingo*, 30 de Diciembre de 1962)

A Sergia Cordoví, 14 de Enero de 1959 (*Escritos y discursos*, vol. 9)

A José E. Martí Leyva, 5 de Febrero de 1959 (*Juventud Rebelde*, 19 de Octubre de 1967)

A Juan Hehong Quintana, 5 de Febrero de 1959 (*Obras escogidas*, vol. 2)

A Carlos Franqui, 10 de Marzo de 1959 (*Revolución*, 11 de Marzo de 1959)

A Alberto Granado, Departamento Militar de La Cabaña, 11 de Marzo de 1959 (*Granma*, 16 de Octubre de 1967)

A William Morris, 5 de Febrero de 1959 (*Verde Olivo*, 6 de Octubre de 1968)

A Miguel Ángel Quevedo, 23 de Mayo de 1959 (*Hoy*, 6 de Junio de 1959)

A Valentina González Bravo, 25 de Mayo de 1959 (*Obra Revolucionaria*, [Ciudad de México, Ediciones ERA, 1967])

A José Ricardo Gómez, 7 de Junio de 1959 ("Reminiscencias de la Guerra Revolucionaria Cubana" [New York, *Monthly Review Press*, 1968])

A Alfredo Guevara, 26 de Julio de 1959 (*Cine cubano*, 1979)

Telegrama a Conrado Rodríguez, 5 de Enero de 1960 (*Revolución*, 8 de Enero de 1960)

A Nelson Mesa López, 5 de Abril de 1960 (*Escritos y discursos*, vol. 9)

A Ernesto Sábato, 12 de Abril de 1960 (*Casa de las Américas*, Noviembre de 1968–Febrero de 1969)

A José Tisquet, 5 de Mayo de 1960 (*Juventud Rebelde*, 19 de Octubre de 1967)

A Fernando Barral, 15 de Febrero de 1961 ("Reminiscencias de la Guerra Revolucionaria Cubana" [New York, *Monthly Review Press*, 1968])

Opiniones autografiadas en el álbum de la Exposición China (*Hoy*, 16 de Marzo de 1961)

Acuerdo No. 6 del Consejo de Dirección del Ministerio de Industrias (*El Orientador Revolucionario*, 1º de Abril de 1962)

A Anna Louise Strong, 19 de Noviembre de 1962 ("Reminiscencias de la Guerra Revolucionaria Cubana" [New York, *Monthly Review Press*, 1968])

A Carlos Franqui (*Revolución*, 29 de Diciembre de 1962)

A Guillermo Lorentzen, 4 de Mayo de 1963 ("Reminiscencias de la Guerra Revolucionaria Cubana" [New York, *Monthly Review Press*, 1968])

A Peter Marucci, 4 de Mayo de 1963 ("Reminiscencias de la Guerra Revolucionaria Cubana" [New York, *Monthly Review Press*, 1968])

A Dra. Aleida Coto Martínez, 23 de Mayo de 1963 (*Juventud Rebelde*, 19 de Octubre de 1967)

A los compañeros de la Planta Ensambladora de Motocicletas, 31 de Mayo de 1963 (*Boletín Provincial Habana del PCC*, No. 10, 15 de Febrero de 1967)

Circular a los jefes del Ministerio de Industrias, 7 de Junio de 1963 (*Nuestra Industria*, Revista Económica, Agosto de 1963)

A Pablo Díaz González, 28 de Octubre de 1963 (*Escritos y discursos*, vol. 9)

A Dr. Arturo Don Varona, 28 de Octubre de 1963 (*Cuba*, Noviembre de 1967)

A Carlos Rafael Rodríguez, 28 de Octubre de 1963 ("Reminiscencias de la Guerra Revolucionaria Cubana" [New York, *Monthly Review Press*, 1968])

A Lydia Ares Rodríguez, 30 de Octubre de1963 (*Cuba*, Noviembre de 1967)

A Juan Ángel Cardi, 11 de Noviembre de 1963 ("Reminiscencias de la Guerra Revolucionaria Cubana" [New York, *Monthly Review Press*, 1968])

A Luis Amado Blanco, 15 de Febrero de 1964 ("Reminiscencias de la Guerra Revolucionaria Cubana" [New York, *Monthly Review Press*, 1968])

A María Rosario Guevara, 20 de Febrero de 1964 (*Juventud Rebelde*, 17 de Octubre de 1967)

A Roberto Las Casas, 21 de Febrero de 1964 ("Reminiscencias de la Guerra Revolucionaria Cubana" [New York, *Monthly Review Press*, 1968])

A José Medero Mestre, 26 de Febrero de 1964 (*Granma*, 8 de Octubre de 1968)

A Luis Corvea, 14 de Marzo de 1964 (*Escritos y discursos*, vol. 9)

A Eduardo B. Ordaz Ducungé, 26 de Mayo de 1964 (*Escritos y discursos*, vol. 9)

A Haydée Santamaría, 12 de Junio de 1964 (*Obras Escogidas*, vol. 2)

A Regino G. Boti, 12 de Junio de 1964 ("Reminiscencias de la Guerra Revolucionaria Cubana" [New York, *Monthly Review Press*, 1968])

A Ezequiel Vieta, 16 de Junio de 1964 (*Vida Universitaria*, Julio–Agosto de 1968)

A Ministerio de Comercio Exterior, 25 de Junio de 1964 ("Reminiscencias de la Guerra Revolucionaria Cubana" [New York, *Monthly Review Press*, 1968])

A León Felipe, 21 de Agosto de 1964 (*Obras escogidas*, vol. 2)

A Dr. Elías Entralgo, 31 de Agosto de 1964 (*Verde Olivo*, 7 de abril de 1968)

A Manuel Moreno Fraginals, 6 de Octubre de1964 (*Obras escogidas*, vol. 2)

A Charles Bettelheim, 26 de Octubre de 1964 (*Obras escogidas*, vol. 2)

A Hildita, Febrero de1965 (*Pensamiento Crítico*, Octubre de 1967)

A Pepe (José Aguilar), 1965 (*Granma*, 16 de Octubre de 1967)

A Alberto Granado, 1965 (*Granma*, 16 de Octubre de 1967)

A Mis Padres, 1965 (*Casa de las Américas*, Septiembre de 1967)

A Mis Hijos, 1965 (*Tricontinental*, Octubre de 1968)

A Fidel Castro (*El Mundo*, 5 de Octubre de 1965)

A Hildita, 15 de Febrero de 1966 (*El Mundo*, 16 de Octubre de 1967)

A Don Tomás Roig Mesa, sin fecha (*Granma*, 6 de Enero de 1968)

Impreso en la Empresa Poligráfica de Holguín, ARGRAF
Sistema de Gestión de la Calidad
certificado por la NC-ISO 9001:2008
Tirada 8 000 ejemplares
Enero - 2012